走向市域社会治理现代化

吴结兵 等 著

科 学 出 版 社

北 京

内 容 简 介

市域社会治理现代化是解决中国现代化进程中社会发展和社会建设问题的中国方案，是中国式现代化的重要组成部分。本书系统阐释了"市域社会治理"这一新概念，构建市域社会治理体系并阐释市域社会治理能力的主要维度，揭示市域社会治理的理论内涵、制度体系和能力框架，总结市域社会治理的一般规律。本书在理论上对城市化背景下的社会整合机制，特别是党委政府在社会治理中的作用进行了有益探索，有着重要的学术价值；同时，本书对创新实践的深入分析和所提出的政策建议具有重要的实践指导价值。

本书可供公共管理和社会治理的理论研究者与实践从业人员阅读使用。

图书在版编目（CIP）数据

走向市域社会治理现代化 / 吴结兵等著. -- 北京：科学出版社，
2024. 12. -- ISBN 978-7-03-080633-8

Ⅰ. D63

中国国家版本馆 CIP 数据核字第 2024UH5007 号

责任编辑：陶 璇 / 责任校对：贾娜娜
责任印制：张 伟 / 封面设计：有道设计

科学出版社 出版
北京东黄城根北街 16 号
邮政编码：100717
http://www.sciencep.com
北京厚诚则铭印刷科技有限公司印刷
科学出版社发行 各地新华书店经销

*

2024 年 12 月第 一 版 开本：720×1000 1/16
2024 年 12 月第一次印刷 印张：20
字数：420 000
定价：236.00 元
（如有印装质量问题，我社负责调换）

序　言

看到吴结兵教授即将付梓的书稿《走向市域社会治理现代化》，我特别高兴。"加快推进市域社会治理现代化"是 2019 年党中央在十九届四中全会上提出的要求。当年"加快推进市域社会治理现代化研究"被列为重大招标项目，这是国家社科基金首个关于市域社会治理现代化的课题。2020 年，吴结兵教授作为首席专家承担了该重大项目的研究任务。吴结兵教授是社会治理领域国内外知名的专家学者，长期深耕该领域的理论探索与实践研究，拥有深厚的学术积淀和丰富的实践经验。4 年时间过去了，吴结兵教授团队不仅顺利完成了课题研究，而且产出了社会治理研究领域又一项重要成果。该书学理深厚、应用性强，可以说是市域社会治理研究的开拓之作。

自人类社会诞生以来，社会治理便与文明发展同步而生了。在中国，社会治理不仅是国家治理的重要组成部分，更是由广大人民群众参与实践形成的动态过程。在古代的宗法制度、乡里制度和以家长制为代表的传统人伦关系的影响下，群众在长期实践中积累了丰富的治理经验。这种以人民为中心的实践传统，为当代中国的社会治理体系提供了坚实的文化土壤。当今世界，随着经济、科技、文化的迅速发展和城市化进程的加快，城市作为社会、经济、政治中心的作用愈加突出，大型城市的智能化发展不断促使社会结构复杂化、功能分化，还对传统社会治理模式提出了全新挑战。在全球化、信息化、数字化等新技术浪潮下，西方国家在社会治理中的制度性困境与社会撕裂日益显现。习近平总书记高度重视社会治理体系的现代化建设，党的二十大明确提出完善社会治理体系。我国设立中共中央社会工作部，持续推进治理体系和治理能力现代化。如何推动市域社会治理的现代化，如何有效整合各类社会资源，提升治理能力，如何在地区层面实现社会治理的科学化、精细化、智能化，如何通过理论创新和实践创新促进社会治理的可持续发展、探索适合中国国情的社会治理现代化路径，这些都是当前社会发展中的真问题，也是社会治理领域亟待解决的现实问题，具有重要的理论和现实价值。

针对这些问题，吴结兵教授团队探讨市域社会治理现代化的路径与实践，为新时代社会治理模式创新提供理论支撑和实践指南。通过对市域社会治理体系和治理能力的系统研究，该书从多个维度构建了市域社会治理现代化的理论框架，并结合当前市域社会治理所面临的复杂挑战，提出了一系列政策建议。正如书名所示，"走向市域社会治理现代化"不仅是对当前治理体制的反思，还是对未来社会治理蓝图的描绘。

全书让我印象深刻的是对市域社会治理现代化的系统性阐述。在阐释"市域社会治理"这一新概念的基础上，全书从市域社会治理体系和市域社会治理能力这一主要维度出发，探索揭示市域社会治理的理论内涵、制度体系和能力框架。在研究视角上，全书力图突破已有基层社会治理的研究路径，充分考虑到城市地域特性、立法与行政的相对独立性、权责完备性等特点，强调市域社会治理的整体性和综合性，在此基础上分析市域社会治理所面临的问题、实践进展、发展规律和政策举措，为理解市域社会治理提供了一个新的框架。

另外，全书展现了现代科技与社会治理的深度融合。在现代社会治理中，科技的应用日益成为提升治理能力的重要手段。相比县域，市域往往具有更加显著的科技人才优势，这为推动科学技术与市域社会治理的深度融合奠定了重要基础，同时科学技术也为应对市域社会治理的复杂性和整体性提供了重要的手段。从大数据、人工智能等数字技术角度出发，全书通过科技支撑体系和数字治理能力两个维度，重点探讨了科学技术在市域社会治理中的具体应用及其可能产生的治理效应。

当前，传统的政府治理手段已经难以满足精准捕捉和预测社会发展态势的需求。因此，社会治理的第一步需要运用技术强大的赋能效应，实现"智能的社会治理"，更新治理工具和手段，提升治理能力。这也是社会转型过程中，治理作为社会系统构成单元的题中之义。当前各地的实践探索已经为智能的社会治理提供了包括治理平台搭建、元数据管理、大模型利用、全要素模拟在内的一系列成功经验。

尤其是生成式人工智能技术的突破促使利用大模型推动社会治理智能化成为新潮流。不少地区都开始借助大模型对海量数据进行深度分析，不仅为政策制定提供数据驱动的洞察和建议，还能直接生成可供参考的政策文稿，以进一步提升地区的智能决策能力；通过对公共服务需求、满意度等数据的深度学习，改进服务设计和资源配置，提升公共服务质量和效率；利用大模型分析社交媒体、新闻报道等数据，快速识别社会热点、公众情绪变化，为舆情应对提供及时准确的信息；为基层网格员配置智能代理（AI agent），通过更加拟人化的人机交流，协助开展网格数据采集工作，在减少基层负担的同时，从根本上解决数据质量不高的问题。

随着数据、算法、算力储备的全面提升，通过智能社会模拟器实现对社会的全要素模拟和监测也变得更具有可行性。利用社会模拟器对拟出台的政策进行模拟，预测其对经济、社会、环境等方面的影响，辅助政策制定者进行决策优化；模拟各类灾害、危机情境，测试应急响应机制的有效性，优化应急预案，提高应对复杂事件的能力；模拟城市交通、公共服务设施布局、人口流动等，优化城市规划方案，提升城市管理效率等也成为多地在"智能的社会治理"阶段的建设目标。

习近平总书记指出，"以信息技术、人工智能为代表的新兴科技快速发展，大大拓展了时间、空间和人们认知范围，人类正在进入一个'人机物'三元融合的万物智能互联时代"①，智能社会中社会治理的深刻转型正不断涌现。未来人工智能作为独立主体带来了新质生产力、文明新形态、社会运行新机制的同时，可能引发信息茧房、就业替代、群体极化、社会"脱域化"等新的治理风险。智能社会在经济、政治、文化、社会、生态等方面都会产生迥异于传统社会的系统变革，对社会治理也提出了新要求。

因此，除了开展技术赋能的"智能的社会治理"研究，近些年我一直倡导并开展"智能社会的治理"研究。2019年春，来自清华大学、浙江大学、北京大学、中国人民大学等单位的专家学者，联名发起了"开展人工智能社会实验，探索智能社会治理中国道路"的倡议。在大量前期工作的基础上，我们针对人工智能社会影响的问题，率先提出了开展长周期、宽领域、多学科人工智能社会实验的政策建议。科技部组织制定了《国家新一代人工智能创新发展试验区建设工作指引》，将社会实验作为新一代人工智能创新发展试验区建设的重要工作。中华人民共和国国家互联网信息办公室等有关部委也制定行动方案，在全国开展人工智能社会治理实验。从对人工智能技术进行规训的角度来看，人工智能社会治理实验阐释了以社会实验为代表的实验主义治理新范式，提出在通用人工智能日臻成熟、智能社会转型提速的新形势下，应加快从"智能的社会治理"转向"智能社会的治理"，构建人文智能社会的发展目标。

人类社会的智能化转型正加速发展，正如该书中所展示的，数字化的市域社会治理方兴未艾，智能技术引发的社会治理问题也在不断涌现。以《走向市域社会治理现代化》一书的付梓为契机，我由衷地希望更多的研究者能够投身到智能社会治理的宏大事业中来。首先，在新时代背景下，我们应对习近平总书记关于社会治理的理论思想进行系统梳理与深入阐释，将其纳入习近平新时代中国特色社会主义思想中，构建具有体系性的"习近平社会治理思想"，以丰富新时代国家治理体系的理论基础。其次，智能技术的广泛应用重构了传统的社会治理逻辑，我们需要通过理论机制、政策研究与伦理规范等维度构建中国自主的智能社会治理理论框架，不断丰富科技治理与科学社会学的理论和方法体系，不断营造智能社会的人文氛围，为推进我的国家治理体系和治理能力现代化作出贡献。

苏竣

清华大学智能社会治理研究院院长

---

① 习近平. 在中国科学院第二十次院士大会、中国工程院第十五次院士大会、中国科协第十次全国代表大会上的讲话[EB/OL]. https://www.gov.cn/xinwen/2021-05/28/content_5613746.htm，2021-05-28.

目　　录

第一章 导论：在分化的社会中重构社会的有机团结

1893 年，面对工业革命后欧洲社会的急剧变化以及现代社会的复杂局面，涂尔干看到了社会的"有机团结"（organic solidarity），完成了垂范后世的博士论文《社会分工论》。在他博士论文的开篇，涂尔干即提出，"我们研究的起点就是要考察个人人格与社会团结的关系问题。为什么个人越变得自主他就会越来越依赖社会？为什么在个人不断膨胀的同时他与社会的联系越加紧密？"[①]也就是说，在一个专业分工日趋细密、社会分化日益突出的社会如何才可以维持社会秩序？对此，他从分工的角度给出了回答，他认为分工意味着对社会的依赖，个体必须依赖于社会各个部分的合作才能发挥作用、达成目标。因此，社会分化过程能够产生新的社会整合机制。

虽然理论上社会分工的发展会加强社会各部分之间的依赖，但现代化、城市化的进程带来了实实在在社会整合的挑战。城市社会学的创始人沃斯把城市化理解为社会生活方式的变革过程，认为城市的本质是异质性的[②]，而异质性意味着以同质性个体组成群体为基础的社会凝聚力的下降，且导致人际关系疏远、社会控制力量减弱。亨廷顿甚至指出，现代性孕育着稳定，而现代化过程却可能滋生着动乱[③]。在分化的社会中如何重构社会的有机团结仍然是现代化进程中一个重大的理论命题。

"市域社会治理现代化"正是在我国快速城市化的背景下提出来的。改革开放以来，我国经历了世界历史上规模最大、速度最快的城镇化进程，1978～2022 年，城镇化率年均提高 1 个百分点，城镇常住人口由 1.7 亿人增加到 9.3 亿人，城市数量由 193 个增加到 691 个，全国 80%以上的经济总量产生于城市、66%的人口生活在城市，这意味着中国已经由一个农业社会转型成为城市型社会[④]。正如马克思指出的，"城乡关系一改变，整个社会也跟着改变"[⑤]。城市化的快速发展和人口在城市的大量集聚，社会结构、社会组织形式以及社会利益格局都发生了深刻的变化，在此背景下如何加强和创新社会治理，在社会分化中实现新的社会整合，构建确保社会既充满活力又和谐有序的体制机制，是亟待研究的重大现实课题。

1949 年，中国共产党建立了中华人民共和国，形成了以政党组织为核心的社

---

① 涂尔干，2020. 社会分工论[M]. 渠敬东译. 北京：商务印书馆.

② Wirth L, 1938. Urbanism as a way of life[J]. American Journal of Sociology. 44(1): 1-24.

③ 塞缪尔·P. 亨廷顿，2021. 变化社会中的政治秩序[M]. 王冠华，刘为，等译. 上海：上海人民出版社.

④ 杨保军，陈明，2024. 中国城镇化发展特征和转型趋势[J]. 中国房地产金融，4：9-18.

⑤ 恩格斯，马克思，2012. 马克思恩格斯选集[M]. 中共中央马克思恩格斯列宁斯大林著作编译局译. 北京：人民出版社.

会建构和社会治理体系。面对波澜壮阔的中国城市化进程，以及人口快速流动、人口多元性、异质性带来的巨大的社会治理挑战，我国不断调试社会治理体系。党的十六届四中全会首次提出"加强社会建设和管理，推进社会管理体制创新"，党的十八届三中全会提出"创新社会治理体制"，党的十九届四中全会提出"加快推进市域社会治理现代化"，党的十九届五中全会进一步要求"加强和创新市域社会治理"，党的二十大报告着重强调"提高市域社会治理能力"。从社会管理到社会治理，从基层社会治理到市域社会治理，体现了党在社会治理理论与实践中的不断创新发展。

如果说把传统乡村熟人社会比喻成潺潺流动的小溪，市域社会就像一股洪流，滚滚而来。以往的研究，从基层社会治理、社会治理的基本单元社区，甚至从个体层面展开分析，而对于"洪流"本身的态势，以及应对这股"洪流"的方式与方法缺乏应有的分析，缺乏整体性、系统性的建构。正如习近平总书记指出的，"治理和管理一字之差，体现的是系统治理、依法治理、源头治理、综合施策"①。如何理解市域社会治理现代化？如何推进市域社会治理现代化？不仅是在探索回答如何在分化的社会中重构社会有机团结的可能性，同时也是在探索构建中国特色社会治理的整体观、系统观。鉴于此，本章在对理论和实践回顾的基础上，尝试在整体上提出"市域社会治理现代化"的概念和理论内涵，并从体系现代化和能力现代化两个方面回应市域社会治理的整体建构，探求市域社会治理现代化的理论模型和实践路径。

一、市域社会治理现代化的理论回顾

（一）社会治理的内涵与模式

党的十八大以来，习近平总书记高度重视社会治理问题，提出了一系列关于社会治理的新观点、新论断、新思想。党的十八届三中全会提出"国家治理体系与治理能力现代化"目标，并首次提出"社会治理"，强调创新社会治理体制。党的十九大报告正式提出要"打造共建共治共享的社会治理格局"，形成了共建共治共享的社会治理思想。党的十九届四中全会进一步强调了"坚持和完善共建共治共享的社会治理制度"，确立了"党委领导、政府负责、民主协商、社会协同、公众参与、法治保障、科技支撑"的社会治理体系，并提出"建设人人有责、人人尽责、人人享有的社会治理共同体"，社会治理理论进一步完善，为我国社会治理实践提供了根本遵循。

---

① 刘捷.人民日报：促进政府从管理型向治理型转变[EB/OL].http://opinion.people.com.cn/n/2014/1216/c1003-26215870.html,2014-12-16.

1. 社会治理的概念内涵

我国共建共治共享的社会治理制度强调了公共事务治理中政府、市场、社会组织与社会公众的互动合作[①-③]。在中国情境下，近年来大量学者对我国社会治理进行了研究，对于"社会治理"的界定达成了一致共识，即我国的社会治理是指在执政党领导下，由政府主导，吸纳社会组织等多方面治理主体参与，对社会公共事务进行的治理活动[④-⑧]。

从社会治理的背景和目标来看，清华大学社会学系社会发展研究课题组指出，在我国经济快速发展，以及社会结构、社会组织形式以及社会利益格局都已发生深刻变化的背景下，中国必须优化社会结构与社会制度，而社会治理作为社会建设的重要任务之一，应该以主动的建设和变革为手段，改善人类社会的生存状况，建设一个充满幸福感的、更美好的社会[⑨]。郑永年[⑩]也指出，中国在今后 10—15年应把主要力量放在社会改革上，建立现代社会制度，要实现这一目标，必须满足以下三个条件：一是要给社会松绑，让社会成长；二是要进行意在保障社会基本权利和正义的、自上而下的社会制度建设；三是要有自下而上的社会参与。

从社会治理的主体上看，社会治理强调多元参与，以及治理主体之间的有效协作，其中，政府在社会治理过程中发挥主导作用，肩负元治理[⑪]的责任，致力于形成多方参与社会事务的治理格局[⑫]。从社会治理的特征上看，主要是要形成公平正义、民主法治和以人为本的价值取向，建成高效、廉洁、服务型政府，激活大量独立且富有活力的社会组织，充分实现有效的公民参与等[⑬]，并形成一系列制度化推动多元主体共同参与的社会治理新机制[⑭]，社会治理重在表达利益、增强社会

---

① Stoker G, 1998. Quangos and Local Democracy[M]. London: Palgrave Macmillan: 40-53.

② Rhodes R A W, 1997. Understanding Governance: Policy Networks, Governance, Reflexivity, and Accountability[M]. Buckingham: Open University Press.

③ 珍妮特·V. 登哈特，罗伯特·B. 登哈特，2004. 新公共服务：服务而不是掌舵[M]. 丁煌译. 北京：中国人民大学出版社.

④ 张康之，2014. 论主体多元化条件下的社会治理[J]. 中国人民大学学报，2：2-13.

⑤ 王浦劬，2014. 国家治理、政府治理和社会治理的含义及其相互关系[J]. 国家行政学院学报，3：11-17.

⑥ 姜晓萍，2014. 国家治理现代化进程中的社会治理体制创新[J]. 中国行政管理，2：24-28.

⑦ 周俊，郁建兴，2015. 社会治理的体制框架与创新路径[J]. 浙江社会科学，9：70-77.

⑧ 李友梅，2018. 当代中国社会治理转型的经验逻辑[J]. 中国社会科学，11：58-73.

⑨ 清华大学社会学系社会发展研究课题组，2010. 走向社会重建之路[J]. 民主与科学，6：39-44.

⑩ 郑永年，2011. 社会改革突破口何在?[J]. 中国企业家，S1：36.

⑪ 元治理，即"治理的治理"，旨在对市场、国家、社会等治理形式、力量或机制进行宏观安排，保持各种机制之间的相对平衡，并重新调整它们的相对分量，重新组织和重新整理治理机制之间的复杂合作。引自：郁建兴，2008. 治理与国家建构的张力[J]. 马克思主义与现实，1：86-93.

⑫ 乔耀章，2013. 论社会治理原理与原则[J]. 阆江学刊，6：5-14.

⑬ 卢汉龙，2006. 民间组织与社会治理[J]. 探索与争鸣，5：22-25.

⑭ 姜晓萍，2014. 国家治理现代化进程中的社会治理体制创新[J]. 中国行政管理，2：24-28.

自我调节能力、推动建立社会自治秩序等一系列体制机制[①]。

从社会治理的过程上看，治理过程本身不在于管控，而是协调。基于治理逻辑，政府与公民、社会组织由社会管控模式中的管理与被管理、控制与被控制的关系，变成了一种进行沟通、协商的双向互动关系。这就意味着，除了政府，在社会治理方面，所有的社会治理主体都同时扮演发起者、参与者、接受者的角色，借助相互协调的方式，多元社会治理主体制订出满足社会整体利益需要的方案，并从整体上促进最大化社会利益的实现[②][③]。

2. 社会治理模式

社会治理模式上，简·库伊曼在其专著《将治理关系当作一种治理》[④]提出三种经典的社会治理模式：自我治理、合作治理和层级制治理。而亚瑟·本茨将层级、网络、竞争和协商视为治理的四个基本要素，通过四种要素的排列组合得到层级协商、层级竞争、层级网络、网络协商等不同的治理模式[⑤]。国内学者张康之[⑥-⑧]则总结了社会历史发展中形成的三种既有逻辑联系又有所不同的社会治理模式，分别是参与治理、社会自治和合作治理：参与治理是在民主行政的理想追求中出现的，社会自治是在非政府组织以及其他社会自治力量的成长中展现出来的，而合作治理则是社会自治力量成长的必然结果，也是对前两种社会治理模式的扬弃。

张立荣、冷向明[⑨]提出中国未来的政府治理模式是政府主导-官民协同；史云贵、屠火明[⑩]也认为基层社会合作治理是完善中国特色社会治理的可行性路径。郁建兴、任泽涛[⑪]将协同治理作为当代中国社会建设的分析框架进行阐释，认为社会协同治理机制是政府出于治理需要，通过发挥主导作用，构建制度化的沟通渠道和参与平台，加强对社会的支持培育，并与社会一起，发挥社会在自主治理、参与服务、协同管理等方面的作用。杨爱杰等提出应在包容性发展理念下进行基层

---

① 张康之，2014. 社会治理创新与服务型政府建设[J]. 中国人民大学学报，2：1.

② 郑杭生，邵占鹏，2014. 中国社会治理体制改革的视野、举措与意涵——三中全会社会治理体制改革的启示[J]. 江苏社会科学，2：66-74.

③ 俞可平，2015. 论国家治理现代化[M]. 北京：社会科学文献出版社.

④ Kooiman J, 2003.Governing as Governance[M]. London: Sage.

⑤ Benz S, 2007. Rechtliche Rahmenbedingungen fuer die Nutzung der oberflaechennahen Geothermie[M]. Berlin: Berliner Wiss.-Verl.

⑥ 张康之，2008. 论参与治理、社会自治与合作治理[J]. 行政论坛，6：1-6.

⑦ 张康之，2008. 论社会治理中的协作与合作[J]. 社会科学研究，1：49-54.

⑧ 张康之，2012. 合作治理是社会治理变革的归宿[J]. 社会科学研究，3：35-42.

⑨ 张立荣，冷向明，2007. 论中国未来政府治理范式的特质与进路[J]. 江海学刊，3：205-208.

⑩ 史云贵，屠火明，2010. 基层社会合作治理：完善中国特色公民治理的可行性路径探析[J]. 社会科学研究，3：48-54.

⑪ 郁建兴，任泽涛，2012. 当代中国社会建设中的协同治理——一个分析框架[J]. 学术月刊，44（8）：23-31.

社会治理创新，并探讨了包容性治理的创新策略。朱进芳[1]认为基于我国的行政生态，社会治理模式的转型正由单向管理模式向参与治理模式创新转变，而这一模式的构建需要合理定位政府职能、建立社会公共治理机制、健全发展基层社区。

3. 社会治理的体制机制

坚持党的领导是中国特色社会治理体制的核心，是确保社会治理有效运行的根本保证。目前所熟知的党建引领市域社会治理体制实际上并非单纯的自上而下的制度设计的产物，而是源自基层在日常治理中总结探索出的一系列经验做法，在近年获得领导人的重视及宏观政策的确认[2]，逐渐被纳入市域社会治理体系并形成其权威性地位。党的十八大以来的条例与讲话逐渐完善了党领导市域社会治理的体制机制、夯实了基层党组织在社会治理中的重要地位。加强党对基层治理的领导，将基层党组织的政治优势、组织优势转化为基层治理效能，是党不断提高执政能力和领导水平、实现治理能力与治理水平现代化的必然要求。基层党组织建设逐渐成为社会治理现代化的重要抓手，也标志着市域社会治理进入"新纪元"[3]。

在社会治理的体制机制方面，席酉民、张晓军[4]提出了社会治理的三种机制：层级机制、市场机制和网络机制。其中，层级机制通过理性科学地设计制定完备的行动框架来约束人的行为，从而达到维持稳定的社会秩序的目的，市场机制通过供给和需求的匹配决定价格，由于市场的外部性和不完善性，市场也会失灵，这使得市场机制同样不能独自作为社会治理的机制，而网络机制描绘了社会中个体依赖特有的规范和长期的关系通过自发性互动达成共同目标的现象。

殷昭举[5]认为社会治理机制包括社会管理机制和社会自治机制：社会管理机制又包括保健预防机制和问题化解机制；社会自治机制包括社区自治机制、社会动员机制、社会激励机制等。姜晓萍[6]则将社会治理体制置于国家治理现代化进程中，探析社会治理体制创新在推进国家治理现代化中的功能定位，认为社会治理体制创新要坚持民主法制、公平正义、安定有序的价值目标，社会治理体制创新面临四个方面的误区，即维稳诉求大于维权诉求，党政包揽替代多元参与，风险控制重于民生建设，形式举措多于制度规范。

① 朱进芳，2014. 社会治理模式创新及实现条件[J]. 人民论坛，4：39-41.

② 黄晓春，2021. 党建引领下的当代中国社会治理创新[J]. 中国社会科学，6：116-135，206-207.

③ 曹海军，曹志立，2020. 新时代村级党建引领乡村治理的实践逻辑[J]. 探索，1：109-120.

④ 席酉民，张晓军，2013. 社会治理视角下的和谐社会形成机制及策略[J]. 系统工程理论与实践，33（12）：3001-3008.

⑤ 殷昭举，2014. 中国社会治理的现代化[J]. 社会学评论，2（3）：30-40.

⑥ 姜晓萍，2014. 国家治理现代化进程中的社会治理体制创新[J]. 中国行政管理，2：24-28.

郁建兴、关爽[1]指出，巩固社会治理的成果、应对当前的挑战，迫切需要从增强政府的"元治理"责任、促进基层自治、发展社会组织、合理利用市场机制等方面推进社会治理体制创新，社会治理创新的关键路径在于从科层制管理走向网络型治理。总体来看，社会治理体制创新的关键在于改变头痛医头、脚痛医脚的运动式治理模式，把社会作为一个有机体看待，形成科学的社会治理机制，不断推动社会治理走上专业化、法治化、系统化、社会化的轨道。

4. 社会治理的影响因素

关于社会治理影响因素的分析，现有学者主要从地理因素、经济因素、文化社会因素、政治因素等方面进行探讨。

从地理因素上看，地理空间的大小、跨域与否等相关因素将对社会治理模式和效果产生重要影响，不同尺度层级的地理空间面临着不同类型的社会问题，因此治理模式[2]也随着治理的空间尺度不同而产生差异；空间范畴的大小影响着最终的治理精度，通过空间范围内治理规模再造，可以优化行政资源、市场资源以及社会资源的配置，进而提升治理能力[3]。

从经济因素上看，现有研究发现，经济发展水平以及公民的收入水平与社会治理水平存在一定的相关性，提升经济发展水平将对社会治理产生积极的推动作用[4][5]，但与此同时，经济发展水平、公民的收入水平与社会治理水平之间并非总是显著相关[6]：一方面，善治对经济发展起重要作用；另一方面，经济发展与治理水平之间的"良性循环"还缺乏证据支持。

从文化社会因素上看，文化传统作为社会系统的基因，与其他因素一起，共同作用于社会治理实践，是影响社会治理绩效的关键要素，能够促进文化价值观和社会生存方式的有机统一[7]。习俗、礼仪、道德、社会资本等文化社会因素不同程度地作用于社会治理并影响着最终治理结果[8]。

[1] 郁建兴，关爽，2014. 从社会管控到社会治理：当代中国国家与社会关系的新进展[J]. 探索与争鸣，12：7-16.

[2] Bekkers V, Dijkstra G, Fenger M, 2007. Governance and the Democratic Deficit: Assessing the Democratic Legitimacy of Governance Practices[M]. London: Routledge.

[3] 熊竞，陈亮，2019. 城市大型社区的治理单元再造与治理能力再生产研究：以上海市 HT 镇基本管理单元实践为例[J]. 中国行政管理，9：56-61.

[4] Barro R J, 1999. Determinants of democracy[J]. Journal of Political Economy, 107(6): 158-183.

[5] Jessop B, 1998. The rise of governance and the risks of failure: The case of economic development [J]. International Social Science Journal，50(155): 29-45.

[6] Kaufmann D, Kraay A, 2002. Growth without governance[J]. Economia, 3(1): 169-229.

[7] 胡惠林，2012. 国家文化治理：发展文化产业的新维度[J]. 学术月刊，44（5）：28-32.

[8] Fornäs J, 2013. The dialectics of communicative and immanent critique[J]. Triple C: Communication, Capitalism & Critique. Open Access Journal for a Global Sustainable Information Society, 11(2): 504-514.

从政治因素上看，西方的政治研究已经证实政治制度[①-⑤]、政体形式[⑥]、政治认同[⑦-⑨]、政治责任[⑩-⑫]都是影响社会治理效果的重要变量。我国虽然在社会治理的价值宣示、政策设计与行动安排方面有别于西方[⑬]，但不可否认政治因素对我国社会治理实践也会产生深远影响。

（二）基层社会治理

推进改革发展稳定的大量任务在基层，推动党和国家各项政策落地的责任主体在基层，推进国家治理体系和治理能力现代化的基础性工作也在基层[⑭]。如果说社会治理的理论和实践更侧重于体制机制和顶层设计研究，基层社会治理的研究则更强调了具体社会事务的治理，主要包括城市社区治理、乡村治理、社会组织发展和平安建设等内容。

① Braun D, 1999. Changing governance models in higher education: The case of the new managerialism[J]. Swiss Political Science Review, 5(3): 1-24.

② Coleman E A, 2009. Institutional factors affecting biophysical outcomes in forest management[J]. Journal of Policy Analysis & Management, 28(1): 122-146.

③ Soares J, Rosado A C A, 2010. Political factors in the decision-making process in voluntary sports associations[J]. European Sport Management Quarterly, 10(1): 5-29.

④ Franz P, 2011. Politische Institutionalisierung und Governance-Formen der deutschen Metropolregionen im Vergleich[J]. Wirtschaft Im Wandel, 17(11): 387-394.

⑤ Francesch-Huidobro M, 2012. Institutional deficit and lack of legitimacy: The challenges of climate change governance in hong kong[J]. Environmental Politics, 21(5): 791-810.

⑥ Jensen N M, 2003. Democratic governance and multinational corporations: Political regimes and inflows of foreign direct investment[J]. International Organization, 57(3): 587-616.

⑦ Jose J, 2010. Strangers in a stranger land: Political identity in the era of the governance state[J]. Social Identities Journal for the Study of Race Nation & Culture, 16(1): 119-133.

⑧ Meulen N V D, Koops B J, 2010. The challenge of identity theft in multi-level governance: Towards a coordinated action plan for protecting and empowering victims[C]// Chatterjee D K.Studies in Global Justice. Dordrecht: Springer Netherlands: 159-190.

⑨ Teles F, 2012. Local governance, identity and social capital：A framework for administrative reform[J]. Theoretical & Empirical Researches in Urban Management, 7(4): 20-34.

⑩ Papadopoulos Y, 2010. Accountability and multi-level governance: More accountability, less democracy?[J]. West European Politics, 33(5): 1030-1049.

⑪ Weale A, 2011. New modes of governance, political accountability and public reason[J]. Government and Opposition, 46(1): 58-80.

⑫ Bellamy R, Castiglione D, Follesdal A, et al., 2011. Evaluating trustworthiness，representation and political accountability in new modes of governance[C]//Héritier A, Rhodes M.New Modes of Governance in Europe. London: Palgrave Macmillan UK Press: 135-162.

⑬ 范逢春, 2018. 国家治理现代化场域中的社会治理话语体系重构——基于话语分析的基本框架[J]. 行政论坛, 6: 109-115.

⑭ 陈进华.治理之道：推动社会治理重心向基层下移[EB/OL].http://dangjian.people.com.cn/GB/n1/2018/1217/c117092-30470386.html,2018-12-17.

1. 城市社区治理

随着城市社区从单位制、街居制到社区制的变迁，城市基层社区成为"国家-社会"关系再造的重要场域之一[①②]。当前我国城市社区治理模式正处于行政型社区向合作型社区和自治型社区转变的过程[③④]。基于地域分析，我国在实践中形成了以"自然划分，社区自治"为特点的沈阳社区治理模式、以突出街道的控制和管理功能的上海社区治理模式、以突出居民自治和国家管控相结合的江汉社区管理模式[⑤]。基于治理主体分析，在实践中形成了居民参与型、企业主导型与行政引导型的社区治理模式，其中最为理想的社区治理模式应当是居民、企业和政府三者均能够实现良性互动的社区治理模式[⑥]。值得注意的是，社区治理强建设、弱治理的特点仍然十分突出并普遍存在于广大社区，虽然基础设施与服务条件普遍较为完善，但社区治理依然保持着传统体制色彩，居民自治普遍不足，行政化趋势日趋严重[⑦]。

为了改变强建设、弱治理的社区治理局面，推进社区治理水平的提升和社区服务功能的强化[⑧]，需要积极推动治理中的多元主体参与及社会力量培育，具体而言，即推动社区、社会组织和社会工作"三社联动"。"三社联动"是在政府主导下，以社区为平台、以社会组织为载体、以社会工作专业人才为支撑并实现"三社"相互支持、协调互动的过程和机制[⑨]，是居委会、社会组织和社会工作者在社区领域围绕社区居民开展的社区治理活动[⑩]，其目的是提高居民福祉、实现基层民主、促进社区内生性发展。作为自治协商平台的居委会和项目运作载体的社会组织、专业服务提供者的社会工作者之间均存在双向互动关系，三者在互助、互利、互惠原则的指导下[⑪]，通过政府与社会力量分工协作、各司其职，以推进基层社会

① 何海兵，2003. 我国城市基层社会管理体制的变迁：从单位制、街居制到社区制[J]. 管理世界，6：52-62.

② 李骏，2009. 住房产权与政治参与：中国城市的基层社区民主[J]. 社会学研究，5：57-82，243-244.

③ 魏娜，2003. 城市社区建设与社区自治组织的发展[J]. 北京行政学院学报，1：69-74.

④ 魏娜，2003. 我国城市社区治理模式：发展演变与制度创新[J]. 中国人民大学学报，1：135-140.

⑤ 霍连明，2010. 多元管理：我国社区管理模式的必然选择[J]. 河南师范大学学报（哲学社会科学版），37（2）：136-138.

⑥ 曾宇青，2007. 社区治理的三种模式——以深圳为研究文本[J]. 理论前沿，17：35-37.

⑦ 肖唐镖，王鑫，尹利民，2018. "强建设弱治理"：我国城市社区建设与治理的观察分析[J]. 地方治理研究，2：17-28.

⑧ 曹海军，2017. "三社联动"视野下的社区公共服务供给侧改革——基于 S 市项目制和岗位制的案例比较分析[J]. 理论探索，5：23-29.

⑨ 杨贵华，2015. 社区、社会组织、社会工作"三社联动"助力基层社会服务和社会治理研究：基于厦门市的调研[J]. 发展研究，11：85-89.

⑩ 徐永祥，曹国慧，2016. "三社联动"的历史实践与概念辨析[J]. 云南师范大学学报（哲学社会科学版），48（2）：54-62.

⑪ 吴江，范炜烽，2018. "三社联动"社区治理模式的反思与提升[J]. 云南社会科学，6：154-158.

治理和公共服务创新双重目标及其实践逻辑的实现[1]，并在三者互动中，形成社会组织委托型、社工机构服务型、项目指导型、社区内部发展型等不同的"三社联动"模式[2]。

近年来，伴随着社区志愿者与社区公益慈善力量的不断壮大，"三社联动"开始吸纳新兴社区力量并升级发展为"五社联动"。"五社联动"是指坚持党建引领，社区居委会发挥组织作用，以社区为平台、以社会工作者为支撑、以社区社会组织为载体、以社区志愿者为辅助、以社区公益慈善资源为补充的现代社区治理行动框架[3]。"三社联动"向"五社联动"的转型反映出基层治理体系与治理能力现代化的诉求，本质上是基层治理主体多元化、治理系统协同化、资源共享化的过程。

2. 乡村治理

党的十九大报告指出，农业农村农民问题是关系国计民生的根本性问题，必须始终把解决好"三农"问题作为全党工作重中之重。报告还明确提出实施乡村振兴战略。在传统封闭的乡村环境下，由于在财力、人脉、视野等方面存在优势，乡村部分知识分子往往能够成为乡村自治中的领导者[4]，由此出现了"能人政治"现象。但随着通信技术的发展，乡村环境逐渐开放，我国农村社区治理模式也相应发生着深刻的变化，即从传统"能人治村"的"人治"治理模式向"制度治村"的"法治"治理模式转变[5]。

建立自治、法治、德治相结合的乡村治理体系是实现共建共治共享社会治理格局的重要内容，在理论探索中乡村中"三治融合"理论逻辑与实践机制也逐渐明晰。"三治融合"的乡村治理体系是国家和社会关系变革外部驱动、乡村治理结构内源优化和围绕着新时代"以人民为中心"价值立场生成的新逻辑结构[6]，其实践机制总体包括促进国家治理和社会治理深度融合、推动乡村治理结构整体优化和实现乡村治理目标系统转化三个维度，具体路径是推动政府联合社会力量在建构制度供给与内生秩序的联通机制、形成振兴乡村的现代化治理体系和设计以治理民生化为导向的政策方面深入推进"三治融合"的基层建制。

---

① 徐选国，徐永祥，2016. 基层社会治理中的"三社联动"：内涵、机制及其实践逻辑——基于深圳市 H 社区的探索[J]. 社会科学，7：87-96.

② 李文静，时立荣，2016. "社会自主联动"："三社联动" 社区治理机制的完善路径[J]. 探索，3：135-141.

③ 任敏，胡鹏辉，郑先令，2021. "五社联动"的背景、内涵及优势探析[J]. 中国社会工作，3：15-17.

④ 徐勇，1996. 由能人到法治：中国农村基层治理模式转换——以若干个案为例兼析能人政治现象[J]. 华中师范大学学报（哲学社会科学版），4：1-8.

⑤ 任志安，2007. 农村社区治理模式探析——以绍兴农村"两种"模式为例[J]. 黑龙江社会科学，6：134-137.

⑥ 张明皓，2019. 新时代"三治融合"乡村治理体系的理论逻辑与实践机制[J]. 西北农林科技大学学报（社会科学版），19（5）：17-24.

张文显[①]基于桐乡"三治融合"的经验,提出要推进自治、法治、德治融合建设,创新基层社会治理。侯宏伟和马培衢[②]研究了自治、法治、德治"三治融合"体系下治理主体嵌入型共治体制的构建,乡村治理现代化体系需要将"个体—结构—环境"三个层面放入统一的框架内进行分析,构建乡村治理中各主体间相互嵌入的共同治理机制,以形成"三治融合"完善乡村治理体系的基本载体。王文彬[③]研究了乡村"三治融合"存在的问题,部分乡村还存在着自治主体缺位与迷失、行动规则破碎与解体、乡土文化衰落与断层以及合作治理迟缓与乏力等难题,直接阻断了"三治"工作的顺利开展及其高效融合。徐勇[④]提出"自治为体,法德两用",即以自治激发基层和群众的创造力,以法治合理规范群己界限,以德治强化对共同体的责任。郁建兴、任杰[⑤]从整体论的视角出发,提出"三治融合"的三维模型理论框架,认为"三治"各有侧重,有优先次序,自治与法治是基础,德治是较高追求,但更需要同时发力、交织前进,以便发挥"三治融合"的乘数效应。邓大才[⑥]则指出,自治、法治、德治还可以按照各自不同的强度进行组合,功能互补,形成无数的治理方式、无数的治理体系及无数的善治类型,因此,只能追求最适宜的善治,而无法追求最优善治。

3. 社会组织发展

社会组织扎根于基层,是基层社会治理的重要参与者之一。新常态下,发挥社会组织在参与社会治理中的作用,可以累积社会资本,动员社会资源,促成社会合作;可以满足社会对公共物品多样化需求,提高公共服务供给水平;可以在政府部门与民众之间牵线搭桥,助推构建社会矛盾化解机制[⑦]。居民投票数据的大样本也进一步证实了中国社会组织发挥了培育公民公共精神、促进居民主动参与社会治理的作用[⑧]。

---

① 张文显,2018. 推进自治法治德治融合建设,创新基层社会治理——"三治融合"的桐乡经验具有独立价值[J].治理研究,6:5-7.

② 侯宏伟,马培衢,2018."自治、法治、德治"三治融合体系下治理主体嵌入型共治机制的构建[J]. 华南师范大学学报(社会科学版),6:141-146,191.

③ 王文彬,2019. 自觉、规则与文化:构建"三治融合"的乡村治理体系[J]. 社会主义研究,1:118-125.

④ 徐勇,2018. 自治为体,法德两用,创造优质的乡村治理[J]. 治理研究,6:7-9.

⑤ 郁建兴,任杰,2018. 中国基层社会治理中的自治、法治与德治[J]. 学术月刊,50(12):64-74.

⑥ 邓大才,2018.走向善治之路:自治、法治与德治的选择与组合——以乡村治理体系为研究对象[J]. 社会科学研究,4:32-38.

⑦ 王帆宇,2018. 社会组织参与社会治理:现实困境与优化策略[J]. 湖北社会科学,5:38-45.

⑧ 吴结兵,沈台凤,2015. 社会组织促进居民主动参与社会治理研究[J]. 管理世界,8:58-66.

在社会组织参与公共服务供给方面，大量学者认为社会组织在公共服务方面具有优势[1]，正是在公共服务供给中政府与社会组织逐渐形成了伙伴关系[2]；在公共服务的供给方面，政府、市场、社会组织开始形成一种多元供给的局面[3]。政府可以向社会组织购买服务，这一方式的优点体现在两个方面：第一，政府向非营利组织购买的公共服务经常比政府直接提供的服务成本低[4]，政府从公共产品的直接提供者、生产者转变为安排者、购买者，可以改变直接生产低效率的现象；第二，政府购买非营利组织提供的公共服务可以有效提高服务质量，并且可以在服务质量与成本之间取得双赢[5]。但是，社会组织也存在志愿失灵的风险，因此政府部门有责任培育社会力量以提供更好地提供公共服务[6][7]。在微观领域，政府部门可大力培育社会组织，建立社会组织孵化器以支持社会组织的发展[8][9]，促进公益创投[10-12]。

周定财[13]认为目前社会组织发展存在着法律法规体系不完善、社会组织和政府关系尚未理顺及自身发展不足等问题，推动社会组织更好地参与社会治理，需要制定并完善相应的法律法规，保证社会组织的合法性；加强社会组织自身建设，保持社会组织的独立性。戴海东、蒯正明[14]认为在创新社会治理大背景下，社会组织参与社会治理的障碍主要表现为：社会共治理念的缺失、社会组织自身参与社会治理的能力不足、社会组织扶持政策乏力，以及社会组织管理力量不到位与党

---

① 万军，张希，2010.依托社区社会组织另辟公共服务蹊径[J]. 社区，1：21-22.

② 郁建兴，瞿志远，2011. 公私合作伙伴中的主体间关系：基于两个居家养老服务案例的研究[J]. 经济社会体制比较，4：109-117.

③ 龚文海，2009. 公共就业服务的多元供给与治理模式[J].改革与战略，25（10）：149-151，159.

④ Terrell P, Kramer R M, 1984. Contracting with Nonprofits[J]. Public Welfare, 42(1): 31-37.

⑤ Dehoog R H, 1986. Evaluating human services contracting: Managers, professionals, and politics[J]. State & Local Government Review, 18(1): 37-44.

⑥ 孙婷，2011. 志愿失灵及其矫正中的政府责任：以北京志愿服务为例[D]. 北京：中央民族大学.

⑦ 王诗宗，杨帆，2017. 政府治理志愿失灵的局限性分析：基于政府购买公共服务的多案例研究[J]. 浙江大学学报（人文社会科学版），47（5）：184-195.

⑧ 陆慧新，2012. 从微观生态学视角看社会组织有机体的培育发育——上海市公益组织孵化器成功案例解析[J]. 社团管理研究，3：51-53.

⑨ 栾晓峰，2017. "社会内生型" 社会组织孵化器及其建构[J]. 中国行政管理，3：44-50.

⑩ 李健，唐娟，2014. 政府参与公益创投：模式、机制与政策[J]. 公共管理与政策评论，3（1）：60-68.

⑪ 崔光胜，耿静，2015.公益创投：政府购买社会服务的新载体——以湖北省公益创投实践为例[J]. 湖北社会科学，1：57-62.

⑫ 敬义嘉，公婷，2015. 政府领导的社会创新：以上海市政府发起的公益创投为例[J]. 公共管理与政策评论，4（2）：11-19.

⑬ 周定财，2016. 探索社会组织参与社会治理的新途径[J]. 开放导报，6：79-82.

⑭ 戴海东，蒯正明，2014. 社会组织参与社会治理过程中存在的问题与对策——基于对温州社会组织的调查分析[J]. 科学社会主义，2：106-109.

建工作力量薄弱。陈咏梅[①]则认为便于政府管理理念下工具性取向的制度安排已经成为社会组织参与社会治理的障碍性因素，并影响社会治理创新的进程。应当重塑社会组织参与社会治理制度安排的理念，以制度应然的价值为取向，架构以科学性、合理性、规范性为要求的制度框架，形成以准入制度、程序制度、监管制度、责任追究制度以及权利救济制度等为基本构成的制度体系，以相互洽和的系统性制度安排推动社会组织参与社会治理，满足创新社会治理的要求。

4. 平安建设

平安建设是实现社会稳定有序的重要方面。党的十九大报告指出，要"建设平安中国，加强和创新社会治理，维护社会和谐稳定"。党的十九届四中全会再次强调，"建设人人有责、人人尽责、人人享有的社会治理共同体，确保人民安居乐业、社会安定有序，建设更高水平的平安中国"。学界也注意到平安建设是社会治理的主要目标。于才年等[②]认为中国的平安建设是在国内国际新的发展格局下中国社会向更高目标发展的需要，是在政府引导下全社会参加的处理改革、发展、稳定三者关系所搭设的新的平台，是构建和谐社会发展的历史要求。朱绪平[③]认为平安建设应当遵循综合治理原则、区域性管理与各负其责原则、监测和预案原则、协调原则。薛澜等[④]提出风险治理是提升国家公共安全管理水平的基石。蒋熙辉[⑤]认为当前需要形成动态、开放、积极、韧性的稳定观，必须推动堵截式维稳向疏浚式维稳、运动式维稳向法治式维稳、被动式维稳向主动式创稳、刚性维稳向刚柔并济维稳等四个维度的转型。推动维稳模式转型升级，要统筹全局思维、超前思维、底线思维，坚持问题意识，把握民意导向，运用法治思维与法治方式才能完成。金太军、赵军锋[⑥]进一步指出，维护国家政治安全应以平安中国建设为切入点。在平安建设的协调机制方面，孙柏瑛[⑦]发现，技术整合协同治理机制的生成是城市政府在"条块"体制下一种理性的工具选择，可以以此联动政府以及多元治理主体建立跨部门、跨界的合作机制，齐抓共管、协力合作，通过形成"整体性"治理架构，有效回应城市存在的突出社会问题。在吸收社会力量参与平安建设方面，北京市将社会组织吸纳进平安建设体系中，形成了"朝阳群众""西城大妈"等范本[⑧]。在平安建设考评指标体

---

① 陈咏梅，2018.社会组织参与社会治理之制度安排[J]. 广西大学学报（哲学社会科学版），40（6）：112-118.

② 于才年，朱际民，林吉爽，2004. 略论中国的"平安建设"[J]. 中共中央党校学报，8（4）：60-64.

③ 朱绪平，2005. 平安建设的价值理论和原则[J]. 法学论坛，6：118-120.

④ 薛澜，周玲，朱琴，2008. 风险治理：完善与提升国家公共安全管理的基石[J]. 江苏社会科学，6：7-11.

⑤ 蒋熙辉，2014. 关于当代中国维稳的几个问题[J]. 中国人民公安大学学报（社会科学版），3：107-112.

⑥ 金太军，赵军锋，2015. 国家政治安全与平安中国建设[J]. 党政研究，1：8-10.

⑦ 孙柏瑛，2018. 突破"碎片化"：构建"回应性" 城市政府协同治理框架——基于杭州上城区"平安365"的案例分析[J]. 地方治理研究，1：2-16.

⑧ 靳昊，任欢. 2016-08-06. 北京：为"朝阳群众""西城大妈"点赞[N].光明日报，（3）.

系方面，杨俊峰、马建文[①]对一些地方性平安建设考评指标体系进行了深入分析。为了实现社会的平安稳定、综合治理的目标，各地进行了一些探索，包括网格化管理、"枫桥经验"的推广。

　　当前在全国范围内广泛兴起的基层网格化管理，是维护平安稳定的重要手段。网格化管理通过下沉职能部门人力、物力、财力，动员组织基层社会力量参与到排查消防隐患、治安巡逻、矛盾化解、司法救助、食品卫生安全检查等维稳和民生服务工作之中，基本实现了对基层社会治理工作的全覆盖，发挥着良好的秩序构建功能[②]，可以提升基层维稳能力[③]。王名、杨丽[④]指出，网格化管理有三种代表性的模式：一是党委主导的大推动体制；二是党政一体的大协调体制；三是依托民政的大社会体制。田毅鹏[⑤]认为网格化在治理推进过程中面临着运行成本高、持久性不强、社区自治被弱化、网格泛化等风险。在此基础上，文军[⑥]认为网格化管理应作出如下转变，从单一式管理向多元化治理转变，从粗放式管理向精细化管理转变，从被动式管理向主动式管理转变，从静态式管理向动态化管理转变；姜晓萍、焦艳[⑦]则提出要实现从网格化管理到网格化治理的内涵提升。

　　在社会矛盾治理方面，梁仲明[⑧]提出社会矛盾调节工作是一项复杂的社会系统工程，需要调动各种社会力量，运用各类社会资源，形成反应灵敏、运行高效的工作机制。灵活、高效的社会矛盾调节机制对于应对复杂局面、提高化解和处理社会矛盾的能力，构建和谐社会具有重要意义。史献芝[⑨]聚焦网络治理理论，探求防范和化解社会矛盾的网络治理理论，其实质是基于实现共同的治理目标，政府、企业、社会组织和公民主体等多元治理主体，在对话、协商、参与的机制框架内，通过资源共享、密切合作参与社会公共事务的治理和维护，最终形成公共利益的治理模式。胡仙芝[⑩]、康晓强[⑪]等强调了社会组织在化解社会矛盾中具体的作用。

　　① 杨俊峰，马建文，2013. 平安建设考评指标体系研究——以创建平安广东考评指标体系为例[J]. 中国人民公安大学学报（社会科学版）：2：54-58.

　　② 唐皇凤，吴昌杰，2018. 构建网络化治理模式：新时代我国基本公共服务供给机制的优化路径[J]. 河南社会科学，26（9）：7-14.

　　③ 周连根，2013. 网格化管理：我国基层维稳的新探索[J]. 中州学刊，6：83-85.

　　④ 王名，杨丽，2012. 北京市网格化服务管理模式研究[J]. 中国行政管理，2：119-121.

　　⑤ 田毅鹏，2012. 城市社会管理网格化模式的定位及其未来[J]. 学习与探索，2：28-32.

　　⑥ 文军，2012. 从单一被动到多元联动：中国城市网格化社会管理模式的构建与完善[J]. 学习与探索，2：33-36.

　　⑦ 姜晓萍，焦艳，2015. 从"网格化管理"到"网格化治理"的内涵式提升[J]. 理论探讨，6：139-143.

　　⑧ 梁仲明，2006. 试论我国社会矛盾调节机制的完善与创新[J]. 西北大学学报（哲学社会科学版），36（5）：14-18.

　　⑨ 史献芝，2017. 网络治理：防范与化解社会矛盾的一种新视角[J]. 理论探讨，6：44-48.

　　⑩ 胡仙芝，2006. 积极培育社会组织 构建社会矛盾调节体系——以社会中介组织为视角[J]. 国家行政学院学，6：42-45.

　　⑪ 康晓强，2014.有效发挥社会组织在化解社会矛盾方面的积极作用[J]. 教学与研究，2：24-30.

戴桂斌[①]提出协商民主有助于化解社会矛盾冲突。马怀德和王柱国[②]、唐宏强和孙建[③]则认为规范公权力和司法公开制度有利于防范与化解社会矛盾纠纷。肖唐镖[④]、易申波和肖唐镖[⑤]基于大样本实证研究，从影响公民政治参与因素的角度出发，提出缩小收入差距、完善多样化参与渠道、提升公共服务水平在遏制群体性事件方面的作用。

在信访治理中，刘正强[⑥]认为我国信访总量与治理成本双双高企，不断触碰着国家与社会的敏感神经，并危及社会的良性运行和协调发展，其原因在于历史问题的积累、拆迁保障类问题的叠加、涉法涉诉问题的升级、精神心理类问题的涌现等。闫锋[⑦]认为我国信访制度改革相对滞后，信访走访化、至高化、群体化、极端化问题日益凸显。王小冬[⑧]认为应该完善基层调解机制；重构行政性纠纷解决程序，强化责任追究机制；规范信访机构的定位，解决信访与司法的衔接问题；完善其他社会机制，以减少和预防社会纠纷。于建嵘[⑧]认为，信访存在机会主义行为，因此要减少信访治理中的机会主义行为，必须改变信访制度运行中的泛政治化特征，实现权力运行的制度化与信访治理的现代化；从现实路径来讲，应剥离信访制度的功能，回归法治轨道。

除此之外，基层社会治理研究还包括数字化治理的相关的研究。数字化治理已成为公共部门组织变革的新趋势[⑩]，也是我国基层治理中最有显示度的内容[⑪⁻⑬]。众多研究者认为，基层治理进行数字化转型是提升治理效能的必要选择[⑭⑮]。数字化治理首先要回答的就是如何运用信息技术以改变碎片化、低效化管理现象

① 戴桂斌，2009.协商民主：化解社会矛盾冲突的有效形式[J].求实，11：60-63.

② 马怀德，王柱国，2007. 城管执法的问题与挑战——北京市城市管理综合行政执法调研报告[J]. 河南省政法管理干部学院学报，6：54-72.

③ 唐宏强，孙建，2012.关于完善我国司法公开制度的思考——从利于预防和化解社会矛盾纠纷的视角论之[J].学术交流，9：65-69.

④ 肖唐镖，2017. 人际网络如何影响社会抗争动员——基于混合方法的研究[J]. 理论探索，2：35-41.

⑤ 易申波，肖唐镖，2017. 影响我国公民政治参与的因素分析——以 2002 与 2011 年两波全国抽样调查数据为依据[J]. 华中师范大学学报（人文社会科学版），56（4）：18-30.

⑥ 刘正强，2016.“总体性治理”与国家“访”务——以信访制度变迁为中心的考察[J]. 社会科学，6：94-104.

⑦ 闫锋，2014. 当前我国信访存在的主要问题及其治理对策[J]. 中州学刊，9：87-91.

⑧ 王小冬，2014. 社会转型期的信访治理机制研究[J]. 求实，S1：53-55.

⑨ 于建嵘，2015. 机会治理：信访制度运行的困境及其根源[J]. 学术交流，10：83-92.

⑩ Dunleavy P, Margetts H, Bastow S, et al., 2006. New public management is dead—Long live digital-era governance[J]. Journal of Public Administration Research and Theory, 6(3): 467-494.

⑪ 米加宁，李大宇，章昌平，等，2017.大数据与社会科学量化研究[J].实证社会科学，1：13-32.

⑫ 米加宁，章昌平，李大宇，等，2018. 第四研究范式：大数据驱动的社会科学研究转型[J]. 学海，2：11-27.

⑬ 郁建兴，2019.构建基层社会治理新格局[J].半月谈，21：2.

⑭ Dunleavy P, Margetts H, Bastow S, et al., 2006. New public management is dead—Long live digital-era governance[J]. Journal of Public Administration Research and Theory, 16(3): 467-494.

⑮ Longo J, 2011. Open data: Digital-era governance thoroughbred or new public management trojan horse? [J]. Public Policy and Governance Review, 2(2): 38.

问题，其次要关注如何建立政府与社会其他主体的沟通和互动机制以推进社会共治[①②]。对数字化应用于基层治理已经有较多研究，主要包括"智慧社区""社区通""指尖化社区""一站式服务""一网通办""最多跑一次"改革等内容[③-⑥]。

（三）城市治理与市域社会治理

改革开放以来，我国经历了世界历史上规模最大、速度最快的城镇化进程，城市发展波澜壮阔，取得了举世瞩目的成就。当前，城市已经成为我国经济、政治、文化、社会等方面活动的中心，在党和国家工作全局中具有举足轻重的地位。党的十八大以来，党中央高度重视城市建设与发展工作，习近平总书记多次强调，一流城市要有一流治理，要注重在科学化、精细化、智能化上下功夫，既要善于运用现代科技手段实现智能化，又要通过绣花般的细心、耐心、巧心提高精细化水平，绣出城市的品质品牌[⑦]，这对城市治理，尤其是市域社会治理提出了更高要求。

1. 中国城市化特征与治理挑战

城市化包含人口城市化、空间城市化、产业结构城市化、生活方式城市化等内容[⑧]，改革开放以来我国城市化快速发展，但也面临着发展不均衡和巨大治理挑战的问题，特别是人口城市化滞后于产业结构城市化。中国的城镇人口比例在 2011 年首次超过了 50%，2018 年达到 59.58%，中国已经从一个以农村人口为主体的国家跨入了以城镇人口为主体的国家[⑨]，但由于城乡二元分割制度，我国人口的城市化远远滞后于产业的城市化，广泛存在人口与空间、生活方式不相适应的问题[⑩-⑫]。

① 颜佳华，王张华，2019. 数字治理、数据治理、智能治理与智慧治理概念及其关系辨析[J]. 湘潭大学学报（哲学社会科学版），43（5）：25-30，88.

② 鲍静，贾开，2019. 数字治理体系和治理能力现代化研究：原则、框架与要素[J]. 政治学研究，3：23-32，125-126.

③ 郁建兴，高翔，2018. 浙江省"最多跑一次"改革的基本经验与未来[J]. 浙江社会科学，4：76-85.

④ 韩志明，李春生，2019. 城市治理的清晰性及其技术逻辑——以智慧治理为中心的分析[J]. 探索，6：44-53.

⑤ 邓沁雯，王世福，邓昭华，2017. 城市社区智慧治理的路径探索——以佛山张槎"智慧城市管家"为例[J]. 现代城市研究，5：9-15，30.

⑥ 陈晓春，肖雪，2018. 共建共治共享：中国城乡社区治理的理论逻辑与创新路径[J]. 湖湘论坛，6：41-49.

⑦ 习近平在上海考察[EB/OL]. http://www.xinhuanet.com/politics/2018-11/07/c_1123679389.htm,2018-11-07.

⑧ 蔡俊豪，陈兴渝，1999. "城市化"本质含义的再认识[J]. 城市发展研究，5：22-25.

⑨ 翟振武.实现"两个一百年"奋斗目标的有力信息支撑——谈第七次全国人口普查[EB/OL]. http://www.nys.gov.cn/publicity_tjj/wjjd27/14776, 2019-11-28.

⑩ 陆铭，陈钊，2004.城市化，城市倾向的经济政策与城乡收入差距[J].经济研究，6：50-58.

⑪ 李郇，2005. 中国城市化滞后的经济因素——基于面板数据的国际比较[J]. 地理研究，24（3）：421-431.

⑫ 陈伟，2016.中国城市化滞后程度测度[J]. 河北经贸大学学报，37(2): 123-129.

城市化的问题集中于土地经济、农民市民化、人居环境和生态环境等方面[①-③]。其中，重要根源在于城市人口比例持续上升，相应地，城市的公共服务压力上升，在就业、环境、公共安全等方面也面临很大压力，中国进入城市社会的风险积聚期[④]。

城市间发展不平衡也是中国当前城市化进程的特征之一。2017 年，前 14 个城市的 GDP 总量约占全国总量的 30%，这说明中心城市在经济发展中的引领作用日益突出，中西部城市群内资源要素正在向核心城市集聚，东部城市群中心城市则处于要素外溢阶段。另外，城市等级越高的城市，其人口集聚能力越强，城市间的分化正在加剧[⑤]。2016 年，省会以上城市样本组的人均 GDP 标准差为 0.308，地市级城市样本组的人均 GDP 标准差为 0.528，说明各城市间人均 GDP 差异较大，尤其是地市级城市之间的差异比省会城市之间的差异更大[⑥]，这也构成了市域社会治理的巨大挑战。

在公共安全方面，现有的实证研究表明快速的城市化发展、半城市化现象会导致犯罪率上升[⑦⑧]。根据国家统计局数据，1999—2018 年中国妨害社会管理秩序案件数（人民检察院批捕、决定逮捕犯罪嫌疑人）呈上升趋势，2018 年为 235 745 件，是 1999 年 54 331 件的 4.3 倍。由于外来人口的激增，2016 年浦东新区平均人口密度约 4000 人/km²，为全国平均水平的近 28 倍；数据还显示当地治安事件数量同步增长，仅 2016 年查处的行政（治安）案件数近 200 万件，是 2010 年的 3 倍多[⑨]，社会经济的快速发展与非正式社会控制的重要性减弱、资源分配结构的失衡导致了犯罪率的上升[⑩]。

城市化背景下社会整合所面临的挑战。城市社会学的创始人沃斯把城市化

① 踪家峰，林宗建，2019. 中国城市化 70 年的回顾与反思[J]. 经济问题，9：1-9.

② 胡惠林，2018. 城市文化空间建构：城市化进程中的文化问题[J]. 思想战线，44（4）：126-138.

③ 邵帅，李欣，曹建华，2019. 中国的城市化推进与雾霾治理[J]. 经济研究，2：148-165.

④倪鹏飞，李超，2019.中国城市竞争力 2018 年度综述——从城市看中国：中国正处在迈向现代化的关键期[C]//倪鹏飞. 中国城市竞争力报告 NO.17.住房，关系国与家. 北京：中国社会科学出版社：5-12.

⑤ 倪鹏飞，沈立，2018.中国城市竞争力 2017 年度综述——从城市看中国：经济集聚，人才争夺与产业转移[C]//倪鹏飞. 中国城市竞争力报告 NO.16·40 年：城市星火已燎原. 北京：中国社会科学出版社：34-71.

⑥ 马忠新，陶一桃，2018. 制度供给、制度质量与城市发展不平衡——基于改革开放后 288 个城市发展差异的实证研究[J]. 财政研究，6：70-83.

⑦ 郭涛，阎耀军，2014. 城市化与犯罪率非线性动态关系实证研究[J]. 统计与信息论坛，29（4）：96-99.

⑧ 王安，2012.城市化，腐败与刑事犯罪[C]//《经济研究》编辑部.2012 年度（第十届）中国法经济学论坛论文集.浙江大学经济学院，山东大学经济研究院，《经济研究》编辑部：478-488.

⑨ 周睿，陈鹏，胡啸峰，等，2018. 雄安新区城市化进程中人口风险驱动的社会治理策略初探[J]. 中国安全生产科学技术，14（8）：5-11.

⑩ 白建军，2010.从中国犯罪率数据看罪因、罪行与刑罚的关系[J].中国社会科学，2：144-159，223.

理解为社会生活方式的变革过程，认为城市的本质是异质性[①]。异质性意味着以同质性个体组成群体为基础的社会凝聚力下降，且导致人际关系疏远、社会控制力量减弱。城市化引起的生活方式变革将会动摇甚至摧毁城市社区的存在基础[②]。除了社区消失论[③④]外，社区响应城市化的结果还体现在社区生活方式和运行方式的多样化。社区发现论以及社会转变论[⑤-⑦]提出在社区层面上重建社会凝聚的可能性。

2. 城市治理的体制机制

城市化和现代化的发展带来城市功能的多样化、细化，城市结构和功能的分化导致政府管理权限的分割，多个政府权力主体实施城市管理可能带来的各自为政与分散管理的问题被称为"碎片化"[⑧]，碎片化导致公共产品供给效率低下、分配和消费不公[⑨]。针对城市治理的碎片化问题，一些研究者提出了城市治理体制机制改革的对策。解决碎片化问题的途径之一是发展多元、横向网络治理模式，多元治理主体参与并建构关系，以合作为导向，以提高效率、促进公平[⑩]。自 20世纪 70 年代开始，西方治理理论伴随着服务型政府改革实践逐渐成为西方社会主流，即形成了治理多元主体化、去中心化的"小政府、大社会"现代社会治理模式[⑪]，改革取得了显著成效。例如，日本在调动社会力量以及完善城市管理参与和监督机制方面下了很大功夫；而新加坡不但以法制来保证城市管理工作的权威性，而且还充分利用基层领袖的权威性以解决硬性执法中不易解决的一些难题[⑫]。

还有一些研究者提出，应构建"整体性政府"和"大部门体制"。过去，各级政府的机构设置以经济综合管理部门为主，社会综合管理部门相比之下力量较为薄弱，因此，在社会治理中需要改变碎片化的政府功能分化的现状，重塑政府

① Wirth L, 1938. Urbanism as a way of life[J]. American Journal of Sociology, 44(1): 1-24.

② 程玉申，周敏，1998. 国外有关城市社区的研究述评[J]. 社会学研究，4：54-61.

③ Wellman B, 1979. The community question: The intimate networks of east yorkers[J]. American Journal of Sociology, 84(5): 1201-1231.

④ Wellman B, Leighton B, 1979.Networks, neighborhoods, and communities: Approaches to the study of the community question[J]. Urban Affairs Quarterly, 14(3): 363-390.

⑤ Gans H J, 1977. Urbanism and sub urbanism as ways of life: A re-evaluation of definition[C]//Callow A B, American Urban History: An Interpretive Reader with Commentaries. 2nd. London: Oxford University Press: 576.

⑥ Fischer C S, 1976. The Urban Experience[M]. New York: Harcourt Brace Jovanovich: 309.

⑦ Stacey M, 1969. The myth of community studies[J]. The British Journal of Sociology, 20(2): 134 -147.

⑧ 孙群郎，2005. 20 世纪 70 年代美国的"逆城市化"现象及其实质[J].世界历史，1：19-27，143；唐宏强，孙建，2012. 关于完善我国司法公开制度的思考——从利于预防和化解社会矛盾纠纷的视角论之[J]. 学术交流，9：65-69.

⑨ 洪世键，2009. 大都市区治理——理论演进与运作模式[M]. 南京：东南大学出版社.

⑩ 蔡禾，2012. 从统治到治理：中国城市化过程中的大城市社会管理[J]. 公共行政评论，6：1-18，168.

⑪ 陶秀丽，2019. "国家在场"的社会治理：理念反思与现实观照[J]. 学习与实践，9：112-117.

⑫ 张诗雨，2015. 发达国家的城市治理范式——国外城市治理经验研究之三[J].中国发展观察，4：74-80.

结构，强调构建合作与协调的责任体系和激励机制，以推动形成跨越组织界限的工作方式，最终的目的在于政府能力的提升、政府绩效的提高，从而更好地服务于经济和社会发展[1][2]。吴建南、张攀分析了街道集中执法改革背后的整体性政府理论与后科层制的政府扁平化思想，探索了集中执法改革背后的治理逻辑及其效果，发现街道集中执法改革的制度安排对解决现有体制多头执法、部门推诿扯皮等问题效果明显[3]。

程刚分析了浙江省宁波市鄞州区在"扩权强县""撤县设区"改革背景下的统筹机制[4]，特别是比较了区与县（含县级市）不同的体制机制（表1-1），以及这些体制机制在促进鄞州发展中的作用。类似的，柳博隽从经济发展的角度也指出，城市经济相较于县域经济更具开放性，更强调协作分工和资源互补，在更大范围内集聚要素和整合资源，在更深层次上展开市场竞争和经济协作，在更大程度上实现了规模经济和范围经济[5]。

表 1-1　区、县（含县级市）的体制机制比较

项目	区	县（含县级市）
独立性	弱	强
自主性	弱	强
行政级别	处级（比副省级城市高半级）	处级
行政隶属	地级市直管	县级市由省政府直管
工作重点	以城市工作为重点兼顾农村	县以农村为重点兼顾城市
下辖行政机构	一般设街道办事处	乡、民族乡、镇、街道办事处
与地级市融合性	强	弱
城建	地级市统一进行	相对独立进行
规划	地级市统一进行	相对独立进行
土地管理	地级市统一进行	相对独立进行
财税上缴比例	高	低
建设用地征用补偿标准	高	低
社会保障标准	高	低

资料来源：程刚.中国撤县建区的新探索：宁波鄞州模式实证研究（2002～2012）[M].北京：经济科学出版社，2011

3. 城乡一体化

城市化以工业革命为起点，使得城市与乡村在生产和生活上的差距急剧拉大。时至今日，二者依然存在差别、冲突和对立的情况。这让我们不得不去审

① 王佃利，吕俊平，2010. 整体性政府与大部门体制：行政改革的理念辨析[J]. 中国行政管理，1：105-109.
② 林家彬，张同林，等，2017. 创新和完善城市社会治理研究[M]. 北京：经济科学出版社.
③ 吴建南，张攀，2017. 整体性政府与后科层制——行政集中执法改革的案例研究[J]. 行政论坛，5：118-124.
④ 程刚，2011.中国撤县建区的新探索：宁波鄞州模式实证研究（2002~2012）[M]. 北京：经济科学出版社.
⑤ 柳博隽，2011. 县域经济与城市经济之辨[J]. 浙江经济，18：6.

视城乡治理的二元化问题。当前, 城乡二元分割的局面仍然存在, 表现在城乡人口结构、经济总量、居民收入、教育、医疗、社会服务等方面差距明显[1][2]。国家统计局数据显示, 2018 年城市人均可支配收入为 39 251 元, 农村人均可支配收入为 14 617 元, 前者为后者的 2.7 倍, 这表明当前我国还存在明显的城乡间收入差距。

从根源上看, 城市偏向型政策阻碍了城乡融合。城市偏向型经济政策[3]、重工业优先发展战略[4]、城市偏向型教育经费投入政策[5]、城乡社会保障差异[6]拉大了城乡收入差距, 因此加快建立城乡一体化的制度显得尤为重要。针对这些问题, 2012 年以来, 我国在城乡融合发展方面积极探索, 总体来看, 城乡统筹发展战略的实施, 促进了城乡要素、产品的双向互动, 降负增补、公共服务均等、新农村基础设施建设等举措加快了乡村发展, 促进了城乡一体化进程, 城乡收入之比在 2007—2009 年达到了最大值 3.33 之后开始缩小, 城乡一体化进程加快, 2012年的时候下降为 3.1, 2018 年为 2.7[7][8]。

打破城乡二元分割、推进城市化进程的关键是构建城乡一体化的共享制度。跨越二元结构的协同治理是当前学界普遍认同的城乡一体化实施路径, 实践丰富多样且取得一定成效。在城市统筹层面, 芜湖以民生工程为抓手, 按照轻重缓急, 推进城乡公共服务均等化; 深圳将农村市政基础设施统一纳入城市管理体系, 基本实现了城乡服务均等化[9], 在城乡接合部的一些治理实践, 如乡贤治理[10]、撤村并居[11]、社区"微治理"体系建设[12]、特色小镇建设[13]也为城乡一体化治理提供了宝贵经验。

---

① 关山晓, 2013.城乡统筹发展的路径选择和制度建设[J]. 经济纵横, 9: 16-19.

② 彭清华, 2014.人口二元化对经济二元结构的固化效应分析——基于混合截面数据模型[J]. 地方财政研究, 8: 26-32.

③ 陆铭, 陈钊, 2004.城市化, 城市倾向的经济政策与城乡收入差距[J].经济研究, 6: 50-58.

④ 陈斌开, 林毅夫, 2013.发展战略、城市化与中国城乡收入差距[J]. 中国社会科学, 4: 81-102, 206.

⑤ 陈斌开, 张鹏飞, 杨汝岱, 2010.政府教育投入、人力资本投资与中国城乡收入差距[J]. 管理世界, 1: 36-43.

⑥ 高文武, 徐阳日, 范佳健, 等, 2018.经济发展、城乡二元化对城乡居民收入差距影响的实证分析[J]. 统计与决策, 3: 147-150.

⑦ Zhang Z H, Lu Y W, 2018. China's urban-rural relationship: Evolution and prospects[J]. China Agricultural Economic Review, 10(2): 260-276.

⑧ 赵康杰, 景普秋, 2019. 要素流动对中国城乡经济一体化发展的非线性效应研究: 基于省域面板数据的实证检验[J]. 经济问题探索, 10: 1-12.

⑨ 蔡书凯. 中国全域城市竞争力报告——迈向城乡一体化的全域城市[C]//倪鹏飞. 中国城市竞争力报告 No.14.新引擎: 多中心群网化城市体系. 北京: 中国社会科学出版社: 302-335.

⑩ 李建兴, 2015. 乡村变革与乡贤治理的回归[J]. 浙江社会科学, 7: 82-87, 158.

⑪ 陈荣卓, 李梦兰, 2018. 城乡关系视域下撤村并居社区的融合性治理[J]. 江汉论坛, 3: 133-139.

⑫ 杨桓, 2019. 社会空间视域下的城乡结合部社区治理创新——以成都市犀和社区为例[J]. 社会主义研究, 2: 117-123.

⑬ 姚尚建, 2017. 城乡一体中的治理合流——基于"特色小镇"的政策议题[J]. 社会科学研究, 1: 45-50.

4. 市域社会治理

因为"市域治理现代化"是新概念，目前学者对其的研究还比较少，仅有的一些研究包括：国内学者杨安[①]认为市域治理需要依托一个城市区域，这一城市区域是群众公共活动的地理空间载体，政府、企业、社会组织和居民等多元主体基于特定的制度安排，针对公共事务管理和公共服务提供等，通过共同参与的方式进行合作、协商，以实现在城市区域内的公共利益与私人利益相调和。对于市域社会治理的地域范围，姜方炳[②]指出，从国家对"市域社会治理"的谋划布局来看，这里的"市域"应该主要指的是设区的城市的行政区域和层级，包括副省级城市、省会城市和计划单列市。对于市域社会治理的必要性，有学者认为当前我国新型社会矛盾风险的传导性、流动性不断增强，从酝酿发酵到集中爆发周期不断缩短，牵涉的利益群体、资金往来、具体诉求等各类矛盾要素不断超越传统县域层级能够解决的职权范围。而相对于以县域为重点的传统社会治理体系而言，以设区的市为单位的社会治理具有更明显的优势，特别是地方立法权优势和资源统筹协调优势[③]，有助于解决基层社会治理的内卷化问题[④]。此外，一些研究者考察了各地在市域社会治理中的实践情况，如对绍兴市[⑤]、南通市[⑥]、福州市[⑦]、厦门市[⑧]、盘锦市[⑨]、南京市[⑩]、衢州市[⑪]的市域社会治理实践进行了分析和介绍。

围绕市域社会治理现代化与中国式城市新模式，马西恒[⑫]指出，人民城市与市域社会治理现代化已经勾勒出中国式城市发展新模式的整体框架，因此要在进一步明晰人民城市与市域社会内在逻辑的基础上，推进市域社会共同体构建，为中国式现代化提供基础支撑和强大引擎。桑玉成[⑬]认为，当下要着力构建政社共治、官民协同的城市治理体制，重点处理好政府与社会的合作、权力与权利的平衡、体制与技术的互补，从根本上保证人民城市的本质属性和城市发展正确方向。黄

① 杨安，2018. 大数据与市域社会治理现代化——厦门实践与探索[J]. 经济，S2：102-107.

② 姜方炳，2019. 理解"市域社会治理现代化"的三个着力点[J]. 杭州（周刊），5：36-37.

③ 韩冬梅，2019. 加快构建市域社会治理法治化保障体系[J]. 唯实，4：16-19.

④ 成伯清，2019. 市域社会治理：取向与路径[J]. 南京社会科学，11：10-16.

⑤ 戴大新，魏建慧，2019. 市域社会治理现代化路径研究：以绍兴市为例[J]. 江南论坛，5：10-12.

⑥ 姜永华，2019. 市域社会治理现代化的实践探索[J]. 唯实，10：64-66.

⑦ 王赣闽，2019. 社会治理视角下市域网格化治理的实践与探索：以福建省福州市为例[J]. 福建江夏学院学报，9（2）：76-83.

⑧ 杨安，2018. 大数据与市域社会治理现代化——厦门实践与探索[J]. 经济，S2：102-107.

⑨ 董延涌，2015. 关于推进市域治理体系和治理能力现代化的问题研究——以盘锦市为例[J]. 环渤海经济瞭望，3：10-14.

⑩ 甘文华，2015. 优化南京市域治理体系新方略研究[J]. 中共南京市委党校学报，1：108-112.

⑪ 陈志明，周世红，严海军，2019. 新时代市域社会治理现代化的衢州实践[J]. 政策瞭望，7：18-20.

⑫ 马西恒，2023. 人民城市建设与市域社会的治理逻辑[J]. 探索与争鸣，12：5-10，192.

⑬ 桑玉成，2023. 人民城市治理的主体，权力与体制[J]. 探索与争鸣，12：11-15，192.

晓春[①]提出，要以全过程人民民主理念为方法论，从根本上突破人民城市建设中的关键瓶颈，推动基于人民性的社会治理共同体的构建，与此同时，将全过程人民民主融入城市治理现代化的相关改革也亟待推进。刘能[②]聚焦"韧性城市"，指出从韧性城市到韧性人民城市的演进，将城市全体人民的整体福利纳入其中，充分体现出人民城市的基本意涵。韧性人民城市建设，需要以发展主义财政观、智慧城市大脑、韧性决策的认知基础和韧性动员的常规维持为支撑条件。葛天任[③]聚焦智慧城市，基于城市发展、城市规划与城市治理之间的"脱嵌"，提出中国式"三位一体"城市治理现代化新模式——依托数智化技术，真正实现寓"公平性民生治理"于"包容性增长规划"之中。

陈那波和张程[④]构建了基于政府网络信息、专业平台数据、官方统计资料、专业测评资料与大规模问卷调查五种方法的综合性数据采集体系。他们通过总体评估、综合得分排名、群组比较等多样化手段，分析了全国 108 个地市市域社会治理的整体成效与个别差异。

（四）对已有研究的评价

总体上看，近年来我国社会治理、基层社会治理和城市治理的相关研究获得了突飞猛进的发展，为进一步开展市域社会治理研究奠定了良好的基础。但考虑社会治理在市域范围的特殊性，在现有基础上，市域社会治理的研究还有着进一步探讨、发展和突破的巨大空间：

1）市域社会治理是社会治理研究中的一个新领域。虽然当前已经有一些研究初步考察了"市域社会治理"的概念、市域的范围、市域社会治理的优势以及一些市域社会治理的创新实践，但总体上市域社会治理的研究才刚刚开始。在学术意义上，市域社会治理现代化还没有完全破题。什么是市域社会治理？为什么要加快推进市域社会治理现代化？这些基础性的问题还没有完全得到解答。特别是党的十九届四中全会明确"坚持和完善共建共治共享的社会治理制度"，确立"党委领导、政府负责、民主协商、社会协同、公众参与、法治保障、科技支撑的社会治理体系"，国家层面社会治理的顶层设计基本完善，作为承上启下的市域层级，如何结合市域特点构建和完善市域社会治理制度、加快推进市域社会治理现代化已经成为社会治理研究中的一个重要议题。

2）从现有文献来看，关于社会治理、基层社会治理，我国已经取得了丰硕的研究成果，但市域社会治理的特点和规律还有待进一步探索。在城市化快速发展

① 黄晓春，2023.全过程人民民主：人民城市建设的方法论基础[J].探索与争鸣，12：16-19，192.

② 刘能，2023.从城市韧性到韧性人民城市[J].探索与争鸣，12：27-30，192.

③ 葛天任，2023.新型智慧城市：寓治理于规划[J].探索与争鸣，12：31-34，192.

④ 陈那波，张程，2022.中国市域社会治理评估报告[M].北京：社会科学文献出版社.

的背景下，市域社会治理面临着社会整合和风险防控的巨大挑战，市级党委政府如何适应城市社会的新形态，认识市域社会治理的新规律，在社会分化中实现新的社会整合，构建确保社会既充满活力又和谐有序的体制机制，是亟待研究和思考的重大理论和现实课题。

3）从方法上看，目前中国社会治理的研究大多停留在规范研究和个案研究层面，缺乏对治理体系、治理能力、治理效能的操作化和定量实证研究，缺乏对治理效能和治理绩效差异的机制性解释[①]。一些治理研究者已经注意到必须将理论与经验研究相结合，在宏观理论与微观经验之间建立机制研究桥梁[②]，在此方面的经验研究有助于了解我国社会治理的微观情形及其社会基础，更为深入地审视和评价我国社会治理现代化的进程[③]，而全国范围内市域社会治理现代化试点建设为深入开展市域社会治理体系、治理能力和治理效能的评估，洞察社会治理规律及其内在机制、总结市域社会治理的经验理性知识提供了实践支撑。

4）从实践应用和政策制定的角度来说，由于缺乏对治理体系、能力和效能的实证研究，目前针对社会治理的政策往往采用自上而下的分析方法（top-down approach），在不同层面套用社会治理顶层设计，只讲价值目标而缺乏工具理性，强调制度环境而忽视基层社会治理能力建设。在市域社会治理中，如何从市域社会治理的优势、能力和互动行为出发，从市域社会治理面临的突出问题出发，自上而下与自下而上相结合，构建系统的市域社会治理的政策体系和管理工具仍是需要突破的研究领域。

二、社会治理与市域社会治理的实践进展

在当代中国的语境中，"治理"一词是一个集中国历史上"治国理政"意涵和"治理"的现代含义于一体的概念。尽管"基层社会治理"这一概念正式出现在我们党的文件中只是近几年的事情，但有关实践一直都在进行中，并在不同的历史阶段形成了具有中国特色的基层社会治理模式。因此，我们依然可以用基层社会治理的视角观察中华人民共和国成立以来基层社会治理的演变过程。从这一视角来看，自中华人民共和国成立以来，中国基层社会治理经历了从"管控型"基层社会治理到"管理型"基层社会治理，再到"治理型"基层社会治理的转变。这一转变实际上是由国家和社会关系的变迁过程决定的，体现了国家与社会合一到国家与社会逐渐分离的内在逻辑。总的来说，我国社会治理的发展经历了三个阶段。

---

① 李铁，2012.公共治理是个技术活[J]. 领导科学，24：21.

② 郁建兴，王诗宗，2010.治理理论的中国适用性[J]. 哲学研究，11：114-120，129.

③ 吴结兵，沈台凤，2015.社会组织促进居民主动参与社会治理研究[J]. 管理世界，8：58-66.

（一）管控型社会治理阶段：1949～1977 年

中华人民共和国成立初期，国内外复杂的局势迫使政府急需整顿散乱的社会局面，重建社会秩序、恢复生产，并迅速承担国家体制、经济和社会现代化的重任，以稳固新生政权。为能够最大限度地整合社会资源、调动国内外一切积极因素，我国以计划经济体制为主体，实行高度集中的行政管理模式。在这种背景下，我国的社会管理也带有强烈的行政化和指令性色彩，全体社会成员被纳入统一的管理体制中。在农村，人民公社是最主要的社会组织形式；在城市，政府通过实行单位制和街居制，对社会成员进行统一组织；此外，在城乡之间，则建立了严格的户籍管理制度，对国内大面积的人口流动起到了管控和引导作用。计划管理体制为迅速恢复社会秩序、维护社会稳定作出了重要的历史性贡献。然而，这一社会管理模式同时也产生了限制社会流动、压抑社会活力的弊端。1966 年开始的持续 10 年之久的"文化大革命"，对我国各级行政管理机关造成严重打击，城市单位和农村人民公社的运行也受到破坏，我国城乡基层社会一度出现了生产停滞、秩序混乱的情况，严重影响了人民生活。但从总体上看，这一时期，以人民公社和单位制为核心的基层社会管控模式没有改变。

简而言之，这一时期的中国社会治理尚处于"以管控代替治理"的阶段，国家对社会治理的方式基本上遵循着"强国家-弱社会"治理模式，是一个在维护社会秩序稳定的前提下，以全面建构符合国情的政治制度体系为核心，集中社会力量参与国家建设的过程。在这个过程中，社会治理几乎完全围绕政治活动开展，也可以说，社会活动都带有政治性色彩，社会发展与政治建设紧密联系，群众生产生活和社会主义事业发展都体现出较强的管控性和计划性，国家与社会呈现高度统一的局面。

（二）管理型社会治理阶段：1978～2012 年

1978 年底召开的中国共产党十一届三中全会，决定把全党工作的重点和全国人民的注意力转移到社会主义现代化建设上来，开启了中国改革开放的历史大幕，推动了中国各个领域的全面革新。在改革开放的推进过程中，旧的国家化社会管理模式尽管依旧在延续，但解体的步伐已然加快。

改革开放实际上是从下放权力开始的，随着管理权力的下放，我国国家与社会、国家与市场关系逐步发生变化。随着联产承包责任制的推行，极大地调动了农民的生产积极性，解放了农村社会生产力，动摇了人民公社赖以存在的经济根基，人民公社开始解体。1983 年 10 月，中共中央发布《关于实行政社分开建立乡政府的通知》，要求各地有领导有步骤地进行政社分开改革。到 1984

年底，全国各地建立了 9.1 万个乡（镇）政府、92.6 万个村民委员会[①]，标志着人民公社制度正式退出历史舞台。与此同时，随着城市行政管理体制和经济体制改革的不断深化，过去单位所承担的社会职能开始向社会转移，"单位人"开始向"社区人"转化，过去那种国家权力对基层社会全面覆盖的局面开始改变，管控型的基层社会治理模式出现了全面松动。1987 年，全国人民代表大会通过了《中华人民共和国农村村民委员会组织法（草案）》，1989 年通过了《中华人民共和国城市居民委员会组织法》，以国家法律的形式进一步明确了城乡基层社会自治制度。

1993 年 11 月，党的十四届三中全会确立了转变政府职能，并通过了《中共中央关于建立社会主义市场经济体制若干问题的决定》。随着我国社会主义市场经济体制的逐步建立和不断发展，政企不分、政社不分、政事不分的局面明显改变，基层社会日渐发育，社会组织不断成立、社会结构明显变化、利益关系发生调整，基层社会的公共性需求日益旺盛，并对基层社会治理提出了新的要求。为适应这一新的要求，党和国家提出并重视社会管理。1998 年 3 月，《关于国务院机构改革方案的说明》中首次提出"社会管理"这一概念，并把它作为政府的三大职能之一。2002 年 11 月，党的十六大提出了全面建设小康社会的奋斗目标，并将社会管理明确为政府的四项主要职能之一。党的十六大报告第五部分"政治建设和政治体制改革"中，在谈到"维护社会稳定。完成改革和发展的繁重任务，必须保持长期和谐稳定的社会环境"时指出，"坚持打防结合、预防为主，落实社会治安综合治理的各项措施，改进社会管理，保持良好的社会秩序"。在这里，社会管理被列为维护社会稳定的具体途径。2003 年 10 月，党的十六届三中全会从完善社会主义市场经济的目标和任务层面提出完善政府社会管理职能。全会通过的《中共中央关于完善社会主义市场经济体制若干问题的决定》指出，"完善政府社会管理和公共服务职能，为全面建设小康社会提供强有力的体制保障"，这就把社会管理和全面建设小康社会紧密联系了起来。

2004 年 9 月，党的十六届四中全会从加强党的执政能力建设、调动一切积极因素构建社会主义和谐社会的角度突出了加强社会管理的重要性，并对如何加强社会建设和管理作出了重要部署。全会通过的《中共中央关于加强党的执政能力建设的决定》第一次提出"建立健全党委领导、政府负责、社会协同、公众参与的社会管理格局"的目标，这标志着我国从管控型基层社会治理向管理型基层社会治理的正式转型。这一论述表明，社会管理的创新途径在于坚持党的领导，实行政府负责，实现社会协同，积极调动社会公众参与。这就改变了以往强调单一政府管理的模式，突出了政府、社会和公民的协同管理，标志着党对社会管理认

---

① 马池春，马华，2018. 中国乡村治理四十年变迁与经验[J]. 理论与改革，6：21-29.

识的深化。在其后召开的历届党的全国代表大会和中央全会上，我们党也不断深化对基层社会管理的认识。2005 年 10 月，党的十六届五中全会从行政管理体制改革的角度强调了加强社会管理的必要性。全会通过的《中共中央关于制定国民经济和社会发展第十一个五年规划的建议》指出，"各级政府要加强社会管理和公共服务职能，不得直接干预企业经营活动"。同时表明，加强社会建设和完善社会管理体系是建设社会主义和谐社会的必要条件。

2006 年 10 月，党的十六届六中全会对加强社会管理的具体途径进行了部署，主要从建设服务型政府、推进社区建设、健全社会组织、统筹协调各方面利益关系、完善应急管理体制机制、加强社会治安综合治理和加强国家安全工作和国防建设等七个方面展开了具体阐述。这表明党对社会管理的认识实现了从宏观层面到中观层面和微观层面的转变，也表明党对社会管理的认识得到了进一步深化。全会通过的《中共中央关于构建社会主义和谐社会若干重大问题的决定》指出，"加强社会管理，维护社会稳定，是构建社会主义和谐社会的必然要求"，强调"构建社会主义和谐社会，重心在基层"，强调"在服务中实施管理，在管理中体现服务"，并提出"造就一支结构合理、素质优良的社会工作人才队伍，是构建社会主义和谐社会的迫切需要"。此外，它将"社会管理体系更加完善，社会秩序良好"作为"2020 年构建社会主义和谐社会的目标和主要任务"之一。2007年 10 月，党的十七大报告从实现全面建设小康社会新要求的角度提出了建设更加健全的社会管理体系的要求。在重申"健全党委领导、政府负责、社会协同、公众参与的社会管理格局"的同时，提出了要"最大限度激发社会创造活力，最大限度增加和谐因素，最大限度减少不和谐因素"的新要求，这与构建社会主义和谐社会的要求相一致，体现了党的社会管理思想逐步成熟。2008 年 10 月，党的十七届三中全会通过《中共中央关于推进农村改革发展若干重大问题的决定》，将"农村社会管理体系进一步完善"列为"2020 年农村改革发展基本目标任务"之一，并从促进社会和谐、建设社会主义新农村等角度突出了加强和完善农村社会管理的重要性。"促进社会和谐，必须抓住农村稳定这个大局"突破了传统意义上的城市层面的社会管理，使得社会管理的内涵更加丰富。2010 年 10 月，全国人大发布了《中华人民共和国村民委员会组织法》的修订版，进一步完善了村民自治法律法规，为村民自治的深化提供了重要制度框架。之后，党的十七届四、五、六中全会分别从加强党的建设和保持党的先进性、建立健全基本公共服务体系、文化体制改革的角度强调了加强社会管理的重要性，并做出相应的工作部署。

2011 年，党中央和国务院密集出台了一系列政策以推动社会管理创新。当年《政府工作报告》指出，"创新社会管理体制机制，加强社会管理法律、体制、能力建设"。3 月，《中华人民共和国国民经济和社会发展第十二个五年规划纲要》强调要"坚持多方参与、共同治理，统筹兼顾、动态协调的原则"，"加快构建源头治理、动态管理和应急处置相结合的社会管理机制"，形成社会管理和服务合力。5 月，中共中央政治局专题研究加强和创新社会管理问题，提出党的社会建设方略的重要部署是"全面提高社会管理科学化水平"，"积极推进社会管理理念、体制、机制、制度、方法创新，完善党委领导、政府负责、社会协同、公众参与的社会管理格局，加强社会管理法律、能力建设，完善基层社会管理服务，建设中国特色社会主义社会管理体系"。7 月，中共中央、国务院印发《关于加强和创新社会管理的意见》，就加强和创新社会管理的指导思想、基本原则和目标任务，加强和完善社会管理格局、制度建设等，提出了指导性意见。此后，以创新为核心推进社会管理，成为社会建设的重要内容。

2012 年 10 月，党的十八大提出"全面建成小康社会"的战略任务，凸显了以民生和社会管理为核心的社会建设的重要性。值得注意的是，党的十八大报告以专门篇章阐述"在改善民生和创新社会管理中加强社会建设"，指出"要围绕构建中国特色社会主义社会管理体系，加快形成党委领导、政府负责、社会协同、公众参与、法治保障的社会管理体制，加快形成政府主导、覆盖城乡、可持续的基本公共服务体系，加快形成政社分开、权责明确、依法自治的现代社会组织体制，加快形成源头治理、动态管理、应急处置相结合的社会管理机制"。这是党的历史上第一次鲜明地提出"构建中国特色社会主义管理体系"的重要战略思想，并将"法治保障"作为社会管理的基础支撑，体现了社会管理与依法治国的有机结合。同时，党的十八大报告围绕这一战略思想而提出的四个"加快"，实际上明确了中国特色社会主义社会管理体系的基本架构，即这一体系由社会管理体制、基本公共服务体系、现代社会组织体制、社会管理机制四个部分构成。通过进一步综合分析这四个构成部分的各个要素可以看出，其中已经体现出党的现代国家的治理理念，呈现明显的由"政府主体"向"多元主体"转变的趋向。"中国特色社会主义社会管理体系"的提出及其架构的形成，体现了党探索中国特色社会主义社会管理的重大成就，是党的社会建设方略演进史上浓墨重彩的一笔，同时也为党的"社会治理"理念形成作了重要铺垫。

概括而言，这一时期的中国社会治理逐渐摆脱计划管控的束缚，从官方层面首次提出并确立了"社会管理"的概念、内容、目标和体系，将其正式纳入政府的主要管理职能之中。同时，党和政府的工作重心拓展到社会建设方面，把社会建设列为与政治建设、经济建设和文化建设并列的四大建设。此外，党中央按照党委领导、政府负责、社会协同、公众参与、法治保障的格局建立社会管理体制，并逐步完善了社会组织及基层自治组织的制度框架和体系，着力推动行政体制改革，为下一阶段社会治理格局的形成打下基础。

（三）治理型社会治理阶段：2013～2017 年

2013 年 11 月，党的十八届三中全会提出要深化社会体制改革，加快形成科学有效的社会治理体制，"社会治理"概念第一次在中央文件中正式提出，标志着我们党执政理念发生根本性变化。用"社会治理"来取代"社会管理"，一字之差的背后是对权力的属性、功能和运作方式，以及国家与社会之间关系的重新理解，意味着维护社会秩序不再是政府单方面的事务，而是政府与公民及社会共同的事务。此次会议通过《中共中央关于全面深化改革若干重大问题的决定》，专列一章来部署创新社会治理体制，并从改进社会治理方式、激发社会组织活力、创新有效预防和化解社会矛盾的体制与健全公共安全体系等方面确立了创新社会治理体制的任务。

2014 年 10 月，党的十八届四中全会系统阐述了全面推进依法治国的若干问题，为社会治理的法治化建设奠定基础。次年，党的十八届五中全会提出"推进社会治理精细化，构建全民共建共享的社会治理格局"，党的十九大进一步将这一格局深化为"打造共建共治共享的社会治理格局。加强社会治理制度建设，完善党委领导、政府负责、社会协同、公众参与、法治保障的社会治理体制，提高社会治理社会化、法治化、智能化、专业化水平"，由此社会治理逐步形成了相对完整的体制建设框架。此后，我国基层社会治理体制机制改革不断深化，形成了具有各地特色的基层社会治理经验，基层社会治理实效不断提升。

2019 年 10 月，党的十九届四中全会通过了《中共中央关于坚持和完善中国特色社会主义制度　推进国家治理体系和治理能力现代化若干重大问题的决定》，这份文件指出："社会治理是国家治理的重要方面。必须加强和创新社会治理，完善党委领导、政府负责、民主协商、社会协同、公众参与、法治保障、科技支撑的社会治理体系，建设人人有责、人人尽责、人人享有的社会治理共同体，确保人民安居乐业、社会安定有序，建设更高水平的平安中国。"可以发现，该决定在以往文件的基础上加上了"科技支撑"，适应了时代的发展，显得更为全面生动。此外，此次会议特别提出要"构建基层社会治理新格局"，并提出了具体的实现举措，即"完善群众参与基层社会治理的制度化渠道。健全党组织领导的自治、法治、德治相结合的城乡基层治理体系，健全社区管理和服务机制，推行网格化管理和服务，发挥群团组织、社会组织作用，发挥行业协会商会自律功能，实现政府治理和社会调节、居民自治良性互动，夯实基层社会治理基础。加快推进市域社会治理现代化。推动社会治理和服务重心向基层下移，把更多资源下沉到基层，更好提供精准化、精细化服务。注重发挥家庭家教家风在基层社会治理中的重要作用。加强边疆治理，推进兴边富民"。

2020 年 10 月，党的十九届五中全会提出加强和创新社会治理，"发挥群团组织和社会组织在社会治理中的作用，畅通和规范市场主体、新社会阶层、社会工作者和志愿者等参与社会治理的途径。推动社会治理重心向基层下移，向基层放权赋能，加强城乡社区治理和服务体系建设，减轻基层特别是村级组织负担，加强基层社会治理队伍建设，构建网格化管理、精细化服务、信息化支撑、开放共享的基层管理服务平台。加强和创新市域社会治理，推进市域社会治理现代化"。2021 年 1 月，中共中央政治局召开会议，强调"推进基层治理体系和治理能力现代化建设，是全面建设社会主义现代化国家的一项重要工作。各地区各部门要从巩固党的执政基础和维护国家政权安全的高度，深刻认识做好基层治理工作的重要性"。同年 3 月，第十三届全国人大四次会议通过的《中华人民共和国国民经济和社会发展第十四个五年规划和 2035 年远景目标纲要》针对"构建基层社会治理新格局"作出了明确部署，并提出要"健全党组织领导的自治、法治、德治相结合的城乡基层社会治理体系，完善基层民主协商制度，建设人人有责、人人尽责、人人享有的社会治理共同体"。同年 3 月发布的《政府工作报告》提出，要"夯实基层社会治理基础，健全城乡社区治理和服务体系，推进市域社会治理现代化试点。加强社会信用体系建设。大力发展社会工作，支持社会组织、人道救助、志愿服务、公益慈善发展"。

这一时期，习近平总书记高度重视基层社会治理，多次强调基层治理的重要性。2013 年开始讲，之后多次提及。2014 年 3 月，习近平总书记在参加十二届全国人大二次会议上海代表团的审议时明确提出："社会治理的重心必须落到城乡社区，社区服务和管理能力强了，社会治理的基础就实了。"2015 年，他在贵州考察时又指出："党的工作最坚实的力量支撑在基层，经济社会发展和民生最突出的矛盾和问题也在基层，必须把抓基层打基础作为长远之计和固本之策，丝毫不能放松。"①

（四）市域社会治理的提出和实践进展：2018 年至今

推进市域社会治理现代化，是推进国家治理体系和治理能力现代化的题中之义，是崭新的时代命题。中央政法委于 2018 年开始谋划市域社会治理现代化工作。2018 年 6 月，在延安干部学院新任地市级党委政法委书记培训示范班开班式上，中央政法委秘书长陈一新提出"市域社会治理现代化"。2018 年 11 月，在纪念毛泽东同志批示学习推广"枫桥经验"55 周年暨习近平总书记指示坚持发展"枫桥经验"15 周年大会上，中共中央政治局委员、中央政法委书记郭声琨提出，"要在全国东、中、西部选择一批城市，开展市域社会治理现代化试点"。

---

① 宋岩.新华时评：农村党建堡垒绝不能失守[EB/OL]. https://www.gov.cn/xinwen/2015-06/23/content_2882896.htm，2015-06-23.

杭州市是市域社会治理现代化的探路者和排头兵，结合社会治理基础和城市大脑建设，2019 年 2 月杭州在全国率先出台《关于推进市域社会治理现代化的意见》，构建市域社会治理"六和塔"工作体系（党建领和、社会协和、多元调和、智慧促和、文化育和、法治守和）。

2019 年 10 月，党的十九届四中全会《中共中央关于坚持和完善中国特色社会主义制度 推进国家治理体系和治理能力现代化若干重大问题的决定》作出"加快推进市域社会治理现代化"的决策部署。2020 年 10 月，党的十九届五中全会《中共中央关于制定国民经济和社会发展第十四个五年规划和二〇三五年远景目标的建议》要求"加强和创新市域社会治理，推进市域社会治理现代化"；党的二十大报告明确提出"加快推进市域社会治理现代化，提高市域社会治理能力"。

中央政法委认真贯彻落实党中央决策部署，积极组织开展全国市域社会治理现代化试点工作，科学指导助力此项工作加速推进。2020 年以来，中央政法委起草并印发《关于推进市域社会治理现代化的意见（试行）》《全国市域社会治理现代化试点工作实施方案》《关于加强全国市域社会治理现代化试点分类指导工作的意见》等文件；2020 年、2022 年先后印发两版《全国市域社会治理现代化试点工作指引》，逐步构建、完善了推进市域社会治理现代化的制度体系，为相关工作提供了制度遵循。

2020 年，按照"中央层面统筹、省级推进、市级发力"的总体思路，中央政法委起草工作方案并部署全国市域社会治理现代化试点工作。试点自愿申报、不设门槛、三年一期，同时起步、接续达标，首批全国共有 416 个地区参加试点，市域社会治理百花齐放的格局初步形成。

2021 年，中央政法委着眼试点地市社会治理基础条件、面临风险等各不相同的情况，创新分类指导的思路，将试点工作分为"推进体制现代化""防范化解政治安全、社会治安、社会矛盾、公共安全、网络安全五类风险""发挥政治引领、法治保障、德治教化、自治强基、智治支撑五治作用"的"1+5+5"11 个项目。以此为指引，中央政法委推动试点地区既"全面建"，整体提升水平，又"重点创"，选择 1～2 个项目进行重点探索创新。

为了更好地推动试点工作，加强对各地的理论指导并促进经验交流，2020 年以来，中央政法委先后筹备召开 9 次全国市域社会治理现代化试点工作交流会，截至 2023 年，已完成对 11 个方面的全覆盖交流指导，形成工作闭环，帮助各地更好地理解、推进市域社会治理有关工作。2020～2023 年，以试点工作为载体，市域社会治理实践在全国广泛、深入推进，取得了明显成效。

三、市域社会治理现代化的概念内涵和特征

"市域社会治理"是一个新概念，目前理论界与实务界对其内涵的理解还存在模糊甚至片面之处。比如，有的将市域与农村对立起来，认为市域社会治理的提出标志着社会治理的主战场从乡村社会转移到城市社会；有的把市域社会治理等同于县（市、区）社会治理的加总，简单地把市域社会治理任务逐级分解到县、乡、村三级。为提高市域社会治理效能，有必要厘清科学内涵、明确前进方向。

（一）理解市域社会治理现代化的三个维度

"市域社会治理现代化"是一个组合词，由"市域""社会治理""现代化"三个词组成，这决定了理解市域社会治理现代化的三个维度。

1. 市域维度

从市域维度来看，随着城市经济的高质量发展，要求有高水平的市域社会治理与之相匹配。"市域社会治理"是一个与"国家治理""省域治理""县域治理""基层治理"并列而又包含的概念，单独将市域社会治理抽出来往往只能看到此概念的一个"横截面"，容易陷入仅在市域范围内讨论社会治理问题的困境。在我国多层次治理体系中，市域社会治理的问题往往表象在市级，但根源在上下级间关系。

改革开放之初，社会迎来了个体户创业大潮，形成了镇域经济；与之相对应，社会问题及其扩散主要发生在镇域范围内。尽管当时社会治理的重要程度远不及经济发展，但随着镇域经济的兴起，"扩权强镇"在强化乡镇资源配置权力的同时，也强化了其社会管理的能力。之后，随着经济组织做大做强，县域成为最重要的经济发展载体，"成长的烦恼"也主要发生在县域范围内。大量的研究结果显示，长期以来，县域是中国社会矛盾、群体性事件主要的爆发场所。为了强化县域政府资源配置和解决问题的能力，在纵向权力配置上，我国出现了"扩权强县""省直管县"的浪潮。至此，在省—市—县三级权责关系中，省级政府拥有强大的资源配置能力和组织人事管理能力，县级政府被赋予较大的经济社会管理权限，同时拥有地方信息和行政执行方面的天然优势，两者在纵向政府间竞争与博弈中都具有较强的相对议价能力。与之相反，除了省会城市、计划单列市等特殊的地级市，其他大部分地级市政府逐渐演变成了"悬浮政府"。

在传统经济社会形态下，市级政府"悬浮"问题还不突出。但随着传统产业改造升级，特别是进入强调高质量发展和新发展格局的新阶段，城市经济、消费经济的重要性越来越突出。在此背景下，县域治理协调能力不足、资源短缺的问题逐渐暴露出来。特别是随着互联网技术被广泛使用，线上线下的社会风险及其

扩散范围已经远远超出了县域治理范围。在我们调研过程中，浙江省多个县（市、区）信访部门反映，社会矛盾通过虚拟网络串联、集聚的问题较为突出，而县与县之间处于平级地位，很难建立长效的跨区域矛盾调处化解机制。这意味着，我们迫切需要重新明确地级市的定位，解决市级政府"悬浮"问题。在经济上，通过中心城市经济发展的示范带动效应，形成富有特色的城市群和都市圈；在社会治理上，通过强化市级政府的顶层设计和统筹协调能力，提升市域社会整体治理水平。更重要的是，经济高质量发展与传统粗放式的经济增长模式不同，经济高质量发展需要匹配高水平社会治理，两者互相促进，以此方能实现经济社会可持续高质量发展。

2. 社会治理维度

从社会治理维度来看，市域社会治理现代化除了强调政府的作用外，更应强调市场主体、社会组织、民众在公共事务治理中的作用。我们在调研中发现，仍有一些地方和部门把社会治理简单理解为"治理社会"、视为政府对社会的管控，片面强调利用数字化、网络化、智能化技术，将所有村/居民都纳入村社、镇街、区县、市域的智慧管理之中，以此来提升政府对社会的管控能力。这种通过技术赋能政府，将社会治理理解为治理社会的思维，仍然是典型的政府中心主义，与"治理""善治"的主流观念大相径庭。事实上，善治的理念尤其强调政府与社会都可以成为公共议题的发起者和执行者。按照治理议题发起者和执行者的不同进行区别，可以将社会治理划分为三个层次：议题发起者和执行者都是政府的社会管控模式、议题发起者和执行者都是社会的自主治理模式，以及议题由政府或社会中的一方发起并由另一方执行的政社共治模式。实践中，三个层次往往是共存的，但从减轻政府负担和借鉴国际社会治理经验的角度来看，政府与社会共治、社会自主治理是主要发展趋势，这也符合党的十九大提出的"打造共建共治共享的社会治理格局"要求。在此意义上，政府应用技术对社会实施管控、维护社会稳定只是社会治理的一个向度，更重要的是在提升"硬能力"的同时，通过制度建设培育和发展社会组织，拓宽民众参与社会治理的渠道，以形成既稳定有序又充满活力的社会治理新格局。

3. 现代化维度

从现代化维度来看，发挥现代数字技术赋能社会治理的作用，市域是比较合适的层级。智慧治理是现代社会治理的新形态。智慧治理只有适应一定的治理规模，才能发挥大数据研判风险、辅助决策的作用。目前，基层社会治理中所谓的智慧治理，包括自然村层面的大数据综合指挥系统，大多只是借助监控技术实施社会管控。实际上，对于自然村来说，其公共事务治理的体量较小，且乡村社会是一个熟人社会，通过邻里互助、口口相传就可以共享村域治理所需要的绝大部分信息，大多数规模较小的村社甚至镇街完全没有必要建立复杂的信息采集系统。同时，即使建立了大数据平台或信息采集系统，也难以发挥大数据研判风险、辅助决策的作用。在理论上，大数据能够辅助决策、预判风险，其核心在于中心极限定理在统计推断中起着重要作用。但是，数据样本量越少，统计推断的误差也就越大，样本量少到一定程度，单个有偏差的数据就容易得出截然相反的推断结论。基于此，在村社甚至镇街治理中，更重要的是靠民众和政府的共识以及社会经验参与社会治理。另外，智慧治理也要考虑各地差异。我国省域和市域层面区域差异较大。以浙江省为例，虽然浙江区域发展相对比较均衡，但北六市（杭州、宁波、湖州、嘉兴、绍兴、舟山）和南五市（温州、金华、衢州、台州、丽水）在自然条件、经济发展、文化传统等方面仍然存在较大差异。在此意义上，如果我们以全国性、全省性大数据的平均值和标准差来建模和辅助决策，很可能陷入"数字游戏"之中，最终做出与各地真实情况都有较大偏差的决策。基于此，我们认为"市域社会+智慧治理"能够较好地发挥大数据研判风险、辅助决策的优势，提高社会治理效能，这也是现代社会治理新形态的必然要求。

由市域社会治理现代化的内涵可知，并非所有的地级市都能够较好地开展市域社会治理现代化建设。总结起来，能够较好地发挥市域社会治理体系效能的地级市，需要符合以下两个条件中的一个。其一，地级市能力很强，能够通过强大的资源配置能力有效统筹和拉动市域社会治理。其二，地级市能力较弱，但所辖的县（市、区）经济社会发展差异相对较小，市级政府可以通过技术手段研判风险、辅助决策，实现市域范围内资源统筹配置与联合协调。

（二）市域社会治理的内在逻辑

让社会既充满活力又和谐有序，是社会治理的目标所在，也是提高市域社会治理水平的必然要求。提出市域社会治理现代化，其意在于强化市级政府的统筹协调、资源配置和研判决策能力。这就意味着，市级政府的角色不是下级社会治理亮点的材料收集者，市级政府本身要在市域社会治理中扮演顶层设计的角色，市级政府要提出市域总体的发展愿景和目标，以此匹配相应的社会治理愿景、目标和体系，然后才是统筹协调市域范围内的资源与信息，实现社会治理的目标。显然，在该逻辑下，议题发起者和执行者都是政府，如果市级政府顶层设计合理，基层政府有效执行，预期社会很容易实现规范有序的目标。但是，一个好的社会，既要规范有序又要充满活力。议题发起者不能垄断在市级政府手中，基层政府、社会公众都可能在顶层设计的框架内成为议题的发起主体，这就是社会治理创新。基于此，市级政府在做顶层设计时，不宜作过分细致的规定，而应该明确市域社会治理的方向和边界，为下级政府留足"自选动作"的空间。在此逻辑下，既有总体市域社会治理的规范性内容，保证整个市域社会治理朝着某个方向和目标稳定推进，又可以鼓励基层自主创新，形成更多创新做法，从而实现"寓活力于规范之中"。

具体到落实上，"寓活力于规范之中"需要精巧的制度设计，关键是要改进考核激励机制。根据市域社会治理的定位，市级政府可以根据市域社会治理的愿景和目标，设定"结果性"考核指标，只要过程总体处在顶层设计的边界内，各地就可以各显神通，以创新的方式实现市域社会治理的目标和愿景；然后，借助大数据等手段，监测基层社会的治理绩效。同时，还要注意改进群众评价机制。目前，很多地方都有公众评价政府社会治理项目的环节，但往往只有"知晓率""满意度"等指标，如果没有精巧的制度设计，这种考核指标很容易导致地方政府玩"数字游戏"。比如，在调研中发现，某些村社将平安建设的知晓度和满意率也纳入"积分管理"之中，对于接受平安"三率"测评并给予肯定回答的群众加分，填写或回答不安全、不满意的，还要被扣分，这显然有悖于民意调查的初衷。今后，需要进一步扩大群众在社会治理推进过程中的参与范围和深度，让老百姓在参与过程中就表达意见，而不是只能做有"规定答案"的"数字游戏"。同时，需要改变以往的民意调查方式，通过访查机制设计，降低基层政府与民众"共谋"的可能性，以获取群众真实的意见与建议。作为一种替代，也可以多参考学界对社会治理的评价。学界在做研究时，往往需要深度访谈以了解民众的偏好，这种点面结合的调研方式，可以作为简单民意调查的重要补充。

市域社会治理是社会治理体系和治理能力在市域范围内的落实与体现[1]。与县域社会治理不同，市域社会治理把社会治理的重点从县一级向设区的市一级提升。当前我国新型社会矛盾风险的传导性、流动性不断增强，从酝酿发酵到集中爆发周期不断缩短，牵涉的利益群体、资金往来、具体诉求等各类矛盾要素不断超越传统县域层级能够解决的职权范围。相对于以县域为重点的传统社会治理体系而言，以设区的市为单位的社会治理强调了市级党委政府在社会治理中的主导作用，具有更大更明显的优势，特别是具有地方立法权优势和资源统筹协调优势[2][3]，有助于解决基层社会治理的内卷化问题[4]。但与基层社会治理相比，市域社会治理不仅仅体现了统筹级别的提升，更是整体性治理，其具有更加鲜明的问题导向、制度导向和效能导向的特点。从这三个导向的内在逻辑出发解析市域社会治理，有助于深入理解市域社会治理与基层社会治理的区别和联系，深刻把握市域社会治理现代化的内涵、体制与路径，有助于防止在理论研究和实际工作中用市

① 陈一新，2018.新时代市域社会治理理念体系能力现代化[J].社会治理，8：5-14.
② 姜方炳，2019. 理解"市域社会治理现代化"的三个着力点[J]. 杭州（周刊），5：36-37.
③ 韩冬梅，2019. 加快构建市域社会治理法治化保障体系[J]. 唯实，4：16-19.
④ 成伯清，2019. 市域社会治理：取向与路径[J]. 南京社会科学，11：10-16.

域社会治理的"新瓶"装基层社会治理的"旧酒",更好地推动市域社会治理的各项工作(图1-1)。

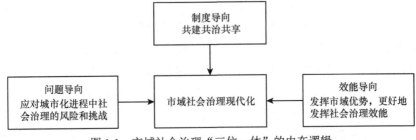

图 1-1　市域社会治理"三位一体"的内在逻辑

1. 构建与城市化相适应的社会治理方式

随着城市化的发展和人口在城市的大量集聚,传统的社会关系面临瓦解,社会凝聚力下降,城市化进程中的社会失范、社会分散化、社会复杂化的挑战不可避免。同时,快速的城市化发展、半城市化现象会导致社会治安风险的显著上升。特别在我国的社会治理中,由于市域面积广、治理水平差异大,在城乡接合部、在流动人口管理等方面容易形成社会治理的真空期、断裂带、空白点,市域社会治理面临着社会整合和风险防范的重大挑战①②。

特别是,市域社会风险具有较强的传导性、外溢性特征,在这次新冠疫情中,我们可以看到,一些国际大都市,如米兰、纽约、伦敦,因为人口密集、交通便捷而成为疫情的重灾区和关键的扩散节点。而我国的疫情防控工作取得重大战略成果。从这个角度来说,市域是防止风险外溢扩散上行的重要关口,将重大矛盾风险化解在市域,可以防止单个风险演变为系统风险、局部风险演变为全局风险。

因此,市域社会治理具有鲜明的问题导向的特点。市域社会治理现代化需要适应市域社会的集聚性、异质性、流动性,以及社会风险的外溢性等特征,并建立与城市产业、城市人口、城市生活方式、城市先进文化相适应的社会治理方式。为此,一方面市域社会治理迫切需要加强对市域人口流动、市域社会矛盾、市域社会心理变迁和重大突发公共安全事件的研究,同时市域社会治理也要加强对城市社会共同体、社区社会资本与公民参与以及社会组织发展的研究,在市域社会治理中处理好秩序和活力的辩证关系,在社会分化中实现新的社会整合,构建有机团结的社会。

---

① 郭涛,阎耀军,2014. 城市化与犯罪率非线性动态关系实证研究[J]. 统计与信息论坛,29(4):96-99.

② 王安,2012. 城市化,腐败与刑事犯罪[C]// 浙江大学经济学院,山东大学经济研究院,《经济研究》编辑部.2012年度(第十届)中国法经济学论坛论文集.重庆:2012年度(第十届)中国法经济学论坛:478-488.

2. 构建统筹协调的社会治理体制机制

社会治理具有两层含义，即社会治理制度建设和具体社会事务治理。一般来说，治理的层级越高，治理越侧重于体制机制、制度体系建设，治理层级越低，治理越侧重于具体事务的治理①。在我国，市级政府主要职责是承上启下、统筹地方协调发展。2015 年 3 月 15 日，十二届全国人大三次会议对《中华人民共和国立法法》（简称《立法法》）作出修改，"设区的市的人民代表大会及其常务委员会根据本市的具体情况和实际需要，在不同宪法、法律、行政法规和本省、自治区的地方性法规相抵触的前提下，可以对城乡建设与管理、生态文明建设、历史文化保护、基层治理等方面的事项制定地方性法规，法律对设区的市制定地方性法规的事项另有规定的，从其规定"，进一步提升了设区的市在辖区顶层设计、统筹兼顾方面的能力。因此，从职责权限出发，市级党委政府在市域社会治理中的职责重心是制度建设，是在国家治理的制度框架下，构建上下贯通、统筹协调的市域社会治理体制。

当前，在社会治理中，市级统筹能力还普遍不强。在我国县域经济快速发展的阶段，各地推行的"强县扩权""省管县"的管理体制改革推动了县域经济的快速发展，同时也相对弱化了中心城市的集聚辐射作用。在区域发展格局中，中心城市往往是重要的增长极，发挥着集聚辐射高端创新要素、统筹共享公共服务资源等作用。然而，以县域行政区划为主对区域经济社会发展进行分块管理，对区域中心城市发展将产生消极影响，使得中心城市对周边县域的统筹、引导和带动作用大为减弱。以 2022 年浙江省各地市财政收入为例，浙江省 11 个地市市区财政收入占全市财政收入的比重为 66.51%，其中只有杭州、宁波、舟山的市区财政收入超过全市财政收入的 70%，大部分地级市市区财政收入不到全市财政收入的 50%，个别甚至在 30% 以下，地级市的统筹能力在财政收入上可见一斑②。

同时，在社会治理事务中，在一定程度上存在不同部门、不同条线"九龙治水"、各自为政的情况，部门间横向协调困难，降低了社会治理的效率和效果③。以社会矛盾纠纷调解处置为例，社会矛盾纠纷调解处置涉及信访、公安、检察、法院、司法，以及环保、住建、卫健、民政等 10 余个部门，在基层社区治理中，更是涉及组织、民政、住建、政法等 30 余个部门。不可否认，条线力量在社会治理的各自分管领域发挥了重要作用，但同时强大的条线力量带来了治理资源、政策、服务的碎片化，也增加了基层工作的负担，为此在市域层面，在社会治理事务中必须构建横向协作的整体性政府，近年来浙江"最多跑一次""最多跑一

---

① 郁建兴，吴结兵，2019. 走向科学化、精细化、智能化的未来社区治理体系[J]. 浙江经济，7：21-23.

② 杭州开始反超苏州？2022 年，浙江省 11 市、90 县（区）财政收入排名！[EB/OL]. https://www.163.com/dy/article/ HSTLGE560519AAE3.html，2023-02-06.

③ 吴建南，张攀，2017. 整体性政府与后科层制——行政集中执法改革的案例研究[J]. 行政论坛，5：118-124.

地"的改革,成都市委设立城乡社区发展治理委员会、嘉兴市设立社会工作委员会都是加强部门间协调、构建整体性政府的改革探索。

因此,无论是从设区的市的职责定位还是从当前社会治理体制机制改革的现实问题来说,市域社会治理都具有鲜明的制度导向的特点。市域社会治理的核心是制度建设。加快推进市域社会治理现代化,必须形成市—区(县、市)—乡镇(街道)权责明晰、高效联动、上下贯通、运转灵活的治理体系,有助于整合各层级、各部门力量形成社会治理合力,在体制机制上解决困扰基层社会治理的"痛点""堵点"问题,赋能基层社会治理、服务基层社会治理。

3. 发挥市域优势,实现高效的社会治理效能

数字化是市域社会治理的重要手段,也是市域社会治理现代化的题中应有之义。市域具有县域难以比拟的科技人才优势,这为推动现代科技与市域社会治理深度融合奠定了现实基础。同时市域社会治理具有最优治理半径和最大政策边际效应,是社会矛盾风险排查化解的最直接、最有效的治理层级。近年来,基于数字科技的巨大进步和市域人才优势,一些地方在市域社会现代化中积极探索数字化社会治理,为社会有序运行提供了坚实保障。例如,杭州市利用阿里巴巴等科技企业的人才优势、研发优势建设城市大脑,构建市域社会治理"六和塔"工作体系,在社会治理中建设全市统一地址库,在重点事件风险防范评估、实有人口管理、独居老人关爱、群租房管理等领域取得了初步成效;宁波市运用人工智能、大数据、云计算等手段,推动部门数据信息线上共享,基于"基层治理四平台"信息系统 2020 年实现 903 万人口、110 万法人和 438 万地址数据的动态更新,开发出 26 种分类应用,为应对一些社会矛盾风险问题统筹资源力量,可以第一时间预警、第一时间研判、第一时间处置,在疫情防控中发挥了精密智控的效果,也为常态化社会治理提供了有力支撑。

此外,2023 年发布的《立法法》赋予了设区的市在城乡建设与管理、环境保护等领域的地方立法权,为市域社会治理先行先试、自主创新提供了制度供给,为市域提升社会治理效能提供了法治保障。因地制宜的市级立法,有助于将社会治理领域的成功经验及时总结并上升为法律,也有助于规范社会治理中的各主体行为,将社会治理过程的各环节纳入法治轨道。以嘉兴市为例,为推进市域社会治理,嘉兴市在 2019 年前后出台《嘉兴市文明行为促进条例》《嘉兴市养犬管理条例》,从噪声扰民、文明养犬等社会治理细微处入手,制定适合本地区情况的地方性法规、规章,以法治思维校准社会治理实践、规范社会行为、引领社会风尚。

因此,市域社会治理还具有鲜明的效能导向的特点。市域是人流、物流、资金流、信息流的重要汇聚节点,政治经济资源集中,对基层有直接并且很强的辐

射力和影响力，市域社会治理现代化应当要发挥市域科技优势、人才优势、立法优势等，把市域优势更好地转化为更高的社会治理效能，为基层社会治理提供科技支撑和法治保障。

问题导向、制度导向和效能导向构成了市域社会治理现代化三位一体的内在逻辑。市域社会治理现代化需要应对城市化进程中社会治理的风险和挑战，形成与城市化相适应的社会治理方式，在实践中构建秩序与活力良性互动的市域社会治理新格局；市域社会治理现代化的重心是制度建设，要从市域的权限、职责、优势和实践需要出发，在国家治理的制度框架下，构建上下贯通、统筹协调的市域社会治理体制机制，为基层社会治理提供制度供给；市域社会治理现代化的路径可以发挥市域科技、人才、立法等综合优势，把市域社会治理优势转化为更高的社会治理效能，为基层社会治理提供科技支撑和法治保障，确保人民安居乐业、社会安定有序、国家长治久安。

四、市域社会治理体系现代化

市域社会治理是社会治理体系和治理能力在市域范围内的落实与体现。党的十九届四中全会指出，社会治理是国家治理的重要方面，必须加强和创新社会治理，完善党委领导、政府负责、民主协商、社会协同、公众参与、法治保障、科技支撑的社会治理体系。在基层社会治理中，应健全党组织领导的自治、法治、德治相结合的城乡基层治理体系。相较于基层社会治理，市域社会治理的体系还处于探索过程中，从市域社会治理的整体性出发，我们构建了党的领导、协商议事、公众参与、风险防范和技术支撑的市域社会治理体系，如图 1-2 所示。

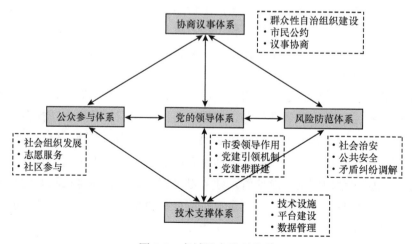

图 1-2　市域社会治理体系

（一）党的领导体系

坚持党的领导是市域社会治理的根本方向。习近平总书记强调："把加强基层党的建设、巩固党的执政基础作为贯穿社会治理和基层建设的一条红线。"[①]在市域社会治理中，必须坚持和完善市域社会治理党委领导体系，发挥党总揽全局、协调各方的领导核心作用。其中，党的领导体系包括：市委要把推进社会治理现代化作为重大政治任务，摆上重要议事日程；市委常委会定期听取市域社会治理现代化试点工作的汇报。确定市委主要领导、分管领导、班子成员推进社会治理现代化的第一责任、直接责任和分管工作范围内的责任。市委市政府要结合本地实际，确定各职能部门市域社会治理权责清单。市县乡全面组建市域社会治理领导（协调）小组，完善实体化运作制度机制；健全部门间信息互通、资源共享、工作联动机制，健全跨区域、跨层级协作机制。市县乡三级党委和政府将社会治理纳入工作督促检查范围，把社会治理成效纳入各级党政领导班子和领导干部政绩考核内容，将考核结果作为领导班子和有关领导干部综合评价重要参考，落实褒奖问责措施。市县两级党委政法委在同级党委领导下，发挥统筹协调、督办落实作用，推动社会治理工作落实落细。市县两级党委政法委建立社会治安稳定形势研判分析制度。乡镇（街道）党组织配备政法委员，健全完善配套制度机制。

党的基层组织是党在社会基层组织中的战斗堡垒，是党的全部工作和战斗力的基础。党的领导和党组织的作用得到充分发挥，是基层治理坚持正确方向的根本保证。要坚持大抓基层的鲜明导向，不断扩大基层党的组织覆盖和工作覆盖，加强企业、农村、机关、事业单位、社区等各领域党建工作，推动基层党建与基层治理有机衔接。提升基层党组织的组织力，建立党建网格化平台，积极借助现代信息技术手段保持党同人民群众的血肉联系，推动基层党组织全面进步、全面过硬。发挥基层党组织战斗堡垒作用，坚持工作力量下沉，鼓励引导党员干部深入基层、深入群众，推动组织体系和工作力量直达基层，充实基层一线力量，发挥党员在基层建设中的模范带头作用，让党员干部在困难面前、危急关头能够挺身而出、担当作为。

健全和完善党建带群建制度机制，明确工会、共青团、妇联、法学会等群团组织在市域社会治理中的职责任务，建立完善群团组织、助推市域社会治理现代化的制度。为群团组织开展工作提供必要的人力财力物力保障，健全阵地建设、项目筹划、资源使用、力量调配等方面整合联动机制。完善市域内党领导社会组织制度，加强社会组织的综合监管，建立健全监察、社会监督机制。健全市域内社会组织孵化培育、人才培养、资金支持等扶持机制，加大对公益性、服务性、互助性社会组织的支持力度。

---

① 谭日辉，2024-04-22. 完善基层治理体系 筑牢社会和谐稳定基础[N]. 光明日报，（6）.

（二）市域协商议事体系

在市域社会治理中，必须坚持活力和秩序的平衡，确保社会充满活力又稳定有序。市域社会活力建设的内容包括社区和社会组织发展，以及在此基础上的居民自治、协商议事和公众参与。

坚持党组织领导基层群众性自治组织的制度，建立基层群众性组织法人备案制度，加强集体资产管理。依法合理确定村（社区）规模。充分发挥村（居）民委员会下设的人民调解、治安保卫等委员会作用。完善村（居）民委员会成员履职承诺和述职制度。强化党组织领导把关作用，规范村（居）"两委"换届选举，全面落实村（社区）"两委"班子成员资格联审机制。明确政府管理权和村（居）民自治权的边界。市、县级党委和政府对村（社区）权责事项进行规范，并为权责事项以外委托工作提供相应支持。未经党委和政府统一部署，各职能部门不得将自身权责事项派交村（社区）承担。健全村（社区）"两委"班子成员联系群众机制，经常性开展入户走访。在应急状态下，由村（社区）"两委"统筹调配本区域各类资源和力量，组织开展应急工作。规范村（社区）公共服务和代办政务服务事项，由基层党组织主导整合资源为群众提供服务，村（社区）代办政务服务。推进村（社区）综合服务管理平台建设，依托其开展就业、养老、医疗、托幼等服务活动，加强对困难群体和特殊人群的关爱照护，做好传染病、慢性病防控等工作，使得社会治理功能完备。加强综合服务、兜底服务能力建设。

在党委领导和有关部门的指导下，应加强市民公约建设，做好村规民约、居民公约修订完善工作。建立健全村规民约、居民公约审核、备案公布和督促落实机制，确保符合法律法规和公序良俗。指导群团组织、协会商会等加强团体章程、行业规章、行业标准等建设。

在市域社会治理中，要统筹推进市域各类协商渠道发挥作用，让群众参与到事关切身利益的问题决策中。创新互联网时代群众工作机制，搭建互动多样的群众参与网络平台，拓展"随手拍、随时报"等渠道，鼓励群众及时反映自身诉求、报送身边隐患、表达监督意见。

提高乡镇（街道）议事协商能力，县级党委政府确定乡镇（街道）协商重点，探索建立社会公众列席乡镇（街道）有关会议制度。健全城乡社区协商制度，建立乡镇（街道）协商与城乡社区协商联动机制。大力开展民主法治示范村（社区）建设。在村（社区）建立村（居）民会议、村民代表会议、村（居）民议事会、理事会等议事协商载体，开展群众说事、民情恳谈、百姓议事、妇女议事等协商活动，在基层公共事务和公益事业中广泛实行群众自我管理、自我服务、自我教育、自我监督。健全以职工代表大会为基本形式的企事业单位民主管理制度，探索职工参与管理的有效方式，保障职工群众的知情权，依托村（社区）统一划分综合网格，实现网格化管理服务"多网合一"、全域覆盖。明确网格管理服务事项，建立并落实网格事务准入制度，明确审核部门和程序。加强网格力量配备，建立网格员队伍管理、培训、保障、激励机制，推动将专职网格员纳入社区工作者管理。将党支部或党小组建在网格上，组织开展党员联系群众活动，探索推广楼栋长等"微治理"经验，推动治理力量落实到每个村（居）民小组、楼栋、家庭。

（三）市域公众参与体系

深入实施新时代公民道德建设工程。加强社会主义核心价值观宣传阐释，引导人们把社会主义核心价值观作为明德修身、立德树人的根本遵循。挖掘市域传统文化，传承弘扬革命文化，用社会主义先进文化陶冶道德情操。开展道德模范、最美人物、身边好人等宣传学习活动，弘扬时代新风。全面推进和规范基层红白理事会、道德评议会等评议机制建设，设立善行榜、义举榜等平台，专项解决群众反映强烈的违法败德问题，引导群众明是非、辨善恶、守诚信、知荣辱。继承发扬中华民族重信守诺的传统美德，弘扬与社会主义市场经济相适应的诚信理念、诚信文化、契约精神，加快个人诚信、政务诚信、商务诚信、社会诚信等建设，深入推进诚信典型选树工作。构建以信用为基础的新型监管机制，不断丰富信用激励内容，依法依规开展失信惩戒活动。探索建立信用修复机制。在全社会倡导"共创平安"的理念，强化规则意识，倡导契约精神，维护公序良俗，引导公民理性表达诉求，自觉履行法定义务、社会责任、家庭责任，营造护平安、享平安的良好社会环境。

推动志愿服务。创新社区与社会组织、社会工作者、社区志愿者、社会慈善资源的联动机制。健全市域志愿服务工作协调机制，建立志愿者权益保障和激励机制，支持平安建设相关志愿服务组织的发展。加强社会工作人才队伍和社会工作服务机构建设，设立专项培训机制，给予资金支持，鼓励网格员、调解员等一线工作人员考取国家社会工作者职业资格证书。

完善市域内党领导社会组织制度，加强社会组织综合监管，建立健全监察、社会监督机制。健全市域内社会组织孵化培育、人才培养、资金支持等扶持机制，加大对公益性、服务性、互助性社会组织的支持力度。推动市域内企事业单位及园区等开展平安创建活动。建立社会责任评估和激励奖惩机制，鼓励引导各类市场主体参与社会治理、履行社会责任。

在市级层面依法培育建立与社会治理相关的枢纽型社会组织，设置社会组织孵化场所。完善政府购买服务指导性目录，支持党组织健全、管理规范的社会组织优先承接有关社会治理项目。健全本市的社区社会组织备案管理制度，培育发展社区社会组织。

（四）市域风险防范体系

稳定有序是中国之治的最大底色。党的十八大以来，我们党积极推广新时代"枫桥经验"，坚持系统治理、依法治理、综合治理、源头治理，完善信访制度，健全社会矛盾纠纷多元预防调处化解综合机制，加强社会治安综合治理，开展扫黑除恶专项斗争，防范和打击各类犯罪，形成了人民安居乐业、社会安定有序的良好局面。

在市域社会治理中，要进一步铸牢中华民族共同体意识，巩固和发展民族团结，依法防范打击民族分裂活动，依法稳妥处置相关群体性事件。加强市县两级反恐怖机构力量建设，健全反恐怖防范责任体系，全面推进反恐维稳法治化常态化。推进社会面反恐怖整体防控，强化重点目标分类分级管理和重点行业反恐防范措施。完善反恐应急处置机制，提升第一时间响应和应急处置能力。加强对宗教极端活动的依法打击、有效预防和对各种涉恐要素的综合治理，持续肃清民族分裂和宗教极端思想流毒，消除其在市域内滋生传播的土壤。

把意识形态工作纳入领导班子、领导干部目标管理，并将之作为民主生活会和述职报告的重要内容接受监督与评议。定期分析研判意识形态领域情况，市县两级党委常委会每年定期对意识形态工作进行专题研究，向上级党委专题汇报意识形态工作。加强对各类意识形态阵地的建设和管理，建立健全意识形态工作责任追究机制。

贯彻落实党中央关于常态化开展扫黑除恶斗争的决策部署，切实抓好《中华人民共和国反有组织犯罪法》实施和宣传，推动常态化扫黑除恶斗争走深走实。依法组织开展有组织犯罪预防和治理工作。深化重点行业专项整治，行业主管部门要对行业领域内有组织犯罪的情况进行监测分析，对有组织犯罪易发的行业领域加强监督管理。加强有组织犯罪的罪犯监管工作，采取有针对性的监管、教育、矫正措施，刑满释放后落实安置帮教等必要措施，帮助其顺利融入社会。

充分发挥公安情报指挥部门"警务实战指挥中枢"的职能作用，构建"情报、指挥、勤务、舆情"一体化实战化运行机制。密切跟踪市域内人民群众反映强烈的治安问题，因地制宜建立经常性、专项性打击整治机制。严厉打击盗抢骗、黄赌毒等违法犯罪行为以及食品、药品、环境等领域的违法犯罪行为。积极推广新时代"枫桥经验"，加强市域各级矛盾纠纷定期排查，及时发现化解矛盾风险。

推进安全生产专项整治，动态更新问题隐患和制度措施"两个清单"，对工作进展情况定期评估和跟踪督办。开展危险化学品、矿山、特种设备、旅游景区等重点行业领域专项整治，落实和完善治理措施，推动建立健全公共安全隐患排查和安全预防控制体系。开展校园食品安全守护行动。落实党政领导干部安全生产责任制，完善和落实党政领导干部安全生产"职责清单"和"年度任务清单"。

建立行业安全稳定风险评估、化解和管控制度，确保管行业、管业务、管生产经营必须管安全稳定。严格落实分类分级执法，明确市域内各类生产经营单位的安全生产监管部门，分行业领域明确要重点检查的企业单位并开展全覆盖执法检查。

（五）技术支撑体系

按照国家标准和公共安全行业标准要求，开展重点单位、要害部位技防设施建设，充分运用物联网、大数据、人工智能、5G等新技术提升防范水平。推进内部单位、人员密集场所以及农村地区智能安防设施配备。在老旧小区改造和新建小区过程中，加快"智安小区"等建设，综合采取物防、技防、人防措施满足安全需要。推动信息技术与社区治理深度融合，构建智慧社区。

加强城乡公共安全视频监控系统、市级共享交换平台和联网共享体系建设，全面实现"纵向贯通、横向互联、共享共用、安全可靠"和"全域覆盖、全网共享、全时可用、全程可控"目标。加大有关标准贯彻执行力度，全面推进公共安全视频监控点位建设规划上图工作，以及前端摄像机和已建平台的高清改造、智能升级工作，将运维资金列入各级政府年度财政预算。强化视频技术在维护国家安全和社会稳定、治安防控、防灾减灾救灾、服务发展、智慧治理、保障民生等方面的应用。

明确市级层面统数据、管数据、保安全的主责，统一推进数据资源建设。建设城市信息模型（city information modeling，CIM）基础平台，以地理信息系统（geographic information system，GIS）地图和统一标准地址库为基础，加快人、地、物、事、组织等社会治理基本要素数字化、标准化转型。实行村（社区）基础社会治理数据综合采集，实现一次采集、多方利用。打造一体化的城市数据中心，逐步打通地方、部门、企事业单位之间的信息壁垒，构建覆盖全域、统筹利用、统一接入、灵活服务的数据资源共享体系，推动数据资源向社会治理各单位、各平台分级分层分权限共享，实现跨部门、跨区域共同维护和利用，促进业务协同办理。

在党委统一领导下，依托一体化城市数据中心，党委政法委、政法各部门和有关单位分工协作，深入推进社会治理专门平台、专业系统、应用场景的规划建设，增强系统性、兼容性和实用性。建立市域社会治理智能化综合平台，融合智慧法院、智慧检务、智慧公安、智慧司法行政和社会治理相关部门数据，不断拓展基于大数据分析的智辅决策、智防风险、智助服务、智促参与、智能指挥等应用模块，做到全域感知、深度思考、使用便捷、及时升级。依托综治中心、城运中心等，为市域社会治理智能化综合平台提供专门场地、专业团队，实行实体化运作，并与各有关单位联通，向县、乡、社区、网格延伸，为各级各部门开展社会治理工作赋能。

研究市域社会治理智能化人才队伍建设中长期规划，加强各类应用人才引进、培养、激励、管理。优化相关部门的智治一体化协同机制，组织面向市域社会治理相关部门和人员的信息化、智能化专题联合培训，推动建立一支政治强、业务精、技术通的专业力量。

五、市域社会治理能力现代化

增强市域社会治理能力是加快推进市域社会治理现代化的根本途径，是市域应对社会治理挑战、解决社会治理难题的关键，也是将制度优势在市域更好地转化为治理效能的关键。结合市域社会治理社会整合、风险防范的两大挑战和市域社会治理统筹协调、地方立法权、科技支撑的三大优势，按照党委领导、政府负责、民主协商、社会协同、公众参与、法治保障、科技支撑的社会治理体系，根据中央固根基、扬优势、补短板、强弱项的要求，可以凝练出市域社会治理现代化建设的核心能力，即统筹协调能力、社会培育能力、矛盾化解能力、法治保障能力和数字治理能力，这五类能力共同构建了市域社会治理现代化的能力体系，如图1-3所示。

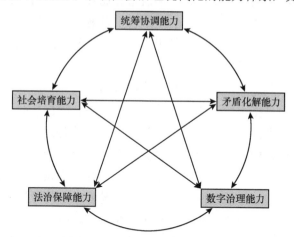

图1-3 市域社会治理的五力模型

统筹协调能力是指市级党委政府落实社会治理职责、对市域社会治理进行工作谋划、整体部署、整合协调的能力。相较于基层社会治理，市域社会治理的地理范围、人口规模和事务数量都更加庞大，组织层级和部门分工更加复杂，不同层级纵向统筹和不同部门横向协调的难度更大。当前，除行政级别较高的直辖市和副省级城市外，大部分设区的市在规划、财政等方面统筹能力较差，社会治理中还存在"九龙治水"、各自为政的情况。市域要建立与人口快速城市化、产业集聚创新、城市先进文化发展相适应的社会治理方式，市级党委政府统筹谋划市域社会治理就显得尤为重要。在此方面，市级党委政府要把推进市域社会治理现代化作为重大政治任务，健全各层次各部门社会治理权责清单，设立可量化、可评价的社会治理目标，整合各层级、各部门力量形成社会治理合力，在体制机制上解决社会治理中的"痛点""堵点"问题，形成市—区（县、市）—乡镇（街道）权责明晰、高效联动、上下贯通、运转灵活的治理体系，为实现市域社会治理现代化奠定组织基础。

一个好的社会，既要稳定有序又要充满活力。在社会分化的背景下，重塑社会的有机团结是城市化、现代化背景下社会建设的重要任务。社会培育能力建设就是要应对城市化背景下"陌生人社会"的挑战，在市域范围内构建人人有责、人人尽责、人人享有的社会治理共同体，促进社会自身发展、增强社会活力，推动社会力量共同参与社会治理。社区是社会建设的微观载体。激发社会活力要加强城乡社区基层党组织建设，增强城乡社区组织服务能力，推动城乡居民公共参与和志愿服务，只有居民真正有效地参与社会公共事务才能促进社会资本的形成和积累，才能使社会治理成为一个可持续的互动系统。社会组织是整合社会资源满足社会需求、参与社会治理的重要主体，要破除管理思维上"非此即彼"的二元思维，依法取缔非法违纪组织、严格监管存在安全隐患的组织与培育发展社会组织并不矛盾，不仅要鼓励合法社会组织自主发展，还要加大扶持力度。在公益创投、购买服务方面，更多的是要基于项目补贴，而不是服务外包的方式，确立社会组织的主体地位，激发社会组织发展的内生动力，以正向激励促进社会组织成长，在市域形成共建共治共享的社会治理格局。

矛盾化解能力是指市域范围防范化解各类风险、确保社会平安稳定的能力。随着城市化的发展和人口在城市的大量集聚，传统社会关系面临瓦解，社会凝聚力下降，城市化进程中社会失范、社会分散化、社会复杂化的挑战不可避免。同时，快速的城市化发展、半城市化现象会导致社会治安风险显著上升。新冠疫情防控的实践表明，市域矛盾风险具有系统性、跨界性、传导性特点，这要求以市域为主阵地，从事前、事中、事后的整体视角进行防范，从源头、传导、转化的关键环节进行化解，防止矛盾风险向上传导、向外溢出。设区的市要应对市域风险复杂多变的现实挑战，把重大风险化解在市域作为市域社会治理的重要目标，提高风险防范水平，提升各类矛盾风险防范化解水平，有效防范矛盾风险蔓延、叠加、升级，最大限度地把矛盾风险隐患化解在萌芽状态，提高全社会安全系数。

法治保障能力是指在市域社会治理中以法治思维来谋划社会治理、以法律规范来实施社会治理、在法治轨道里提升社会良治的能力。法治保障，尤其是地方立法权是市域社会治理的重要优势，有助于市级因地制宜、结合实际制定地方性法规规章，破解社会治理难题。市级人民代表大会要用足用好地方立法权，充分考虑本地经济、社会、文化等实际情况，深入总结市域社会治理成熟做法，推动在应急管理、公共卫生、网络安全、社区物业等社会治理重点领域制定地方性法规规章。市级党委政府要加强依法决策，落实重大决策社会稳定风险评估机制，依法加快市级层面社会信用管理、产权保护等配套制度建设。行政执法是社会治理的重要环节，在执法领域要进一步深化"大综合一体化"行政执法改革，把治理的重心和配套资源向乡镇街道下沉，构建执法队伍的金字塔结构，切实解决基层治理中"看得见、管不着"问题，提高行政执法的效率和基层治理的效能，为市域社会治理现代化提供立法、司法、执法保障。

数字治理能力是指市域综合运用科技人才优势，实现现代科技与市域社会治理深度融合，提升社会治理智能化水平的能力。科技发展尤其是信息通信技术和大数据计算正成为重塑社会治理的基础性力量，能够显著提升社会治理效能，为解决当前社会治理面临的问题和挑战提供了解决方案，为政府治理现代化、公共服务精准化、居民参与常态化提供了现实路径，既推动了行政体系内政府治理的现代化，同时也有助于确保社会稳定和激发社会活力，有助于实现政府治理和社会调节的良性互动，在市域实现秩序与活力的平衡。

相比县域，市域更具科技人才优势，这为推动科技发展与市域社会治理深度融合奠定了现实基础。在市域社会治理中，要进一步推进市域智能化基础设施建设，充分运用物联网、大数据、人工智能、5G等新技术提升市域风险防范和公共服务水平；进一步推进数据资源整合共享，以城市信息模型基础平台、GIS和统一标准地址库为基础，加快社会治理基本要素数字化、标准化，打造一体化的城市数据中心，逐步打通地方、部门、企事业单位之间的信息壁垒，构建覆盖全域、统筹利用、统一接入、灵活服务的数据资源共享体系，实现跨部门、跨区域共同维护和利用，促进业务协同办理；进一步加强社会治理智能应用，推进社会治理专门平台、专业系统、应用场景的规划建设，增强系统性、兼容性和实用性，不断拓展基于大数据分析的智辅决策、智防风险、智助服务、智促参与、智能指挥，在更高层次、更高水平上赋能各级各部门社会治理工作。

统筹协调能力、社会培育能力、矛盾化解能力、法治保障能力、数字治理能力这五种能力相互影响、互为支撑，共同构成了市域社会治理的能力体系，这些能力的建设为加快推进市域社会治理现代化提供了实现路径。当前，提高市域社会治理能力就是要在市级统筹协调、风险防范、社会共治、法治保障、科技支撑等方面下功夫，发挥市域优势，补齐能力短板，不断提升市域社会治理工作效能，推进市域社会治理体系和治理能力走向现代化，为中国式现代化建设保驾护航。

六、本书研究思路和结构

随着城市化进程的不断加快、社会形态的不断变化，如何建设市域社会是社会建设与社会治理中的重大问题。本书旨在回答"在分化的社会中如何重构社会的有机团结"这一理论命题。在系统阐释"市域社会治理"这一新概念的基础上，构建市域社会治理体系和市域社会治理能力的主要维度，探索揭示市域社会治理的理论内涵、制度体系和能力框架，探索总结市域社会治理的一般规律。在研究视角上，力图突破已有基层社会治理的研究路径，将社会治理提升到市域层面，分析市域社会治理所面临的问题、实践进展、规律特点和政策举措。与此同时，本书还力图实现对政府中心主义研究视角的超越，特别重视协商议事、公众参与与社会组织发展等社会共治因素在市域社会治理中的影响和作用，注重基于中国发展与治理的叙事逻辑与叙事方式，建构中国自主的社会治理知识体系和话语体系。

本书采用定性研究与定量研究相结合、探索性研究与验证性研究相结合的方法，系统回顾了社会治理、城市治理的经典理论和前沿文献，建立了覆盖长三角、珠三角和京津冀地区的研究网络，对首批全国市域社会治理试点市展开调查。通过访谈、问卷、实地调研和案例分析等方式搜集了大量一手资料，建立了全国市域社会治理案例库，通过定性与定量相结合的方法，保证了研究结论的信度和效度。

全书十二章，包括导论、上篇、下篇和结语四个部分。

第一章"导论：在分化的社会中重构社会的有机团结"，在理论背景和实践进展综述的基础上，指出全书研究的主旨问题，即从中国特色的社会治理研究出发，整体性回答面对城市化进程以政党组织为核心的社会建构和社会治理是如何成为可能的。在此基础上解析"市域社会治理"概念内涵、市域社会治理体系和治理能力的构成，并介绍全书的研究思路和章节安排。

上篇"市域社会治理体系现代化"，共分5章，各章的主要内容如下：

第二章"市域社会治理党的领导体系"。本章首先回顾了十八大以来党建引领市域社会治理体制的权威性建构历程，并从构建治理主体之间的联系与合作、市域范围内资源的整合与重组、服务体系与服务模式的优化提升等方面分析了党建引领在市域社会治理中的机制，并基于党建引领市域社会治理的杭州实践分析了党建在市域社会治理中的作用。

第三章"市域协商议事体系"。本章基于余杭区街道协商议事会议制度的案例研究，分析了城市化背景下协商议事体系的创新发展，介绍了余杭区街道民主协商议事会议制度的基本情况及其实践，通过与温岭民主恳谈会的制度比较，总结了城市化背景下街道民主协商议事制度的主要经验。

第四章"市域公众参与体系"。本章分析了市域社会治理中普遍面临的社会共治难题，如社会力量发育不均衡、社会力量参与效率不高、参与协同机制有待完善等，构建了社会组织参与社会共治的主要机制，包括"声誉效应"和"竞争效应"机制、杠杆策略与选择性赋权，增强社会组织参与的筹资能力、服务能力和倡导能力，同时，本章还基于北京、浙江、广东、重庆4省（市）3000份城市居民的问卷的调查数据，分析了当前我国城市居民社区参与的主要事项、渠道、认知、诉求、环境要素。

第五章"市域风险防范体系"。本章重点考察了市域风险中政治安全、社会治安、社会矛盾、公共安全、网络安全等风险类型及其特点，分析了市域风险经济、社会、制度等成因，并结合全国首批市域社会治理试点的创新实践，包括吉林白山市、新疆博尔塔拉蒙古自治州、北京市怀柔区、江苏南通、内蒙古包头市、福建宁德市、贵州铜仁市、山东烟台市等地在市域社会治理中的风险识别、风险处置、风险监测等风险防范体系建设。

第六章"市域科技支撑体系"。本章分析了科技支撑系统对于市域社会治理复杂性的回应，以浙江嘉兴市市域社会治理一系列数字化应用为研究对象，分析了市域社会治理中智能化基础设施、一体化平台和数字智能应用等科技支撑体系，并考察了科技支撑体系在提升数据感知能力、数据治理能力和数据分析应用能力等方面的作用。

下篇"市域社会治理能力现代化"，同样分为5章，各章的主要内容如下：

第七章"市域统筹协调能力"。统筹协调能力是指市级党委政府落实社会治理职责，对市域社会治理进行工作谋划、整体部署、整合协调的能力。本章分析了快速城市化背景下设区的市在纵向统筹、横向协调中面临的体制机制问题，提出党建引领、纵向统分结合、横向多元联动、加强跨部门合作等提升市域统筹协调能力的举措。

第八章"市域社会培育能力"。本章以G市和H市的案例比较研究为基础，分析了不同项目制设计对社会组织发展的影响，在理论上构建了项目制影响社会组织发展的跨层次作用机制模型，在此基础上提出完善项目制政策设计、提升市域社会培育能力的政策建议。

第九章"市域矛盾化解能力"。本章在回顾"枫桥经验"发展历程的基础上，解析了"枫桥经验"在矛盾纠纷调解中的主要工作机制，并介绍了新时代"枫桥经验"创新发展的网格化管理和县级矛盾调处中心（简称"矛调中心"）的建设等创新实践，提出调处化解矛盾纠纷的政策建议，为提升市域矛盾化解能力提供对策参考。

第十章"市域法治保障能力"。本章主要分析了市域社会治理中存在的法治建设问题，以嘉兴为例，介绍了市域社会治理中立法保障、依法决策、执法、司法保障和公共法律服务等方面的创新实践，并提出提升市域法治保障能力的政策建议。

第十一章"市域数字治理能力"。本章分析了数字政府建设背景下数字技术与科层组织的双向互动关系，构建了市域数字治理能力分析框架，并通过浙江省

"三张清单"数字化改革的案例研究，分析数字技术从政府治理的工具性要素转变为撬动科层组织变革的系统性要素、激发体系机制创新的作用机理。

本书第十二章"结语：走向市域社会治理现代化"。本章首先总结了我国市域社会治理现代化的基本经验，并从理论上探讨了重构市域社会的可行性，提出无论是从目标上还是从条件上，市域社会治理现代化都展现出在整体上重构市域社会的可行性。基于理论分析和实践进展，提出进一步推进市域社会治理现代化的若干建议和未来研究议程，为市域社会治理实践进步和理论研究提供指引。最后探讨了市域社会治理在中国式现代化、寻求解决社会发展问题的中国方案和构建中国自主知识体系中的意义。

上篇　市域社会治理体系现代化

第二章 市域社会治理党的领导体系

一、党的领导体系权威性建构

单位制时期以党的组织为核心展开组织化社会建构，这种建设方式一定程度上体现出党建嵌入社会治理的思想与意识[1]，但更强调一种单向度的由政党组织社会的控制模式[2]。随着改革开放、单位制解体，以及组织社会与社会治理命题的改变，党组织在社会治理体系中身份与作用逐渐改变，并呈现出政党与社会的双向互构的格局。目前所熟知的党建引领市域社会治理体制实际上并非单纯自上而下的制度设计产物，而是源自基层在日常治理中总结探索出的一系列经验做法，在近年获得领导人的重视及宏观政策的确认，逐渐被纳入市域社会治理体系并建构其权威性地位。

学者普遍认为，上海是"社区党建""区域化党建"等党建引领社会治理的重要发源地。改革开放带来的经济发展、城市发展给基层社会治理带来巨大挑战，20世纪90年代的街道办事处作为区政府的"派出机关"缺乏对"条条"部门的协调能力，上海市部分街道开始尝试在上级党委支持下通过党建组织推动"条块"协同。相较于同时期"主任办公会"等行政机制，党建引领机制具备更强的协调能力，并取得了显著的治理成效[3]。自此上海市基层治理经验开始在街道、区域乃至城市间广泛传播。

虽然在接下来的十余年间党建引领体制在全国范围内获得了较大的影响力与取得了优异的治理成绩，但是由于缺乏对应条例及法律，党组织建设在转化基层治理成效的过程中仍面临诸多问题，如基层组织队伍力量不足，治理体系松散，无法应对日益扩大、复杂化的基层治理事务及市民服务诉求；党组织权责交叉，与相关部门之间缺乏协调，降低了治理效能；基层党组织工作繁杂，疲于承接行政事务，出现"悬浮化"问题[4]。

党的十八大成为市域社会治理党的领导体系建设的重要转折点，党的十八大以来，以习近平同志为核心的党中央高度重视党建对基层社会治理工作的引领功

① 林尚立，2007.两种社会建构：中国共产党与非政府组织[J]. Social Sciences in China，（2）：129-136.

② 田先红，2020. 政党如何引领社会?——后单位时代的基层党组织与社会之间关系分析[J]. 开放时代，2：118-144，8.

③ 黄晓春，2021. 党建引领下的当代中国社会治理创新[J]. 中国社会科学，6：116-135，206-207.

④ 曹海军，曹志立，2020. 新时代村级党建引领乡村治理的实践逻辑[J]. 探索，1：109-120.

能，国家开始对党建引领的相关经验进行系统总结学习，进一步推动党建引领机制在基层的创新探索。

2016 年，中央印发新修订的《中国共产党地方委员会工作条例》（以下简称《条例》）。新修订的《条例》奠定了地方党委发挥领导核心的制度基础，强调了地方党委在区域发挥总揽全局、协调各方的领导核心作用；规定地方党委主要实行政治、思想和组织领导，明确了具体实施领导的七个方面内容；完善了地方党委领导经济社会法治工作机制；要求地方党委加强对同级人大、政府、政协等的领导。新修订的《条例》完善了党建统领的体制机制，从制度层面摆脱了过去身份不明、职责不清的治理困境，明确了具体领导工作及其权责关系，有效推动并落实地方党委引领下的治理，为党组织引领社会治理提供制度依据。

2017 年印发的《中共中央　国务院关于加强和完善城乡社区治理的意见》（以下简称《意见》）提出"把加强基层党的建设、巩固党的执政基础作为贯穿社会治理和基层建设的主线"。《意见》明确提出要形成政党引领城乡治理、市域社会治理的体制机制，党建引领的功能也逐渐从区域下沉延展至基层一线。

习近平总书记在党的十九大报告中把党的政治建设纳入新时代党的建设总体布局，明确"以党的政治建设为统领"。党的十九大通过的新党章，不仅进一步明确了"党的基层组织是党在社会基层组织中的战斗堡垒，是党的全部工作和战斗力的基础"，并且将原先的"实行行政领导负责制的事业单位中的党组织，发挥政治核心作用"改为"发挥战斗堡垒作用"。基层党组织的作用与力量得到了凸显与肯定，基层党组织的建设也快速获得了地方的关注重视，党建队伍不断扩大，为党领导基层治理提供了坚实的人才保障。

党的十九届四中全会审议通过的《中共中央关于坚持和完善中国特色社会主义制度　推进国家治理体系和治理能力现代化若干重大问题的决定》提出："必须加强和创新社会治理，完善党委领导、政府负责、民主协商、社会协同、公众参与、法治保障、科技支撑的社会治理体系……"《中共中央关于坚持和完善中国特色社会主义制度　推进国家治理体系和治理能力现代化若干重大问题的决定》体现了党建统领社会多元共治的理念，党组织领导在基层社会治理中的地位被提升到新高度。

第十三届全国人民代表大会第四次会议审查了国务院提出的《中华人民共和国国民经济和社会发展第十四个五年规划和 2035 年远景目标纲要》（以下简称《纲要》），围绕完善党全面领导基层治理制度，提出了完善党建引领的社会参与制度等重要举措，要求："健全党组织领导的自治、法治、德治相结合的城乡基层社会治理体系，完善基层民主协商制度，建设人人有责、人人尽责、人人享有的社会治理共同体。"《纲要》为健全基层治理体系提供了制度支撑，扩大了党领导社会治理的事务范畴，也深化了党建与社会治理的嵌入关系，实现对基层治理全过程、各方面的贯穿。

习近平总书记在党的二十大报告上提出："坚持大抓基层的鲜明导向，抓党建促乡村振兴，加强城市社区党建工作，推进以党建引领基层治理，持续整顿软弱涣散基层党组织，把基层组织建设成为有效实现党的领导的坚强战斗堡垒。"①党建引领覆盖市域社会治理的方方面面，再次凸显基层党建的战斗堡垒作用。

习近平总书记也在多次重要讲话中谈及党对基层治理的领导的重要性，在2018年7月的全国组织工作会议上首次提出党的组织体系建设，并要求基层党组织："引领基层各类组织自觉贯彻党的主张，确保基层治理正确方向。"在2021年9月的基层代表座谈会上强调："'十四五'时期，要在加强基层基础工作、提高基层治理能力上下更大功夫。"②

党的十八大以来的条例与讲话逐渐完善了党领导市域社会治理的体制机制、夯实了基层党组织在社会治理中的重要地位，加强了党对基层治理的领导，将基层党组织的政治优势、组织优势转化为基层治理效能，是党不断提高执政能力和领导水平、实现治理能力与治理水平现代化的必然要求。基层党组织建设逐渐成为社会治理现代化的重要抓手，也标志着市域社会治理进入新纪元③（表2-1）。

表2-1　党建引领市域社会治理体制的权威性建构历程

时间	会议/文件	内容
2016年1月	《条例》	党的地方委员会在本地区发挥总揽全局、协调各方的领导核心作用
2017年6月	《意见》	把加强基层党的建设、巩固党的执政基础作为贯穿社会治理和基层建设的主线
2017年10月	中国共产党第十九次全国代表大会	强调党的基层组织在社会基层组织中的战斗堡垒作用
2019年10月	《中共中央关于坚持和完善中国特色社会主义制度 推进国家治理体系和治理能力现代化若干重大问题的决定》	完善党委领导、政府负责、民主协商、社会协同、公众参与、法治保障、科技支撑的社会治理体系
2021年3月	《中华人民共和国国民经济和社会发展第十四个五年规划和2035年远景目标纲要》	健全党组织领导的自治、法治、德治相结合的城乡基层社会治理体系

二、党建引领在市域社会治理中的机制塑造

通过梳理回顾市域社会治理场域内党的领导体系权威性建构过程，可以明确党组织在市域社会治理体制中的重要作用及身份职能，本节将进一步回答"党的

---

① 坚持大抓基层的鲜明导向（思想纵横）[EB/OL]. http://opinion.people.com.cn/GB/n1/2023/0208/c1003-32619558.html，2023-02-08.

② 习近平主持召开基层代表座谈会并发表重要讲话[EB/OL]. https://www.gov.cn/xinwen/2020/09/19/content_5544779.htm，2020-09-19.

③ 曹海军，曹志立，2020.新时代村级党建引领乡村治理的实践逻辑[J]. 探索，1：109-120.

领导在市域社会治理中何以展开"的问题，观察基层党组织如何重塑分散社会并回应复杂治理①，剖析党建引领的内在机理与作用过程。

社会治理的关键在于社会嵌入、资源整合以及资源配置，党建引领市域社会治理实质上就是发挥政党的组织优势为市域社会治理的关键环节赋能提效，基层党组织发挥组织优势、统筹优势以及协商优势，推动社会引领、社会整合、社会服务发展，进而实现市域社会治理现代化转型，具体而言包括以下内容：兼顾刚性制度建设与柔性价值引领，通过组织同构嵌入社会体系，党建引领协商治理推动形成价值共识，构建社会共同体；通过立体化的组织网络发挥党强大的组织凝聚力，纵向统筹各层级部门力量下沉基层，通过党政核心地位横向吸纳社会资源，实现市域范围内全方位的资源整合；牢牢把握党组织领导社区治理主线，有效进行资源的精细化配置，依据服务主导逻辑展开服务供给，推动公共服务共同生产，推进市域社会服务模式的优化提升。

（一）构建治理主体之间的联系与合作

改革开放后，基层社会呈现出一种碎片化、原子化、无序化的状态，以专业化分工为基本逻辑的科层化治理体系往往难以处理市域社会中的复杂矛盾冲突②，如何重塑社会主体间的关系，并建构一个既安全、稳定、秩序严明又多元和谐、充满活力的社会，成为市域社会治理现代化的关键议题。不仅通过"建党"与"党建"，推动组织同构，自上而下建立党建引领的多元主体的社会网络；还通过日常治理与服务，促使多元主体形成价值共识与增强凝聚力，自下而上获得党建组织社会的价值认同，为共建共治共享奠定基础。

1. 以党建推动制度同构

推动组织同构典型化的方式包括：强制、规范与模仿。首先，基层党建以强制性同构为起点③，党与国家通过政策与制度的安排向非公企业和社会组织施加压力，引导鼓励非公经济组织和社会组织的党组织建设，着力消除党建"空白点"，扩大党的组织覆盖面，提升党的工作覆盖水平。通过"建党"形成组织层面的同构，这种强制性的同构提高了党组织与国家在社会领域的支配力，为市域场域党的领导体系奠定组织基础。其次，以规范性同构推动市域范畴内党组织的发展建设，中共中央办公厅印发了《关于加强和改进非公有制企业党的建设工作的意见（试行）》及《关于加强社会组织党的建设工作的意见》，明确非公企业及社会

① 何艳玲，王铮，2022. 统合治理：党建引领社会治理及其对网络治理的再定义[J]. 管理世界，5：115-131.
② 陈秀红，2023. 整合、服务与赋能：党建引领基层治理的三种实践取向[J]. 学习与实践，8：96-105.
③ 李想，何得桂，2022. 制度同构视野下党建引领新型农村集体经济发展的过程与机制——基于"三联"促发展工作实践的分析[J]. 党政研究，4：72-83，126.

组织党建工作的开展规范，引入正式的组织仪式，构建社会规范机制①。通过"党建"在潜移默化中实现规范塑造，这种制度性的同构寓于组织设置、党建活动乃至日常业务中，基层组织边界与社会主体的工作边界产生了互动，推动多元主体间关系的建立。最后，还存在着模仿性同构，党建引领在组织场域内获得的发展优势将吸引社会多元主体主动学习，并开展党建工作，重复"建党""党建"的同构过程，有效促进党组织与市域社会的耦合关系，将政治优势转化为治理及发展优势，完成了党社结构的内在统一。

2. 在多元共治中凝聚价值共识

基层党组织不仅具有制度压力带来的自上而下的组织同构与权威赋予，还具备在日常基层治理中产生的自下而上的价值认同。

一方面，通过引领多元共治重构基层社会关系网络，推动社会网络资源有效转化为社会资本。基层党组织发挥组织优势，通过组织动员或组织联动等形式，以合理化的发展与利益为驱动，积极吸纳社会多元主体参与日常活动以及基层治理，在参与过程中多元主体间的互动得到增强，推动原子化的个体重新相互熟悉认识，进而建立多元主体间的社会联系，整合并重塑了小规模、碎片化的基层社会网络，有效提升了基层的社会资本存量。

另一方面，通过党建引领协商机制凝聚多元主体的共同价值，充分发挥基层党组织在利益协调与组织协调上的优势，在基层党组织的介入下，实现了基层权力、需求以及冲突的整合②，完善了协商决策与协商行动的公权力体系，有效回应多元化利益诉求与矛盾冲突，扭转了基层社会的分化局面。更重要的是，多元主体在协商中产生了心理层面的"认同"与"接纳"，重建了社会信任，重构了社会共识，为下一阶段资源整合工作的开展提供了基本前提③。

（二）市域范围内资源的整合与重组

我国的治理结构是一个横向关系与纵向层级相互交织的立体化体系，这一体系既包括科层制的各个层级，也涉及党委领导、政府负责、社会协调、公众参与的横向关系④，这恰恰与我国纵向到底、横向到边的党组织架构不谋而合。党建引领本质上就是通过向基层党组织增权、赋能、明责的方式，强化其在基层治理中

①　侯利文，2024. 社会回应政治：社会组织党建的内在逻辑与功能进阶——以 Y 社区服务中心为例[J]. 学习与实践，2：102-111.

②　徐珣，2018. 社会组织嵌入社区治理的协商联动机制研究——以杭州市上城区社区"金点子"行动为契机的观察[J]. 公共管理学报，15（1）：96-107，158.

③　王华杰，薛忠义，2015. 社会治理现代化：内涵、问题与出路[J]. 中州学刊，4：67-72.

④　何艳玲，王铮，2022. 统合治理：党建引领社会治理及其对网络治理的再定义[J]. 管理世界，5：115-131.

的领导权威与治理能力①。通过确立党在社会治理网络中的核心地位，党组织能够有效发挥整合功能，通过立体式的党组织网络实现市域范畴内各项资源的纵向统筹与横向协调。

1. 嵌入科层制的纵向统筹

党的资源统筹优势突出体现在纵向科层体系中的权威性上。我国的治理体系呈现出以中国共产党为核心所构建的党和政府双重科层制的复杂结构，存在科层体制与党政体制两套治理体制②。在经济社会高速发展的背景下，社会治理存在复杂性与模糊性的治理问题，传统科层制逐渐呈现不适调性。市域职能部门体现出科层制弱点，不同部门职能之间相互独立甚至相互竞争，难以整合资源并相互协调，无法应对当前市域社会治理中的重要事务。党政体制相较于科层体制具有更高的权威性，具备各类组织和各项工作的统一领导能力，能够弱化"条块"间的权力隔阂，快速分解政治任务并将之传递给下级党组织，由该层级党委分配给相应职能部门的党组织，再由这些部门的党组织相互配合完成③。通过党组织的纽带整合并快速组织各层级相关治理主体及资源，构建跨越传统组织边界与传统行政边界的多层次治理网络，通过科层动员将党员下沉到社区，责任压实到党员，在属地双重管理的逻辑下，将条线的资源及资源配置权力逆流落到基层社会单元④，推进党建在基层社会治理的去悬浮化与再嵌入⑤，这也是科层内部的结构调整、管理主义取向下的市场化改革、数字技术转型所不能比拟的组织优势⑥。

2. 区域内资源的横向协调

党组织还建立区域内横向协调机制。基层党组织能够通过区域化党建实现区域范畴内横向的资源统筹协调。2004 年 10 月下发的《中共中央组织部关于进一步加强和改进街道社区党的建设工作的意见》明确提出，"构建城市社区党建工作新格局的要求"。习近平同志在 2010 年的全国组织部长会议上进一步完善了区域化党建模式，指出："要积极探索区域化党建模式，充分发挥辖区内各类党组织的优势，通过组织共建、人才互动、党员联管、活动互助等形式，整合利用区

① 陈家喜，2023.中国城市社区治理的新变化：基于政党功能视角[J]. 政治学研究，1：122-132.

② 王阳，熊万胜，2021. 党政科层体系："制度-关系"视野下的政党治理与国家治理[J]. 开放时代，6：124-138，8.

③ 杨华，2018.县域治理中的党政体制：结构与功能[J].政治学研究，5：14-19.

④ 陈念平，2022.探索基层治理现代化的中国经验：党建引领基层治理的研究回顾与展望[J]. 党政研究，5：21-33，124.

⑤ 陈亮，李元，2018.去"悬浮化"与有效治理：新时期党建引领基层社会治理的创新逻辑与类型学分析[J]. 探索，6：109-115.

⑥ 何艳玲，王铮，2022. 统合治理：党建引领社会治理及其对网络治理的再定义[J]. 管理世界，5：115-131.

域党建资源，提升基层党建工作水平"①。在区域化党建工作的推动下，区域内商圈党建、楼宇党建、产业链党建等非公党建与基层党建形成联建共建模式②，基层党组织从相互隔离的状态转向协调与融合，从传统的封闭运作逻辑转向更开放的空间模式，破解了市域场域辽阔空间内资源整合以及协调合作困难的问题，更突破了依赖于科层体制的传统纵向控制模式。区域化党建符合沟通协商、利益协调等更贴近现代社会结构要求的多样化运作逻辑，也能够有效促进执政党内部聚合以及执政党对社会的整合③，实现了区域基层党组织结构层面的整合，进而实现市域范畴内整体性资源的统筹及配置，为市域社会现代化服务供给提供了坚实的资源支撑与保障④。

（三）服务体系与服务模式的优化提升

党建引领市域社会治理机制延续了"政党-群众"的逻辑框架，坚持"全心全意为人民服务"的思想，发挥了党组织源自制度化的、面向群众的服务功能。基层党建服务能力水平的重要性再次凸显，基层党组织在市域范畴内的服务功能也在国家顶层设计中获得强化。2014年，中共中央办公厅印发《关于加强基层服务型党组织建设的意见》，要求基层党组织"把服务作为自觉追求和基本职责，寓领导和管理于服务之中"，引导党建回应日益多元化的服务诉求⑤：一方面，发挥党在基层一线网格化的组织架构及村社支书职务的优势，精准识别并整合需求，提升服务效率及效能；另一方面，推动了服务主导的逻辑转向，通过组织公共服务的合作生产，实现价值共创。

1. 构建精细化服务体系

作为市域范畴内公共服务下沉的载体，社区的服务前台属性不断凸显，坚持党组织领导社区治理主线能够提升基层服务供给的精准化、精细化水平。从党在基层一线铺设的治理及组织架构上看，党建引领的网格化管理方式能够提升基层的清晰度，实现基层社会治理工作的全覆盖⑥。有些学者将网格比作治理系统的神经网络，认为它能够敏锐感知外部刺激，精准捕捉刻画居民需求，为精细化服务提供资源配置的依据；从村社支部书记的职务设置上看，支部书记是居民与党政府沟通的桥梁与纽带，不仅是党在基层的"代理人"，更是所在村社的"当家

① 习近平，2011. 在全国组织部长会议上的讲话[J].党建研究，1：4-11.

② 陈家喜，2023.中国城市社区治理的新变化：基于政党功能视角[J]. 政治学研究，1：122-132.

③ 唐文玉，2014. 从单位制党建到区域化党建：区域化党建的生成逻辑与理论内涵[J]. 浙江社会科学，4：47-54，156.

④ 徐玉生，张彬，2016. 新时期基层党组织建设与社会治理耦合互动研究[J]. 探索，1：85-89.

⑤ 陈秀红，2023. 从"外源"到"内生"：新时代中国共产党推进乡村振兴的实践逻辑[J]. 中共中央党校（国家行政学院）学报，27（2）：44-54.

⑥ 吴结兵，2020. 网格化管理的实践成效与发展方向[J]. 人民论坛，29：22-24.

人"①，同时肩负着党对精准化服务和居民对高质量服务的期望。支部书记能够发挥领导与协调作用，增进政府与居民的交流与了解，理顺治理主体间的关系，将从网格中获得的群众普遍反映的利益要求转化为具体的政策措施，针对网格中捕捉到的新情况、新问题及时作出调整和更新，推动公共服务精细化建设。

2. 推动服务主导逻辑转向

党建引领的基层公共服务供给模式不仅是服务机制与模式的探索创新，更蕴含着公共服务管理模式从产品主导逻辑向服务主导逻辑的深层次逻辑转向。基层党组织运用协商的对话方式，引导基层社会多元利益主体通过平等协商和理性对话达成共识，在协商过程中扮演组织者、协调者及监督者角色，在基层协商治理中广泛收集社会多元主体的利益诉求，积极推动多元主体共建共享，共同提供市民喜闻乐见的服务。在党建引领的社会多元主体的协商合作、公共服务的共同生产下，实现了价值共创②，公民从简单的服务接收者向公共服务的共同提供者转变；公共服务从一种产品向一个涵盖多元主体与政府代理的联合体转变；基层也从单纯提供服务向实现社会多元主体所期望的服务转变③。

党建引领的基层公共服务共同生产，不仅能够提升居民的满足感与获得感、治理绩效以及服务水平，还能够增进社会主体对于党组织的信任，塑造良好的基层治理者形象④，提升市域社会治理党的领导体系的合法性，进而推进党组织在市域场域更广范围、更深层次的社会嵌入，形成一种良性的治理循环，党建与社会治理相互促进，实现政社同构。

三、党建引领市域社会治理的杭州实践

在推进市域社会治理现代化的进程中，许多地方坚持以党的建设为引领，积极应对城市治理与基层治理的风险挑战，将党的领导落实到社会治理的各领域、各方面、各环节，在治理中取得一系列标志性成果，在实践中形成一批可供推广的经验方法。其中，杭州市坚持以党建引领社区治理，着力推动全市社区治理体系大发展、社区服务大升级、治理水平大提升，取得了一系列重要成果，开创了新时代杭州城乡社区治理的新局面。本节将围绕党建引领社区治理的杭州案例展开分析。

---

① 田先红，2020. 政党如何引领社会?——后单位时代的基层党组织与社会之间关系分析[J]. 开放时代，2：118-144，8.

② 王学军，2020. 价值共创：公共服务合作生产的新趋势[J]. 上海行政学院学报，21（1）：23-32.

③ 朱春奎，易雯，2017. 公共服务合作生产研究进展与展望[J]. 公共行政评论，5：188-201

④ 范柏乃，金洁，2016.公共服务供给对公共服务感知绩效的影响机理——政府形象的中介作用与公众参与的调节效应[J]. 管理世界，1：50-61，187-188.

（一）党建引领社区治理的杭州实践

创新了一批经验方法。社区工作法是对开展社区工作的理念和方法的科学总结提炼，是推进社区治理现代化的重要手段和必备工具。杭州下城区王马社区以构建社区党委、楼道党支部领导下的社区居委会、楼宇居民自治会、单元居民自治小组等三级社区居民自治体系为抓手，提出了"66810"工作法；北落马营社区在战斗堡垒上下功夫，提出"红黄绿"工作法，确保群众走到哪里，党的阵地就跟到哪里；打铁关社区利用"望闻问切"工作法激发社区党建新活力，钱运社区"四共四汇"服务方法、彩虹社区"七彩党建工作法"等品牌成为全市全省乃至全国典型，其中"66810"工作法在全国推广，被民政部评为全国100个优秀社区工作法之一。

探索了一批改革试点。试点是改革的重要任务，更是改革的重要方法，基层社区治理要大胆探索、积极作为，发挥好试点对全局性改革的示范、突破、带动作用。杭州市上城始版桥社区、江干采荷荷花塘社区、拱墅瓜山社区、西湖之江社区、萧山瓜沥七彩社区、萧山亚运社区、杭州钱塘新区云帆社区7个社区入选首批未来社区试点创建项目试点，党建引领社区治理改革开始了新征程；江干区从"邻里坊"工作机制入手，建立涵盖居委会和"邻里坊"的"一委N坊"自治体系，探索创新居民自治的可行路径；杭州市江干区以"网格化党建、网络化支撑、全科+全能、全员+全域"为主要内容，创新打造"双网双全"社区治理模式，成功入选全国社区治理和服务创新实验区，"党建引领、双网双全"社区治理模式不仅有效建强社区党组织核心，形成了区域党组织全面参与、全民协同共建的良性治理格局，推动基层治理更加科学、精细、多元，更是切实提升了居民群众的幸福感和获得感，筑牢了城市基层党建工作基础；杭州市余杭区紧紧围绕"党建+治理"，以"完善基层协商、增强社区居民自治功能"为主题，探索创建"余杭'1+3'基层协商治理模式"，重点完善组织机构协商议事体系，更清晰地明确了谁来议、议什么、怎么议、规范议的问题；杭州市西湖区则着眼于城乡社区基本公共服务标准化体系缺失的全国性难题，率先提出了"1246+N"标准化体系框架，即1个基本范围（城乡社区基本公共服务）、2个方面（基础设施标准和服务工作规范）、4大架构（基础设施建设标准、操作流程标准、支撑体系标准和监督评价标准）、先期制定的6个具体标准和未来需要制定完善的N个标准。

建立了系列长效机制。杭州市注重发挥基层党组织政治引领功能，初步探索形成党建引领基层治理的长效机制。下城区是杭州唯一党建引领社区治理综合试点城区，制定了试点工作方案并推出深化党建引领社区治理的"十项长效机制"，为全区高水平推进中心城区基层治理现代化提供坚实保障，吹响了党建引领社区治理的新号角；西湖区北山街道友谊社区积极试点开放式协商民主"44733"清单式机制，推广社区基层治理新模式；拱墅区为了破解物业管理难题，在浙江省内率先成立住宅小区居委会、业主委员会、物业三方协同治理工作领导小组办公室（简称"三方办"），建立联合党委，进行实体化运作，打造实体化机构及数字治理平台，每月召开一次全区三方协同治理工作联席会议，让社区居委会、业主委员会、物业服务公司坐在一起，明晰各方责任，搭建沟通平台，强化监管落实，实现同向发力、共同促进。用行话来说，居委会是"大家长"、业主委员会是"东家"、物业是"管家"，三方办就是"老娘舅"，这也是破解基层治理难题的一大探索。江干区完善在职党员"双报到"长效机制。江干区深化巩固疫情期间工作成效，推动以机关为主的在职党员常态赴居住社区、所在单位党组织结对共建社区，并把服务情况列入干部考察和党员年度民主评议内容。课题组调研发现2020年，江干区全区共有 1.1 万余名在职党员赴社区报到服务 3.5 万余次，社区向在职党员寄送感谢信 2500 余封。另外，江干区以"同心圆"党建共建整合区域资源，充分发挥"同心圆"党建共建工程优势，依托党组织把区域资源整合起来，社区党组织与驻地大院、大企、大所等"同心圆"单位建立党建共建"朋友圈"，打通 3800 余家组织资源，协商形成 1175 个民生实事项目，形成辖区资源、阵地、项目共建共享、为我所用，打造社区治理共同体。

完善了智慧党建平台。智慧党建平台建设，是适应新时代党建工作的创新举措，是惠及党员、群众的一件大事、好事，是实现社会管理重心下移的有效手段。杭州市智慧系统的建设，始终坚持以党建工作为统领，指导促进各项工作的全面开展。2020 年 5 月 14 日，杭州上线发布"党建云图"和"云管理"四大核心应用场景、"云服务"六大核心应用场景，率先建设有温度的线上"党员、干部、人才之家"和党建数字平台，为组织工作注入"数治"新动能。"党建云图"是杭州组织工作的"数字驾驶舱"，借助人工智能、大数据等技术，实现智慧党建全景在线、重点任务实时督办，对组织工作进行全域整合运用，具备面上分析、深层下钻和预警提醒等功能，是"云管理"和"云服务"十大核心应用场景的"中枢神经"。"云管理"四大核心应用场景包括指尖办公、选兵点将、智慧组织、公务员"一键办"等，具备了干部工作全链条、党员全生命周期、公务员职业生涯全周期的管理及组织部门工作事项"实时追踪"等功能。其中，智慧组织探索推出将"先锋码"作为"党员数字身份证"，实现"组织生活码上过""岗位争先码上干""奉献服务码上行""先锋形象码上亮"等目标，并在市内异地参加组织生活等多种场景下实现"扫码通行"，为更充分发挥党员作用、破解流动党员管理难题提供新路径。"云服务"六大核心应用场景包括杭州"人才码"、学习赋能、爱心驿站等。其中，全新推出的杭州"人才码"，一期为 1.3 万余名高层次人才提供百余项专属服务，不仅可以实现租房、购房和车牌补贴线上实时兑付，还能凭码免费畅游杭州 43 家景点，享受医院就医和机场高铁出行绿色通道等专属服务。"云服务"六大核心应用场景部署在"西湖先锋"APP 上。"西湖先锋"APP 自 2019 年 10 月以来已注册激活 58 万余名党员、12 万余名群众，线上发布活动 19.8 万余次。下一步，组织部门将进一步加大"西湖先锋"智慧党建 APP 推广力度，让党员在基层的服务活动能够实时线上留痕，全市党员个人积分前 100 名人中江干党员达到 60 余人。以"同心圆"党建共建整合区域资源。充分发挥"同心圆"党建共建工程优势，依托党组织把区域资源整合起来，社区党组织与驻地大院、大企、大所等"同心圆"单位建立党建共建"朋友圈"，打通 3800 余家组织资源，协商实施 1175 个民生实事项目，实现辖区资源、阵地、项目共建共享、为我所用，打造社区治理共同体。

促进了多元组织协同。杭州市健全党组织领导社会治理的体制机制，凝聚各方力量、参与治理共建。一是以党建引领带动社会组织参与社区治理。江干区聚焦邻里互助、矛盾化解、平安创建、相亲服务、为老养老、疫情防控等社区治理工作，2020 年培育孵化社会组织和居民自组织 300 余个，通过社会组织成功调解各类矛盾纠纷 350 余起，开展志愿服务 2500 余次。实施"红色公益创投"，精准匹配群众需求，支持专业化的社会服务项目做大做强，撬动更多社会资源参与支持社区治理，2019 年全区投入 770 万元用于扶持市、区、街道共 184 个公益创投项目。二是以党建引领带动居民参与社区治理。比如，小河街道广兴新村老旧小区改造中，举办 6 场小区"红茶议事会"，对改造方案实行"三上三下"模式，发动每家每户出 1 元钱助力改造，组建项目施工微信群与居民代表及时沟通反馈，有效保障了改造项目的顺利推进。三是以党建引领机关单位参与社区治理。比如，拱墅区社区党组织整合党建共建、群团组织力量和各类部门资源参与社区治理。2020 年，50 个机关部门一对一结对 50 个小区，"运河红盟"共建项目投放小区 100 余个，举办"医生进小区""律师进小区"等服务类治理活动 340 多场。

值得指出的是，杭州市党建引领社区治理的常态化实践为危机管理、应急管理奠定了坚实基础。2020 年初，新冠疫情暴发。社区是疫情联防联控的第一线，也是外防输入、内防扩散最有效的防线。疫情发生后，杭州市各级党委政府带领群众打响了新冠疫情防控的人民战争，全市 1185 个社区、2011 个村和约 2.48 万名城乡社区工作者在地方党委政府领导下，在疫情的早期阶段实施了最严格的社区管控，实行社区出入登记、测量体温、入户排查、宣传防控、消毒杀菌等措施，做好社区隔离、运转和服务工作，严防死守，为有效控制疫情扩散和传播构筑了坚固防线，打造了抗击疫情的杭州样板，取得了积极成效，把党的政治优势、组织优势、密切联系群众优势转化为疫情防控的强大政治优势。应该说，疫情防控的良好成效离不开杭州市长期坚持党建引领社区治理体系的建设，面对重大突发公共卫生事件更加凸显了社区治理中党的领导作用，凸显了党建引领社区治理的有效性。

（二）党建引领社区治理的杭州经验

杭州市不断加强党对社区治理工作的引领，推进城乡社区基层党组织建设，切实发挥基层党组织领导的核心作用，带领群众坚定不移地贯彻党的理论和路线方针政策，确保城乡社区治理始终保持正确的政治方向。近年来，杭州市的社区党建在组织建设层面得到了重视，党的组织在社区层面实现全覆盖，杭州市各地都涌现了不少以党建引领社区治理的好的经验。总的来说，党建引领社区治理的杭州实践充分体现了基层党组织在社区治理中的政治领导作用、沟通协调作用、资源整合作用和规范塑造作用。

社区治理中党组织的政治领导作用。一是党组织通过扩大组织覆盖范围，严密组织体系，提升组织能力，从体制机制上全面加强党对基层各类组织和各项工作的统一领导，通过组织带组织、书记带党员、党员带群众、机关带基层等方式，确保基层治理充分体现党的意志和要求，始终保持正确方向。二是保证社区对党中央及各级政府下达的政策的执行，通过对社区单位、经济组织、社会组织的管理与监督，保证其在依法依规的框架下运行，加快我国依法治国进程；此外还表现在推动社区基层民主自治建设上，通过社区党组织对居委会、业主委员会的领导，充分保障群众的民主参与、民主管理、民主决策、民主监督权。以杭州市桐庐为例，桐庐始终坚持"百姓需求在哪，志愿'红'流到哪"。7月7日启动防洪Ⅰ级应急响应后，新时代文明实践中心根据防汛工作指挥部指令，通过县乡村三级联动指挥系统发布志愿服务需求，指导各所站招募不同类型志愿者，各志愿服务队积极"领单"开展志愿服务活动，1.5万余名志愿者集结出动、踊跃"领单"提供各类服务，短短3天就成功协助转移群众2.7万余人，助力打赢防汛抗洪硬仗，成为桐庐新时代文明实践中新的一抹亮色。基层党组织的引领作用，首先在于领导、激励治理主体广泛参与其中。一方面，政治信任能够转化为社会信任。在我国，民众对党秉持高度的政治信任。民众相信在党的领导下，基层政治生态将处于风清气正的状态，社区居民获得社区医疗、养老等服务的机会更为均等，基层党政干部选举将保持透明、公正。另一方面，相似的价值观能够强化社会信任。集体主义价值观是强调做到先公后私或公私兼顾，并且不断地追求更高的道德境界的价值观。中国共产党对于集体主义价值观的推崇，能够统合社会中源自历史文化和政治文化的集体主义价值观资源，使二者在基层党组织的宣扬、践行和社区实践中得到整合，最终营造重视公共利益的社区氛围。

社区治理中党组织的沟通协调作用。充分发挥基层党组织在利益协调与组织协调上的优势，使基层党组织成为社会利益协调和治理体系组织协调的"节拍器"。利益协调，就是在面对同一环境下，社会群体的不同利益诉求、生活方式和价值观念，城市公共服务和社会管理的不同要求时，要精准地识别民意需求，建立沟通协商渠道，化解基层突出矛盾，提高社会治理和公共服务的效率。对网格内的基层单位和党组织，要理顺"领导"与"配合"间的关系，在考核和奖惩机制上对出现的新情况、新问题，及时作出调整和更新。组织协调，就是要搭建好沟通协商的平台，理顺小区业主委员会、居委会、物业之间的关系，扩大对"两新"组织的组织覆盖和工作覆盖范围，注重对治理体系碎片化的组织协调，加强部门联动，进一步保障规定动作及工作要求迅速落地、实施到位，将人民群众普遍反映的利益要求转化为具体的政策措施，形成整体性、合力式、高效化的治理格局。

社区治理中党组织的资源整合作用。资源整合有助于为行动者提供较为成熟、可行的互动渠道，实现信息共享和便捷沟通，从而更好地实现合作。一方面，基层党组织能够通过整合横向参与网络来提升基层民主水平。通过党的系统自下而上的协调能力，可以整合所有主体的人财物资源，从而完成其他协调机制不可能完成的整合任务。基层党组织可以聚焦于居住环境、邻里纠纷等社区常见问题，通过组织基层民主协商、担当基层民意领袖等方式，推动居民间的平等沟通与协商、与基层行政权力和其他利益相关者进行协调，力求将碎片化的个体公民权利整合起来。以杭州富阳为例，富阳始终坚持践行"党建引领，小镇腾飞"的理念，整合小镇资源，建立"小镇+小镇""小镇+乡镇（机关）"区域党建联盟，开展开放式党员活动。各联盟党组织每月通过线上平台发布学习教育、公益服务、创业培训等活动信息，党员根据意愿自主参加不同主题的组织生活。另一方面，社会网络资源是否被行动者使用，最终决定其是否能够转化成社会资本。城乡社区居民除需要基本的公共服务外，亦有着多元化的社区服务诉求，满足这些服务诉求，是激活社会网络、促进社会资源转化为社会资本的重要途径。具体而言，对个体而言，社区中的社会支持网络主要体现为居民间建立在互帮、互济基础上的互动，其通过抵抗外部风险、提升生活便利性、提高自我效能感等方式满足居民的多元需求，进而推动社会网络资源有效转化为社会资本。基层党组织以居民合理的心理、发展和环境诉求为靶点，通过组织动员或组织联动等形式，将小规模、碎片化的社会支持网络整合起来，并提供额外的、多元化的社区服务。依托上述过程，新的参与网络得以建立起来，在共同解决问题、提升生活质量的过程中，原子化个体得以频繁互动、相互熟悉，从而提升了基层社会资本的存量。

社区治理中党组织的规范塑造作用。基层党组织是基层社会治理中的权威主体，可以塑造社区治理的规范，引导其他治理主体的行为。以拱墅区"三方协同治理"为例，面对小区物业管理不规范、不透明，物业管理矛盾易发多发，居委会、业主委员会、物业服务公司三方难协调等难点问题，拱墅区通过建立小区联合党委、派驻小区专员，党组织牵头制定出台《社区三方协同治理工作制度》、《业主委员会工作职责示范文本》、《业主大会议事规则》和《管理规范》等一系列制度，明晰各方责任，强化监管落实，使小区治理更加规范化、透明化，破解了大量小区治理的难题。此外，杭州市还以加强服务型党组织建设为切入点，利用"爱心超市"这一党员、群众志愿服务平台，采取时间银行、积分兑换等制度创新形式，把基层党建做实，把社区服务做活，大力推动了社区公益和社区志愿服务的发展。

（三）社区党建的薄弱环节和发展建议

基于杭州调研，我们看到社区党建还存在一些普遍性的困难和问题，主要包括以下几个方面。

基层党组织建设基础薄弱。中国特色社会主义的最本质的特征就是中国共产党的领导，这也是中国特色社会主义制度最大的政治优势。坚持基层党组织在社区治理中的领导核心地位和政治引领能力，不应该只是体现在机械地贯彻上级党政部门的意见，或者空喊口号上，而是必须努力补齐组织覆盖不够全面、资源下沉比较欠缺、干群联系不够紧密、队伍建设相对滞后等方面的短板弱项。同时，要进一步提升基层党组织的政治引领能力。"打铁还需自身硬"，基层党组织的治理能力直接决定了社区治理的水平，只有坚强有力的党组织才能实现战斗堡垒作用的最大增量，成为社区治理的好舵手，才能盘活社区治理这盘棋。

基层党员素质参差不齐。首先，目前社区干部队伍在理论水平、思想观念、服务意识和工作能力等方面，与基层的建设和发展需要之间还存在一些差距，基层党建工作队伍存在着人员偏少，整体素质、专业水平偏低等问题。从事基层工作的大部分同志，接受专业培训的机会很少，理论水平、政策水平不够高，组织能力和领导能力不够强，限制了基层党组织领导核心作用的发挥。其次，社区党员人数众多，人员构成复杂。从党员结构来看，有退休党员、下岗党员、流动党员、个体私营户党员、企业党员等，复杂的党员构成增加了对党员管理的难度，如开展一些活动时有许多党员不能够参加，这些都不利于党员素质的提高，对社区党建工作的开展提出了挑战。

基层党组织宣传不足。部分基层党组织宣传工作不力，在宣传过程中只是完成内容、形式单一的贴条幅、电子屏等任务，部分党员在传播工作中亦处于缺位状态，基层党组织主导的社区传播难以形成较大影响力。此外，基层党组织主要进行的是主流社会规范及价值观的社会化，然而随着互联网、自媒体的兴起，其构建了相对封闭、基于情感化真相的拟态环境，影响了主流媒体价值观的传播。因此部分基层党组织在传播中的信息流量遭遇分流，信息渠道被更为吸引人眼球的众多自媒体所占据，部分社区民众转而接受与主流传播内容相左的不良信息。在这一现状下，关于社会规范的内容、价值和态度等信息的传播渠道与认同水平受到负面影响，社会化过程面临现实困境。

社区服务群众能力不足。现实诉求变化，使得社区居民需求更加多元，更加注重"生活品质"，杭州市民生服务质量水平走在全国前列，群众对公共服务多元化、特色化，行政服务高效化、便民化有更高的期望，但社区服务群众的能力无法满足群众日益增长的需求。一是部分社区党组织整合服务资源能力不强。部分社区党员先锋模范作用发挥不明显。党员先锋作用的发挥关系到社区党群关系的融洽，关系到党的先进性的体现。一些社区党员模范作用发挥不明显主要表现在相当一部分"隐形党员"没有在社区"亮身份"。社区内多数在职党员、流动党员由于各种主客观原因，对社区事务参与积极性不强。二是部分社区党组织缺乏有效的执行能力。社区党组织的首要职责就是宣传、贯彻党和国家的路线、方针、政策以及法律法规。但实际存在的问题是，对于许多好的政策没有贯彻好、不能执行到位。对于政策好却落实不好的，在群众看来就是"形式主义"。主要原因在于，社区服务内容还不够贴近群众生活。社区服务内容"贴不贴心"，直接影响到群众对社区服务工作的满意度。

社区居民自治组织行政化倾向严重。《中华人民共和国村民委员会组织法》和《中华人民共和国城市居民委员会组织法》界定了居民（村民）委员会的自治组织法律地位，但同时规定其有协助政府相关部门履行管理工作的职责。在实际工作中，地方政府往往认为二者存在行政上的领导与被领导的关系，把社区居民自治组织当作政府机构的延伸。各地都具体规定了居民（村民）委员会必须要帮助政府部门履行社区治安、社区环境治理、老弱病残救助、青少年管理等职责，并且，这些职责更多地是以行政指令的形式下达的，这就导致了社区居民自治组织承担了大量由政府职能部门交办或街道办事处下派的行政事务，多出了许多的工作任务，如"协助"政府部门搞摸底、搞调查、填档案、填表格、出证明、代收费等。行政因素的大量渗透使社区居民自治组织成了党政机关的附属机构，社区居民自治组织原本"自我管理、自我教育、自我服务"的本职工作很少有时间开展，从根本上造成了基层社区的沉重负担和社区治理活力不足。

新形势下，如何做好群众工作、以社区党建引领社区治理，如何通过社区发展治理促进城市经济社会发展、满足人民日益增长的美好生活需要，是我们需要破解的重大课题。为此，需要进一步推动社区治理水平全面提升，构建更加完善的党建引领体制，实现党领导下的政府治理和社会调节、居民自治良性互动。

强化基层党组织在基层的领导核心地位。要始终以党建"绣花针"穿起基层治理"千条线"。一是加强党组织对各类基层组织的领导。突出基层党组织的政治责任和政治属性，切实强化政治引领功能，提升服务能力和水平，加强对基层各类组织的统一领导和对群众的教育引导，强化基层党组织的领导核心地位。二是协调推进"四个全面"战略布局在基层落实，不断丰富"八八战略"内涵。充分发挥基层党组织在全面建成小康社会中的重要作用，组织动员基层党员干部群众投身城乡社区建设与治理。三是强化基层党组织对基层意识形态工作的领导权，打好基层意识形态斗争主动仗。加强和改进面向基层的宣传教育工作，以群众喜闻乐见的方式，深入推进中国特色社会主义和中国梦的宣传教育推动社会主义核心价值观走进基层、走进群众。

全面提升社区党组织创造力、凝聚力、战斗力。以社区服务型党组织建设为统领，创建管理有序、文明和谐的新型现代化社区。推行社区"大党委制"，吸纳区域内党政机关、企事业单位和"两新"组织党组织负责人进社区党委班子，积极推进在职党员社区双报到，行政事业单位退休党员进社区，统一调配、集约利用区域内党建资源和公共服务资源，共同参与区域管理服务。深化区域化党建，加强开发区（产业集聚区）、镇改街、村改居、新建社区、农村社区、商圈、楼宇党建工作，发挥社区党组织覆盖作用。重点向党组织战斗力不强、服务能力弱、群众意见大的软弱落后社区（村）选派优秀干部，优化调整社区党组织设置，对党员人数较多、下设党组织较多的，党支部可改设为党总支或党委，探索建立特色党小组，推行"党建＋"工作方式。

加强党建的核心引领力，推进基层社会治理机制创新。基层社会治理，需要始终坚持基层党委对社会治理的领导，坚持把党的建设贯穿于基层社会治理工作的全过程和各环节，充分发挥党组织和党员组织引领、能力引领和机制引领作用。一是围绕"党委领导、政府负责、民主协商、社会协同、公众参与、科技支撑、法治保障"的社会治理体系建设目标，在基层党委的领导和基层政府的主导下，为基层社区居民自治组织赋能，广泛吸纳社会组织、企事业单位和社会公众参与社会治理，构建多元联动治理体系。二是着眼于解决基层改革发展难点，通过改革社区机构、改革工作队伍、改革工作机制，全面加强基层党组织建设，从而推进基层治理的创新发展。在党组织的领导下，组织居民依法管理基层事务，实现党领导基层社会综合治理、依靠群众加强基层社会综合治理。三是通过建立在党组织领导下的综合管理和服务中心、联席会等平台，切实为政府部门、社会组织和社区居民提供参与基层事务管理和服务的平台，通过实际赋予联席会、管理和服务中心一定建议权、管理权，调动政府部门、社会组织参与基层社会日常管理和综合治理的积极性，形成有效基层治理格局。四是完善街道管理体制。街道管理体制改革的核心是要坚持面向基层、面向群众、面向服务，全面落实党和政府关于基层社会治理的方针政策，在基层社会治理中充分发挥党的领导核心作用，把加强社区管理、社区服务、社区平安的责任落实到位，广泛调动社会力量，有效推进共治自治，实现社区和谐健康发展。

扎实做好党员培训工作，建设充满生机活力的党员干部队伍。一是坚持保证质量、慎重发展、均衡发展，坚持选育并重，梯度开展社区带头人队伍建设，提升社区党组织书记队伍整体素质，加快能人培育，重点选育一批当地优秀社区支部书记。对照总书记所指出的"实践、实绩"标准要求，努力补齐少数"一把手"统筹驾驭全局能力欠缺、部分班子功能结构不够合理、干部专业素养亟须提升、社会治理能力不足等方面的短板弱项。优化党员行业分布和结构比例，重视在80后、90后青年居民、志愿者中发展党员。强化党员意识和党章党规意识，定期组织党员开展"党性体检、民主评议"活动，有序推动不合格党员处置工作。加强流动党员管理。深入开展居家养老服务、助残扶残、志愿服务等活动。建立党内关爱基金（资金），关爱服务生活困难党员、群众。加强党员信息系统建设，深化农村党员远程教育工作。二是开展党建主题教育，以政治理论大学习、解放思想大讨论、决策部署大落实为抓手，做到理论学习有收获、思想政治受洗礼、干事创业敢担当、为民服务解难题、清正廉洁作表率。优化政治生态。旗帜鲜明讲政治，严明党的纪律规矩、严肃党内政治生活，强化民主集中制、重大事项请示报告、"三会一课"、民主生活会等制度的落实，构建政治生态现状评估、监督报告、修复净化相互衔接的闭环，自觉增强"四个意识"、坚定"四个自信"、做到"两个维护"。

加强基层党风廉政建设。一是要落实基层党风廉政建设主体责任。乡镇（街道）党（工）委要全面履行党风廉政建设的主体责任，全面落实主要负责人"第一责任人"职责和班子成员"一岗双责"。村（社区）党组织要对村（社区）党风廉政建设负总责。对履行党风廉政建设主体责任不力、"四风"问题突出或发生严重违法违纪问题的，要"一案双查"，严肃追究责任。二是要推动社区公权力"三清单一流程"规范运行工作，细化权力清单、压实责任清单、严格负面清单，培养社区工作人员依法履职的工作意识，形成基层权力运行的有效制度。三是要着力解决发生在群众身边的"四风"和腐败问题，坚决防止"四风"问题反弹。坚持抓早抓小，把纪律和规矩挺在前面，在基层形成良好的社会风气。

提升党建宣传水平，重构社区中政治传播链条。一方面，社区宣传应当紧密结合民众的精神文化需求。如基层党组织可以联动文化素养较高的退休党员、文化类社会组织和高校相关学院举办公益讲座，以国学中关于行为规范的文化资源为主讲内容，通过提升国学素养的形式推进规范的社会化。此外，基层党组织应着眼民众在学业、职业和养老等方面所急需的法律知识和技能，邀请邻近律所的法律工作者、高校法学院学生等组织讲座，并且在有条件的情况下，由邻近的律师事务所提供公益性的、减免费用的法律咨询与指导。另一方面，在某一城乡社区中，退休干部、人大代表和知识分子等党员往往具有较大的影响力和号召力，其应当充分依托这种影响力与号召力使其成为"社区意见领袖"，坚持推广"枫桥经验"，"云上"和"云下"并重，在网络空间健全诉求表达和舆论引导机制，在线下细化社会矛盾纠纷调处化解机制，培育社区网络正能量意见领袖、网络评论员，以及"最美网格员"群体，实现基层矛盾问题发现在楼宇、解决在社区。

　　建好社区党群服务中心，创新社区服务方式。党群服务中心作为突出政治功能、提升组织力的桥头堡，承担着用服务打通服务群众"最后一公里"的重要责任，能够加快基层治理能力提升和治理水平现代化进程，更好地服务广大群众。一是整合民生资源，打造治理"新空间"。居民对社会服务的需求日益多元化和多层次化，要始终坚持"以人民为中心"的发展理念，高标准推进党群服务中心等社区惠民服务综合体建设，为居民提供文体卫生、养老托幼、便民商业等"一站式"服务体验。二是打造党建品牌。坚持"党建引领、创新发展"的理念，立足各党组织特点，打造党建品牌，多点开花、亮点纷呈，使党群服务中心成为学习交流的共享平台、党员的温馨家园、群众的爱心驿站，让流动党员和群众在中心"落地生根"。同时，依托党群服务中心，发挥网络方便快捷、信息存储量大的优势，利用"最多跑一次"改革，积极推动"让数据多跑路，让群众少跑腿"，提升服务水平，优化党员教育、互动交流、便民服务、预约办理、信息发布等栏目的服务功能，为居民群众、社会各界及时办理各项事务、及时回应各类诉求、及时解决各种问题，为群众提供更为精准有效的服务，让党员、群众享受共建共治共享的成果，更好地凝聚党心民心、汇聚民意民力。

　　党建引领社区治理的杭州案例展现出市域社会治理党的领导体系在基层一线的延展与强化，深化了党建与市域社会治理的嵌入关系，凸显了基层党组织的战斗堡垒作用，彰显了以人民为中心的发展思想，探索出一条党建引领市域社会治理现代化的道路。

第三章　市域协商议事体系

一、城市化带来的治理挑战

改革开放以来，市场经济发展以及由其驱动的社会转型进程造就了中国经济领域的发展奇迹。与此相应的，我国城市化进程快速推进。然而，在这一过程中也引发了诸多社会问题，集中表现为社会矛盾与社会冲突，同时民间社会力量日益成长，对整个国家治理提出了新的要求。进入 21 世纪以后，党和政府密集出台了一系列旨在努力解决社会问题、缓解社会矛盾、促进社会公平正义、推动社会发展的政策措施，社会建设成为当代中国的重要政策议题。2013 年，党的十八届三中全会提出"推进国家治理体系和治理能力现代化"，以及"推进社会领域制度创新，推进基本公共服务均等化，加快形成科学有效的社会治理体制"的治理目标。2020 年，党的十九届四中全会提出"加快推进市域社会治理现代化"。这表明，国家与社会互动的实践得到外部制度的确认与重视，同时，也有着进一步推动国家与社会关系变迁的政策含义。

城市化从其内涵来看可以有广义城市化和狭义的城市化之分。其中，狭义的城市化概念是指人口城市化，即农村人口迁移到城市转变为城市人口或农村地区转变为城市地区，使农村人口转变为城市人口，由此使城市人口规模增大、比重提高的过程[①]。一般意义上，城市化的指的是农村人口迁移到城市转变为城市人口的过程。城市化的广义概念，除包括人口城市化以外，还包括人们通常所说的土地城市化、生活方式的城市化等。

我们当前所理解的城市化，已经不仅仅停留在物质的聚集、时间的快捷和空间的转移聚集上，而是从以人为本的理念出发推进城市化。这意味着，真正要实现城市化，其本质是摆脱过去的、旧式的、传统的、自给自足的经济形态、生产方式、生活观念，转变为现代的经济和生活方式。其本质是一种对过去生产方式、生活方式、经济关系的告别，也是一种身份的转变，从而才能水到渠成地融入城市，从经济关系、生产关系、城市身份、各项公共服务的权利获得、各项基本社会保障权利的获得中实现人的城市化。

城市化本质是摆脱过去的、旧式的、传统的、自给自足的经济形态、生产方式、生活观念，走向现代的经济和生活方式、适应现代生活的理念。城市化的本

[①] 王桂新，2013. 城市化基本理论与中国城市化的问题及对策[J]. 人口研究，37（6）：43-51.

质是人从一种经济形态和生产关系中摆脱出来，进入现代的社会生活与生产环境。正因为如此，城市化实际上在传统的农业经济和现代的市场经济之间充当着"刻度计"。可以说，城市化的进程的广度和深度，体现了传统的自然经济群体进入现代经济环境的动态过程。

随着工业化的推进，城市化的加快，产业结构的改变和城市与农村空间上的变迁，农村原来自给自足的自然经济被打破，从而进一步被纳入、被整合进城市的市场经济体系当中去。人们之间由过去的农业关系、流动较少的居住关系变迁为现在的市场生产关系、快速流动的业缘关系。一些社会矛盾和经济矛盾凸显出来，原来用于化解这些矛盾的传统机制不复完全有效了。

内生性需求决定了城市基层社会治理制度创新的兴起。旧有的治理结构无法解决新的治理问题。新的治理结构的出现弥补了新形势下城市基层治理的不足。典型的例子就是撤镇建街的实施。撤镇建街是城市化进程的重要制度变迁形式。随着城市化向农村空间的延展，原来许多的乡镇建制被改变，为了将其纳入城市治理结构和制度环境，这些镇就被改为城市的街道建制，相应地，原来的行政村建制也随着撤镇建街的实施，由行政村变为社区，我们称之为村改社。乡镇的产权制度、财政制度、行政村的产权制度等与改成街道后的街道和社区的相关制度不同。这就造成一定程度上的治理危机，也产生了不少矛盾纠纷。

而且，由于撤镇建街的实施，原来的乡镇改为街道之后，乡镇的角色便从一级政府转变为区政府所下辖街道的派出机构。乡镇人大和党委分别为街道人大工委和党工委所取代。于是，原来各项制度的功能由于其相应的组织机构的消失而出现了功能性的空缺，这就造成了相关基层民主制度功能性缺失。为了更好地弥补这些治理制度的缺失，基层就需要通过制度创新来化解相关的矛盾。于是，城市化进程中的相关基层社会治理制度创新就由于其需求的内生性而得以兴起开来。

二、余杭区街道民主协商议事会议制度的基本情况

（一）街道民主协商议事会议制度的产生背景

杭州市余杭区位于杭州主城区西北角，区域总面积 942 平方公里，下辖 7 个街道和 5 个镇，2023 年末户籍人口 75.92 万。余杭历史源远流长，拥有 5000 年的良渚文化。近年来余杭区发展势头猛劲，经济充满活力。撤市设区后，余杭成为大都市杭州的一个新区，充满生机和活力的地域和区位优势凸显，古老而又年轻的余杭成为名副其实的"天堂门户，投资宝地"。

1994 年 4 月，撤销余杭县，设立余杭市。2001 年 3 月，撤销余杭市，设立杭州市余杭区。2011 年余杭的行政区划进行调整，将原有的 9 个乡镇撤销建立街道。

2021 年 3 月 11 日，浙江省人民政府发布《关于调整杭州市部分行政区划的通知》。撤销杭州市余杭区，设立新的杭州市余杭区，将原余杭区的余杭街道、仓前街道、闲林街道、五常街道、中泰街道、仁和街道、良渚街道、瓶窑镇、径山镇、黄湖镇、鸬鸟镇、百丈镇的行政区域改为新的余杭区的行政区域。

撤镇建街的情况并不仅仅出现在余杭，随着我国城市化进程的加快，近些年来全国不少地方撤镇建街。类似的，2014 年杭州市撤销笕桥、九堡等 4 镇，改为由区政府直辖的街道。同样，撤镇建街后带来的问题也是存在的。从行政管理体制来看，原来的乡镇改为街道之后，乡镇的角色便从一级政府转变为区政府下辖的派出机构，而乡镇一级原有的党代会、人代会随之消失，在街道层级党员、群众参与公共事务时出现了体制性的"断层"，党员、群众民主参与街道各项公共事务的渠道变少了，街道党工委办事处听取民情民意、接受群众监督的制度化途径存在一定缺失。这在客观上要求在街道一级创设一种民主协商机制，弥合党员、群众参与街道事务的体制"断层"。如何在街道现有的体制下充分保障党员、群众的知情权、参与权、表达权和监督权，如何探索撤镇建街后基层社会公共事务的治理之道，是摆在街道建设发展中的重要议题，更是推动党的基层民主建设、推进基层社会治理体系和治理能力现代化的重大议题。

尤其是党十八届三中全会以来，我国把完善中国特色社会主义制度、推进国家治理体系和治理能力现代化，作为全面深化改革的总目标。党的十八届三中全会对全面深化改革做出重大部署，提出了全面深化改革的指导思想、目标任务、重大原则，这是新时期我们基层党委政府工作的科学指南和行动纲领，也对基层改革工作提出了新的要求。自下而上看，基层治理面临着很多现实问题，这些问题和困难也是推动基层社会治理探索和创新的内在动力。这些年来，由于经济社会的发展和利益主体的多元化，人民群众的权利意识和公共参与的积极性在不断提高，旧有的以党委政府单一权力为中心的社会管理模式已经不能与之相适应，个别地方甚至出现了党委政府的工作得不到群众理解、支持和配合的情况，这倒逼基层党委政府必须要改变工作方法，改进工作作风，构建现代治理体系，将党委政府工作与人民群众更加紧密地结合在一起，走一条发展共商、凝聚共识、和谐共建的道路。

为了响应国家顶层设计，实现三中全会全面深化改革的总目标，弥补街道没有党代会、人代会这一制度缺陷，余杭区从 2013 年开始在南苑、仓前两个街道试行民主协商议事会议制度，并逐步在全区 14 个街道全面推开。这一制度在街道党工委的领导下，通过一年两次的年中、年度民主协商议事会议以及不定期的专题协商议事会议，议事代表按照民主协商运行规则和相关工作制度，讨论商议发展事项、参与民主管理、落实工作监督。在制度实施过程中，余杭区委不断完善相关制度，出台专题协商议事、代表培训、代表小组活动、联系接访等 8 项工作制度，并推行代表发言、代表询问制，切实发挥议事代表在参政议政、利益表达和民主监督中的积极作用，在实践中探索出了一条党委统一领导、社会支持配合、群众共同参与的街道民主协商议事的新路子。这条城郊基层社会治理的新路径，改变了过去基层社会由党政力量唱"独角戏"的单一治理结构，使得村社区等居民自治组织、村民居民代表等多主体与基层党委政府一起共同参与公共事务的决策、执行和监督，实现了多主体之间的发展共商、民生共议、难题共解与和谐共建。

（二）街道民主协商议事会议制度的定位

街道民主协商议事会议是在街道党代会、人代会缺失的情况下的一种非正式制度安排，本身没有明确的法律定位，对于未来发展是把它定位为街道层级的人代会、党代会，还是一种迥异于前两者的全新事物？这是街道民主协商议事会议制度在成长过程中亟待回答的一个问题。

从这一制度设计的初衷来看，街道民主协商议事会议的出发点是务实、管用、有效，要更好地解决基层社会治理中的现实问题，要形成党委政府与人民群众共商、共议、共建的治理格局。虽然目前更多地参考了人代会、党代会的运作模式，但是作为非正式制度，它具有灵活、包容、可以拓展的优点。因此要发挥这样的优势，就要不断地去完善街道民主协商议事会议制度。

街道民主协商议事会议的确可以作为基层协商议事的平台，只要是人民群众关心的事情，不管是鸡毛蒜皮的小事还是街道发展规划、重大项目建设这样的大事，只要公共事务都可以拿出来议，有利于人民群众广泛议事、深入议事的方式方法都可以借鉴使用。今后包括对社会组织的培育发展、多种信息技术手段的运用，如通过有线电视网络将议事内容发送到居民家里的电视机上，以及建立微信互动的平台，让更多的群众能够关心和参与身边的公共事务，这些都可以在这个议事平台上去讨论。街道民主协商议事会议的目标是要通过基层协商民主体系的建设，与人民群众利益息息相关的事情广泛和人民群众商量，实现基层的公共事务由政府包揽向党委领导、政府负责、社会协同、群众参与的现代治理体系转变，同时也通过我们的探索和创新，为国家治理积累地方经验。

（三）街道民主协商议事会议制度的创立

2013 年 1 月，中共杭州市余杭区委组织部、杭州市余杭区人大常委会办公室共同发文，在仓前和南苑街道探索试行街道协商议事会议制度，以扩大有序参与、推进信息公开、加强议事协商、强化权力监督为重点，让党员代表、村（居）民代表、共建单位、区级及以上"两代表一委员"等各层面人员就经济社会发展中的重大问题和涉及群众切身利益的实际问题进行广泛协商，以保障撤镇建街后党员、群众的知情权、参与权、表达权和监督权，提高街道决策与群众意愿的对接度和同步性。

在试行中，仓前和南苑街道分别制订了街道协商议事会议制度、街道民主协商议事会议制度实施方案，明确民主协商议事会议制度的指导思想、性质、主要内容、组织形式、主要任务，以及议事代表的结构、组建方式、任职条件、主要职责以及具体工作制度，成立街道协商议事会议工作领导小组，精心组织了2012年度和2013年中街道民主协商议事会议，并就代表普遍关心的街道发展议题，两个街道分别组织了街道就业和村级留用地开发建设专题协商会议。

从仓前和南苑街道的试行效果来看，两个街道的民主协商议事会议取得了圆满成功，达到了议实事、办实事的议事效果，其中南苑街道的两次议事会议收集代表意见建议归纳整理91条，仓前街道收到相关议题和问题87个，代表反映的在小区路口装置隔离带设施，撤村建居社区学生要求住校，城管、交警等城市管理工作延伸进入新型社区、污水治理、村级集体经济发展、安置房建设等民生议题都得到了办理和落实，受到了群众广泛好评。

（四）街道民主协商议事会议制度的全面试行

在仓前、南苑街道试点工作的基础上，2013年6月，中共杭州市余杭区委决定在全区14个街道全面试行街道民主协商议事会议制度。

全面试行的街道民主协商议事会议制度进一步规范了协商议事模式，加强了对民主协商议事会议的体系建设。其中，建立健全了会议的召集组织、启动程序、与会代表、建议办理、跟踪监督、绩效评估等工作机制；围绕街道发展规划制定、重大项目推进、民生工程建设、财政预决算制定实施、重大事项办理公开、干部队伍建设和工作效能等事项，建立民主协商议事目录；健全议事代表作用发挥经常化的工作机制，明确协商议事代表的职权，落实具体权利、义务；结合街道实际，制定专题协商议事、代表培训、代表小组活动、联系接访、意见建议、列席会议、工作监督和信息通报等议事代表日常履职 8 项工作制度。应该说，全面试行的街道民主协商议事会议制度进一步健全了民主协商议事的长效机制，促进了协商议事会议和议事代表作用的发挥能够经常化、规范化、制度化。

三、余杭区街道民主协商议事会议制度实践

街道民主协商议事会议制度是在街道党工委的领导下，党员、群众代表按照有关议事规则、程序、要求，讨论商议街道发展事项、参与民主管理、落实工作监督的一项基层协商民主制度。

（一）基本制度安排

1. 组织架构

街道民主协商议事会议制度在党工委的领导下，党员、群众代表按照有关议事规则、程序、要求，讨论商议街道发展事项、参与民主管理、落实工作监督。为确保组织机构工作的顺利进行，各级层面都给予了高度重视，积极推进该项制度的运行。

首先，区级层面成立街道民主协商议事工作推进领导小组，由区委副书记任组长，区委常委、组织部部长和区人大、区政协分管领导为成员，形成工作推进机制，加强面上工作督导。

其次，各街道层面成立民主协商议事工作领导小组，由街道党工委书记任组长，街道办事处主任、分管党群的副书记、人大工委和政协联络工委的负责人任副组长，街道其他相关领导班子成员为成员，主要负责街道民主协商议事会议制度的组织领导工作。民主协商议事工作领导小组下设办公室，地点设在街道党政人大办（党群科），由分管党群的副书记兼任办公室主任，负责民主协商议事会议的召开、日常活动组织安排、议事代表的联系。

最后，在具体运作过程中，各街道将人大工委、政协联络工委的协商议事职能整合到街道民主协商议事会议中，精简会议，提高工作效率。根据实际情况，本着"就地就近、行业区域、人员适中、便于组织开展活动"的原则，成立不同类型的民主协商议事代表活动小组，方便开展工作、履行职责。各街道加强工作保障，街道民主协商议事会议和议事代表的活动经费列入本级财政预算，最大限度地支持和保障议事会议的正常运作。

2. 街道民主协商议事会议八项工作制度

1）专题协商制度。围绕街道重大事项执行或党员、群众关心的热点、难点问题确定专题协商的主题，在开展专题协商前，民主协商议事工作领导小组办公室应提前组织议事代表进行调查，收集有关情况，为专题协商会议召开做好必要的准备。专题协商会议召开期间，可组织议事代表作主题发言，也可组织议事代表进行询问。

2）代表活动制度。议事代表活动采取小组活动或个人活动的形式，通过日常基层走访、结对联系、代表小组活动，就街道内重点、热点问题进行实地考察和专题调研。经常性发挥议事代表的作用，实现议事代表活动经常化、规范化。

3）联系接访制度。每名议事代表联系党员、群众3～5人，联系的对象以老党员、烈军属、复员退伍军人、特困户、种植养殖大户、私营业主等为主。定期接待党员、群众，充分发挥议事代表的桥梁和纽带作用。

4）意见建议制度。议事代表可以以个人或者联名的方式，采用书面形式对街道的重大决策、党员及群众关注的热点问题等提出意见和建议。意见建议由街道民主协商议事工作领导小组办公室负责受理，按照《街道议事代表意见建议处理办法》要求落实办理。

5）列席会议制度。街道党工委、办事处、人大工委召开涉及研究讨论部署街道区域化党建、改革发展规划、重大项目决策、民生工作等相关会议时，可邀请议事代表列席旁听。每名议事代表任期内列席旁听街道重要会议不少于 1 次。议事代表应严格遵守会议纪律和保密纪律。

6）工作监督制度。定期组织议事代表视察重点项目进展情况，监督街道办事处及相关部门工作效能。邀请议事代表参与重大项目的立项、招标、验收等，确保党员及群众关心的热点、难点问题得到较好解决。

7）信息通报制度。及时组织召开小组会、座谈会等，向议事代表通报街道全局工作和党员及群众普遍关注的重要问题。街道民主协商议事会议议定事项的落实情况，应及时向议事代表反馈，并在下一次街道协商议事会议上进行通报，确保议定事项得到落实。

8）代表培训制度。将议事代表培训纳入街道干部人才教育培训计划，组织开展各类培训，努力提高议事代表的综合能力水平。

3. 议事代表制度

（1）代表的构成

代表的构成要具有广泛性和代表性，兼顾区域、年龄、职业、性别等因素，安排一定数量的居民代表、党政机关代表、辖区单位代表、企事业单位代表、党员代表、外来人员代表、区级 "两代表一委员" 代表，还要有一定比例的妇女代表、非中共党员代表。要合理控制代表总数，每个街道议事代表人数限制在50～100 人，其中党员代表不少于 70%。具体人数由各单位根据实际自行确定，并报区委组织部、区人大常委会代表工委备案。

（2）代表的产生

实行民主推荐制，采取上下结合、充分酝酿的方式，由各基层党组织根据分配名额、代表条件、结构等要求，充分采纳多数党员、群众的意见，提出代表人选，经所在党组织审查同意后，报街道党工委审查批准。代表的任期一般为 3～5 年，具体由各单位根据实际确定。在任期内如出现不得确定为议事代表情形的，应终止其代表资格。在任期内如需对代表进行调整和增补，须经代表所在单位党组织提出，街道党工委批准同意。

（3）代表的条件

思想政治素质好，拥护党的路线、方针、政策，自觉遵守国家的法律法规，能够带头创先争优；熟悉基层情况，责任心强，热心、关心街道各项工作；有较强的议事能力，能客观反映党员和群众的意见、建议；作风正派，办事公道，在党员、群众中有较高的威信和影响力。

有以下情形之一的，不得确定为议事代表：近 5 年来，因严重违纪受到党纪、政纪处分的，或受到刑事处罚的，或有涉黑涉恶行为受到处理的，或有涉嫌违纪违法犯罪正在立案处理的；组织参与非正常上访的，或违反计划生育等政策的，或组织封建迷信活动、参加邪教活动并造成恶劣社会影响的；近 5 年来，在党员民主评议中，被确定为不合格党员的；丧失行为能力的；其他不适宜担任议事代表的。

（4）代表的职权

围绕保障议事代表的知情权、参与权、建议权、监督权，落实以下权利与职责：知悉街道工作报告和重大事项内容；商议街道经济建设、政治建设、社会建设、文化建设、生态文明建设和党的建设等重大问题，提出意见和建议；参与监督街道各项工作的开展，加强街道各级干部的作风建设；对街道重大决定、决议和重点工作的执行情况进行询问。同时，议事代表要按时参加民主协商议事会议和议事代表各项活动；加强与党员、群众的联系，自觉开展走访联系、调查研究、结对帮扶等工作；及时听取和收集党员、群众的意见建议；做好上级政策和街道重大事项的宣传、解释工作；认真落实和完成街道民主协商议事工作领导小组交办的其他任务。

（二）街道民主协商议事会议的实际运行

1. 街道民主协商议事会议运行规则

（1）建立民主协商议事目录

下列事项应列入民主协商议事目录：涉及街道党工委、办事处、人大工委工作报告的制定和讨论；街道发展战略和规划的制定和调整；街道重大项目建设和推进；年度民生实事工程的提出和建设情况；街道财政预决算的制定和实施；街道重大事项的办理公开；街道各级队伍建设和工作效能情况；议事代表意见、建议及群众关注的重大信访问题的办理情况等。

（2）规范民主协商议事程序

对符合民主协商议事目录规定事项的，应按照规范程序启动召开民主协商议事会议或专题协商会议。定期的民主协商议事会议在召开前，街道党工委应将召开会议时间、地点、会议议程以及会议重要文件和材料提前发送至议事代表手中；临时性民主协商议事会议的召开，应由街道民主协商议事工作领导小组集体研究或有 1/5 以上议事代表联名提出。日常专题协商会议应报经街道民主协商议事工作领导小组审核同意，以议事代表小组为单位或由街道民主协商议事工作领导小组确定特定类别的议事代表。

会议期间，议事代表可口头议事，也可书面议事。对议事代表在会议现场通过询问等方式提出的问题，可当场答复的，原则上当场答复。对议事代表提出的书面意见建议或难以当场答复的问题，原则上 3 个月内须以书面形式向议事代表进行反馈，如遇特殊情况，可适当延长。

分类落实：一是对于书面建议进行统一编号，按照不同层面问题，相关科室与建议人进行面对面答复；二是对于口头意见进行统一汇总，按照不同层面问题，相关科室与提议人进行联系反馈。

动态调节：落实后 3 个工作日收集相关科室对于意见建议的疑义，及时沟通，确保意见建议责任到位；对于交办意见建议需其他科室协助的项目，领导小组办公室及时给予沟通解决，确保意见建议落实到位。

阶段督查：领导小组办公室每半月进行跟踪督查，联系相关科室，掌握交办进度；联系相关建议人，掌握交办满意度，使代表意见建议有落实、有办理、有结果。

满意调查：坚持事事有回音的交办原则，由交办科室与提议人进行面对面答复，并由提议人确认签字。如临平东湖街道 2014 年两次会议征集的 49 条书面建议全部完成交办，56 条口头意见全部进行联系反馈，落实率达 100%，满意率达98%。

（3）落实民主协商议事评估工作

开展对议事代表意见建议办理情况的跟踪评估，每年由街道民主协商议事工作领导小组确定 2～3 条重点意见建议，对落实办理情况进行评估。由街道党工委组织实施，邀请上级部门领导，区级及以上"两代表一委员"代表、普通党员、群众代表组成评估工作小组，对推行民主协商议事会议制度的绩效进行评估，并及时做好改进和提升工作。

2. 年度街道民主协商议事会议

街道民主协商议事会议每年举行两次，年中和年末各一次，时间为半天。会议由街道党工委召集并主持，需要列席会议的人员由街道党工委决定。一般规定全体议事代表参加，另外可以根据实际情况安排一定数量的邀请代表参加。会议的议程主要包括四大环节。

第一，党工委、街道人大工委工作报告。议事代表听取街道党工委、办事处半年度工作报告，审阅报告街道人大工委半年度工作书面汇报。各街道将半年度街道经济发展、社会民生、重大工程项目以及街道职能部门工作情况通报给各议事代表，接受议事代表的监督。

第二，代表评议工作。代表不仅要认真听取上次街道民主协商议事会议社会满意度评价情况和代表意见建议办理落实情况的汇报，而且还要对此进行打分，并对民主评议街道的意见建议办理情况进行社会满意度评价。

第三，代表分组活动。代表分组进行讨论，一方面审议与评价街道党工委、人大工委工作报告，另一方面讨论会上要上报街道需要解决的民生议题、希望街道层面给予的支持以及对某些既定议题的对策建议。

第四，街道各部门负责人与代表互动。各小组派代表进行汇报发言或者主题发言，评价总结街道党工委和人大工委的工作。代表们可以对街道各职能科室负责人进行现场提问，针对某些具体民生问题进行质询，表达自身诉求，寻求街道层面的解决方案，也可以对某些民生问题提出自己的对策建议。

以南苑街道新丰社区为例，新丰社区是典型的外来人员聚居的区域。由于良好的地理位置，社区拥有的2000余名本地居民，大多以平均每户10~12个房间的数量用于出租，吸引了外来人员18 000余人，而由此带来的卫生、违建、治安等问题却比比皆是。社区在2012年为20户试点人家先行安装了门禁系统，并配备了门卡与监控设备。一段时间下来，盗窃现象明显减少。但是由于安装使用不便且价格较高，户主大多不愿意参与安装门禁的工作。于是在2013年的街道民主协商议事会议上，该问题作为其中一个重要议题被提出，代表们也就多方利益分歧展开了积极讨论。最终，由南苑街道牵头，通过百姓出资加政府补贴800~1000元/户的方式凑齐3200元/户的安装费用，新丰社区东侧的169户人家均采用了门禁系统。随后，社区又在2014年完成了全部住户门禁系统的安装任务，使每户人家内平均20余名居民的生命财产安全得到了保障。社区整体的出租收入也较之前有所提高，达到每年3000万元。由于通过门禁所需的门卡需要凭对应的暂住证才能办理，因此外来人员办理暂住证的积极性也大大提高，更加规范了房屋出租手续。而仅当地派出所才拥有门禁系统的总卡，这也进一步保障了居民的安全。

通过街道民主协商议事会议的平台，基层政府有了将好的意图和理念借由议事代表向群众宣传的渠道，并通过试点家庭的示范效应，促使该民生工程自发地在辖区内推广。这也有效保障了党员、群众的知情权，大大提高了群众对基层政府的满意度和信任度。

基层是矛盾的集中地、多发地。在现行体制下，基层面临权责不对等的难题以及一些矛盾和问题等都发生在基层，但在基层往往难以解决，如何处理一些在协商议事会议中反映出来，但在街道一级又没有权限解决的问题？目前，主要通过两种机制来处理。

第一种是通过议事代表中的"两代表一委员"向上一级人大、政协反映，这也是为什么将"两代表一委员"作为街道议事会议的常驻代表。对于街道没有权限解决的问题，代表中的区人大代表或市政协委员可以向上级有关部门反映。比如仓前街道，在议事会议中反映的公交车在仓前设置站点的问题，这个要市公交公司解决，那么就由街道的市人大代表提出议案，与市公交公司协商解决。

第二种机制是在区级层面，也邀请相关职能部门参与街道民主协商议事会议，特别是在专题协商中邀请与议题相关的区级职能部门，对于能够解决的问题当场解决，不能当场解决的问题也要限期答复。这样可以更好地、更及时地协调和调动区级层面的力量帮助解决基层面临的现实问题。

3. 闭会期间的日常运行

（1）召开专题协商议事会议

为进一步丰富和创新民主协商议事会议的形式，增强民主协商的实效性，深化民主协商议事会议制度，针对各街道结合居民普遍反映的热点难点问题以及街道实际情况，召开专题协商会议。专题协商会议因其更能凸显民主和协商功能，在实际操作上更具针对性和灵活性的优势越来越受到各街道的关注和重视，各街道也因地制宜纷纷筹备积极召开专题协商会议。

专题协商议事会议时间跨度较长，涉及面较广，人力物力财力投入较大，具体的实施过程包括以下几个环节。

第一阶段：确定适宜的议事主题。街道层面召开的专题协商议事会议，本着议大事不忘小事的原则，真正做到体民情、集民智、扬民主、接地气。专题协商的议事主题一般是基层群众较为关注的迫切需要解决的民生问题，除此之外，议事主题还必须是切实可行的，不是纸上谈兵、空中楼阁，最终是为了真正解决群众问题。至于如何收集民情民意，确定一个适宜本街道的议事主题，各街道都有自己的妙招。例如，在仁和街道的具体运作过程中，利用第二批党的群众路线教育实践活动契机，他们在群众意见建议办理过程中，探索建立了"七单制"运行体系，其中的"民意联系单"就发挥了较大的作用。对于一时难以解决的意见建议，如公共服务配套、旧城改造等焦点问题，向"两代表一委员"、民主议事协商代表等发出民意联系单，既可对代表的提案与建议进行同类归并，又可有针对性地开展走访调研，群策群力助推事项的办理。后期通过统计民意联系单上群众反映上来的热点重点问题，有针对性地确定该专题协商会议的议事主题。

第二阶段：制定具体实施步骤。这是重要的前期准备阶段，也是整个环节中最为关键的，它的实施决定了最后召开的专题协商会议的质量，也就是说，专题协商会议的成功与否与这一阶段有着密不可分的联系。

代表培训。为提升协商议事代表的议事能力，提高专题协商的质量和效果，针对议事主题，邀请相关领域的专家学者对议事代表进行专题培训，切实提高议事代表们对于本次专题协商主题的认知度、了解度，丰富代表的知识储备，从而确保其在参与过程中业务能力的正常发挥。

实地调研。为杜绝纸上谈兵和空头议事，真正了解基层的实际情况，使专题协商会议更加"通人气""接地气"，要组织议事代表进行一段时间的实地调研。将相关科室负责人和议事代表进行分组，各代表小组分头、有序开展活动，充分利用实地走访、问卷、访谈等形式，掌握第一手资料。

意见汇总。首先在各小组内进行汇总，各调研组组长汇总各小组调研情况，形成调研报告；其次集体汇总，召开调研情况专题汇报会议，由组长汇报调研情况，集体讨论汇总，形成整体调研报告。

第三阶段：召开专题协商会议。具体包括以下内容。

首先，各调研小组汇报前期调研情况；其次，议事代表对议事主题进行专题协商；最后，街道根据专题协商的情况制订解决方案，出台相关政策。

专题协商会议因其更具针对性和灵活性的优势越来越受到各街道的关注和重视，目前南苑街道就村级留用地开发建设问题、临平东湖街道就社会养老和物业管理问题、仓前街道就街道就业问题、崇贤街道就壮大村级集体经济问题、余杭街道就交通治理问题召开了专题协商会议，成效明显。其他街道党工委、办事处也在不断学习和借鉴经验，积极筹备相关专题协商会议。

以南苑街道村级留用地开发建设为例，为了更加因地制宜地解决 600 余亩①的村级留用地的开发建设问题，2014 年 1 月，余杭区南苑街道邀请了部分街道民主协商议事会议代表，以及国土、住建等相关职能部门的工作人员参加专题民主协商议事会议。会议介绍了国家政策，听取了调研结果汇报，并由各方代表提出意见和建议。街道充分吸收会议信息，并针对辖区内各社区的不同状况，安排采用了不同的开发方案。比如，联盟社区采取了土地换房产模式，他们用 40 余亩土地换来了 50 000 平方米房产，这些房产的产权归社区所有，但招租可由社区和开发商共同进行。并且，为了更好地督促开发商开发土地，使社区收益最大化，社区还与开发商签订了 3 年建成的约定。若到期未完成开发，社区就要向开发商收取租金。新丰社区则采用了合作开发模式，在与居民协商解决了控股问题后，社区拿出 31% 的土地换得房产进行招租。由于地理位置靠近城区，已有四 4 家单位有意向承租，估计每年将获得 800 万元人民币的租金收益，加之新丰社区与远东宾馆采用合作开发模式管理了 8.8 亩土地，每年可取得租金固定红利 135 万元。因此，继 2011 年社区分发了 350 万元红利，相当于每人派发 1900 元后，2015 年，新丰社区再次分红 700 万元人民币。

在南苑街道的这个案例中，首先，关注的是 600 余亩的村级留用地如何开发建设问题，这是辖区内各社区、各成员主体最关心的现实问题。其次，在专题民主协商议事会议的讨论过程中，相关职能部门的与会人员也提供了政策、专业等

---

① 1 亩=666.67 平方米。

方面的意见，使各方面的声音都能理性、充分地表达，政府的决策也充分吸取了民意。最后，无论选用何种模式，由于最终成果不仅涉及街道、社区和共建单位，更是涉及居民的自身利益，因此实现了基层公共事务的合作治理。在共享资源和收益的同时，居民更是对工程的监督起到了积极的作用，使更广泛的公共参与得到了良好的线性延伸。

（2）走访群众，收集民情

闭会期间，议事代表需要分组分片走访群众，积极主动实地调研，深入了解民情民意，收集群众意见，并及时宣传和反馈相关信息。通过意见建议征集、意见建议办理、意见建议跟踪评估与议事代表以及广大居民群众交流反馈，及时掌握基层群众最迫切的利益诉求，为街道民生工程、重点项目的开展提供一定的方向。尤其党的十八大以来，结合党的群众路线教育实践活动，各街道积极动员议事代表"走下去、走出去"，深入群众中，了解最基层群众的诉求，切实发挥好群众和政府之间的桥梁与纽带作用。比如，仓前街道将议事代表纳入每月15日的"两代表一委员"民情接待日制度的代表名单，在街道专门的办公室或者下到村里接访群众，听取群众所反映的问题，了解百姓诉求；仁和街道规定议事代表每半年度基层走访不少于3天。临平东湖街道下设社区共建议事协商委员会，收集反馈基层百姓意见，注重日常意见建议的交办；余杭街道的"七单制"有效保障了日常信息沟通和反馈渠道的畅通。

以仁和街道安置房分配为例，仁和街道在安置房分配过程中，由于拆迁户的情况各不一样，房源较难搭配。街道成立分房领导小组，由议事代表牵头，以与每户拆迁户开展见面听取情况和户主座谈的方式，挨家挨户地实地调研，充分了解他们的需求，听取他们的意见，并且分类记录下来，然后进行统一汇总。在了解了每家需求，满足绝大部分拆迁户意见的情况下，对房源进行评分，然后进行综合打包，尽量使每个包型的评分基本均衡，有效避免了拆迁户在选房的过程中抽到位置、结构等都不满意的套房，为分房工作的顺利进行奠定了基础。

（3）实时实地开展监督

闭会期间，街道组织议事代表对政府重点项目和民生工程进行实时实地考察和监督，切实保障好群众的知情权和监督权。在"五水共治""三改一拆""四边三化"等重点民生工程的推进过程中，街道组织安排了代表的相应监督工作，有效落实和保障了党员、群众的监督权。例如，在南苑街道安置房建设项目中，农民关心房屋质量问题，对工程的质量环节存在担忧。议事代表们了解到群众这一想法后，在安置房建设期间进行了实地的技术监督，有效地防止了偷工减料等不合格行为，使得安置房的建设更加让群众安心，提高了群众对政府民生工程的满意度。再如东湖街道的塘湾社区在"五水共治"重点项目开展工作时，首先邀请杭州设计院对社区生活污水集中处理情况进行实地勘察，初步规划了8个污水处理点，并制定了具体方案。因污水处理点涉及面广、工程量大，需要充分征求社区居民意见，社区组织召开居民代表、小组长会议，就 8 个污水处理点的选址进行意见征集，及时完善项目设计。组织居民小组长实地确认污水点与居民达成共识，如存在居民反对情况，及时进行技术调整，增强项目实施的可操作性和可行性。

四、协商议事制度的多案例比较

（一）温岭民主恳谈会

温岭市是浙江台州所辖县级市，地处浙江东南沿海，长三角南翼，宁波、温州之间，是一座滨海城市。全市陆域面积、海域面积分别为 926、1079 平方公里；下辖 5 个街道 11 个镇，90 个社区（居）委会，579 个行政村，2022 年末户籍人口约为 121 万人。2022 年，温岭市实现生产总值 1306.76 亿元①。

作为市场经济的先发地区，温岭民营经济较为发达，是全国第一家股份制企业的诞生地，曾经先后获得"全国农村综合实力百强县（市）""中国明星县（市）""全国农民收入先进县市"等称号。市场经济的洗礼，使当地百姓活跃了思想，开阔了眼界，利益诉求日趋多元化，权利意识不断增强。经济和社会环境的变迁，构成民主恳谈会产生的总体时代背景。

1. 民主恳谈会的由来

1999 年 6 月，浙江省委决定开展农业农村现代化教育活动，台州市在温岭市松门镇开展试点，召开了主题为"推进村镇建设、改善镇容村貌"的第一期"农业农村现代化教育论坛"，由此拉开了温岭民主恳谈会的序幕。

起初，举办论坛目的是改变多年来单向灌输说教所导致的群众冷漠状况，探索新形势下加强和改进农村思想政治工作的有效途径与方式。与以往不同，该次会议从之前的领导鸿篇大论变为群众与镇领导之间的平等对话，出乎意料的是群众却表现出了极大的热情，参与积极性很高。自发前来的 100 多名群众，对大到村镇建设规划、小到邻里纠纷等问题与镇领导进行了交流对话，镇领导对相关问题现场耐心解答，部分当场解决，有的问题则承诺了具体解决举措和时间。像这样的活动，1999 年松门镇就举办了 4 期，参加的群众达 600 多人次，提出问题 110件，当场解释、答复 84 件，承诺交办 26 件，被群众誉为松门镇"焦点访谈"②。

鉴于论坛的良好效果，1999 年底，温岭市委推广了该镇做法，"民情直通车""便民服务台""村民民主日""电话热线"等形式多样、名目繁多的民主

---

① 2022 年温岭市国民经济和社会发展统计公报[EB/OL]. https://paper.wlxww.com/images/2023-03/23/wlrb20230323a0002v01n.pdf, 2023-03-23.

② 慕毅飞, 2005. 民主恳谈：温岭人的创造[M]. 北京：中央编译出版社.

沟通对话活动随即在各镇涌现出来。于是 2000 年 8 月，温岭市将这些活动形式统一命名为"民情恳谈"。

　　刚开始的时候，乡镇一级的民主恳谈会每季度召开一次，每期一个主题。村一级的民主恳谈会每半年召开一次，方式与镇民主恳谈会类似，但开展得不太顺利，表现在村民发言无序、非理性、情绪化，"火药味"比较突出等。过激言辞往往使村干部很是尴尬，有些村干部开了一次就不敢再开第二次了。随着村民所提出的问题和要求逐步得到解决，村民对干部的态度也发生了改变，由抬杠到合作，由猜疑到信任。慢慢下来，民主恳谈逐渐成为村民的生活方式，成为"村两委"的"执政"方式。例如，松门镇有一个村每年召开民主恳谈会 30 多次，恳谈内容大至村庄整治，小至垃圾桶的制作样式。为此，媒体赞誉这是"泥土里诞生的村议会"①。

2. 民主恳谈的发展

（1）从对话恳谈到参与决策

民主恳谈创始者的初衷并非为构建一种新型的民主形式，而是探索如何加强和改进农村基层的思想政治工作。但在实践过程中，民主恳谈已经超出了思想政治工作的意义，民情恳谈已经涵盖不了全部价值。2000 年 12 月 25～26 日，温岭市委与浙江省委宣传部、浙江日报社联合召开了"用民主方法加强和改进农村思想政治工作研讨会"。与会专家在观摩后提出，论坛已经超出了思想政治工作的范畴。会后，"民情恳谈会"更名为"民主恳谈会"，这项工作也被视为一种新的民主形式。由此，民主恳谈会进入到第二个发展阶段，由思想政治工作载体转向了基层民主②。

此后，在对话恳谈的基础上，活动开始增设民主决策、民主管理、民主监督环节。同期，温岭市政府多次发布文件，如《中共温岭市委关于进一步深化"民主恳谈"推进基层民主政治建设的意见》（2002 年 10 月 9 日）和《中共温岭市委关于"民主恳谈"的若干规定》（2004 年 9 月 29 日）对该项工作做出规定。将"民主恳谈会"定义为推进基层民主政治建设的重要工作，是扩大基层民主，推进民主决策、民主管理、民主监督的重要载体，明确了民主恳谈的基本原则、议题范围和基本程序。

机构建设方面，2001 年《中共温岭市委关于进一步深化"民主恳谈"活动加强思想政治工作推进基层民主政治建设的意见》已经明确市委建立民主恳谈活动领导小组，下设办公室，挂靠在市委宣传部。各乡镇也要建立同样的领导小组，市委领导部门还需派专人负责领导等，为活动发展提供了机构性推动力量。特别

①　陈奕敏，2005. 温岭民主恳谈会：民主政治寻找生长空间[J]. 决策，11: 32-33.

②　陈奕敏，2005. 温岭民主恳谈会：民主政治寻找生长空间[J]. 决策，11: 32-33.

是 2004 年温岭获得"中国地方政府创新奖",不但扩大了外界影响,还进一步鼓励了它的发展。

(2)体制内融合:与乡镇人大结合,实施参与式预算

民主恳谈会源自基层自发创新,没有法律地位,体制外的制度安排合法性、可持续性如何,这就涉及一个制度框架问题。将游离于体制外的民主恳谈会纳入现行的制度框架之内,将有利于这一原创性的基层民主形式步入可持续发展的轨道。

如果仅是将民主恳谈局限为决策前的"谈而不决"程序,其前景可能十分有限。2003 年起,在多位法学家、政治学家的建议下,温岭开始寻找将民主恳谈制度化的路径。专家们指出,体制外的东西,没有法律地位,应与体制结合。而体制内最好的接口是人大,这样做有利于把人大的重大事项决定权和对政府的监督权等调动起来。为此,有必要在民主恳谈与基层人大民主表决的结合方面开展探索活动。

事实上,早在 2002 年 11 月,温峤镇围绕工业园区选址问题就召开过听证会,并将听证结果交由镇人大表决决定,而 2004 年的文件也规定民主恳谈是乡镇政府决策的必经程序。由于民意代表实际上扮演着人大代表的角色,恳谈会某种程度上填补了基层人大职能的空白,分担了部分人大的职责,已经有人将之形象地概括为"小人大"。

2005 年,泽国镇的城镇建设工程项目预选民主恳谈会中,乡镇人大最后被纳入了恳谈会的运作体系中,具体做法是将抽样产生的代表所形成的决议提交到镇人民代表大会表决。好处是既使恳谈会的成效得到保障,又激活了基层人大的作用。潜在问题是,如果抽样代表与人大代表的决策不一致,则可能产生新的矛盾。这个问题引起了地方官员的关注。

同年,探索"民主恳谈会"与人大制度结合的温岭官员们,随即形成将"民主恳谈会"与公共预算改革结合的方案,并确定在新河镇开展试点工作。2005 年7 月的实验,还仅限于让人大代表在会议期间就政府的预算草案进行"民主恳谈",并提出意见。到 2006 年,新河镇人代会通过了《新河镇预算民主恳谈实施办法(试行)》,民主恳谈与人大制度正式结合,民主恳谈具体的法律地位得以确立。经过相关专家的培训——"如何审查财政预算、谁用钱、用钱干什么、钱该不该用、用后效果如何",3 月的人代会,"预算修正案",这个全国首个基层创新做法,经由公众和代表两个层次的民主恳谈,发挥了纠偏校正、监督制约功能。

总之,财政预算民主恳谈,通过紧扣基层政治的核心问题——财政问题,经过民主恳谈会的预算初审,镇人大会的预算正审,镇领导班子、镇人大主席团成员及财经小组成员联席会议,复审预算修改方案等几个环节,预算审查与民主恳

谈的结合，使"软建议"变成"硬监督"，传统民主恳谈会走向了"参与式预算"，开始成为一种制度化的基层民主形式。参与式预算，作为决策型民主恳谈的延伸，在开创以财政预算为决策内容，公众参与财政预算的编制、初审及预算执行的监督等方面成效显著。参与式预算高票入选"十大地方公共决策实验"、进入"中国改革开放 30 年创新案例"120 个候选名单、荣获第五届"中国地方政府创新奖"提名奖、选为中国"2010 年十大民主法治新闻"、入选"浙江省公共管理创新案例优秀奖"。

（3）纵向提升与横向扩展

民主恳谈与人大制度正式结合以后，人大常委会开始成为一股新的重要推动力量，参与式预算在横向上逐步推广到其他乡镇，纵向上，2008 年预算恳谈从乡镇一级升格到市级。

同时，做法上也不断创新丰富。如在人代会闭会期间，将预算审查小组固化为人大财经小组（全国首个乡镇一级的人大财经小组），并将其作为常设监督机构。延长恳谈时间，在提交预算修正案后增加代表辩论程序，将公众"民主恳谈会"前置于以人大代表为主体的正式会议之前一个月。举办专项资金（美丽乡村建设、技术改造）绩效评价民主恳谈会，在预算民主恳谈基础上，民主恳谈的内容向前延伸至政策安排的科学性，向后延伸至政策成效的监督等。

部门预算审查方面，2008 年民主恳谈被引入市交通局，部门预算审查工作进入实质性监督轨道。2009 年，温岭首次在网上公布人代会审查的 8 个部门预算，部门预算公开开始实行。2010 年人代会期间，专门安排半天，以代表团为单位，对 12 个部门预算进行"一对一"专题审议。2011 年，部门预算民主恳谈范围进一步扩大，部门增加到 17 个部门，另有 5 个部门预算首次通过代表工作站广泛征询选民意见，特别是"三公"经费首次公开，引起社会各界关注。2013 年，在人代会前举行 6 个部门预算民主恳谈，在代表工作站举行 22 个部门预算征询恳谈，人代会专题审议 18 个部门的预算。此外，针对部门预算项目（民政局的市社会福利中心项目）审查还首次引入民主听证（初审听证会），首次启动人代会票决科技局、农林局等部门的部门年度预算草案，启动部门决算及"三公"经费决算公开等工作。目前，人大部门预算审查监督已经形成了人代会前举行民主恳谈、初审听证、代表工作站征询恳谈，人代会期间开展专题审议询问、票决，人代会后公开并由常委会监督执行的部门预算审查监督体系[①]。

党内民主恳谈，体现在将民主恳谈会引入党委重大决策，并推动党代会常任制的深化。2008 年 1 月，温岭第十二届党代会第二次会议通过《中共温岭市委关于"党内民主恳谈"的若干规定》，党内恳谈纳入了制度规范，成为党委重大决

① 张学明，2013. 部门预算审查监督：温岭的实践与思考[J]. 时代主人，6：26-29.

策的必经程序，并按照问题通报、辩论发言、现场答复、梳理总结、处理反馈五个程序进行。2011 年 8 月，又出台"代表直通车制度"，包括党代表提议直通市委、党代表列席党内重要会议、党代表工作室约请市委常委、代表专题询问会四部分内容。这些制度安排丰富了党代表活动内容、形式，疏通了党内诉求渠道，为党代会闭会期间党代表的作用发挥探索了新路子，也利于提高党委决策的民主化、科学化水平，同时深化了党代会常任制改革，为发扬党内民主积累了经验①。

行业工资集体协商是在政府部门之外，民主恳谈的又一创新探索。它是在非公有制企业民主恳谈的基础上衍生而来的，目的是构建和谐的劳动关系。2003 年，温岭政府首先从新河羊毛衫行业开始，探索行业工资集体协商方式。经过多年的完善，工资集体协商制度建设已经形成"行业谈标准、区域谈底线、企业谈增幅"的协商新模式。由于在协调劳资关系、缓解劳资矛盾方面效果明显，2007 年 11月，国务院总理温家宝批示"温岭的做法可以总结推广"。2011 年，温岭的工资集体协商也入围了第六届"中国地方政府创新奖"②。

3. 具体做法

（1）乡镇（街道）民主恳谈

乡镇（街道）一级的民主恳谈，每年至少召开 4 次。参与者主要是当地人大代表、相关的各社会利益群体和与决策事项有关的群众，其他群众可以自愿参加。恳谈内容主要是对全镇（街道）重大事项和重要公益事业做出决策。议题既可由党委、政府（办事处）确定，也可由若干名镇人民代表或若干名群众联名提出，由镇人大主席团审核。

乡镇（街道）一级的重要事项决策听证制度，要求就当地影响较大的公共事务、重要建设项目或制定出台新的政策、新的管理办法等举办决策听证，乡镇（街道）党委、政府（办事处）提出初步意见、方案，经群众充分讨论，认真听取群众的意见、看法和要求后做出决策或决定。对恳谈会上多数群众反对或不同意见较多、较集中的事项，重新论证或暂缓决策，充分考虑和吸收群众合理意见、建议，并作出相应修改或调整后再作决策。决策实施过程和结果由镇（街道）人大负责监督③。

（2）村级民主恳谈

村级民主恳谈每年至少召开 2 次。恳谈内容主要是对全村重大村务和重要公益事业做出决策，参加恳谈的对象是村干部、各级人大代表、村民代表和其他村

① 朱圣明，2012. "党代表直通"制度——温岭党内民主恳谈的新形式[J]. 中国党政干部论坛，8：32-33.
② 毕丽敏，2014. 转型时期中国劳动关系地方治理的新举措——来自浙江温岭工资集体协商的案例研究[J]. 天津市工会管理干部学院学报，22（3）：32-37.
③ 中共温岭市委关于进一步深化民主恳谈推进基层民主政治建设的意见[EB/OL]. http://www.wlrd.gov.cn/art/2007/8/2/art_1531851_22825267.html，2007-08-02.

民群众、各利益群体的代表。村恳谈会的议题既可由村党支部、村委员会确定，也可由若干名村民代表或若干名村民联名提出。举办恳谈会前，要先把决策事项的初步方案或意见向群众公布。参加恳谈会的人员要在规定时间内有序发言。基本程序是村两委提出需做出决定的事项和初步意见，经村民代表和其他村民共同讨论修改后，再由全体村民或村民代表以适当的方式表决，形成符合多数村民意愿的决策。对涉及全村村民利益的重要事项，则召开由全体村民（或每户派代表）参加的恳谈会进行公议公决。决策实施过程中，群众可参与管理和监督。

（3）市县一级政府职能部门与其他组织的民主恳谈

市县一级政府职能部门恳谈内容主要包括：调整或增加新的服务、收费项目，制定出台新的政策或调整原有的管理制度、管理方式和办事程序，要实行听证，听取群众的意见、建议和要求。对涉及公众权益的政务或公共事务，通过民主恳谈会的形式实施政务公开，接受群众咨询，或就某项具体工作、具体事务与群众平等对话、交流、协商。

其他单位、组织和社会团体等也基本参照上述做法，开展民主恳谈活动。

（4）参与式预算

镇级参与式预算。预算初审民主恳谈可细分为：人大代表工作站征询恳谈、服务区民主恳谈和典型村选民征求恳谈三种类型。镇政府派有关人员介绍预算编制原则、依据、步骤等，广泛征求意见，回答有关询问。初审民主恳谈会分人大代表工作站、服务区和预算组三个层次进行，并考虑到了性别因素。镇政府提交镇人大主席团预算草案的时间变更为会议召开 30 日前。恳谈内容包括按国家预算收支分类编制到类、款、项、目的预算收支总表，财政基本支出、项目支出预算明细表，上一年度财政收支执行情况表，上一年度与本年度财政收支预算对比表，上一年度"三公"经费执行及本年度预算表等。在对预算修正议案与整个预算报告的表决顺序要求上，对于交付表决的预算草案做出了规定，有修正议案的，先表决修正议案，再就交付表决的预算草案进行表决。修正议案表决之前，人大代表可以围绕预算修正议案开展辩论。修正议案通过的，镇人民政府应当按照决议修改预算。同时，对财经小组监督内容、预算调整、镇人大主席团的预算执行监督方式等也做出明确规定，使新河参与式预算在预算编制、预算审批、预算执行和监督等各个环节都确立起明确具体的规则程序[1]。

部门参与式预算。部门参与式预算流程大致如下：一是市人大召集、主持恳谈会；二是相关部门向参会者报告本部门预算计划和编制情况，并附明细表说明；三是与会者分小组讨论（市人大常委会组成人员及政府部门人员分别加入），与会代表自由发言、询问，部门负责人答复解释，此后通过媒体公开，在更大范围

---

① 徐枫，2014. 中国乡镇人大预算修正案何以进行——来自浙江省温岭市新河镇的案例研究[J]. 四川行政学院学报，4：27-32.

内促进了解和监督；四是将小组恳谈结果再提交人代会讨论，根据讨论情况，确定预算编制修改意见。随着温岭参与式预算的发展，编制和执行流程概括起来就是"参与恳谈—提出意见—部门反馈—调整预算—付诸实施—期中恳谈—适当调整"①。

2010 年，温岭建成市级预算审查监督参与库和专业库，参与库由全市各级人大代表、村民代表、纳税人代表等人员组成，目前已经达到 4 万多人；专业库由熟悉预算的相关专业知识人员组成，有 500 多人。2012 年《温岭市市级预算审查监督办法》、2013 年《温岭市人民代表大会表决部门预算工作规程》等为预算审查进一步提供了制度上的保障。

部门预算民主恳谈会的具体做法是：一般在常委会初审预算草案的 15 日前举行，参加对象包括市人大代表、预算审查监督参与库和专业库人员，以及政府及有关部门负责人、自愿报名的组织和公民等。恳谈中，先集中听取财政及接受审查部门的情况汇报，再采取分组恳谈与集中恳谈结合的方式，充分发表意见。分组恳谈活动一般根据与会人员的身份地域分布情况，分为 5 组（4 个区域组，1 个专家组）；集中恳谈活动先由各组组长报告分组恳谈情况，再组织部门领导与代表、公众"面对面"恳谈，回答询问。最后，市政府领导作表态发言。对恳谈中的意见和建议归纳整理后，会后 7 日内反馈给市财政及相关部门研究处理②。

目前的预算审查，在监督内容上，正从以公共预算监督为主，拓展至将公共预算、政府性基金预算、国有资本经营预算、社保基金预算等预算及政府性债务收支计划都纳入监督范畴；监督过程方面，在部门预算民主恳谈和人代会专题审议基础上，增设无记名投票表决环节，开全国先河。对年度新增加的部门预算政府性重点项目、有争议项目，市人大常委会会专门组织召开初审听证会。部门预算征询恳谈会也通过人大代表工作站平台，得到拓展，通过广泛听取选民意见建议，为人代会审查部门预算提供了参考，同时也有利于政府职能部门优化预算编制工作③。

（5）工资集体协商④

温岭"行业谈标准、区域谈底线、企业谈增幅"的工资集体协商模式主要是指，通过行业工资集体协商实现行业工资（工价）标准，通过区域工资集体协商确立以全镇（街道）若干个行政村为联合区域的最低工资底线，通过企业工资集体协商来确定本企业内部的工资增长幅度。三种协商的程序、方法不同，针对的

---

① 陆健，周旻澍，2012-07-11. 温岭民主恳谈：基层民主演进的样本[N].光明日报，（01）.

② 张学明，2013. 部门预算审查监督：温岭的实践与思考[J]. 时代主人，6：26-29.

③ 林继平，林应荣，2014. 浙江温岭参与式预算实现新突破[J]. 人大研究，4：25-26.

④ 毕丽敏，2014. 转型时期中国劳动关系地方治理的新举措——来自浙江温岭工资集体协商的案例研究[J]. 天津市工会管理干部学院学报，22（3）：32-37.

群体也不相同。其中，行业工资集体协商针对同行业的同质群体，区域工资集体协商则考虑到了小微企业等行业特征不明显的异质群体，意图解决劳方博弈能力差的问题。这两者都是意在确立最低标准，而企业工资集体协商则试图平衡劳动者的报酬与企业效益的关系，让劳动者报酬能够同步增长。

行业工资集体协商。行业工资集体协商包括筹备、协商、协议履行监督三个阶段。

筹备阶段，涵盖组建行业工会、行业协会（全行业职工人数达到1000人以上）；提出工资协商要约——双方均可提出协商要求，要约书需注明时间、地点、内容，另一方接到后15天后答复；推选协商代表——双方协商代表人数对等，行业协会会长和行业工会主席担任双方首席代表，其他代表按代表性和专业性在各方内部产生。

协商阶段包括：合理划分工种、工序——可定量的按计件核算，反之则计时核算；协商行业基准工价——商议各道工序的工资单价，并对工价表进行投票民主测评；确定行业工资标准——行业工会和行业协会将要调整的基准工价分别提交给企业主和企业职工进行讨论，经多轮协商，投票决定工价，作为本行业最低工资标准；签订工资协商协议书——内容包括工资协议期限，分配制度，支付标准和方式，变更、补充程序，终止条件、违约责任等，同时将制定的工资（工价）表作为附件。协商双方代表审查无异议，由首席代表签订工资协商协议书，报当地劳动部门备案。

协议履行监督阶段包括：劳动部门日常督查，工资集体协商监督组（由各镇、街道的党委、政府领导，工业办公室、工会、法庭、劳保所等人员组成）监督工资协议履行情况，制定《镇（街道）工资集体协商考核细则》，将该项工作纳入责任目标考核范畴，同时要求设立欠薪应急周转金，并纳入政府财政预算，要求企业设立工资支付保障金，以防范逃薪和恶意欠薪，确保协议顺利履行。

区域工资集体协商。区域工资集体协商的目的是建立工资支付保障机制，规范工资支付行为，保障职工合法权益。以不低于省、市最低工资标准为前提，由镇（街道）总工会、村联合工会与所在地商会、企业主委员会或经营者代表就工价、工资支付办法等进行区域协商。重点包括六个环节：工会要约—草案制定—集体协商—签订合同—检查管理—履约监督。

区域集体协商确定工资标准后，召开区域性职工代表大会，审议集体合同、工资集体协议、女职工特殊劳动保护协议、劳动安全卫生专项协议等。其中，区域职工协商代表由区域总工会组织通过民主的方式在区域内全体职工中产生，工会组织负责人任首席代表；区域企业协商代表由全体企业法定代表人或负责人以适当的形式产生。最后，镇（街道）工会与企业代表代表劳资双方签订区域性集体合同（包括加班报酬等规定）和区域性工资集体协商协议。

企业工资集体协商。企业工资集体协商主要针对规模以上企业的内部工资集体协商，首先由企业工会就工资制度、水平、结构等广泛征求不同岗位、工种职工对工资调整的要求，之后选派协商代表（每车间两名，其中一名为一线职工）与企业行政方进行协商，根据企业效益，围绕工资分配制度、形式、基准工资标准、增长幅度、保险、福利待遇等沟通协商，确定工资增幅标准等。最后，由职工方（工会）与行政方代表签订《工资集体协商协议书》，职工代表大会通过后实施。

4. 价值意义

温岭民主恳谈会探索至今已经有 20 多年，从对话恳谈到参与决策、参与预算、工资协商，不断在拓展着深度。从乡镇一级升格到市级，从局部试点到全面铺开，纵向提升与横向扩展同步推进，取得了显著成效。就其现实价值意义而言，表现在以下几个方面。

一是提供了一种发展空间较大的民主协商决策机制。通过让公众制度化地参与到政策过程中来，提高了决策的透明度、科学性，提升了政策的合法性、合理性，增强了民众对决策的认同，降低了政策执行成本。

二是创造了矛盾化解、利益协调的平台，畅通了民意表达渠道，激发了群众的政治参与热情，提升了民众政治参与能力，培育了现代公民精神。通过决策恳谈、参与预算、工资协商等有效活动平台及载体的民主训练，民众在理性判断、审慎抉择、相互合作、协商共识等公民精神方面得到较大幅度的提升。

三是提升了基层干部的职业素质和民主理念，带来了领导方式和干部作风的转变，带动了基层廉政建设，党群、干群关系逐渐融洽协调，民众政治信任的提升，提高了党和政府的政治威信，同时也保障了基层社会的稳定。

四是重塑了基层民主政治的权力结构，在基层强势群体与弱势群体、人大与政府间构建了一种制衡机制，特别是在将体制外的创新纳入现行制度框架内，使原创性的基层民主形式导入可持续发展轨道的同时，也激发了基层人大参与的积极性，并使政府的行政权力受到民主恳谈会、人大制度的内外双重制约。

五是创新了基层民主政治发展的模式。不是通过民主选举，而是以民主决策、民主管理、民主监督环节为切入点，不改变既定制度架构，通过构建新的民主协商机制，既坚持了党的领导、人民当家作主和依法治国的统一，也促进了民众的有序政治参与。由此提供了一个基层民主演进的样本，在基层民主协商制度建设方面发挥了示范作用。

（二）余杭街道民主协商议事会议的比较经验

在国家社会关系转型背景下，为贯彻和落实中央关于加强和创新社会管理的政策精神，地方政府层面广泛开展社会治理创新。从温岭的民主恳谈会到余杭的街道民主协商议事会议制度，都是基层在激发社会活力、推动协商民主广泛多层次发展的创新举措。与温岭民主恳谈会更多聚焦乡镇、聚焦预算事务不同，余杭的街道民主协商议事会议制度是在快速城市化背景下，为弥补协商制度缺失，在民意诉求表达通畅、多元参与合作共治、化解矛盾凝聚共识、政务监督约束权力等方面取得了良好的成效。

1. 畅通诉求表达渠道，公共服务充分体现民意

街道民主协商议事会议制度是对撤镇建街后基层民主制度功能缺失的弥补。民主协商议事会议作为汇聚民情民意的平台与群众意见汇交的公共空间，使得群众可以就基层公共事务的处理畅所欲言。这就弥补并且实际保障了基层民主，发挥了保障群众知情权、参与权和监督权的功能。

以临平街道甲鱼禁养项目为例，临平城区几个社区居民群众养殖温室甲鱼已有多年历史，随着养殖规模的不断扩大，大量的废气和废水影响了周边居民的日常生活。2013年上半年街道民主协商议事代表及时实地调查，了解民情，向街道提出对温室甲鱼禁养的意见建议，并提出了禁养补偿政策、土地复耕和从业人员再就业等方面的具体措施。街道根据议事代表的意见建议，结合治理环境污染的需要，及时开展调研，并在2013年底会同区农业局、临东街道向区政府提出要求对城区东面温室甲鱼实施禁养。2014年初，区政府同意实施禁养，随后街道根据区里的要求，吸收和借鉴议事代表的意见建议，制定温室甲鱼禁养补偿政策、土地复耕和从业人员再就业等方面的具体政策，并组织动员和布置实施，在这一过程中街道党工委办事处充分尊重民意，街道群众也充分行使了自身的知情权、参与权、监督权。

民主协商议事会议不仅仅是对原来基层民主制度的补充，更重要地体现在其相对于基层民主制度的拓展和完善上。作为一种非正式制度，民主协商议事会议具有灵活性的优势，可以依据不同议题、不同需要灵活举行形式多样的协商议事会议，发挥民主协商议事的实效。其中，年度会议和半年度会议听取和讨论街道党工委、办事处、人大工委工作报告和财政预决算报告，听取和讨论街道党建、发展规划、年度计划、重大建设项目等重大事项，对街道党工委、办事处、人大工委班子及其成员进行民主评议和民主监督，并汇报代表意见建议办理落实情况。街道还可以根据需要就某一聚焦性的、具有迫切性或阶段重要性的专门议题召开专题协商会议，在专项事务的决策上汇聚民意、凝聚共识，吸取议事代表、利益攸关方以及相关专家的意见建议。尤其在会议的互动环节，民主协商议事会议更加注重街道党工委办事处与议事代表的实质性互动，建立代表发言制，推行代表询问制，在会议上议事代表可以就街道涉及的党情民意等重点议题进行主题交流发言，并对党员、群众普遍关心关注的问题进行现场询问，街道有关领导进行现场解答，充分保障议事代表的意见建议能够得到充分表达，并在形式和功能上对基层民主制度进行了一定的优化和完善。

2. 扩大党员、群众参与范围，实现公共生活的合作治理

在治理理念上，街道民主协商议事会议制度实现了向尊重群众、依靠群众、为了群众转变；治理的理念不再是管控群众，而是积极引导群众参与社会治理。人民群众是公共生活的主体，是公共事务的主人翁。群众对于公共事务的处理存在切身利益相关性，他们拥有自己的知情权、参与权和监督权。对基层公共事务的治理过程不应该也不可能离开群众的积极参与。

从现实需求来看，政府的日常工作需要侧重于群众特别关心的、群众特别需要关注的相关议题，否则政府的工作就难免出现错位，与群众的真实需求不能很好地契合。在实际工作中，很多时候政府的所作所为出发点未必不好，但是群众缺乏必要的参与度和知晓度，导致政府做了很多好事而不被群众认可。群众不参与就不知晓，不知晓就不理解，不理解就没法配合。最为重要的是，基层公共事务相当烦琐复杂，而政府的财力、人力、物力都是有限的，单一依靠政府实际上已经远远不能满足基层公共事务的治理需求。

因此，积极引导群众参与社会治理，形成干群共治格局，不仅是发扬基层民主的题中之义，还是充分发挥民智与民力，赢得民众理解与配合的重要举措。以往基层政府在面对复杂多样的公共事务时，往往容易仅凭一己之见，拍脑袋进行决策；这样做既没有尊重群众，又没能充分发挥基层民众主人翁的意识，从而最终造成政府一人"单打独斗"、孤立无援的局面。民主协商议事会议积极引导群众的参与，议事代表走村入户，收集民情，汇集民智，整合民力，构建官民合作、干群共治的格局，实现"政府手臂"与"群众手臂"的有机结合，赢得了民众的配合与支持。

以仓前街道的工疗站项目为例，议事代表们反映智障人员的保障问题，仓前街道新设立了一个智障人员的工疗站，在街道敬老院开设了一个房间，将这些智障人员集中在这个房间里，方便对这些人员的照顾，企业也提供帮助，提供岗位让他们做一些力所能及的工作，并支付劳动报酬。这既保障了智障人员的生活，同时也减少了他们在社会上的危险，维护了街道的稳定和谐。这一过程中，基层政府、企业、群众都分别发挥了各自的作用，各尽所能、各尽其智，通过协作很好地处理了这一问题。

3. 预防化解社会矛盾，凝聚发展共识

基层是各种社会矛盾易发、多发的地方，也是化解各种社会矛盾最有效的场所。街道民主协商议事会议为基层党员、群众提供了一个表达自身利益诉求的平

台，为党员、群众反映社会公共问题以及形成公共舆论来参与和影响公共政策的制定创造了条件，有利于提高基层党委政府的责任感与回应性，在事前和事中预防与化解各种社会矛盾。

以临平东湖街道小区停车难问题为例，社区想结合旧城改造工程增加小区停车位，但一些没有私家车的居民有意见，担心绿化减少，或是增加了消防、急救隐患。通过民主协商议事会议，街道了解到居民的意见建议，在经费和安抚投诉方面给予了社区很大帮助，采用更换草种和建设停车草坪的方式完成了改造，让私家车主和无车居民都非常满意。

同样的事例还有余杭街道余杭区第二人民医院门诊大楼改造工程的推进项目。2013 年 2 月，该医院发出门诊大楼建设通知，要建造有地下室的大楼。群众怕地基下沉、墙体脱落等建筑过程中可能出现的问题影响自己的房屋安全。议事代表及时走村入户调研，收集舆情民意，把这些问题反映到社区。接到这些信息与民众意见之后，社区提前与施工单位沟通，并请建筑鉴定公司鉴定和跟踪施工过程中居民房屋受损状况。2013 年 9 月工程动工，出现问题后，相应的赔偿都能得到很好的落实。如果没有充分的民情民意收集和恰当的沟通交流，这件事情很可能引起一定的冲突。但是通过议事代表的信息收集与沟通桥梁作用，排除或尽可能减少了群众的忧虑，增进了对公共事务的理解，通过沟通协商努力找到一些解决问题的办法，有效推动了难点热点问题的解决。

除了预防化解社会矛盾，民主协商议事会议上情下达、下情上达的沟通桥梁作用，还有利于增进党委政府与党员、群众之间的相互理解，凝聚发展共识和各方合力，共同推动街道各项工作的开展。这一功能尤其体现在一些专项事务的专题协商中。

崇贤街道于 2014 年 8 月初召开了一场专门针对壮大农村集体经济的专题协商议事会。在召开专题协商会议之前，四个调研小组分别就各自所负责的内容对各自调研的区域就相应的民情进行实地收集、研究。专题会议上，不仅有街道各职能部门的负责人列席，还有区政府对应职能部门人员进行现场回应。这次会议专门聚焦如何壮大村集体经济的目标，首先由崇贤街道出台拟定了《崇贤街道发展壮大村集体经济工作奖励办法》草案，然后会上交由各组议事代表以及上级职能部门进行协商修订。各个调研组就村集体壮大发展的民情民意进行汇报，并结合《崇贤街道发展壮大村集体经济工作奖励办法》表达民众对相关政策的需求、想法和意见。之后由街道和区政府职能部门人员进行回应与协商、商讨，就村集体经济发展壮大的条件、问题和计划进行讨论。最终，通过协商研讨，会议修改完善了街道对发展壮大村集体经济工作的奖励办法，形成了崇贤街道发展壮大村集体经济三年行动计划，在街道政策和规划的制定中充分听取了民意，凝聚了各方的共识，增进了党委政府与党员、群众的相互理解，有力推动了发展壮大村集体经济工作的开展。

4. 加强权力监督制约，构建透明责任政府

从目前实施的效果来看，民主协商议事会议的持续开展强化了基层政府的责任意识，增强了基层政府的回应性。在目前的制度设计当中，民主协商议事会议没有决策权，同时也不具备法律约束效果。但是，基层民主协商议事会议的召开明显具有一定的问责性，其监督功能主要体现在问责、舆论监督方面。

首先，民主协商议事会议的持续开展提供了一种对政府进行定期性督促的机制。在每年两度的民主协商议事会议的年度大会上，基层政府需要将本年度的重大公共事务的治理成绩与问题向议事代表进行汇报。这对于基层政府来讲，实际上形成了一种虽然不是法律的硬性约束但却具有定期性问政的督促机制。民主协商议事会议虽然不具备法律约束效果，但是每年两次的会议涉及大会报告、民主评议、意见建议办理落实汇报、现场质询提问等环节，客观上发挥着一定的问责功能，对基层干部构成一种问政压力。一些街道干部坦言：“这既是一种压力，但更是一种动力，促使自己扎实工作，以便交出一份满意的答卷。”

其次，民主协商议事会议不同形式的民主参与互动，也具有一定的舆论监督效能。在民主协商议事会议的年度大会上，议事代表与政府部门人员的现场质疑、提问的互动环节，体现出这种舆论监督的真实性。另外，专题协商会议在人员结构上更加灵活，实现不同身份的人共同协商。如仓前街道为了充实专题协商议事会议列席人员，采取“1+X”模式，为解决代表专业性不足的问题，让议事代表、利益攸关方以及此次专题专业领域的专家共同参与。这样的专题会议形式，由有着不同身份结构的代表人员构成，对于基层公共事务的合作治理不仅起到一种推进作用，无疑还起到一种互相监督和相对制衡的作用。

五、市域协商民主发展的展望

（一）国家与社会：从结构再制到结构流动

国家与社会关系的研究正在从二分法走向互动关系研究，逐渐从价值判断走向经验研究。“国家在社会中”（state in society）[①]、“嵌入性自主”（embedded autonomy）[②]与“国家与社会共治”（state-society synergy）[③]等概念都不同程度描述了两者关系的丰富性。换句话说，与过于强调单向的、静态的因果关系比较，

---

① Migdal J S, 2001. State in Society: Studying How State and Society Transform and Constitute One Another [M]. Cambridge: Cambridge University Press.

② Evans P B, 1995. Embedded Autonomy: States and Industrial Transformation [M]. Princeton: Princeton University Press.

③ Evans P B, 1997. State-society Synergy: Government and Social Capital in Development [M]. Berkeley: University of California.

在解释两者的相互改变方面日益显得捉襟见肘，而过程取向的动态研究方法则为揭示国家与社会的相互形塑提供了新的可能①。

在国家与社会之间的双向互动中，尽管国家保持着活跃强势的状态，但是两者的协作已经出现。正如政府会失灵一样，社会同样会失灵。特别是在社会力量发育尚不成熟的情况下，国家占据主导地位，成为从社会管控向社会治理转变的必然现象。这种从社会管控向社会治理转变的新形态可命名为"国家主导下的社会治理"。但同时这也造就了基层社会治理中两者间的紧张关系，表现在地方政府职能转变不到位、社会力量参与空间有限、机制不健全、可持续性较差等方面②。

但不能否认的是，从政府控制到政府主导、政府支持，带动了社会多元力量参与的积极性，在提升治理能力和有效性的同时，客观上也为社会力量的发展释放了空间。特别是国家与社会的良性互动，为公共精神培育与社会自身能力建设奠定了良好的社会基础，而社会治理的动力机制正是基于社会的成长。进一步说，如果不改变用"国家"来诠释"社会"的思维方式，就不可能得出国家之于社会发展的实际意义③。

就余杭的街道民主协商议事会而言，尽管它采取的是自上而下的政治构建模式——由区委组织部门牵头负责，具有典型的政府主导色彩。不过，结合制度运作情况可以发现：议事会，不但提升了民众的民主参与能力素养，同时也强化了基层政府的责任意识，增强了基层政府的回应性。每年两次的民主协商议事大会，基层政府需向议事代表进行汇报，现场质疑、提问及答辩互动环节，形成一种定期性问政的督促机制。专题会议使具有不同身份结构的代表皆能参与基层公共事务的合作治理，发挥了相对制衡的作用。这对构建透明政府、责任政府、服务型政府无疑发挥了杠杆撬动作用。

上述内容说明，社会并不只是一种被动的力量，而是可以成为协同治理的保障，能促使政府强化社会公共服务职能，从发展型政府转向服务型政府。政府管理模式也实现了变动，从传统直接管理到网络治理，并在社会秩序中发挥协调作用。

目前，基层自治方面，村民自治因为方方面面的原因，正面临从行政村到自然村的"单元下沉"问题。基层民主政治建设是否已经陷入"滑铁卢"？如何探索基层自治的有效实现形式呢？

余杭街道协商议事会、温岭民主恳谈会等从村、乡镇到县（市）、街区或部门的拓展，从一个侧面说明基层自治的"单元上移"已经显现。而这与实现国家治理体系和治理能力现代化，构建广泛、多层、制度化的协商民主体系，加快推

① 乔尔·S. 米格代尔，2013. 社会中的国家：国家与社会如何相互改变与相互构成[M]. 李杨，郭一聪译.南京：江苏人民出版社.

② 郁建兴，2014. 从社会管控到社会治理[N]. 中国科学报，（6）.

③ 郁建兴，关爽，2014. 从社会管控到社会治理：当代中国国家与社会关系的新进展[J]. 探索与争鸣，12：7-16.

进城市化进程的时代要求刚好吻合。同时也表明，政府的经验可能转化为民众的经验，国家的资源可能发展成社会的力量①。国家与社会不是结构主义的主客体静态单一向度关系，主体间性、关系主义的研究有助于发现事件背后所反映的结构变迁，特别是其中所蕴含的协商民主契机。

（二）从控制到协调：党自身内洽于现代治理体系的创新探索

基层治理创新上，目前的研究更多地侧重民主治理形式视角，鲜有从政党建设意义层面开展分析。特别是如何处理好纵向整合与横向协调机制之间的有效衔接②，需要理论界及时探讨回应。地方创新实践可持续性不强、迁移乏力等，某种程度上也是此种困境的反映。

党组织和基层自治间的关系，实际上是宏观国家体制中党政关系、国家和社会关系在基层的延伸。建构新型基层治理结构模式，有机处理两者关系对健全协商民主体系、基层民主政治发展具有重大意义。进一步说，实现国家治理体系和治理能力现代化目标，党自身通过转型实现合理的价值与职能定位，内洽于并有利于现代国家治理体系的平稳、有效运行成为关键所在。党的十八届三中全会通过的《中共中央关于全面深化改革若干重大问题的决定》提出要"深化党的建设制度改革"，党的建设改革，"改革"前面冠以"制度"二字，表明党建思路的转型。这意味着不能笼统地讲加强党的作风建设、执政能力建设，而应注重党自身在现代治理体系中的价值、职能和逻辑定位，通过自身转型，加强符合现代国家治理体系运作需求的能力建设，形成促进国家治理体系转型的能力③。

相较于理论研究的迟滞，基层中已经有了初步的探索实践。无论是余杭街道民主协商议事会，还是成都村民议事会、温岭民主恳谈会皆采取了"通过改进党组织领导，来加强、巩固党组织的领导核心地位"的思路和做法。在规则审定、会议召集、议题遴选、自治组织的规范运行、决议落实等方面，党组织都发挥了重要作用。

目前，新的基层治理机制，寓党的领导于基层自治可操作的制度框架中，带来了党组织领导方式的转变——从"划桨"到"掌舵"，从决策者、执行者到领导者、监督者，从大小事务全参与的包揽型，过渡到管方向、定规则的引导型。党的组织性整合方式，也正逐渐向网络治理下的"协调"转变。在党组织与社会谋求形成合力达至基层善治的过程中，一种新的治理结构——从权力单中心向权力多中心的转变正在形成，这不能不说是一个了不起的成就。

尽管目前的探索还只是初步的，可能多少存在"空间小，自主难以真正实现"

---

① 谌洪果，2009."枫桥经验"与中国特色的法治生成模式[J].法律科学（西北政法学院学报），27（1）：17-28.

② 李友梅，2012.中国社会管理新格局下遭遇的问题——一种基于中观机制分析的视角[J].学术月刊，44（7）：13-20.

③ 耿国阶，庄会虎，2014.中国国家治理体系现代化的脉络、逻辑与进路[J].青海社会科学，4：14-20.

等弊病，但毕竟提供了一种探索性的思路。其中，党组织自身，通过网络治理，发挥"过程组织，互动平台和规则搭建"作用，可以站在相对超脱的位置上协调矛盾。同时，也为深化党的领导体制和工作制度，丰富基层公共服务的多元供给机制，健全协商民主体系，乃至推动新型国家治理体系的形成积累了经验，不失为把党的领导、人民当家作主、依法办事结合起来的有益探索。学术层面，更为党与社会关系"从分立到嵌入"，提供了新的实践佐证。

（三）社区治理："单元上移"的创新探索

目前，最新的研究动向是从行政村到自然村的"单元下沉"，但整体上还是"就村民自治研究村民自治"，仍然缺乏一种将基层自治置于全面深化改革、城乡一体和城市化进程的大视野。

站在整个中国政治发展宏大历史背景下考察，基层治理已经在为自己开辟道路，焕发出新的生机和活力，如议事会、监事会、恳谈会等，正不断丰富着基层治理的多种实现形式。特别是余杭街道协商议事会，成都村民议事会、温岭民主恳谈会等，从村到乡镇、街区、市县或部门的拓展，从一个侧面说明基层治理的"单元上移"已经显现。

换句话说，从村级治理到社区治理、从村民自治到社区建设，实际上是与实现国家治理体系和治理能力现代化，构建广泛、多层、制度化的协商民主体系，加快推进城市化进程的时代要求高度吻合的。

就此而言，余杭模式的价值在于，它拓宽了传统基层自治的范围（主要限于村级事务），顺应了城市化进程中行政区划的变化趋势（乡镇数减少、街道数增多），在"化物"推进城市化的同时，注重通过民主参与来"化人"，推进人的市民化。其制度化创新的意义在于，紧扣基层治理创新中最主要乃至最薄弱和最需要加强的环节——公众参与社会治理，通过明确制度规范，健全参与机制等，完成了街道的公众参与制度化设计，弥补了政府派出机构"参与断层"的缺陷。

在这个过程中，我们看到了民众自身的进步，民主参与决策，监督评议政府，在参与公共事务管理中，权利意识与参与能力获得显著提升。这既顺应了国家治理下沉与公民参与上升的民主发展趋势，也通过塑造公民化的民众，为民主政治奠定了社会基础。

当然，就目前的治理实践而言，尽管已经有了民主参与导向，但是仍然必须正视内生内源力量总体匮乏的现状。为此，必须避免仅仅将治理参与视为一种工作方法或策略性考量，除了从国家制度层面为基层协商民主提供发展环境，实现顶层设计与基层探索的良性互动外，特别要重视社会自身能力的提升，因为良好的社会基础构成了社会治理的动力机制[①]，而这仍将是一项长期的艰巨任务。

---

① 郁建兴，关爽，2014. 从社会管控到社会治理：当代中国国家与社会关系的新进展[J]. 探索与争鸣，12：7-16.

第四章　市域公众参与体系

以多元主体共同治理为特征的社会共治是国家治理体系和治理能力现代化的重要方面，也是政府与社会共同推进的治理领域，现代社会复杂多样化的发展趋势使现代社会的决策变得愈加困难，尤其是在公共服务需求和评价标准多样性、个性化特征突出的社会共治领域更为明显。单一主体的治理行为显得捉襟见肘，难以实现有效治理。需要更多具有专业经验，特别是信息、专业技术知识和不同意见的合作主体参与，需要社会力量更多地参与秩序整合，以及社会各方面对公共事务承担责任。

市域社会治理要做好秩序与活力的辩证法。在风险防范、平安建设的同时，坚持和完善共建共治共享的社会治理制度，不断加强社会活力建设，建设人人有责、人人尽责、人人享有的社会治理共同体，推动市域社会的可持续发展。

一、市域社会治理面临的共治难题

随着现代政府向社会让渡部分服务空间，社会组织等社会力量依然嵌入社会治理网络及其社会关系与结果之中，在提供公共服务、协商公共事务、构筑社会资本、动员社会资源、促进社会和谐方面发挥着作用。目前，我国的社会治理具有国家主导的鲜明特征，但是社会调节、居民自治等社会力量的参与仍存在诸多不足，各方社会力量在参与市域社会治理的过程中还受到一些不利因素的制约，具体来看，主要存在包括三个方面。

（一）社会力量发育尚不均衡

社会力量要想更好地参与市域社会治理，就必须具备相应的专业服务能力、沟通协调能力、资源获取能力等。但从目前来看，社会力量的能力与提升市域社会治理效能的要求还存在一定差距。导致能力不足的原因是多方面的，以社会组织为例，主要表现为社会认同度不高、社会力量资金缺乏、专业人才相对稀缺、内部治理机制不成熟等。

一是社会认同度不高。中国的社会组织是在政府职能转型而释放出社会空间的背景下逐渐发展起来的，因而与政府关系更为密切。从整体来看，受政府"行政吸纳社会"策略的影响，社会组织始终难以摆脱对政府的"半依附"状态。这样的发展模式使得整个社会对社会组织的服务与产品缺乏清晰的了解，甚至在很多时候将其与政府提供的公共服务和物品混为一谈，导致其社会认同度不高。

二是社会力量资金缺乏。社会力量资金缺乏现象较为普遍。目前社会组织主要依靠财政支持、社会捐赠等途径获取资金，来源单一且数量不足。尤其是一些成立时间较短、影响力较小的社会组织，资金缺乏不仅制约了自身发展，也对公共服务或物品的提供造成极大的限制。

三是专业人才相对稀缺。受社会力量影响力及社会公众认知不足的影响，加之资金短缺，社会力量无法提供具有吸引力的薪酬与福利待遇。不仅如此，目前各大高校培养的社工人才中，愿意从事社会工作的人数较少，总体处于高紧缺和高流动状态，如何吸引有服务精神、有专业素养的社工人才，成为大部分社会组织进一步发展的难题。

四是内部治理机制不成熟。现阶段我国大部分社会组织运营的年份不长，是社会治理中的新生力量。这类组织规模较小、人员较少、组织结构也较为简单。在这类组织内部，往往较难形成民主化、科学化的决策机制，以及规范合理的监督机制等，进而影响其公共服务和物品提供的质量与效率。

（二）社会力量参与效率不高

目前社会力量在参与市域社会治理过程中开展的活动主要涉及风险防范及秩序维护方面，如矛盾调解、社会治安维护、应急管理等。此类活动能在一定程度上缓和社会矛盾，解决社会问题，但是活动内容相对单一，难以满足人们日益增长的多样化需求。随着生活水平的不断提高，人们对教育、技术、心理、健康等方面的需求不断提升。社会力量急需与社会需求进行链接，提供多样化的服务，在维护社会秩序、安全的同时，激发社会活力。另外，社会力量往往被动接受任务，自身动力不足。部分社会力量通过政府购买的形式参与市域社会治理。在项目执行过程中，只是严格按照政府部门的要求以同一个标准、同一种模式提供服务，难以适应实际情况，服务效果也大打折扣。

（三）参与协同机制有待完善

当前社会力量参与社会治理的机制相对缺乏。参与机制的构建正是社会组织微观性、灵活性和广泛性特点发挥的前提。参与机制的缺乏使得社会组织所拥有的治理资源和治理能力无法被激活，难以回应基层社会不断涌现的新问题与新需求。

一是沟通机制有待完善。一方面，管理部门希望社会力量承担部分社会服务，但是对社会力量参与社会治理的领域和作用发挥认识不足；另一方面，部分社会力量对政府相关政策不太了解，双方仅仅在有限的场合有所交集，信息难有交互，导致合作办事的效率低下。此外，不同社会力量之间亦缺乏沟通。

例如，各领域甚至是同一服务领域的社会组织都少有深度的经验交流。当社会组织散落成"各自为战"的小的治理节点，当各个小的治理结点"各自为战"，不能连接成一条连贯的治理链条时，整个行业的水平就会进步缓慢，潜在的巨大力量难以被激发。

二是信任机制需进一步建立。在社会力量参与社会治理的过程中，管理部门往往抱有一种既支持又质疑的态度。例如，政府一方面寄希望于通过购买服务把一部分公共服务事项让渡给有资质的社会组织，另一方面又质疑其服务质量，从而导致管理部门对社会组织干预过多，影响组织的独立性。

三是监管机制有待完善。以社会组织为例，我国的社会组织监管主要由各地民政部门的社会组织管理局（社会组织执法监督局）负责，来自第三方监管机构与社会公众的监管力量较为薄弱。此外，当前社会组织的监管手段创新不足，以规范、清理、整治、打击等硬性惩罚措施为主，说服、教育、表扬等柔性激励手段较少，不利于激发社会组织的积极性和主动性。

二、社会组织参与社会共治

社会组织是社会治理体系的有机组成部分，是社会治理的重要主体。构建共建共治共享的社会治理格局，离不开社会组织的参与。这为社会组织发展带来了新机遇，也对社会组织参与社会治理提出了新要求。近年来，社会组织在社会治理中的作用日渐凸显，在市域社会治理中，社会组织更是全方位、多角度参与其中。通过政府多样化的培育和扶持，社会组织在数量上迅速增长，在规模上快速扩大，在提供公共服务、参与政府决策以及承接政府职能方面也体现出了独特优势和巨大潜力。党的十八大以来，社会组织不但实现了从"利益主体"到"服务主体"的身份转变，同时作为现代治理体系的主体之一，成为国家发展战略的重要组成部分以及政府部门的全面合作伙伴。

为了推动社会组织更好地发挥治理优势，政府运用多样化机制助推社会组织在筹措资金、提供服务以及参与倡导等方面增强自身能力、优化社会治理效能。具体而言，本节主要阐述了政府培育推进社会组织参与社会治理的三种机制：一是政府运用声誉效应和竞争效应来增强社会组织向社会筹措资金的能力；二是政府运用杠杆机制增强社会组织向社会提供公共服务的能力；三是政府通过选择性赋权机制增强社会组织参与政策倡导和媒体倡导的能力。

（一）"声誉效应"和"竞争效应"：增强社会组织筹资能力

社会组织向社会筹资能力的增强对提升社会组织生存发展能力和深化社会组织参与社会治理的程度具有重要作用。声誉效应和竞争效应是政府增强社会组织向社会筹措资金能力的两大重要机制①。声誉效应主要是指在政府培育和支持社会组织的过程中，通过对社会组织的资格标准评定和对社会组织服务质量的评估与公布等途径使得社会组织声誉得到提升，进而使社会组织获得高声誉带来的在筹资方面的附加优势。社会组织声誉是指社会组织在社会网络嵌入过程中，在满足利益相关者的期望过程中所获得的组织品行长期、整体性的价值判断，它可以帮助组织获取长期竞争优势，进而实现组织宗旨与使命。作为社会性口碑，社会组织声誉提升对社会组织获取资源、得到长期资金供给、促进与公共部门合作以及吸纳员工等起到了积极的促进作用②。竞争效应则是指政府在培育和支持社会组织过程中，通过公开竞标等竞争性程序来选择性地与社会组织开展合作和给予资助，社会组织为了获得这种非普惠性政府支持而提高自身运行效率、优化产品和服务，进而全面提升自身竞争力，以赢得政府青睐③。

　　在实践中，政府通过对这两种效应的灵活运用，既为社会组织增强筹资能力提供了良好的外部环境和资源扶持，又激发社会组织强化筹资能力的内在动力和积极性，起到了双重推动的良好效果。具体而言，政府通过声誉效应和竞争效应来增强社会组织向社会筹措资金的能力主要有三条路径。

　　第一，政府通过设定社会组织的资助门槛、开展对社会组织考核评估以及进行公开竞标的方式对社会组织给予限定性资助，并开展选择性合作。这种带有竞争性质的资助会促使社会组织不断优化产品和服务以获得政府的首肯。社会组织需要具备一定的条件才能参加竞标、获得竞争政府项目合同资助等限定性政府资助的资格。比如，获得政府购买服务的社会组织必须具备多项具体条件。同等条件下，获得 3A 以上评估等级的社会组织，可以优先获得政府购买服务。为了保证与社会组织合作的合同绩效，政府也会倾向于在竞争中选择服务能力和服务质量更佳的社会组织。而当社会组织获得这种竞争性政府资助时，其声誉和合法性由于政府的认可得到了强化，社会组织的筹资活动也相应地能得到更多支持。第二，政府通过对获得资助的社会组织进行问责的方式来促使它们增强社会责任感，以提高它们在筹资活动中的竞争力④。相比于其他社会组织，政府对于获得资助的社会组织提供服务的质量和组织项目的能力有着更多的关注与要求，这在一定程度上倒逼社会组织不断提高自身能力、规范自身运作，从而提高自身在筹资竞争

　　① 沈永东，虞志红，2019. 政府资助影响社会组织非政府渠道筹资收入——基于中国 3016 家基金会的实证研究[J]. 经济社会体制比较，4：128-137.

　　② 张冉，2014. 社会转型期我国非营利组织声誉研究：危机溯源与重塑路径[J]. 浙江大学学报（人文社会科学版），44（1）：100-112.

　　③ Ali T M, Gull S, 2016. Government funding to the NGOs: A blessing or a curse?[J]. International Journal of Research in Business and Social Science (2147-4478), 5(6): 51-61.

　　④ Frumkin P, Kim M T, 2002. The effect of government funding on nonprofit administrative efficiency: An empirical test[R]. Institute for Government Innovation, John F. Kennedy School of Government, Harvard University.

中的综合实力。第三，政府通过激励社会组织筹措开展项目配套资金的方式，驱动社会组织拓宽筹资渠道，争取除政府资金之外的资金支持，进而提高组织的筹资能力。获得政府资助的社会组织常常需要自筹部分配套资金，这会迫使社会组织增加向社会筹资的活动①。

在政府三条路径的有力助推下，社会组织在向社会筹集资金方面的能力已经得到了一定幅度的提升，不仅社会收入水平提高，且收入渠道也得到了拓宽。这种培育机制取得的显著效果主要体现在三个方面：一是社会组织获得的其他公共资金增加；二是社会组织获得的社会捐赠收入增加；三是社会组织获得的商业收入增加。基于对 2013～2017 年参与"中央财政支持社会组织参与社会服务项目"的社会组织 2058 份调查问卷和 65 次访谈数据的分析发现，中央政府的资金投入越多，社会组织就越能筹集到更多的配套资金、地方政府资金、私人捐赠和商业收入。

这是由于政府资金支持对社会组织获得收入会产生挤入效应。首先，社会组织获得更多的公共资金是由于地方政府的模仿压力。根据制度理论，地方政府在模仿中央政府向社会组织提供政府资金的行为时承受着模仿压力，受到中央财政资助的社会组织更容易得到地方政府的资金扶持。其次，社会组织获得更多的社会捐赠是由于政府资助对社会捐赠者具有引导作用。对于社会捐赠者而言，政府资助扮演着行为指南与需求导向的角色，政府资助社会组织的行为指南体现在捐赠者和政府选择趋同上。根据制度主义观点，人们从所处的制度中接受价值和规范，因而捐赠者行为倾向于与政府资助方向保持一致②；需求导向则体现在政府资助也可能被看作社会需求的信号，基于政府支持，社会组织在运营中具有规模优势，使捐赠者相信自己的捐赠会变得更有效率，进而通过捐赠的方式回应政府所关注的问题③。最后，社会组织获得了更多的商业收入，是因为政府资助对社会组织能力具有评判作用。获得政府资金也表明了社会组织的声誉较好，并且具有竞争商业收入的能力，这有助于社会组织更容易开展公共服务、投资计划和其他商业活动④。

需要指出的是，政府培育影响社会组织向社会筹款的能力存在地区和类别

① Hughes P, Luksetich W, 2008. Income volatility and wealth: The effect on charitable giving[J]. Nonprofit and Voluntary Sector Quarterly, 37(2): 264-280.

② De Wit A, Neumayr M, Handy F, et al., 2018. Do government expenditures shift private philanthropic donations to particular fields of welfare? Evidence from cross-country data[J]. European Sociological Review, 34(1): 6-21.

③ Anheier H K, Toepler S, 1999. Private Funds, Public Purpose: Philanthropic Foundations in International Perspective[M]. Boston: Springer.

④ Wei Q, 2020. From direct involvement to indirect control? A multilevel analysis of factors influencing Chinese foundations' capacity for resource mobilization[J]. Voluntas: International Journal of Voluntary and Nonprofit Organizations, 31(4): 762-778.

上的差异。西部地区社会组织向社会筹款能力总体要比非西部地区更弱。中央政府资金对西部地区社会组织配套资金的影响大于非西部地区。这是由于与西部地区的社会组织相比，非西部地区的社会组织在资源获取和市场化机构方面都更有优势[①]。上述差异在一定情况下影响了不同地区社会组织回应政府培育的方式：处于非西部地区发达市场环境中的社会组织大多利用中央财政资助来提高服务质量以获取商业收入，而西部地区的社会组织在有限的市场资源下则大多利用中央财政资助所带来的合法性和声誉性，进而从地方政府或其他政府部门获取资源。同时，非限定性政府资助与限定性政府资助对社会组织筹款能力提升的影响方式也存在不同。相较于非限定性政府资助，具有时间或用途限定的政府资助对提高社会组织非政府渠道筹资收入的影响更强。这是由于政府通过财政资金赋予社会组织筹资合法性，提升了社会公众信任度；而限定性政府资助有利于强化政府资助所带来的声誉效应和竞争效应，进而帮助社会组织获得更多的非政府渠道筹资收入[②]。

（二）杠杆策略：增强社会组织服务能力

社会组织的服务能力是社会组织生存发展的立身之本，也是影响社会组织在社会治理中发挥作用的关键因素。政府主要通过杠杆机制来增强社会组织向社会提供服务的能力。杠杆机制是指在政府培育社会组织的过程中，政府通过资金帮扶等方式撬动更多资源来激励社会组织，以进一步提高其向社会提供服务的能力。以政府资助为例，政府资助可以使社会组织吸纳多种资助资源，从而支持社会组织以多种方式最大限度地提供服务。首先，政府资金代表着合法性的信号，可以帮助社会组织赢得私人捐助者的信任并吸引其投资。捐赠过程中固有的信息不对称使得捐赠者难以对社会组织进行判断，政府对社会组织的资助为社会组织提供了合法性证明。其次，获得政府资助可以彰显社会组织的声誉和竞争力，从而降低社会组织参与商业活动的门槛[③]。社会的其他捐赠者可能会效仿政府的行为，因为各种利益相关者群体将得到政府资助的社会组织视为值得信赖的组织。最后，政府资助为社会组织提供了保证，增进了公众对社会组织的信任。在社会组织由于社会不信任而获得有限私人资源的背景下，公众对政府批准的社会组织更为信

① Wei Q, 2020. From direct involvement to indirect control? A multilevel analysis of factors influencing Chinese foundations'capacity for resource mobilization[J]. Voluntas: International Journal of Voluntary and Nonprofit Organizations, 31(4): 762-778.

② 沈永东，虞志红，2019. 政府资助影响社会组织非政府渠道筹资收入——基于中国 3016 家基金会的实证研究[J]. 经济社会体制比较，4：128-137.

③ Wei Q, 2020. From direct involvement to indirect control? A multilevel analysis of factors influencing Chinese foundations'capacity for resource mobilization[J]. Voluntas: International Journal of Voluntary and Nonprofit Organizations, 31(4): 762-778.

任。政府资金可以作为社会组织质量和声誉的信号，以吸引配套资金来改善社会组织的公共服务供给。

这种撬动资源的杠杆机制在政府培育社会组织的实践中也得到了较好的运用，并形成了相对稳定且有效的路径。具体来说，政府运用两条路径来发挥杠杆机制的作用，进而增强社会组织向社会提供服务的能力：一是发挥支持型社会组织的平台性作用，为社会组织开展社会服务提供资源注入支持和业务指导；二是通过政府购买社会组织服务、公益创投等方式为社会组织提供资金援助以保持其持续服务的能力。政府完善对支持型社会组织的政策扶持，有助于支持型社会组织根据不同领域的各类社会组织的特点，有针对性地为各种操作型社会组织提供业务模式、管理能力等方面的个性化服务与指导，不断增强操作型社会组织的战略管理能力、项目运作能力、资源动员能力、内部治理能力等，使其逐渐形成清晰的业务发展模式，发展成为具备核心竞争力的公益服务组织。政府通过购买服务的方式给予社会组织资金支持，在与政府合同关系的约束下，社会组织更倾向于将自身发展的需求与公共服务的要求相统一，进而参与符合公共服务需要的项目和活动；同时政府的资金支持为社会组织强化自身供给服务能力提供了稳定的资源保障。公益创投则是把资金支持与能力建设相结合，重点关注受资助组织的可持续发展的能力。通过为社会组织量身提供相关财务支持与非财务支持等全方位帮助，公益创投帮助社会组织实现公共服务目标和自身服务能力建设的双重目标，形成社会组织参与公共服务供给的长效机制。

经过杠杆机制的撬动，社会组织的服务能力得到了快速提升，不仅服务范围扩大，服务质量和效率也有了很大改观。具体而言，在政府培育扶持下，社会组织服务能力的提升体现在服务供给的增加、服务范围的扩大等方面。首先，社会组织服务供给的增加主要体现在社会组织提供服务链条的延伸和种类的增加上。在对参与"中央财政支持社会组织参与社会服务项目"的社会组织负责人访谈中，大多数获得中央财政资金支持的社会组织反映，他们为了获得配套资金，会增加组织的服务条目并延伸组织的服务链条，以此获得资助者的青睐与更多资源注入。其次，服务范围的扩大主要体现在社会组织服务渠道的拓宽上。获得政府合同的社会组织必须提交某些报告并完成某些活动，与政府签署合作伙伴关系协议的社会组织更倾向于遵从国家利益以及符合政府的期望。由于接受中央政府资助的社会组织必须在对中央政府资助项目进行评估时报告其最低配套资金数量，这将推动需要获得资助的社会组织从地方政府、私人捐款和市场收入中收取配套资金，在一定程度上也激励了社会组织扩大服务范围。另外，政府培育对社会组织向社会提供服务能力的影响也存在着地区差异。现有研究表明，区域经济发展水平、政府支持程度、社会资源以及社会组织的质量都对社会组织提供公共服务的水平产生影响①。相对而言，发达地区较欠发达地区拥有更多的社会组织和更高水平的社会组织服务。

（三）选择性赋权：增强社会组织倡导能力

社会组织倡导是指"社会组织尝试影响政府决策的过程与活动"②。目前，社会组织倡导主要有九种途径，分别为研究、直接游说、基层游说、公共活动、直接行动、司法倡导、公共教育、政策倡导和媒体倡导③。社会组织参与媒体倡导和政策倡导能够有效提高社会组织对社会治理的参与度，是实现社会共治共建的重要助力。但是囿于权限和资源的不足，社会组织倡导能力的提升离不开政府培育。政府一般通过选择性赋权的方式来增强社会组织的倡导能力。选择性赋权是指政府有选择性地向社会组织提供政府资助，以推动社会组织开展合法倡导的活动。

政府资金的扶持，一方面增强了社会组织开展政策倡导活动的合法性，另一方面也提高了社会组织在政策倡导方面的话语权和地位，从而最大限度地增强其政策倡导和媒体倡导能力。首先，政府资助可能意味着政府对社会组织进行政策倡导的认可，这为社会组织创建了一个向政府官员提供政策制定建议的通道。当政府在某个政策上需要社会组织的专业知识或政策建议时，它将倾向于与那些接受政府资助或拥有与政府长期合作的社会组织进行协商，这种选择性赋权使得拥有政府资助的社会组织获得更加深入参与政策倡导的权限④。其次，获得政府资助的社会组织拥有更多机会、资源和关系渠道来通过媒体进行倡导，以使公众和政府听到他们的声音⑤。政府资助为社会组织的媒体倡导创造了良好的环境。一个社会组织获得的政府资助越多，它就需要更多的政府关系来联系媒体参与倡导活动⑥。有学者还发现，受政府资助的社会组织可以成功地利用媒体向高层决策者传递主张⑦。因此，政府培育为社会组织参与政策倡导和媒体倡导提供了更多的便利。

---

① Wei Q, 2020. From direct involvement to indirect control? A multilevel analysis of factors influencing Chinese foundations'capacity for resource mobilization[J]. Voluntas: International Journal of Voluntary and Nonprofit Organizations, 31(4): 762-778.

② Reid E J, 1999. Nonprofit advocacy and political participation[J]. Nonprofits and government: Collaboration and Conflict, 291-325.

③ Wei Q, 2020. From direct involvement to indirect control? A multilevel analysis of factors influencing Chinese foundations'capacity for resource mobilization[J]. Voluntas: International Journal of Voluntary and Nonprofit Organizations, 31(4): 762-778.

④ Salamon L M, Elliott O V, 2002. The Tools of Government Action: A Guide to the New Governance[M]. Oxford: Oxford University Press.

⑤ Guo C, Saxton G D. 2014. Tweeting social change：How social media are changing nonprofit advocacy[J]. Nonprofit and Voluntary Sector Quarterly, 43(1): 57-79.

⑥ Bazerman M H, Schoorman F D, 1983. A limited rationality model of interlocking directorates[J]. Academy of Management Review, 8(2): 206-217.

⑦ Teets J, 2018. The power of policy networks in authoritarian regimes: Changing environmental policy in China[J]. Governance, 31(1): 125-141.

在实践中，社会组织在政府选择性赋权下，倡导能力得到了显著增强，不仅参加了各项倡导活动，和政府、媒体的联系也在倡导活动中进一步密切和深化。具体而言，社会组织在政府培育下倡导能力的增强主要体现在两个方面：政策倡导能力的增强与媒体倡导能力的增强。社会组织的政策倡导能力是指社会组织对政府机构的影响力，它可以通过社会组织参与政府会议、提交信件与官员交流以及就政府出台的政策文件所发表意见的数量来衡量。社会组织的媒体倡导能力则是指社会组织通过媒体活动表达政策偏好以促成政策变化的能力，它可以通过相关媒体报道的数量进行衡量。政府对社会组织的资助水平越高，社会组织的政策倡导能力和媒体倡导能力也越强，两者存在显著的正向关系。

同时，政府培育对社会组织倡导能力的增强也存在地区差异。与非西部地区社会组织相比，政府培育对西部地区社会组织倡导能力存在更为正向的影响，并且对其政策倡导能力的影响远大于对其媒体倡导能力的影响。这可能是由资源可及性（市场资源、媒体资源和行政资源）和制度环境（非营利支持政策以及机构对倡导的获取）的区域差异导致的。一方面，西部地区社会组织拥有的资源有限，与行政部门直接沟通较为困难。接受中央政府的资助可以增强西部地区的社会组织合法性，并使其有资格获得进一步的行政支持。另一方面，非西部地区的社会组织拥有更多的与政府定期合作的资源和途径，除了中央政府资助外，它们自身提供的优质服务也可以帮助它们获得政府对其政策意见的认可。这解释了政府培育特别是中央财政支持对西部地区社会组织政策倡导能力影响更为显著的原因。

三、居民社区参与的现状与政策建议

社区是社会共治的基本单元，而居民参与是社区治理的基础。党的十九届四中全会提出，完善群众参与基层社会治理的制度化渠道。大国治理要从小区做起，社区参与是打造人人有责、人人尽责、人人享有社会治理共同体的基本演练。2019年，全国城镇常住人口占总人口比重已超过 60%，城市社区已成为人们主要的居住空间。应看到，居民参与依然是我国城市治理、社区治理的短板，依托调查数据弄清社区参与的基本事实极为重要。

本节依托民政部政策研究中心与北京大学开展的 2019 年"社会治理动态监测平台及深度观察点网络建设"项目，基于北京、浙江、广东、重庆 4 省（市）3000 份城市居民参与问卷数据，分析当前我国城市居民社区参与的主要事项、渠道、认知、诉求、环境要素。

（一）社区参与的主要事项

居民代表选举与特殊群体服务是社区参与的主要领域。参与度（"有时或全部参加"的比重）靠前的事项有居民代表选举（65.3%）、残疾人服务（65.2%）、青少年与儿童服务（63.2%）、妇女权益保护服务（53.6%）（图 4-1）。可见，社区参与围绕重要社区管理事务与基本社会服务展开。值得注意的是，居民维权活动参与度高（38.6%），但社区物业管理参与度低（19.5%），反映了城市社区管理的社会化与专业化进程，居民与物业机构间业已初步形成委托代理关系，业主维权意识增强。

就参与度最高的居民代表选举而言，居民参与社区居委会选举的意愿与实际占比均很高。共计有 76.1%的受访者表示愿意积极参与居委会选举，有 27.7%的受访者目前是居民代表，有 52.2%的受访者在上一年参加过居民代表选举，有 61.9%的受访者参加过本届社区居委会换届选举。

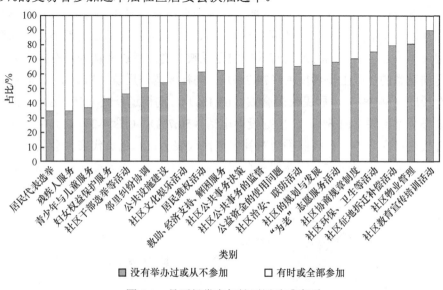

图 4-1 是否经常参加社区活动或事项

（二）社区参与的渠道

1. 社区两委是我国居民社区参与的主要形式

社区两委仍是我国居民社区参与的主要形式。调查显示，城市居民参与社区公共事务的最主要渠道是社区两委、居民代表会议，两种渠道占受访者的比重分别为 58.3%、41.5%。从地区差异来看，重庆、广东的社区参与更多地依托社区两委，浙江更多地依托市场和社会自组织力量，北京介于两者之间。

具体看，浙江受访者选择物业服务公司和业主委员会的比重较高，分别占 24.0%和 21.2%；广东选择社区监委会、业主委员会的比重较低，分别仅占 13.7%和 10.6%；重庆选择居民代表会议、社区两委、社区监委会的比重较高，分别占 47.5%、67.6%和 29.0%（表 4-1）。

表 4-1　参加社区公共事务渠道　　　　　　　　单位：%

渠道	北京市	浙江省	广东省	重庆市	合计
居民代表会议	46.0	34.6	36.5	47.5	41.5
物业服务公司	21.8	24.0	16.1	17.6	19.6
业主委员会	10.4	21.2	10.6	17.5	14.6
社团组织	25.6	21.2	16.1	25.1	22.0
社区两委	52.3	46.5	63.5	67.6	58.3
社区监委会	11.9	12.9	13.7	29.0	17.2
其他	21.0	25.2	24.2	16.1	21.4

反映社区问题是社区参与的重要形式。样本应答数中占比最高的是向熟悉的社区工作者反映（31.6%），其次是向社区两委反映（31.3%），合计占到 62.9%（图 4-2）。社区工作者实际上是社区两委代表，说明社区两委仍然是反映问题的主要渠道。社区两委同时是最有效的问题反映渠道。受访者认为最有效的方式依次是向熟悉的社区工作者反映（74.7%）、向社区两委反映（74.2%）、向社区监委会反映（66.3%）、居民代表会议（66.1%）、向街道反映（65.1%）、大家一起去办公室反映（61.6%）、拨打投诉电话（50.7%）（图 4-3）。其中，社区工作者代表社区两委，社区监委会对社区居民代表会议和党员代表大会负责，也代表社区两委。相对而言，物业服务公司、业主委员会，以及微信群、QQ 群，通过网络论坛反映等作用还比较有限。

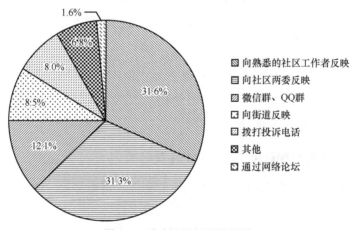

图 4-2　反映社区问题的渠道
注：因四舍五入造成数据出现偏差

2. 业主委员会已成为社区参与的重要中介

业主委员会是城市社区治理的"三驾马车"之一，是居民自治与社区治理的重要实现形式。样本数据显示，有高达 68.5% 的受访者表示愿意在业主委员会做

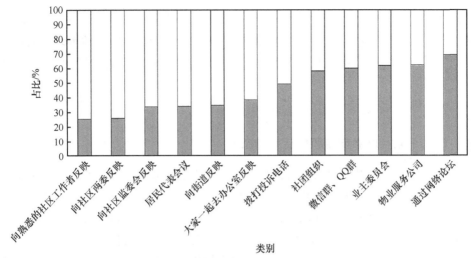

图 4-3　不同反映情况方式的实际效果

事，有 33.2%的受访者称本小区有业主委员会，有 67.1%的受访者认识业主委员会成员，有 4.2%的受访者自身即业主委员会成员，可见业主委员会组织已成为社区参与的重要平台。

3. 社区公益类社会组织参与度较高

社会组织参与反映着居民自发的社会动员与管理，是"三驾马车"外最能反映社区治理的形式之一。调查显示，有 35.5%的受访者参加了至少 1 个社会组织，有 20.2%参加了至少 2 个社团。从参与社团类型来看，受访者参与最多的是志愿者等公益类团体，占 47.2%；其次是舞蹈协会等文娱类团体，占 30.2%。分性别来看，男性参与公益团体的比重更高，占到 56.6%，女性参与文娱类团体的比重更高，占到 33.9%。

4. 线上平台正成为新时期社区参与的重要方式

调查显示，有 64%的受访者表示所在社区已建立微信群、QQ 群等线上交流方式。分地区来看，浙江、北京、广东、重庆城市社区建立线上社群交流方式的比重依次为 76.2%、69.7%、61.9%和 51.6%。从线上交流参与频率来看，有 16.1%的受访者经常参加，有 59.9%的受访者偶尔参加，合计占到 76%，说明线上社区参与度较高。

5. 社区协商机制并不被公众所普遍认识和了解

民主协商是我国社会治理工作体系的重要一环，但调查显示，4 省（市）受访者中听过并理解社区协商的仅占 36%，听过但不理解的占 15.9%，从来没听过的高达 48.1%。对于社区协商政策，有高达 52.4%的受访者表示不了解。从对社区协商政策的了解来看，被了解比较多的是协商内容（76.3%）、协商形式（68.6%），协商成果的运用被了解最少（57.9%），协商治理还只是潜在的治理变革，公众普及度有限。

（三）社区参与的认知与诉求

1. 居民对社区参与持积极认知的态度

调查显示，居民对社区参与持积极认知的态度，以促进社会交往与维护权益为主要目标。在社区正向认知方面，赞同度（"比较赞同"或"非常赞同"）高的依次是：参与社区活动可以扩大交往范围（89%），拉近邻里关系（87.5%），保障自治权利（79.4%），维护公共利益（62.8%），维护自身利益（46.6%），居民社区参与的主要动机是社交、行使与维护权益。相反，对于社区活动作用不大（10.4%）、政府不重视社区活动（11.9%）、小区秩序主要由政府维护（14.3%）、居民不懂社区事务（19.4%）、社区活动费时费力（24.2%）等负向认知，受访者认同度普遍较低。

调查还显示，有高达 71.4%的受访者表示"愿意参加本社区举办的各种活动"，另外分别有 54.4%和 43.4%的受访者认同"我的参与多多少少会在社区中起到一点作用""我会发动其他邻居一起来解决本社区出现的各种问题"。以上结果表明"冷漠的大多数"可能也有较强的参与意愿，只是受时间、机会限制无法实现。

2. 社区服务是社区参与的重要促进因素

居民诉求是促使社区居民从私人领域走向公共领域的关键。调查显示，在提及的讲座、手工、娱乐、技能培训、郊游、公益、展览等社区活动中，受访者希望增加的项目越多，社区参与的可能性越大。希望增加的项目数量从 0 项、1 项到 2 项及以上，其社区参与指数得分相应从 47.1 分、48.8 分增至 51.1 分，社区参与正向认知得分相应从 18.5 分、19.6 分增至 20.0 分，社区参与负向认知得分相应从 12.8 分、11.9 分降至 11.5 分。

调查同时显示，高质量的社区服务也是社区参与的重要吸引力因素，社区服务是社区治理的重要媒介。对社区养老、医疗、残疾人、就业培训、儿童与妇女保护、青少年、流动人口、法律援助、社区矫正、安置帮扶、家政中介、邻里调解等方面服务满意度越高的受访者，其社区参与指数得分也越高。整体上，社区居住满意度越高的受访者，认为社区治安状况更好的受访者，对社区公共服务满意度越高的受访者，社区参与度越高，社区参与正向认知得分也越高，社区参与负向认知的得分则越低（表 4-2）。

表 4-2　社区满意度与社区参与　　　　　　　　单位：分

项目	满意情况	社区参与指数	社区参与正向认知	社区参与负向认知
社区居住满意度	不满意	39.7	18.4	14.6
	一般	46.0	18.6	13.0
	比较满意	50.8	19.8	11.4
	非常满意	55.9	21.5	10.3
社区治安状况	不安全	44.9	19.5	13.3
	基本安全	48.6	19.3	12.2
	比较安全	51.2	19.9	11.4
	很安全	56.0	21.5	10.1
公共服务满意度	不满意	41.5	19.0	13.2
	一般	47.2	18.8	12.7
	比较满意	51.5	20.1	11.1
	非常满意	57.6	21.8	10.2

注：方差分析 p 值均<0.0001

（四）社区参与的邻里关系与组织信任基础

1. 社区邻里关系越好，居民参与度越高

数据显示，居民自评社区邻里关系越和谐，社区参与指数越高，社区参与的正向认知得分越高，负向认知得分越低。比如，自评社区邻里关系"很和睦"者的社区参与指数得分是 53.7 分，远高于社区邻里关系"不和睦"者的 41.3 分（表4-3）。

表 4-3　社区邻里关系与社区参与情况　　　　　　　　单位：分

社区邻里关系	社区参与指数		社区参与正向认知得分		社区参与负向认知得分	
	均值	标准差	均值	标准差	均值	标准差
不和睦	41.3	9.6	17.3	4.2	14.2	4.1
一般	46.9	8.4	18.8	3.4	12.9	3.7
比较和睦	50.9	9.4	19.7	3.1	11.3	3.7
很和睦	53.7	10.2	21.1	3.2	10.8	4.3

2. 对社区组织信任程度越高，居民参与度越高

调查显示，居民对社区组织信任程度最高的是社区居委会和社区党组织，"比较信任"或"非常信任"的比重分别达到84.9%和81.8%，其次是社团组织，这一比重为50.7%，而对小区物业服务公司与小区业主委员会的信任度较低，比重分别为38.6%和38.5%。数据显示，对社区党组织、社区居委会、小区业主委员会、小区物业服务公司、社团组织信任程度越高，受访者社区参与的指数也越高。

（五）促进社区参与的政策建议

上述城市居民参与特征对我国社区治理与社会治理具有重要政策启发意义。

第一，社区两委仍是我国社区参与的主要渠道，也是我国基层治理的制度优势所在，建议进一步将党建引领社区治理制度、居民自治制度、居民议事制度落实落细，创新具体实施形式，夯实基层治理基础，释放基层自治活力。

第二，我国城市居民的社区业主委员会与社会团体参与已经有一定基础，应进一步加大社区社会组织培育引导力度，真正实现社区治理的专业化、组织化、社会化与多元化，减轻基层政府与社区两委的负担。

第三，技术进步驱动了线上社区参与的快速发展，社区治理走向线下线上相结合，应大力推广大数据、云计算等现代信息技术在社区治理中的应用，提升居民社区参与的覆盖率与效率。

第四，居民对社区参与整体上持积极认知的态度，社区参与、社区治理的公共性已经具备较好的社会基础，重要的是要创新社区参与的形式与渠道，丰富社区参与活动，让社区参与从注重形式走向注重实绩。

第五，社区参与以居民的社区服务需求为基础，要更加强调服务导向的社区治理，增强社区治理工作对居民需求、社区服务的关注，寓治理于服务，以服务为媒介提升居民社区参与的主动性。

第六，社区邻里关系是影响社区参与的重要环境因素，社区建设要注重从公共空间、社会交往、社区生活等方面为建立良好的社区邻里关系创造条件，真正打造共居共建共治共享的社区治理共同体。

第七，社区参与不仅仅是社区治理的工作环节，社区治理的绩效同样影响社区参与，二者是良性互动的关系，要注重提升居民居住满意度，提升社区治理现代化水平。

第五章　市域风险防范体系

一个好的社会，既稳定有序，又充满活力。稳定有序是中国之治的最大底色，也是市域社会治理的重中之重。党的十八大以来，我们党坚持和推广新时代"枫桥经验"，坚持系统治理、依法治理、综合治理、源头治理，完善信访制度，健全社会矛盾纠纷多元预防调处化解综合机制，加强社会治安综合治理，开展扫黑除恶专项斗争，防范和打击各类犯罪，形成了人民安居乐业、社会安定有序的良好局面，续写了经济快速发展、社会长期稳定的"两大奇迹"。当前，世界百年未有之大变局加速演进，社会治理风险多样多发，必须充分认识市域风险的成因和特征，迫切需要发挥市域"前线指挥部"的重要作用，积极采取应对策略，把重大风险防范化解在市域，以一市一地的安全稳定夯实国家长治久安的坚实基础。

一、市域风险的类型和特点

（一）市域风险的类型

市域风险分为五类：政治安全风险、社会治安风险、社会矛盾风险、公共安全风险、网络安全风险。通过分类能够更加系统和清晰地把握市域内的各种风险，有助于更好地制定相应的应对措施。

1. 政治安全风险

政治安全是指国家主权、政权、政治制度、政治秩序以及意识形态等方面免受威胁、侵犯、颠覆、破坏的客观状态[①]，是国家安全体系的重要组成部分，也是当前国家安全的根本。维护国家政治安全是新时代进行伟大斗争的必然要求，也是实现中华民族伟大复兴中国梦的重要保障。

尽管当前我国政治安全形势总体保持稳定、向好的基本态势，但也要看到，政治领域面临的风险前所未有，影响政治安全的不利因素日益增多、日趋复杂。维护国家政治安全、形势严峻、责任重大[②]。我国政治领域面临的风险与挑战具体表现在以下几个方面。

第一，西方敌对势力企图在我国挑起"颜色革命"。随着我国经济总量跃居世界第二和国际舞台上的影响力越来越大，个别发达国家认定我国的发展构

① 杨大志，2018-04-20. 政治安全是国家安全的根本[N].解放军报，（7）.

② 梁军峰，2020. 防范化解政治领域重大风险探析[J]. 治理现代化研究，36（2）：57-62.

成了对其全球霸权的挑战，在难以使用武力手段征服的情况下，开始对我国实施西化分化战略，采取手段对我国进行干扰破坏和渗透颠覆，甚至图谋发动"颜色革命"。

第二，分裂主义活动对国家主权安全的挑战。分裂主义是指"旨在破坏国家领土完整，包括把国家领土的一部分分裂出去或分裂国家而使用暴力，以及策划、准备、共谋和教唆从事上述活动的行为"[①]。我国受到多股分裂势力的威胁，对国家的领土和主权完整构成严峻挑战。

第三，暴力恐怖活动对社会稳定大局的破坏。一些地区暴恐极端活动的生存土壤仍然存在，暴力恐怖分子潜藏蛰伏，暗中织网布局，伺机制造事端。

2. 社会治安风险

社会治安状况是社会矛盾和社会问题的综合反映。党的十八大报告明确提出："深化平安建设，完善立体化社会治安防控体系，强化司法基本保障，依法防范和惩治违法犯罪活动，保障人民生命财产安全。"因此，社会治安防控体系升格为国家的治安策略。

从全国来看，一方面，刑事案件、群体性事件以及治安事件等威胁着市域社会稳定。

另一方面，现行的警务模式难以适应日益开放、动态化的市场经济体制下的社会治安环境。随着我国改革开放的不断深入，流动人口急剧增加，社会治安形势发生了很大变化，治安状况呈现出动态化趋势。过去采用的组织"严打"整治运动式打击模式[②]，虽然在短期内可以迅速改变社会治安的混乱局面，但是缺乏长期效应，尤其在社会转型时期，面对人、财、物和信息的频繁流动，社会控制的难度加大。此外，城市化进程的加速导致城市人口异质性增加，人际知情度降低，使得传统的"严打"模式面临严峻挑战。因此，以往"严打"这一具有局部性、暂时性特点的社会治安治理措施并不能完全适应当前长期、稳定的常态化市域社会治安环境。

从嘉兴的情况看，经过扫黑除恶专项斗争，黑恶犯罪得到根本遏制，但黑恶犯罪滋生的相关因素依然在一定领域存在。全市重点行业和重点物品管理面广量大，如全市危险化学品生产、储存、使用企业 5000 余家，总数列全省第二位[③]，安全管理仍有漏洞。电竞酒店、网约房等新兴行业兴起，经营场所安全、经营行为许可、住宿对象登记、消费者权益保障等多个层面监管机制不够健全，有的存

---

① 杨恕，李捷，2017. 论中国反分裂主义战略[J]. 统一战线学研究，1（3）：60-73.

② 姜晓萍，2014. 国家治理现代化进程中的社会治理体制创新[J]. 中国行政管理，2：24-28.

③ 浙报点赞！嘉兴立法破解危化品管理难题[EB/OL]. https://yjglj.jiaxing.gov.cn/art/2022/4/27/art_1603924_58929810.html，2022-04-27.

在监管盲区。快递行业发展迅猛，非法出版物、管制刀具、毒品等违禁物品流向社会隐患较大。电信网络诈骗案仍处于多发阶段，立案占比相对较高，案件防控压力较大。通过网络实施黄、赌违法犯罪特征愈发明显，犯罪分子隐蔽的作案手段不断挑战电子数据侦查和现场抓捕工作。未成年人违法犯罪作案人数增多，成为影响群众安全感、满意度的重要因素。

3. 社会矛盾风险

中国目前正处于现代化进程中最为关键的社会转型期，同时也处于全球化、信息化的世界大潮中。在这个过程中，不仅存在现代化进程中的动荡和风险，还面临着许多矛盾叠加、风险隐患增多的严峻挑战。

学术上，根据社会矛盾的激烈程度以及数量规模，社会矛盾可分为四种形式及其结构。首先是暴力群体性事件（含极端个体行为），即"泄愤"事件，数量最少，但对抗性最强、破坏力最大。其次是具体利益冲突，即"维权"事件，数量较多，但参与者行为有不同程度的自律行为，尚属可调可控。再次是集体性敌视，数量很多，但停留于内在的心理层面和外在的语言文字，一般不诉诸行动。最后是普遍的社会不满，数量最多，强度最为平缓。这些不同类型的社会矛盾可以相互转化。具体而言，社会矛盾风险一般有以下几种表现形式。

第一，社会目标单一。围绕中心抓大事的体制导致社会目标单一。管理部门善于集中力量办大事，而忽视了许多应当做好的"小事"。这种现象不利于管理部门与老百姓之间的关系。

第二，社会结构的不平衡。社会结构的不平衡表现在比例结构失当，如城乡、地区、部门之间发展不平衡，经济社会发展与生态环境保护不平衡，以及人口结构、分配结构等失当，同时也表现在要素组合失序，如劳资矛盾、征地拆迁矛盾、执法纠纷等。

4. 公共安全风险

近年来，由于市域社会系统的相对开放以及各类要素频繁流动，公共安全事件日益呈现出多样性、复杂性、扩散性、紧迫性和高度不确定等特点。这些事件主要集中在自然灾害、事故灾难、公共卫生事件和社会安全事件四个方面，对国家安全、经济社会运行秩序和人民生命财产构成了严重威胁[①]。

总体来看，嘉兴市火灾、道路交通、安全生产等事故总量依然不少，整体公共安全呈现稳中有变、稳中有险、稳中有忧的态势。2023 年，全市共发生各类生产安全事故 71 起，死亡 51 人（含高速 5 起 5 人），同比分别下降 21.1% 和 21.5%。

---

① 孙金阳，龚维斌，2020. 城市公共安全风险治理的现实困境及其破解路径[J]. 中共中央党校（国家行政学院）学报，24（4）：105-110.

其中，道路运输事故（含高速）55 起，死亡 36 人；工矿商贸（含建筑施工、特种设备、消防）事故 12 起，死亡 12 人；其他事故 4 起，死亡 3 人[①]。

市域公共安全风险治理的本质即为政府与其他社会主体通过整合资源和权力为社会公众提供公共安全产品和服务供给[②]，以消解公共安全事件所带来的损失与伤害。2020 年新冠疫情是中华人民共和国成立以来传播速度最快、感染范围最广、防控难度最大的重大突发公共卫生事件，不仅严重威胁了人民群众的生命健康，而且给社会运行和经济发展造成了巨大负面影响。我们需要不断提升新时代市域公共安全风险治理能力和水平，以期能够及时响应、有效处置公共安全风险[③]。

影响市域公共安全风险形成的因素繁多，但可以按性质分为两类：原发性要素和促发性要素。具体而言，特定的风险因子在诱因刺激下形成原发性要素，而主体不作为或作为不当则成为促发性要素。这两类要素相互耦合形成合力，其是否引发公共安全风险取决于维持秩序（规则）与破坏秩序（规则）的力量之间的平衡。当维持系统稳定和秩序力量不足以抑制甚至抵消破坏力量时，市域就会受到破坏，公众、基础设施和环境等都可能受到伤害。

风险的形成是一个阶段性过程，初期常以潜在的形式存在，不会对城市秩序构成现实的破坏或损害。这种风险是内隐的，不会呈现给整个社会，但是它确实客观存在且不断积聚。当社会风险超出了市域的承受力，在特定诱因的刺激下，这种内隐的风险最终会显现并影响整个城市。此时公众可以明确感知到风险及其带来的伤害和损失。市域公共安全风险的内隐状态向外显状态的转化考验着整个市域的风险治理体系与治理能力，尤其是风险的预防、预控和应急处置能力[④]。

5. 网络安全风险

随着数字政府建设向数字治理转型，数字技术在市域社会治理领域的应用范围也在不断扩大。但是，随着各种风险日益向网络延伸、聚集，技术嵌入市域社会治理仍面临诸多伦理风险与现实挑战[⑤]，主要表现在以下几个方面。

第一，数据安全风险。技术嵌入市域社会治理有赖于大量活动数据和公民个人信息的采集与使用。然而，这一过程会带来数据和隐私安全方面的风险。在数据采集方面，过度强调技术治理往往伴随数据的过度收集、挖掘、依赖与解读，

[①] 2023 年 12 月份全市安全生产与应急管理形势分析[EB/OL]. https://yjglj.jiaxing.gov.cn/art/2024/1/14/art_1603922_58935400.html，2024-01-14.

[②] 曹惠民，2020. 治理现代化视角下的城市公共安全风险治理研究[J]. 湖北大学学报（哲学社会科学版），47（1）：146-157.

[③] 胡博成，2020. 结构性矛盾与治理的困境：新时代城市公共安全风险治理研究——基于新冠肺炎疫情的思考[J]. 上海城市管理，29（3）：25-32.

[④] 曹惠民，2020. 治理现代化视角下的城市公共安全风险治理研究[J]. 湖北大学学报（哲学社会科学版），47（1）：146-157.

[⑤] 黄新华，2021. 技术嵌入市域社会治理：优势、风险与规制[J]. 国家治理，21：19-24.

以及过度弥散与渗透，可能诱发大数据"塞维坦"、数据隐私安全和个人权利选择等问题[①]。另外，"云+网+端"的技术治理架构使越来越多的政务服务和市域社会治理事项被从"线下"搬到"线上"，而市民在网络互动过程中，大量数字身份信息被获取、挖掘、储存和处理。市域治理主体经过简单的数据收集和智能算法，便可以推测出个人行为倾向等私密信息。市民的各类活动不可避免地在网络留下痕迹，此类技术模糊了隐私与非隐私数据的界限，可能产生数据监控、隐私泄露和权力侵害等副作用[②]。在数据使用方面，技术嵌入市域社会治理依赖各类智慧平台的支撑，政务服务的基础设施端、平台端、业务端、服务端都可能存在技术漏洞，这也会造成数据泄露的风险，为公民个人信息被不法利用提供便利。

第二，网络舆论风险。随着城市化快速发展，市域层面的舆论往往显露出社会风险隐患的苗头，不良的市域舆论有时可能会刺激社会矛盾，甚至可能引发群体性事件。因此，正确引导市域舆论是城市治理工作中的有效措施，可以将矛盾化解在萌芽状态，把问题解决在基层。

第三，网络犯罪风险。随着大数据网络技术的飞速发展，互联网成为新型犯罪工具和犯罪场所，许多犯罪活动向虚拟空间延伸，通过网络发起、实施和完成，网络犯罪成为一种新的犯罪形式[③]。《2019年网络诈骗趋势研究报告》显示，猎网平台共收到全国用户提交的有效网络诈骗举报15 505例，总金额3.8亿余元，人均损失24 549元。当前网络犯罪的表现形式有常态网络刑事犯罪、网络电信诈骗犯罪以及网络"黑灰产业"犯罪。这些网络犯罪存在犯罪侵害面更为广泛、犯罪手段更具隐匿性、犯罪结构的组织性增强、犯罪成本收益高以及新型犯罪种类繁多等特点。因此，未来亟待将市域网络安全放在更加突出位置，统筹网上网下两个战场，深化地域、部门间协作配合，共同守护网络空间[④]。

（二）市域风险的特征

在中国迈向现代化的进程中，社会风险表现出现代化风险的共性，同时也具有自身的特征，特别是在市域层面，我国的社会风险表现出以下特征[⑤]。

1. 复杂性

中国社会正处在重要的转型时期，从农业社会到工业社会、从乡村社会到城市社会、从传统社会到现代社会的转型发展。随着中国与全球经济社会的日益紧

① 金华，2021. 国家治理中的过度数据化：风险与因应之道[J]. 中共天津市委党校学报，1：55-63.
② 丁翔，张海波，2017. 大数据与公共安全：概念、维度与关系[J]. 中国行政管理，8：36-41.
③ 陈廷，解永照，2016. 涉军网络犯罪侦查难点及对策[J]. 四川警察学院学报，28（4）：35-39.
④ 陈一新，2018. 新时代市域社会治理理念体系能力现代化[J]. 社会治理，8：5-14.
⑤ 化解社会风险是个巨大的系统工程[EB/OL]. http://sociology.cssn.cn/shxsw/swx_plbd/swx_sprd/202012/t20201224_523 6481.html，2020-11-27.

密联系，中国的发展与世界的发展相互影响。技术进步的影响日益渗入到社会生活的方方面面，特别是互联网的发展使中国社会进入互联网社会，网络虚拟社会与现实社会日益重合。这种变化对我国社会风险的影响较为深刻，使得我国社会风险变得更加复杂。过去，我们认为网络社会是虚拟的，与现实社会有一个线上线下的区隔。但近年来，随着网络社会的发展，这个区隔正在甚至已经消融。每个人在线上都是实名化的，所以每一个人的身份不再像过去那样匿名。在这个意义上，线上就等同于线下，网络社会就是现实社会。因此，人类已经进入互联网时代。这种变化对中国市域社会风险的影响是极为深刻的。在线下与线上高度融合的互联网时代，我们去观察、理解、研究社会风险，必然会发现我们的社会风险具有一定的复杂性。

2. 混合性

目前，中国社会面临的风险是一种混合型风险，其中既包括传统风险，如自然灾害、传染病等，仍对人们的生产、生活和社会安全构成威胁，又包括现代风险，如失业问题、诚信问题、生产安全事故、食品药品安全问题、环境问题、公共卫生危机等。在现代化进程中，这些风险与传统风险相互叠加、相互影响。例如，传统自然风险因灾害的处置、救灾和安置过程中出现的一些问题，会成为现代社会风险，对社会秩序都造成冲击。

3. 结构-制度互构性

中国社会正在经历体制转轨和结构转型的共时态并行[①]。当社会变迁与社会制度改革同时进行时，社会风险就具有了结构-制度互构性。从社会结构变迁方面来看，发展不平衡和不充分造成的结构性风险，以及由此引起的结构性风险，都是不可忽视的。此外，由于真正意义上的现代社会结构尚未形成，因此难以由结构自身应对这些风险。从制度变迁方面来看，中国的改革正在不断深入，但制度体系的系统性、协调性和一致性尚未真正形成。同时，我们还可以注意到，中国的社会结构变迁与制度改革之间存在相互影响、相互形塑的关系。这就形成了我们所说的社会风险的结构-制度互构性。

4. 内外风险相互交织

这一特征与全球化进程的不断深化密切相关，也与真正的互联网社会时代的来临紧密相关。外来观念、生活方式对本土观念和生活方式的冲击，通过全球互联网变得即时化、直接化和广泛化，导致风险管理难度大幅度增加。由此，风险的源头也变得多元化和不确定化，内外风险交织。

---

① 朱正威，2013-10-08. 健全社会稳定风险评估机制[N]. 光明日报，（11）.

5. 日益增强的风险主观性

在快速的社会变迁中，如果社会矛盾的主观认知与客观状况之间的偏差扩大，就会使社会风险的主观性增强。这种主观性一方面会放大社会矛盾和冲突，另一方面也容易传染。一旦发生社会冲突，参与者的行为可能不同程度地失去理智控制。一件事情经过互联网的复杂传播之后，各种猜测、疑虑易产生，甚至还混杂着一些谣言，导致人们对于一些问题、一些状况的认知偏离事情的客观实际，这就是风险的主观性。

二、市域风险防范体系建设的实践经验：基于全国试点的分析

当前网络社会和信息社会的发展使得风险更具复杂性和不可预见性[①]。嘉兴市积极探索市域社会治理的新模式，采取动态过程性视角，结合风险治理不同阶段的特性与治理任务，提升风险治理能力[②]，形成了具有高可靠性、高容错性架构的市域联动以及应急管理系统[③]，有效提升了市域风险防范水平，显著增强了人民群众的获得感、幸福感、安全感。

（一）增强风险识别能力，对市域风险进行全面归类

风险的监测识别是化解市域风险的第一要求[④]。因此，需要坚持问题导向，加强对于重点人群、重点领域、重点地区的安全隐患排查，通过对风险场景进行总结，对可能存在的各种风险进行全方位、多角度、多层次的"扫描"，有效提升风险的识别能力。

1. 加强对重点人群的管理：吉林省白山市

白山市是革命老区，实现高质量发展需要更好的治安环境做保障。在市域社会治理现代化试点中，白山市聚焦重点人群这一社会治安潜在源头风险，健全统筹领导机制、落实服务管理政策、建立关爱帮扶体系，实现闭环管理、多元共治。2021 年全市未成年人犯罪同比下降 35.7%，严重精神障碍患者规范管理率达到92.94%，刑满释放人员安置帮教率 100%[⑤]，吸毒戒毒、社区矫正人员等重点人群实现应排必排、应治必治、应控必控、应助必助、应访必访。

① 尼克·皮金，罗杰·E.卡斯帕森，保罗·斯洛维奇，2010. 风险的社会放大[M]. 谭宏凯译.北京：中国劳动社会保障出版社.

② 钟开斌，2019. 重大风险防范化解能力：一个过程性框架[J]. 中国行政管理，12：127-132.

③ 陆军，2021. 中国城市管理的现代化演进（2001—2021）[J]. 北大政治学评论，2：199-238.

④ 杨宏山，2020. 提升重大风险识别能力的基层经验与理论思考[J]. 国家治理，3：21-24.

⑤ 吉林白山：多元共治更好服务特殊人群[EB/OL]. https://www.chinacourt.org/article/detail/2022/08/id/6881418.shtml，2022-08-25.

　　强化组织领导,服务管理"一盘棋"。第一,健全五级组织强统筹。市、县、乡全部成立平安建设重点人群专项组,村(社区)、网格设立服务站,各领域创新建立"绿色家园""彩虹基地""心理驿站""关爱园"等组织载体,将重点人群服务管理工作纳入党委政府重要议事日程,列入平安建设绩效考核,做到重要工作定期调度、重大事项专班推进、重点项目靶向攻坚,确保管控到位、服务到位。第二,融合五方资源聚力量。各级职能部门分别建立实体化运行的重点青少年"绿色家园"办公室,以及"严重精神障碍患者服务管理中心""刑满释放人员教育矫治中心""社区戒毒(康复)检测中心""反家暴中心""心动力"心理健康关爱中心等机构。自 2020 年开始,市平安办在乡镇(街道)层面启动"融合工程",依托综治中心将上述"多中心"融合为"一中心",整合"党政、群团、社会、家庭、志愿者"五方资源力量,统筹开展人员排查、医疗救治、重点管控、帮教帮扶、政策落实等工作,实现了各职能部门由配合到合作、由被动到主动的转变。第三,完善五项措施提质效。市平安办统一编发《市域社会治理现代化共建共治共享工作规则》,采取重点人群服务管理"信息共享、分析研判、风险评估、联合帮教、区域协作"五项协调联动工作措施,各级综治中心定期组织公安、民政、司法、妇联、卫健等职能部门联合进行专项督查,开展分析研判、走访排查、帮教帮扶、化解矛盾等工作,各类重点人群信息、政策、资源集中汇聚、统筹部署、统一调度,有效提升了服务管理质量。

　　规范工作模式,排查管控"精准化"。第一,列出清单精准管。全市统一制定《村(社区)基础信息一张表》,列出重点人群清单,全面摸清易肇事肇祸精神障碍患者、涉邪教人员、心理失衡极易报复社会人员、重点青少年等 12 类特殊人群底数,运用大数据平台、人证合一、重点人群管控平台等信息化手段落实动态管控措施,确保"在视线、管得住、不出事"。横向上,以网格为最小摸排单元,构建由网格长、楼栋长、单元长、党员中心户、网格志愿者和物业服务公司成员、业主委员会成员组成的覆盖到边的摸排体系,实施到户、到人精准摸排。纵向上,由政法委牵头,组织行业主管单位进行实时摸排,推动实现各条线无遗漏。通过横向、纵向数据比对碰撞、反复核查,确保在册重点人群基础信息准确、动态实时可查。第二,跟踪管理全程控制。针对重点人群服务管理中可能出现的脱节、断档问题,建立"主动衔接"工作机制,采用分级、分类、分段"三分"工作法,对重点人群逐一核对登记建档立卡,分别录入相应的管理信息系统,并建立长效跟踪机制,每半月进行动态更新。结合疫情防控,开展排查梳理专项行动,落实人户分离、下落不明刑满释放人员双向管控机制,及时取得联系,掌握情况,精准施策。第三,明确责任全时治。制定《重点人群服务管理工作责任落实办法》,按照"一类人群、一套班子、一个方案、一抓到底"的原则,统筹相关部门全面落实服务管理责任。严格排查人"签字"制度,建立重点问题专题研究和定向攻坚机制，落实预警监测、心理疏导、风险评估、危机干预措施，有效压实管控责任，增强管控实效，严防发生现实危害。

创新形式载体，帮教帮扶多元化。第一，实施项目推动。结合"党建引领·平安智慧小区""三官（法官、警官、检察官）一律进网格"等基层平安创建项目，将重点人群服务管理纳入网格，推动部门职能资源下沉到网格，开展形式多样、精准到人的重点人群服务管理活动。第二，设立"五帮工程"。探索推进"帮解困、帮助学、帮矫治、帮就业、帮治疗"工作模式，对刑满释放、社区矫正、吸毒、身患疾病违法人员和不良行为青少年等重点人群，一人一策、一对一精准帮扶，集聚职能部门资源力量，定期开展"免费就业培训""共植爱心林""红烛亮万家"志愿服务等活动。第三，打造"四个基地"。以政法机关为主体，建立法治教育基地；以职业教育和劳动就业部门为主体，建立技能培训基地；以各类企业为主体，建立就业帮扶基地；以社会公益组织为主体，建立爱心培育基地。推动各类重点人群快速融入社会，有效减少和消除社会治安风险。

2. 加强重点地区治安整治：新疆维吾尔自治区博尔塔拉蒙古自治州

博尔塔拉蒙古自治州辖区阿拉山口口岸是国家"一带一路"核心区重要节点，是典型的社会治安重点地区。开展市域社会治理现代化试点以来，该地区着力解决各方力量"协调难"、重点场所"管控难"、重点人员"盯控难"问题，近年来刑事案件、治安案件、危安案件、公共安全事件大幅下降，荣获平安中国建设最高奖——"长安杯"。

凝聚各方合力，破解协调难。面对俄乌冲突持续，边境管控压力增大的严峻形势，坚持强统筹、控风险、促落实。第一，"四大机制"强统筹。建立完善的"党政军警兵民协调联动、人防物防技防相互配合、军地兵地军民兵民融合共治、边境地区和谐稳定发展"四大管边控边协调联动机制，定期开展分析研判活动，强化联防联控措施，确保暴恐分子、境外难民和输入性疫情"三个进不来"。第二，"智慧边防"控风险。投入8000余万元在全州全面开展"智慧边防"试点，开发"智慧边防"综合应用平台，强化重点区域管控，补点加密技防预警设施设备，建立"军、警、兵、地"共用通信网络，实现高效协调指挥、精准管控处置、科学管理运维。2022年，平台建成后，已提前发现、成功阻止6起企图偷越国（边）境案（事）件①。第三，"综合改革"促落实。结合开展边境立体防控体系综合改革，健全"五网四级三线三区"防控体系，着力打造边境管控处置、隔离、信息、预警、保障"五张防范网"，构建州、县、乡、边境警务站"四级指挥体系"，织密一线封控、二线查控、三线过滤"三张查堵防线"，严管边境闭合区、口岸

---

① 新疆博州："智慧+"模式强化社会治安防控[EB/OL]. https://www.spp.gov.cn/zdgz/202208/t20220825_574158.
shtml，2022-08-25.

管控区、社会面防控区等三个重点区域。

　　紧盯重点场所，破解"管控难"。针对边境口岸等重点场所维稳形势严峻、疫情防控任务艰巨的现实情况，坚持机制重塑、流程再造。重塑涉恐人员入境防控机制。坚持公安主导、基层组织参与，公安、边检、海关联勤联动工作模式。建立境外情报侦搜机制，加强以边境口岸为重点的涉恐重点人员动态摸排管控工作，确保境外回流涉恐重点人员入境即捕、入境即收。完善风险区大闭环管控机制。借鉴医院感染防控理念，将铁路站区、综保区铁路作业线、公路口岸甩挂场三大重点场所划定为治安风险防控区。创新"1＋6＋N"大闭环管理模式（1 项闭环管理机制；领导指挥、五分管理、五联调度、督导评估、社会响应、对外合作6 步工作流程；N 项工作规范），细化分级、分区、分类、分时、分通道"五分"管理措施，强化联运、联调、联勤、联防、联控"五联"工作机制，构建了紧密协作、无缝对接、整体联动的社会治安联防联控体系，确保无重大案（事）件发生。再造公路铁路作业区管控流程。对公路口岸甩挂、封闭管理区卡口进出物品交接、三区两通道等 54 项公路口岸管理流程，以及中欧班列铁路沿线重点路段、关键设施安全管理流程进行再完善、再规范。

　　严防重点人员，破解"盯控难"。针对重点人员活动隐秘、轨迹难以掌握等突出问题，坚持筑防线、严管控、强预警。筑牢社会治安防线。严把进博入口关，全面推行"非接触、无感知、无差别、精准化"安检模式，充分发挥环博公安检查站"过滤器""护城河"的作用，坚持逢疑必查、逢物必验、逢查必核，严防涉暴恐重点人员进入辖区。优化便民警务站布局，强化网巡、车巡、人巡全天候巡逻无缝对接，构建"1、3、5分钟"快速处置圈，实现立体化布防、可视化指挥、精细化管理、智能化查控。加强重点人员管控。充分发挥公安民警、网格员、维稳双联户和情报信息员等力量作用，对重点人员进行分级评估、分类管理、重点管控，坚决盯死看牢，及时掌握异常动态和苗头，严防由漏管失控造成的现实危害。强化智能平台预警。依托智能预警平台建设，完善一键式报警、入侵报警、视频监控、出入口控制和电子巡查等系统功能，健全警企联防、警校联治、警保联勤、警社联动等工作机制，加强重点场所分类分级管理、联防联控，对涉重点人员线索，第一时间预警防范、打击处置，确保不发生影响社会治安的重大案（事）件。

（二）增强风险处置能力，创新社会矛盾的化解机制

　　矛盾纠纷源头治理是社会治理的重要方面，旨在从根源上防范风险、化解矛盾，通过凝聚与发挥基层智慧，构筑起预防化解矛盾纠纷、遏制社会问题发生的第一道防线[①]。市域需要聚力完善矛盾纠纷多元化解体系，全面实现将重大风险控制在市域内的目标。

---

① 王斌通，2021. 新时代"枫桥经验"与矛盾纠纷源头治理的法治化[J]. 行政管理改革，12：67-75.

1. 推进矛盾纠纷源头治理：北京市怀柔区

早在 2006 年，北京市怀柔区围绕"小纠纷不出村、一般纠纷不出镇，大纠纷不出区"的工作目标，由区委政法委牵头，在区信访接待大厅建立了区社会矛调中心，构建区、乡（乡镇街道社会矛调中心）、村（城乡社区、大型企事业单位设调解工作站）、组（村民小组、居民院楼、企业车间设矛盾纠纷调解工作小组）、户（农村每 10 户、社区每楼门设基层调解信息员）的社会矛盾五级调处网络。参加市域社会治理现代化试点工作以来，怀柔区立足五级网络体系现状，坚持一张蓝图绘到底，在健全、丰富、发展矛盾纠纷"一站式"调处机制，以及形成多元合力上下功夫，努力实现社会矛盾化解"只进一扇门、最多跑一地"，将和谐稳定创建在基层，为区域高质量发展营造良好的社会环境。

（1）资源整合，构建"一站式接待"受理平台

一门接待，一站分流。以区级矛调中心为基础，将矛盾纠纷调处化解、信访接待、法律咨询服务、心理咨询服务等功能聚合，使之升级为"一站式"服务平台，对群众反映的诉求按照责任单位进行分流办理，矛盾纠纷当场不能直接化解的，由集中受理窗口登记后交办至相关责任单位，并承诺限时办结，防止循环上访、越级上访，确保"只访一次"。

三级联动，逐层负责。健全区、镇、村（社区）三级联动矛调服务体系。区委常委会、区政府常务会每季度专门听取矛盾调解工作汇报，推动解决难点问题和历史遗留问题。镇乡（街道）、村（社区）书记负总责，依法、及时、就地解决问题。办理矛盾诉求按照分流回流闭环办理模式，将大量矛盾吸附在属地、化解在基层。

整合资源，人员保障。整合部门资源，职能部门选派骨干全脱产进驻区级矛调中心并同步将党组织关系转入，鼓励各部门、各镇乡优先推荐表现优秀、善于化解矛盾纠纷的干部评优评先、选拔任用。镇街级矛调中心，每天安排一名副处级以上领导干部接待群众，并安排专兼职信访干部，协调各职能部门解决问题。整合村（社区）资源，由群众中有威望、有话语权且信任度较高的人员在村（居）委会任专职矛调员，村（居）委会党支部支委作为辅助人员协助调解，化解矛盾、消除纷争。

（2）力量融合，构建"一站式会商"联动平台

联席会商，上下联动。将联席会机制向镇、村延伸，在全市首创了区、镇、村三级信访工作联席会议制度，并实现在乡镇街道 100% 全覆盖，各级主要领导担任联席会议召集人。各级联席会议充分发挥综合协调、组织推动、督导落实的职能作用，进一步推动信访工作关口前移、阵地下沉，触角延伸到群众身边，及时就地回应群众合理合法诉求。

"矛调吹哨、部门报到。"按照诉求事项难易程度和轻重缓急分别吹响"快

捷哨""应急哨""攻坚哨"。"快捷哨"由矛调中心通过电话、工作群等方式，直接联系需报到的属地和相关职能部门主要负责同志，接到通知后部门派工作人员立即报到；"应急哨"由矛调中心联系属地和相关职能部门主要领导，各属地政府和部门主要领导按照约定时间及时报到；"攻坚哨"由矛调中心将疑难事项呈报分管区领导批示，确定时间、地点，通知相关属地、部门主要领导报到，从而迅速应对重大、紧急、突出问题，快速回应群众诉求。

三力融合，多方参与。行政力量全面发动，全区配备专兼职矛盾化解干部，各职能部门、镇乡街道指定 1 名处级副职领导专门负责协调推进矛盾诉求的解决工作。专业力量全面发力，在区矛调中心设立法律咨询室、心理咨询室，援引第三方专业人员入驻，提供法律咨询、心理咨询等服务。社会力量全面发掘，积极发动群团组织力量，在区矛调中心设立专门调解室，通过心理疏导、社会帮扶救助、人民调解等方式，化解矛盾纠纷。

（3）方法聚合，构建"一站式办理"运转平台

分类办理，精准分流。在确保精准办理上下功夫，坚持法治引领、诉求分流的工作导向，进一步厘清信访、诉讼、仲裁、行政复议等法定途径的边界，统一分类处理标准。在实现快速办理上下功夫，网上网下同步进行、齐头并进，网上登记转件、网下协调办理。在高效对接"接诉即办"上下功夫，针对信访渠道与12345 热线的重复诉求，特别是疑难复杂案件协调属地、职能部门共同调处，尽快解决问题，避免部分诉求多渠道重复办理。

包案办理，攻坚克难。坚持领导包案化解社会矛盾，逐案落实"五个一"责任，推动问题解决。坚持领导接访、下访、约访制，每月定期安排区领导接待日，特殊时期每天安排一名区领导到矛调中心接待群众；领导干部联合多部门组团带案下访、到户上门走访，深入基层、直播现场，与群众沟通交流、答疑解惑；区、镇领导干部联合相关职能部门主动接受信访群众约访，在矛调中心面对面倾听诉求。

智慧办理，效率提升。建立信访智能化综合平台，实现信件内容自动录入、重复信访高效筛查、信访办理过期提醒、办理流程短信告知等 9 项特色功能，仅需 1 分钟即可完成一封信访件阅析，重复信访问题筛查可做到无一遗漏，群众在家就可以享受办理结果短信服务。拓宽网上信访渠道，开通"怀柔信访"微信公众号、建立"怀柔信访"APP，随时随地方便群众反映诉求。探索视频接访新思路，为解决山区群众"上访难"的问题，通过调用各镇街的视频会议系统，实现信访部门与群众远程交流，为腿脚不便、年龄较大、距离较远的群众提供信访方便，践行以人民为中心的发展思想。

2. 深化社会治理中心建设：江苏省南通市

近年来，南通市针对矛盾纠纷排查预警难、解纷渠道较分散、指挥调度不统

一等问题，坚持资源整合、系统思维、实战导向，在南通市原矛盾纠纷"一综多专"大调解基础架构上，建立县镇两级社会治理综合服务中心（以下简称社会治理中心），对各类社会矛盾实行"一站式受理、全链条解决"。民事案件万人起诉率持续保持全省最低位。

（1）聚焦现实需求，不断健全"一综多专"大调解机制

早在 2003 年，南通市探索构建起"一综多专"的社会矛盾纠纷"大调解"机制，成为蜚声全国的重要品牌，被誉为"东方之花"。南通大调解机制经历了三个阶段。

第一阶段（2003～2006 年）着重固本强基。经济发展迈入快车道，以征地拆迁、环境污染、劳资关系、交通事故为代表的社会矛盾纠纷大量涌现，原有的人民调解组织架构难以承载纠纷化解工作，法院受理的案件大幅度增长。南通市以党委政府统一领导为前提，在县镇两级成立了实体化运行、配备人员编制、部门按需进驻的矛调中心，综合运用经济、行政、法律、教育等多种手段化解各类矛盾纠纷。其中，县级中心为正科级事业单位，中心主任由党委政法委书记兼任，常务副主任由司法局局长兼任。数万件疑难复杂矛盾在调解阶段得到有效化解，调解的功能得到前所未有的重视，当事人的诉累得到减轻，法院诉讼剧增的压力也得到减轻。

第二阶段（2007～2011 年）着重多元对接。防止矛调中心单打独斗，着眼大调解的"大"字，着重完善诉调、公调、检调、访调、援调等对接机制，全方位强化"调解优先、调判结合、能调则调、该判则判"，实现案结事了。市委政法委会同政法各部门制定出台对接工作机制意见，将法院民事案件调撤率、轻微刑事案件诉前和解率纳入综治和平安建设考核范畴，形成了矛调中心与政法、信访各部门的优势互补，构筑了多元协同、多元联动、多元化解的防范化解机制。调解优先的理念在这个阶段再次得到强化，人民法院立案增长的趋势得到扭转，进入下行拐点。

第三阶段（2012～2021 年）着重专综结合。以贯彻落实《中华人民共和国人民调解法》和《江苏省人民调解条例》为契机，以县镇两级矛盾纠纷调处中心为依托，纵向培育壮大各类人民调解组织、横向发展专业调处机构以及专职调解队伍。县级调处中心由司法局直接管理，履行疑难复杂型矛盾纠纷化解、矛盾纠纷排查、对下业务指导等工作职责。县级 14～18 家包括交通、劳资、消费、医患、拆迁、物流、电商、金融、水事、环境、土地等行业性调解组织由政府主管部门管理，负责调处行业性纠纷，司法行政部门负责业务指导。"一综多专"的大调解格局在此阶段形成。实践操作中，"一综多专"的矛盾纠纷调处组织架构虽然对应了法律法规的需要，但"综"与"专"的边界很难界定清晰，实际运作中存在推诿扯皮现象，分散的调处机构使纠纷当事人很难摸得着头脑，同时矛盾纠纷

调处的指挥调度缺乏权威的机构，久而久之就出现了矛盾纠纷排查预警难、解纷渠道较分散、指挥调度不统一等问题。

（2）依托社会治理中心，建设"一站式"矛盾纠纷调处实体平台

针对上述问题，南通市紧扣《全国市域社会治理现代化试点工作指引（第二版）》"一站式"矛盾纠纷调处实体平台建设要求，逐步探索将分散的调处资源由"多中心"向"一中心"集中的路径，海安市、如皋市率先建成县、镇两级社会治理中心，其他地区在部分乡镇试点先行。市委平安办在广泛调研和充分论证的基础上，制定出台《关于加强社会治理综合服务机制建设促进基层社会治理工作创新发展的指导意见》，并召开全市基层社会治理现场推进会，在全市推广社会治理中心建设。

一是建设"一个集成中心"。由县镇两级社会治理中心，统筹整合综治中心、社会治理现代化指挥中心、社会矛盾纠纷调处中心、信访接待中心、公共法律服务中心（非诉讼服务中心）、诉讼服务中心、行政争议调解中心、检察服务中心、社会心理服务中心、法律援助中心等分散型资源向"一中心"集聚，规范除交通事故纠纷、消费纠纷、劳资纠纷（这三类纠纷体量庞大，自成体系）以外的其他各专业性行业性调处机构整合归并，吸收鉴定、仲裁、公证、评估、保险、公益服务等社会资源在中心聚集办公。矛调中心由社会治理中心取代，保留矛调中心的牌子。社会治理中心设接待区、调解区、分析研判区、联动指挥区、心理疏导区等功能区，人民群众有纠纷化解诉求只需要进"一扇门""跑一地"即可办理。目前，这项工作正在推进之中，有的地区尚不具备这种物理整合条件的，要求通过内在的工作机制和系统平台实现工作的互联互通，整体架构上仍是以社会治理中心为工作"指挥部"。

二是建立一套联动机制。社会治理中心由政法委管理，由于进驻中心的实体性部门较多，因此通过成立功能型党委把分散的党组织关系聚拢在一起，形成一个新的工作团队。社会治理中心由党委分管领导担任中心党委书记，政法委分管负责同志担任中心党委副书记。为进一步加强中心进驻部门的联动合作，探索建立党建引领、受理交办、多元解纷、会商研判、考核问效等一整套联动工作机制，对社会矛盾纠纷开展统一排查、统一登记、统一分流、统一回访，增强纠纷联排、矛盾联调、问题联处的聚合力。一般事项由首问责任人及时办理并答复；复杂矛盾纠纷由中心指派专职调解员现场调解，一时无法调解或需要部门共同参与的，由中心统一分流交办，并告知当事人后续处置安排。指挥中心负责重大突发事件和跨部门、跨地区复杂疑难矛盾纠纷的指挥调度，各相关地区及部门必须听从指挥中心调度指令，全力响应和配合，形成"中心吹哨、部门报到"的互动工作格局。

三是建强"一支专业队伍"。采取"集中办公＋信息化联动"的形式整合相

关部门力量，已整合的部门、机构人员常驻办公，其他单位按需派驻轮驻，由中心统一领导、统一管理、统一调度、统一考核。设立矛盾纠纷化解专门团队，县镇两级分别按照 8 名、4 名的标准配齐配强专职调解员。中心统一组织开展矛盾纠纷大排查，统筹推动"三官一律进网格"工作，会同网格员形成强大的纠纷排查化解团队。中心统筹组建了调解专家库，联合调处重大疑难复杂和行业性矛盾纠纷，切实提高调处的权威性和效率。纠纷当事人还可以从金牌调解员队伍中采取"点单"约调的方式化解纠纷，提高调处的公信力。

（3）建设和优化社会治理智能化综合平台，强化"一站式"矛盾纠纷调处智治保障

由市级统筹上线运行的市域社会治理智能化综合平台，重点开发了"防范五大风险"功能模块。其中，"防范化解社会矛盾风险"模块汇聚了区域涉众型、房产物业、医患、家庭邻里、价格投诉、旅游消费、生态环境等多领域的纠纷情况，集成了多项信息应用系统，纠纷当事人可以通过微信小程序、解纷码等通道，线上申请纠纷调解和办理相关业务，社会治理中心可以通过该平台联动指挥相关地区或部门处置矛盾纠纷，并可以通过移动终端查看现场处置情况。

在这个综合平台上，研究人员开发了"诉源治理一张图"，对纠纷体量大的矛盾种类实时分析研判变化态势和风险等级。该图实时汇聚了"江苏微解纷""苏解纷""人民调解小助手""劳动仲裁""公调对接""消费者权益保护"等业务系统矛盾数据，可以对纠纷化解情况实时监测。对基层排查中发现的涉稳重大矛盾风险隐患，则通过集成在平台内的南通市维稳信息系统进行汇聚，可做到实时统计分析和分流交办。在这个综合平台上，集成了"南通市重大决策社会稳定风险评估信息管理系统"，从源头上防范矛盾风险的发生。全市所有稳评事项均在这个系统上流转，流转办理情况一目了然。在这个综合平台上，研发了若干个创新应用，做到智能预警。综合妇联咨询、婚姻登记等 8 个维度实时数据，建立家庭婚恋纠纷风险监测预警系统；综合就医服药等 11 个维度信息，建立精神障碍患者矛盾风险监测预警系统；综合房屋、水、电、气等数据，建立出租房屋矛盾风险监测预警系统，将苗头隐患止于未发、解于萌芽。

（三）增强风险沟通能力，有效提升各层级风险意识

治理者只有通过开展多方位、多层次、多形式、多渠道的宣传教育，才能有效提升公众的风险意识；通过优化风险治理的制度建设与组织架构，压实风险治理的安全责任；结合舆情监测实现风险状态共享，正向引导社会群体的风险感知。

1. 提升公众的安全意识：内蒙古自治区包头市

随着互联网科技的快速发展，电信网络诈骗发案数接近刑事案件发案总数的

50%，已成为影响人民群众获得感、幸福感、安全感的突出问题。为深入贯彻落实习近平总书记关于打击治理电信网络诈骗犯罪工作的重要指示，解决群众急难愁盼问题，包头市积极采取创新工作举措，构建"政法统筹、公安为主、部门联动、公众参与"的反诈新格局，全力守好群众"钱袋子"。

打造阵地、理顺机制，构建综合高效反诈格局。第一，强化机构抓落实。成立全市反诈中心，市委政法委充分发挥统合统筹、牵头抓总的作用，在已有公安入驻基础上，协调金融机构、电信运营商专人专线入驻，建成具有独立业务区域，同时构建容纳多人办公作业、适应各种类型规模集成化作战指挥的实战平台。推动成立全自治区唯一一家侦查打击电信网络犯罪的专业分局——电信网络犯罪侦查局，承担全市反电诈"打、防、管、控、宣"多重职责。第二，健全机制抓组织。以反诈中心实战平台为核心支撑，统筹全市 25 家相关职能部门，组建全市打击治理电信网络新型违法犯罪工作联席会议专班，构建《包头市打击治理电信网络新型违法犯罪工作抄告制度》等 5 项工作机制，围绕各单位打击治理电诈工作安排部署、宣传发动等情况，以联席会议抄告单和反诈中心抄告单直指反诈工作"薄弱点"，倒逼工作落实落地①。第三，传导压力抓考评。发挥考核"风向标""指挥棒"的作用，制定包头市《平安建设考核评价办法（试行）》，将电信网络诈骗刑事发案数、经济损失数纳入平安建设考评体系，压紧压实各地区各相关部门责任。将"无诈社区"创建作为平安创建重要工作内容，进一步强化综合治理，压紧压实属地防控责任，特别是行业、地区主体责任。

精准研判、打防并举，掀起防范打击凌厉攻势。第一，科学周密分析。突破"信息孤岛"壁垒，以公安、金融和相关企业数据为支撑，定期与相关部门会商研究，实现各部门、各层级间高效共建共享各类信息资源。发挥公安机关专业优势，对电信诈骗警情进行日研判、周分析、月总结，实时掌握电诈案件发案趋势，及时发现新型诈骗手段、案件高发节点，为研判打击、精准防范奠定了坚实基础。第二，分级劝阻止付。针对访问有害网址、下载有害 APP 的疑似被害人以及有贷款、理财、投资、兼职、征婚等需求的潜在被骗风险人员，做出高危、中危、低危三级精准预警。对于高危预警，市、区两级公安"情、指、勤、舆"一体化、实战化作战单元提供技术研判支撑，公安干警及时行动，在 24 小时之内联系到潜在受骗对象，确保找得到人、见得着面、说得上话；对于中危、低危预警，在派出所干警专业指导下，社区网格员、志愿者分别在 3 天、7 天内见面宣传劝阻。充分发挥 7×24 小时第一时间接处警优势，在接到报警电话的同时进行止付。第三，从速破案打击。制定"快指令、快处警、快止付、快共享、快比对、快合成、快抓捕、快诉讼、快总结"的"九快"工作法，确保打击破案高效运行。结合打击

---

① "数"读包头反诈亮眼成绩单[EB/OL]. https://www.nmg.chinanews.com.cn/news/20220111/29968.html#，2022-01-11.

治理跨境赌博、"断卡"、"断流"等专项行动，严查涉案"人头户"银行卡、对公账户、通信号码，切实解决"实名不实人"的问题。昆都仑区成功捣毁涉案资金流水高达 1.8 亿元的跨省特大洗钱团伙；青山区成功侦破涉案资金高达 1.05 亿元的"5·11"特大电信网络诈骗案。

多样宣传、全域覆盖，营造全民防诈舆论氛围。第一，发挥政法干警专业优势。组建专业反诈宣传队伍，选取有反诈工作经验的政法干警，充分发挥其专业性、权威性优势，形成品牌效应。坚持和推广新时代"枫桥经验"，开展公安机关"亮身份、当楼长、保平安、护稳定"专项活动，发挥"一村一辅警""一村一法律顾问"工作的巨大优势，借助民警"楼长"和驻村辅警、法律工作者进村入社区的有利契机，挨家挨户开展反电诈宣传。多渠道动员广大市民下载"国家反诈中心 APP"，提高全民防范意识。第二，动员社会力量共同参与。利用短信、彩信向市民群众不定期推送反诈提示，开通反诈宣传主题公交车，借力滴滴出行快车、美团外卖骑手宣传防骗知识。在市级媒体开办反诈宣传专栏节目，将反诈宣传纳入 12 家职业就业、创业培训机构日常培训内容，不断提升待业人员反诈意识。通过真实例证"以案说法"。以真实案例为原型，组织制作数百条防范电信网络诈骗微信、图片提示预警，以动漫视频短片还原诈骗分子作案过程及受害人或受骗人心路历程，引导群众识骗、防骗。

2. 明确治理的安全责任：浙江省嘉兴市

（1）明确责任人及网络安全领导小组成员

按照"谁主管谁负责、谁建设谁负责、谁运行谁负责、谁使用谁负责、管业务必须管安全"的原则，党组对嘉兴市政务数据办网络安全工作负主体责任，领导班子主要负责人是第一责任人，主管网络安全的领导班子成员是直接责任人并任首席网络安全官；市政务数据办及所属事业单位各级领导干部是各自业务领域的网络安全负责人。另外，嘉兴市政务数据办成立了网络安全领导小组，全面负责网络安全组织领导和统筹协调等工作。该领导小组由领导班子主要负责人担任组长，领导班子其他成员担任副组长，各处室、事业单位主要负责人为领导小组成员。此外，领导小组还设有办公室，设在综合处，主任由综合处主要责任人担任。这些措施旨在确保网络安全责任明确，组织协调有序，落实到位，切实保护网络安全。

（2）领导小组主要承担网络安全责任

首先，认真贯彻落实中央和习近平总书记关于网络安全工作的重要指示精神和决策部署，贯彻落实网络安全法律法规和规定，贯彻落实浙江省委、嘉兴市委以及网络安全管理部门关于网络安全工作的决策部署和工作要求，明确嘉兴市政务数据办网络安全工作的主要目标、基本要求、工作任务、保护措施。

其次，全面落实党组对网络安全工作的主体责任，建立和落实网络安全责任制，把网络安全工作纳入重要议事日程，领导小组每年至少召开一次会议研究网络安全工作，主管网络安全的领导小组副组长每季度至少听取一次网络安全相关工作汇报。同时，全面负责网络安全组织领导和统筹协调等工作，统一组织领导市政务服务和数据资源管理办公室网络安全保护、重大事件处置和重大事项报告工作，及时研究网络安全重要问题，提出加强和改进网络安全的意见，协调解决网络安全工作中遇到的实际困难，并采取有效措施，为公安机关、国家安全机关依法维护国家安全、侦查犯罪以及防范、调查恐怖活动提供支持和保障。最后，定期组织开展网络安全宣传教育，采取多种方式培养网络安全人才，支持网络安全技术产业发展。

（3）领导小组办公室主要承担网络安全责任

第一，领导小组办公室作为嘉兴市政务数据办网络安全工作机构，具体组织和开展市政务数据办网络安全工作。第二，牵头拟定网络安全年度工作方案，明确网络安全的主要目标、基本要求和工作任务，并组织实施。第三，牵头拟定网络安全应急预案，每年定期组织开展网络安全应急演练。第四，定期开展网络安全培训，提升相关单位和人员网络安全意识与能力。第五，指导监督各处室、各事业单位落实网络安全工作各项要求。

3. 正向引导市民的风险感知：福建省宁德市

"四下基层"是习近平同志在福建宁德工作时大力倡导并身体力行形成的工作方法和工作制度。30多年来，其蕴含的丰富内涵和深刻思想历久弥新，尤其在防范化解涉疫矛盾风险中焕发出鲜活而强大的生命力。具体而言，"信访接待下基层"促进矛盾纠纷源头化解，有效解民困；"现场办公下基层"推动向下主动服务作为，有效护民利；"调查研究下基层"扎实摸透基层实际情况，有效察民情；"宣传党的方针政策下基层"把党的方针政策转化为群众的自觉行动，有效促民行。可以说，"四下基层"为防范化解涉疫矛盾风险提供了一个样本。

注重解民困，搞清楚涉疫矛盾中群众"怨什么"。信访是群众反映矛盾的重要通道，宁德坚持向下主动信访接待。一是突出领导下基层。健全领导干部公开接访、带案下访、入户走访和上门回访制度，定期梳理"民愿清单"和信访积案，制定"一人一表"和"一案一档"，实行市、县两级党政领导挂钩联系包案化解机制。二是突出"线上"大接访。疫情期间在"12345"政务热线增设涉疫专线，成立工作专班，广泛收集人民网地方领导留言、信访网上投诉平台等群众网上反映的诉求，即转即办、日清日结。三是突出化解新模式。建立"一站式"社会治理综合服务中心，推广矛盾化解只进"一扇门"的做法，创新推出"双线便民"法律服务工作站、草根"和事佬"、信访评理超市、"信访＋保险"等特色做法，打通涉疫矛盾化解"最后一公里"。

注重护民利,搞清楚涉疫矛盾中群众"忧什么"。在涉疫矛盾中,群众最担心生活安不安、收入稳不稳,宁德坚持向下主动办公服务。一是用心用情保民生。建立交通运输"白名单"制度,开发网上申报 APP,建成来往中高风险地区货车司机和国际海员闭环管理健康驿站,实现线上申请、后台快批、查验点快检通过,保障民生物资顺畅通行。提高低保标准,对受疫情影响困难群众实施 3000 元以下临时救助等 6 条帮扶举措,最大限度地降低疫情对群众生活的影响。二是共建共享无疫区。激活"1+3+N"近邻党建引领社区治理工作机制,把党组织建在小区、网格、楼栋上,推行"网格化+信息化"模式,创建"无疫小区";制定出台援企稳岗促就业 9 条、助企纾困 44 条政策措施,成立驻企服务专班,协调解决企业疫情防控、货运保供、员工生活等问题,打造"无疫产区",从源头上减少涉疫矛盾。三是严管严治促平安。疫情期间依法查处扰乱防疫秩序、涉疫电信网络诈骗等涉疫违法犯罪案件 135 起,按照"一点一专班一预案"要求,组织警力做好全市封管控区、隔离场所、定点医疗机构等重点部位安保,维护安全稳定。

注重察民情,搞清楚涉疫矛盾中群众"盼什么"。只有搞清楚群众"盼什么",才能在涉疫矛盾中理清楚应该为群众做什么。宁德坚持向下主动调查研究,一是聚焦涉疫矛盾开展大排查。摸清疫情对企业生产经营、交通运输、餐饮旅游等领域造成的现实影响,分析评估涉疫矛盾风险,实施打造"政企直通车"平台、推行"无接触装卸货"、落实失业就业保障政策、发放稳就业奖补和商旅消费券等举措,助推社会生产生活秩序快速恢复。二是聚焦人地物事开展大走访。实行机关企事业单位党组织和在职党员到社区"双报到"机制,在职党员主动加入 1支党员志愿者队伍、认领 1 个党员先锋岗,发动 3.3 万名在职党员下沉到社区开展调查研究和志愿服务活动,主动投身疫情排查、敲门行动等工作,全面摸清网格人地物事情况,为涉疫矛盾化解、核酸采样"补网"、流调排查等工作提供基础数据支撑。三是聚焦重点部位开展大服务。组织党员干部成建制下沉进驻封管控区、隔离点,成立临时党委、临时党支部,推行群众点单、党组织派单、志愿者送单"三单制",为精准封控管控区内的老弱孕残及有基础疾病特殊人群提供上门服务,选派心理医生驻点开展心理咨询活动,让群众安下心来。

注重促民行,搞清楚涉疫矛盾中群众"信什么"。取得群众信任是顺利化解涉疫风险的前提,宁德坚持向下主动宣传政策,一是增进理念认同。开设《抗疫,我们在行动》《直击"疫"线》等宣传专题,创新推出"小板凳宣讲团""俏皮大白话"等特色做法,制作《感谢你,大白》《宁德十二时辰》等科普短视频,增进群众对防疫政策理解和认同。二是增强舆情引导。疫情期间召开新闻发布会,每日发布新增病例流调信息,开通抗疫网络心理课堂,推送群众关心关注事项稿件,运营抖音话题"疫情防控,宁德在行动",发布辟谣稿件和典型案例通报,回答群众关心的热点难点问题。三是增添信心力量。创作歌曲《风雨中我和你》、布袋戏《非遗抗疫》、舞蹈《春暖花开》等文艺作品，制播百集短视频《主播说"疫"说》等融媒体产品，推出"云读书""云游宁德"等活动，实施"我与封（管）控区亲友连心""志愿结对帮扶"等行动，形成人人参与、同心抗疫的浓厚氛围。

（四）提升风险监测能力，构建动态感知与实时监控系统

重大风险通常经历风险孕育、隐患生成、升级失控等演化阶段。只有不断增强风险的监测能力，提高风险感知的敏锐性，才能斩断"风险-隐患-事件-灾难"的演化链条[①]。应积极完善市县镇三级应急综合指挥平台，构建统一指挥、专常兼备、反应灵敏、上下联动的应急管理机制。加强对金融、互联网等新业态的监测分析，提高对新型风险的识别、预警和防控能力。建立完善多层次、全方位的公共安全隐患排查和预防控制体系，确保将风险隐患消灭在萌芽状态。

1. 强化风险的动态监测：贵州省铜仁市

近年来，铜仁市聚焦邻里家庭矛盾纠纷的特点和类型，针对问题，强化措施，抓好落实，全力预防和化解邻里家庭矛盾纠纷。通过促进邻里和家庭的和谐，推动社会的和谐稳定，人民群众的安全感和满意度连续四年达到 97.5%以上。2021年，铜仁市被评为"平安中国建设示范市"。

坚持"三治融合"，预防在先。坚持将矛盾纠纷防范关口前移，强化事前防范，推动自治、法治、德治"三治融合"，筑牢矛盾纠纷防护圈。第一，村规民约强自治。制定基层群众自治组织依法履行职责事项和协助工作事项的"两项清单"，围绕孝老爱亲、邻里和睦、家规家训等优化村规民约。依托村民（代表）会议、村民议事会等开展村民说事、民情恳谈等基层民主协商活动，增强群众自我组织、自我管理、自我服务的能力。第二，精准普法强法治。针对部分群众法律意识淡薄，邻里家庭纠纷易采取极端方式处置的现象，以"八五"普法为契机，深入推进乡村"法律明白人"培养工程，把党员、致富能手、乡贤能人、网格员、联户长等培养成"法律明白人"；同时深入实施基层普法队伍"万人大培训"工作，开展涉山林土地、家庭婚恋等矛盾纠纷教育引导，促进村民妥善处理邻里家庭关系，形成"办事依法、遇事找法、解决问题用法、化解矛盾靠法"的良好氛围。第三，教育感化强德治。充分发挥先锋模范示范引领作用，强化社会公德、职业道德、家庭美德、个人品德"四德"教育，广泛开展"文明家庭"创建以及"好婆婆""好媳妇""好邻居"等评选活动，引导群众形成修身律己、崇德向善、礼让宽容的良好道德风尚。

---

① 杨宏山，2020. 提升重大风险识别能力的基层经验与理论思考[J]. 国家治理，3：21-24.

坚持"三联并举",预警在前。由党委政法委牵头,依托综治中心开展实时监测、动态排查、关联分析,按红、橙、黄、蓝分色预警,构建信息互通、数据共核、资源共享的邻里家庭矛盾纠纷预警协调机制,实现矛盾风险有效预警感知。第一,强化联动监测。依托"八单一表"机制,出台《婚恋家庭纠纷排查化解衔接管理工作制度》,创新"平安幸福家 1314"服务机制,每日排查邻里家庭矛盾纠纷,联动民政、妇联、公安、法院、司法等单位,准确掌握邻里之间、家庭内部有暴力倾向、生活失意、心态失衡、矛盾突出或可能引发暴力冲突的各类矛盾风险,建立台账、动态监管。第二,强化联户排查。发挥"一中心一张网十联户"机制作用,充分调动基层党组织和驻村干部、网格员、网格民警等"六员入网",全面排查邻里家庭关系紧张、山林土地经济纠纷等矛盾风险,紧盯性格偏执人员、精神障碍患者、刑释解戒人员等社会治理关注对象,开展日常巡查、定期排查、精准核查。第三,强化联席研判。搭建"一分析三报告三考核"分析研判平台,创新"1+N"风险信息收集交办模式,通过警民议事会、警务联席会等,每月对辖区邻里家庭矛盾风险分析研判 2 次,向同级党委政府、上级主管部门、同级平安办(综治中心)报告,由同级党委或党委平安办向有关基层组织、行业部门交办转办督办,实现市县乡村四级纵向衔接,政法单位、行业监管部门横向联动。

坚持"三调联动",化解在早。坚持和推广新时代"枫桥经验",紧盯诉源治理,推动人民调解、行业调解、司法调解"三调联动",将矛盾纠纷发现在小、化解在早。第一,强化人民调解。充分发挥村干部、族老寨老、乡贤能人等作用,创新"暖心大姐""志愿队伍"工作机制,建立基层人民调解委员会,通过间接做通当事人的亲戚、朋友、邻居等思想工作,及时缓和、化解矛盾纠纷,努力做到"小事不出村、大事不出镇、矛盾不上交",形成有纠纷愿意调解、请求调解的良好氛围。第二,强化行业调解。充分发挥行业主管部门职能优势,推动法院、住建、民政、妇联、自然资源等部门的沟通协作。第三,强化司法调解。依托民商事纠纷人民调解委员会,广泛开展法律援助,健全完善律师参与调解和接访制度,有针对性地做好释法析理、提出化解建议、引导依法申诉等工作,促进问题依法解决,引领群众依法维权。

2. 完善安全的管理体系:山东省烟台市

近年来,烟台市着眼当前市域社会治理新规律、新特点,以加快推进市域智慧城市建设为着力点,以加强社会治安风险防控为落脚点,通过智能化创新赋能现代化治理,努力打造更高水平的平安烟台,被公安部确定为社会治安防控体系建设信息化应用试点单位。自 2020 年以来,烟台市在连续 4 次"全国社会治安防控体系建设示范城市"测评中位居全省第一,群众安全感、满意度位居全省前列,荣获"2017—2020年度平安中国建设示范市"。

打造"智慧大脑",推动社会治安防控更加科学智能。大力引入云计算、物联网等先进科技,推动社会治安防控动力变革、质效变革。第一,全要素数据共享。高标准建成统一的大数据中心,深入开展数据赋能专项行动,打破部门信息交换壁垒,整合公安机关、大数据局等政府部门和社会单位全时空数据,每日实时导入"人、车、电、网、像"等数据上亿条,做到治安要素全周期精准管控,在省内率先完成了政务数据资源归集工作。第二,智能化数据研判。自主研发"警搜""数据魔方"等20余项成果应用,通过大数据分析、云计算等技术,实时感测、分析、整合全市社会动态信息,及时从海量信息中分析研判出在社会稳定、治安管控、民生服务等方面存在的矛盾点、风险点,精准掌握社会治理薄弱环节,智能辅助党委政府作出科学决策。第三,立体化智能防控。近年来,持续加大投入,保障智慧城市、雪亮工程、智慧交通等基础设施建设,新增高清视频监控、前端人像识别系统和联网社会监控资源,覆盖城区主要区域及公共交通工具,形成了"全域覆盖、全网共享、全程可控"的防控体系,极大提升了安全管理与实时监控能力。完善"指挥中枢",推动社会治安防控更加高效便捷。全面提升社会面治安驾驭能力,突出构建"三化"指挥体系。第一,高效化指挥。建立"情指勤舆"一体化指挥作战模式,完善"日清零、月清仓、季清底"的警情"三清"归零机制,推动智能化、信息化、精细化指挥作战。配套研发智慧街面巡防系统,实现警情、警车、警力、群防群治力量等资源一图统揽,结合各类巡逻作战单元和社会面巡逻力量,瞬间形成快速反应处置集群,有效震慑违法犯罪。第二,圈层化查控。打造环烟台、环区市、环中心城区、环市政府周边4个治安防控识别圈,布建市、县两级检查站26处,构建图像识别、Wi-Fi信息采集等系统,"人车物证码"数据自动比对、关联建档、无感查控,实现管控要素触圈预警、实时响应,治安防控识别圈"围闭度"达100%。第三,阵地化管控。建成智慧内保系统,全市机场、车站、学校、医院等6883个重点部位、场所全部纳入系统管理,引入全景视频AR[①]地图技术,实时掌握重点单位安保力量部署及周边情况变化;研发智能化治安综合信息系统,将全市娱乐场所、特种行业、危化品从业单位,以及网约车、网约房、渔家乐、寄递物流等新业态全部登记管理,进行线上实时监管,实现"无感知"闭环管理。推动机场、物流、邮政、海关等单位安检设备升级,全面安装易制枪物品图形比对系统。建设危化品溯源管控系统,实现1068家从业单位和物品信息网上全流程监管。

打造"感知末梢",推动社会治安防控更加精细精准。聚焦社会治安防控源头末端,落实精准防范措施,切实守住不出事底线。第一,网格化服务管理。将

---

① AR,即增强现实(augmented reality)。

全市划分网格 1.49 万个，配备网格员 1.49 万人、网格助理员 6 万余人①，配发手持终端 APP 对网格内各类基础数据进行精确采集上报，并通过 GIS 技术直观展示在社会治理综合信息平台地图上，实现对人、房、物、事件等目标的精准管理。第二，实时化跟踪管控。针对社区矫正、吸毒等特殊人群服务管理难题，研发精防管理系统，可实现实时定位、轨迹查询、电子围栏等功能，有效防范失管失控。第三，精准化风险防控。大力推进平安智慧小区建设，多部门联合出台"平安智慧小区"建设实施方案，积极推动技防村的建设，助力全市"无非正常上访、无治安刑事案件、无公共安全事故"社区（村居）创建活动，创建率持续提升。通过智能化手段，从源头上做好治安风险隐患的防范与化解，提升社区（村居）整体的安全防控能力，全面提升社会治安治理水平。

---

① 烟台全市共划分网格 1.49 万个　配备专兼职网格员 1.49 万人[EB/OL]. https://www.jiaodong.net/news/system/2024/10/29/200654161.shtml，2024-10-29.

第六章　市域科技支撑体系

科技发展，尤其是信息通信技术和大数据计算正成为重塑社会治理的基础性力量，能够显著提升社会治理效能，为解决当前社会治理面临的问题和挑战提供了方案，为政府治理现代化、公共服务精准化、居民参与常态化提供了现实路径，既推动了行政体系内政府治理的现代化，同时也有助于确保社会稳定和激发社会活力，有助于实现政府治理和社会调节的良性互动，在市域实现秩序与活力的平衡。相比县域，市域更具科技人才优势，这为推动科技发展与市域社会治理深度融合奠定了现实基础。

一、市域社会治理复杂性的挑战

安东尼·吉登斯认为，当前人类社会发展已经进入以全球化、风险性为主要特征的"晚期现代性阶段"[①]。在未来学家艾米·扎尔曼勾勒的社会图景中，人类正步入一个充满变化、混乱而难以名状的时代，而这混乱的源头就是复杂性。自20世纪末期以来，伴随着世界人口的快速增长、社会经济的高速发展，以及工业化、城市化进程的不断加快，人类社会发生了深刻的系统性结构转型，不可持续的经济增长、地缘政治对抗、社会不平等、网络犯罪、环境污染与退化等重大问题成为人类面临的共同挑战[②]，"社会的良好治理"已经成为过去式，复杂性逐渐成为当代社会治理的基本生态特征，并将人类社会持续拉入高度不确定性与风险性的失序状态[③]。正如米歇尔·克罗齐耶所描绘的，"政治与经济日新月异的进展，令复杂性不断积累，不断增多"，甚至于"超越了某种存在的域界"，更重要的是人类"应对复杂局面的制度手段能效低下"，且"这种趋势在日益加剧"。[④]

复杂性这一人类面临的共同问题，同样映射在我国的社会治理中，当前我国面临百年未有之大变局，国际与国内发展形势前所未有，站立于新全球化、新工业革命、社会转型三重叠加的历史交汇口[⑤]，经济、政治、社会等多个领域的重大

① 陈嘉明，2006. 现代性与后现代性十五讲[M]. 北京：北京大学出版社.
② 克劳斯·施瓦布，蒂埃里·马勒雷，2022. 大叙事：构建韧性、公平和可持续的社会[M].世界经济论坛北京代表处译.北京：中信出版社.
③ 郑家昊，2014. 政府引导社会管理：复杂性条件下的社会治理[J]. 中国人民大学学报，2：14-21.
④ 米歇尔·克罗齐耶，2008. 法令不能改变社会[M]. 上海：汉语大词典出版社.
⑤ 张成岗，2018. 人工智能时代：技术发展、风险挑战与秩序重构[J]. 南京社会科学，5：42-52.

挑战不断交织、相互强化。

理解复杂时代背景并把握社会发展规律，离不开强大的概念性框架的辅助，为了更深刻地认识当前发展局势，可以结合系统理论展开分析。钱学森认为，社会系统是一个开放的特殊复杂的系统[①]。从宏观层面分析，这种复杂性来源于市域社会系统的"结构"与"边界"。从"结构"角度观察，市域社会系统是由经济、政治等子系统构成的多层次结构体，内外部系统要素繁多、关联复杂；从"边界"角度观察，开放的边界赋予了系统不稳定性，促使市域社会系统内外部进行各类信息的交换，系统及子系统通过学习获得知识，并随着时间与内外部的环境变化而产生变化[②]。

具体而言，我国市域社会的复杂性主要突出体现在三个维度：信息的数量、要素间的互联性、非线性效应。自改革开放后，新兴的社会力量与市场力量奠定了我国多元化的社会治理格局，为市域社会治理提出管理多元主体议题的同时，也打破了传统、集约、简化的治理思维，如何获取海量信息、掌握异质性个体行动逻辑及个体偏好以更好地进行个性化治理与服务成为新的治理诉求。此外，伴随交通运输业与通信技术的发展，系统内各要素的互联性获得大幅度提升，市域内的系统运作机制更加复杂，社会、经济、政治体系共同形成了相互依存、互联互通的复杂治理格局，如何把握治理关键要素以推动社会系统整体性发展显得尤为重要。最后，非线性是复杂市域社会格局中的关键特征，在互联性的前提下，系统内某一要素、互动环节的变化可能带来系统的其他要素的巨大变化，这增加了市域社会治理中的决策成本，面对"既稳定又脆弱"的复杂社会系统，决策产生偏差的概率增大，引起次生影响与风险的可能性增大[③]。

"现代化是一个政体所应对的人类事物复杂性不断增加的进程"[④]，复杂的社会环境、发展形势在为我国的市域社会治理造成冲击、提出新挑战的同时，也为推动我国的市域社会治理现代化提供了历史性发展机遇。

一方面，"现代性"的概念内涵与"复杂性"的概念内涵存在相通之处。卢曼认为，现代性与复杂性都是现代社会系统在功能方面高度分化的产物，均呈现出多层次性与异质性的特质[⑤]，因此积极推进市域社会治理现代化也是对当前市域

① 钱学森，2011. 一个科学新领域——开放的复杂巨系统及其方法论[J]. 上海理工大学学报，33（6）：526-532.

② 钱学森，于景元，戴汝为，1990.一个科学新领域——开放的复杂巨系统及其方法论[J]. 自然杂志，13（1）：3-10，64.

③ 克劳斯·施瓦布，蒂埃里·马勒雷，2022.大叙事：构建韧性、公平和可持续的社会[M].世界经济论坛北京代表处译.北京：中信出版社.

④ 薛澜，张帆，武沐瑶，2015. 国家治理体系与治理能力研究：回顾与前瞻[J]. 公共管理学报，12（3）：1-12，155.

⑤ 转引自张广利，许丽娜，2014. 当代西方风险社会理论的三个研究维度探析[J]. 华东理工大学学报（社会科学版），2：1-8，16.

社会治理复杂性问题的有力回应。

另一方面，市域社会治理现代化根植于社会变迁的结构和过程中[①]。市域社会治理现代化是市域范围内在马克思主义理论指导下，结合城市发展实践探索出来的现代化道路。随着中国特色社会主义进入新时代，社会变革发展同时进入关键阶段，应当深刻把握当前阶段新发展、新格局的复杂内涵，丰富完善市域社会治理现代化理论与实践体系，推动市域社会治理实现智慧化、现代化的整体跃升，为转型期的中国经济社会发展提供体制机制保障。

二、科技支撑系统对于市域社会治理复杂性的回应

伴随着信息化与工业化的不断融合，科技正在全面地嵌入并重塑人类的生产与生活空间，为人类社会带来一场席卷多领域的"社会秩序海啸"[②]。随着大数据、人工智能等现代化科技被广泛地应用于社会生活与生产的各个领域，数字化逐渐渗透至社会生活的每一处角落，并成为新技术变革时代的基本特征。

迈入数字化时代，国家治理和社会治理层面也势必要呈现数字社会的治理逻辑，反映包容共享的时代诉求。数字化不仅为各类产业形态带来革命性变革，更在技术层面、绩效层面深刻影响着公共管理与公共服务的方式。在治理技术层面，强调遵循科学方法推动政府数字化转型，构建现代政府治理体系，以数字赋能提升政府的公共治理能力；在治理绩效层面，强调整体性、系统性、协调性思维，克服传统科层制组织结构弊端，以数字化思维寻求公共治理供给侧与需求侧的平衡方法[③]。

以数字技术赋能社会治理现代化正成为市域社会治理体系与治理能力现代化的重要趋势[④]。陈一新认为需要用科技伟力为社会治理引入新范式、创造新工具、构建新模式[⑤]。从市域社会治理角度分析，科技支撑系统为市域治理中存在的复杂现象提供化简机制，协助治理工作的有序开展；为市域服务提供识别复杂需求的可能，有力回应居民多元化诉求；为复杂突发事件的处理提供智能辅助，有效提升决策科学性。科技支撑系统有效弥补传统治理模式在应对复杂性市域系统时的不足，改变了被动的应对状态，多向度提升市域社会治理现代化，为市域社会治理复杂性问题的解决提供切入点与突破口。

① 王振兴，韩伊静，李云新，2019. 大数据背景下社会治理现代化：解读、困境与路径[J]. 电子政务，4：84-92.
② 张成岗，2018. 人工智能时代：技术发展、风险挑战与秩序重构[J]. 南京社会科学，5：42-52.
③ 中共浙江省委党校，2021. 数字化改革与整体智治 浙江治理现代化转型[M]. 北京：中央党校出版社.
④ 郁建兴，樊靓，2022. 数字技术赋能社会治理及其限度——以杭州城市大脑为分析对象[J]. 经济社会体制比较，1：117-126.
⑤ 陈一新在第四次市域社会治理现代化试点工作交流会上强调：智治是市域社会治理现代化的重要治理方式和科技支撑[EB/OL]. https://www.chinacourt.org/article/detail/2021/11/id/6398301.shtml，2021-11-26.

（一）科技支撑系统为复杂现象提供化简机制

信息是社会生活的本质，更是社会治理的核心。习近平总书记在网络安全和信息化工作座谈会指出，信息化是国家治理的重要依据，要以信息化推进治理体系和治理能力现代化[①]。社会治理的信息逻辑关键在于掌握社会事实的信息，只有获得全面准确的社会信息，才能够更好地掌握社会的基本情况，进而组织展开有针对性的社会治理。对于市域治理而言，复杂的社会环境、治理主体、互动模式不可避免地形成了模糊的治理图景，不利于市域社会治理工作的有效开展，阻碍着市域社会治理的现代化进程[②]。

首先，在科技的推动下，市域社会的分工进一步细化，新兴社会要素不断涌现，构成了多样化的社会现实。如何全面获取数量庞大且内容复杂的市域社会信息成为一项重要挑战。其次，随着新媒体的发展，我们进入了"信息爆炸"时代，错误和虚假的信息充斥于社会的虚拟与实体空间中，这使识别真实有效的社会信息增加了难度。最后，市域社会内部主体的多样性和异质性，使得个体与社会之间以及个体与个体之间的互动呈现出复杂性和偶然性的特征，社会要素交流过程中仍然存在"黑箱"现象。

如何在开放复杂的市域社会系统中搜集并提取出全面、准确、有效的社会信息，勾勒出主体明确的社会结构，绘制出清晰化的社会图景，成为市域社会治理现代化的重要课题。

1. 推动管理要素信息化

随着数字化技术的广泛应用以及智能化设施的不断推广，市域内各管理要素越来越多地被纳入可视范畴，市域社会治理的信息获取能力不断增强。依托摄像头、电子眼、传感器、射频识别芯片等数字记录系统，实现了对市域内人、事、物等动态复杂社会事实信息的全覆盖和全流程的基本收集、观测、记录。在现代科技的支持下，精细化、自动化、智能化统计成为可能，解决了以往由个体收集处理能力不足等主观因素造成的人工收集、度量、普查中的信息遗漏、误差与偏差等问题。大量被遗忘或忽略的社会事实逐步进入市域社会治理信息系统，通过市级政府权力的介入与权威性的定义，被捕捉并转化为市域治理行动所需的信息[③]。

科技支撑体系能够有效推动市域社会治理的要素信息化。通过抽象化的数字编制，将复杂的系统及其内部主体进行抽象加工，转化为海量信息数据，实现从"模糊性"到"清晰性"的转变，使市域社会治理者和决策者能够"像一种无面

① 习近平在网信工作座谈会上的讲话全文发表[EB/OL]. http://www.xinhuanet.com/politics/2016-04/25/c_1118731175.htm, 2016-04-25.

② 韩志明, 2018. 政策执行的模糊性及其治理效应[J]. 湘潭大学学报（哲学社会科学版）, 42（4）: 30-35.

③ 韩志明, 2017. 在模糊与清晰之间——国家治理的信息逻辑[J]. 中国行政管理, 3: 25-30.

孔的目光，把整个社会机体变成一个感知领域"①。

2. 实现信息形式可视化

伴随着数字化改革的不断深化，全国各市积极践行"从信息化到智能化再到智慧化"的智慧城市建设路径，建立市域范围内统一的信息管理平台。如果说管理要素的信息化实现了人、事、物的抽象，那么可视化则是将离散信息重新整理组装，完成了从复杂社会到海量数据再到简化信息的转变。依托大数据、GIS 等技术手段，从海量、零散、无意义的数据库中进行信息识别、筛选、组合，形成可感知的标准化领域和切实可用的治理信息，实现从"复杂性"到"可读性"的转变，最终以图像形式直观呈现。可视化不仅是一种计算结果的展示方法，更是市域信息的有效简化手段②，有利于强化对市域信息的理解深度。

科技的有力支撑提升了市域社会治理的信息加工与处理能力。在市域统一信息管理平台中，对获取的海量管理要素数据进行信息分析、事件编码和 GIS 分析，可以生成静态的数据分析图表以及可视化的发展形势统计图③。

（二）科技支撑系统为复杂需求提供识别可能

利民为本是现代政府建设的价值依据，更是市域社会治理现代化的核心要义。坚持以人民为中心是市域社会治理的出发点，满足人民对美好生活的向往是市域社会治理的终极目标。市域社会治理的现代化要求积极回应市民不断发展的现实需求。然而，进入高度复杂的后工业时代，识别市域社会治理的需求具有挑战性。一方面，伴随着单位制的解体，个体行为自主性增强，社会主体从稳定性向流动性转变，市域间、市域内人口的自由流动性逐渐增强，治理单元从"单位"向更广泛的"空间"转变④，城市内部居民数量不断增加，结构更加复杂多元，需求也逐渐呈现出复杂化、多样化、碎片化的特征。对于公共服务的诉求参差不齐，导致治理需求难以实现集中与化约。另一方面，城市的本质是异质化⑤，随着城市化进程的加快，社会关系从熟悉性向陌生性转变，熟人社会逐渐消解，社会结构也更加松散。城市内部的异质性弱化了居民间的凝聚力，居民因疏于参与共同治理，其治理需求无法传达，同时受自身水平限制往往难以勾勒和描述真实诉求。

如何及时有效地捕捉并识别市域内居民的诉求，更高效、精准地化解市域社会治理中的风险与矛盾，并促成政府职能的转变，已成为市域社会治理与服务现

① 福柯，2003. 规训与惩罚：监狱的诞生[M]. 2 版. 刘北成，杨远婴译. 北京：生活·读书·新知三联书店.

② 孙轩，孙涛，2018. 基于大数据的城市可视化治理：辅助决策模型与应用[J]. 公共管理学报，15（2）：120-129，158-159.

③ 熊炎，2013. 北京市网格化社会服务管理体系的推广与完善[J]. 北京行政学院学报，3：65-68.

④ 李威利，2019. 新单位制：当代中国基层治理结构中的节点政治[J]. 学术月刊，51（8）：78-88.

⑤ Wirth L, 1938. Urbanism as a way of life[J]. American Journal of Sociology, 44(1): 1-24.

代化的重要议题。

1. 数据驱动需求识别

大数据技术在市域社会治理和公共服务领域的应用，为数据驱动的需求识别提供了可能。习近平总书记指出，社会治理要在科学化、精细化、智能化上下功夫[①]，强调"在社会治理活动中引入精细化理念与原则……实现更优质、更关注细节和人性化的治理效果"，并要求将公众诉求作为市域社会治理的出发点与落脚点。大数据、机器学习、深度学习等技术手段赋予市域社会治理高效的信息分析能力、全面的关联分析能力和强大的信息挖掘能力，可以对海量的社会要素信息展开全面分析，依托专家学者和政府官员共同形成的算法模型，从数据中挖掘出市域社会主体在主观层面难以觉察的个体特征与集体偏好，从而更全面、精准地把握市民多元化的真实诉求。

科技支撑体系能够有效帮助管理者全面获取公众偏好、实时揭示社会治理服务的真实诉求及强度、预测未来服务供给的实际效用与需求趋势，为日益复杂的居民需求提供识别的可能性。

2. 公共服务精准高效

大数据技术在分析挖掘公众诉求的同时，也为市域社会精细化治理提供了依据与保障，可以有效应对需求复杂化、多样化、潜在化给市域社会治理带来的挑战。由于信息获取能力和信息分析技术的限制，传统的市域社会治理为节约成本，往往在公共服务供给层面呈现出均质化、标准化、规模化的特征。物联网、人工智能和大数据技术改变了传统的服务供给模式，通过锁定特定区域，为服务查漏补缺，促进基础性公共服务的全面覆盖与落实；精准识别诉求，为提供差异化的社会服务提供依据，进行个性化服务供给，满足市民多层次、多类型的服务需求，实现社会治理的精细化。此外，社会应用还为公众提供了服务监督渠道，以居民的满意度反馈对治理进行量化考核评价，考核服务与治理的过程和结果。

科技支撑体系为精准高效的市域社会治理与服务供给提供了强有力的支持，改变了传统粗放、简化的公共服务配给模式，从而实现市域社会治理的精细化。根据市域内不同社会群体与片区的特点，提供差异化的社会治理措施与服务要素供给，满足新时代人民群众对于公共服务供给精准高效的诉求。

（三）科技支撑系统为复杂事件处理提供决策支持

科学决策是现代治理的基础与核心，也是衡量治理工作成效的关键。只有决策科学化，才能实现治理的科学化和现代化。在现代化进程中，如何妥善处理错

---

① 陆志孟，于立平，2014. 提升社会治理精细化水平的目标导向与路径分析[J]. 领导科学，5：14-17.

综复杂的社会问题，对社会资源进行合理配置，以实现社会公共利益的最大化，是推进市域社会治理现代化的重要议题①。与牛顿时代物理学描绘的线性、可预测、遵循决定论的古典世界不同，当代社会比以往任何时候都更具量子物理学的特征：高度互联、瞬息万变、错综复杂②。

迈入高度复杂的后工业社会，重大的社会变革深刻影响着个体的生活方式和思维方式。时代与社会系统呈现出日益增长的复杂性，这不仅干扰普通居民的日常生活与行动，也令决策者无所适从。一方面，个体搜集及处理信息的能力是有限的，复杂的社会问题往往超越决策者的知识范畴与认知边界，传统的基于主观判断和理论推演的经验型治理已不再适用；另一方面，市域社会系统中的各要素相互依存，微小的变动可能通过系统的传导产生巨大的社会涟漪，牵一发而动全身，社会运行结果变得不可预测、充满不确定性。如何针对复杂事件做出恰当、科学、明智的决策，已成为市域社会治理现代化的重要议题。

1. 技术引入改善决策环境

大数据技术的引入在一定程度上改善了市域社会治理的决策环境。市域社会治理的传统决策环境是模糊的、无序的、滞后的，治理者对于复杂事件的认识是不清晰的，缺乏全面的数据支持来总结和把握复杂事件的规律。复杂事件的决策过程是充满主观性的，通常依据经验或推演形成决策；最终决策通常缺乏时效性，导致复杂事件在漫长的处理过程中产生变异。在科技的支持下，决策者能够获取更加全面、准确的实时社会事实信息，这实际上可以使决策更加清晰。决策者可以实时获取并调用市域范围内海量的要素信息，将复杂的多源异构数据快速筛选、转换、处理为具有治理参考价值的有效信息，通过大数据技术实现对复杂社会事件的全景式、动态化重构。

科技支撑体系有效改善了市域社会治理的决策环境，形成了清晰、有序、实时的复杂事件重构机制，提升了对市域社会治理复杂事件的应对能力。

2. 因果识别优化政策转换

人工智能技术的模式识别可以帮助快速总结因果关系，为政策制定与决策实施提供科学、全面、客观的依据。在戴维·伊斯顿的政治系统分析框架中，政治系统由政策输入、政策转换、政策输出三个环节共同构成并运行，要求决策者通过掌握这些环节，分析情况、挖掘需求，制定相应的政策。如果说大数据等相关技术完善了政策输入环节，保障更多重要的治理议题进入决策者视野，那么人工

---

① 薄贵利，2014. 推进政府治理现代化[J]. 中国行政管理，5：52-57.

② 克劳斯·施瓦布，蒂埃里·马勒雷，2022.大叙事：构建韧性、公平和可持续的社会[M].世界经济论坛北京代表处译. 北京：中信出版社.

智能技术则为政策转换提供了优化路径。综合运用模式识别、仿真模拟、预测分析技术，可以在高度不确定性与时间压力下快速、精准地总结海量数据中的规律，并对复杂社会事件进行成因分析、发展推演和预测，为决策者展示复杂事件潜在的因果关系与周期规律，为治理者提供有效治理的依据。

科技支撑体系通过对数据的快速演算总结，有效识别因果关系、推演发展趋势、预测政策实施效果，为市域社会治理提供智能辅助，优化决策过程，推动决策科学化、智能化、现代化。

三、市域科技支撑体系建设实践：以嘉兴为例

2020 年，习近平总书记在浙江考察期间指出："运用大数据、云计算、区块链、人工智能等前沿技术推动城市管理手段、管理模式、管理理念创新，从数字化到智能化再到智慧化，是推动城市治理体系和治理能力现代化的必由之路。"[①]习近平总书记的讲话为市域治理与智慧化治理相结合指明了发展方向，为进一步推动市域社会治理现代化明确了"整体智治"的前进方向[②]。

嘉兴市作为全国市域社会治理现代化的试点城市，坚持贯彻落实习近平总书记的重要讲话精神，始终以数字化为手段，以整体智治为目标，以治理现代化为目的，以数字化改革为牵引和契机，聚焦社会风险防控、多元协同共治、整体智治能力，探索提升市域社会治理的统筹协调能力、矛盾化解能力、社会培育能力建设的有效路径，为科技赋能市域社会治理现代化提供嘉兴样本，努力打造市域社会治理现代化先行市的嘉兴"金名片"。

近年来，通过有益探索，嘉兴市积累了以智能化基础设施赋能治理方式能力现代化、一体化城市数据中心助推体制机制现代化、社会智能应用引领市域社会治理模式创新的重要建设经验，并在数字化改革的持续深化推进中出现了以"微嘉园"为代表的一批具有嘉兴标识的整体智治典型案例，既体现了顺应时代需求推进经济社会现代化发展的嘉兴实践，又贡献了建设"整体智治"现代化政府的嘉兴智慧。

（一）智能化基础设施提升数据感知能力

2020 年 4 月，中华人民共和国国家发展和改革委员会首次阐述了"新型基础设施"的定义，明确新型基础设施由信息基础设施、融合基础设施、创新基础设施三部分构成。同年 7 月，浙江省人民政府发布《浙江省新型基础设施建设三年

---

① 习近平在浙江考察时强调 统筹推进疫情防控和经济社会发展工作 奋力实现今年经济社会发展目标任务[EB/OL]. http://news.cctv.com/2020/04/01/ARTIwjNMBjnhBKicWrp0T5wo200401.shtml，2020-04-01.

② 中共浙江省委党校，2021. 数字化改革与整体智治 浙江治理现代化转型[M]. 北京：中央党校出版社.

行动计划（2020—2022 年）》，基于浙江省的建设基础与目标，将新型基础设施聚焦于数字基础设施、智能化基础设施、创新型基础设施三大重点方面，并努力形成"重要窗口"的标志性成果。

智慧化市域社会治理的核心问题与根本前提就是数据获取问题，基础设施的智能化、数字化、创新化管理不仅拓宽了市域社会的数据归集渠道，还是实现智慧城市的必经之路。为了更好地把握数字时代未来发展的方向、推动市域社会治理现代化进程、实现新时代市域治理的战略目标，需要对新型基础设施形成清晰认知，依托新型基础设施推动高质量发展。智能化基础设施以新发展理念为引领、以技术创新为驱动、以信息网络为基础，是传统的城市公共基础设施与物联网、5G、大数据、云计算、人工智能等新一代信息技术的有机结合，能够实时采集自身运行数据与城市运行数据，并将数据上传至市域统一数据系统，用于构建数字孪生城市，为市域治理提供智能决策，提升市域范围内的风险防范与公共服务水平。

嘉兴市在市域社会治理实践中积极促进市域智能化基础设施建设，近年来迭代升级全省统一的电子政务视联网，不断加强城乡公共安全视频监控系统、市级共享交换平台和联网共享体系建设，持续深化"雪亮工程"工程，推进"智安小区"建设，创新"智安街道"体系，提升新型基础设施对市域社会治理的支撑能力，构建市域范围内立体化信息感知网络，获取全面、实时、精细的数据信息，为治理与决策提供事实依据，推动市域社会治理能力的智能化、高效化、现代化。从"雪亮工程"到"智安小区"再到"智安街道"的建设演化，呈现出嘉兴市市域社会治理向智能化、精细化、专业化的纵深发展趋势。

1. "智安小区"建设

嘉兴市持续推进"智安小区"建设。更加智慧的社区是城市智能化发展的主要空间表现，更是市域治理现代化的新标杆。社区不仅是市域社会治理的前沿一线，更是居民主要的生活场所。市域社会治理层面的矛盾与风险总是最先出现在社区，居民对于社会生活的安全感、获得感、幸福感，以及对于政府工作政绩、社会治理成效的感知也总是来源于社区。推进全域社会信息感知系统，需要覆盖到市域社会治理的最小单元；推动市域社会治理能力精细化、现代化，需要落实到社区的治理能力提升建设上。因此，社区是市域智能化基础设施必需覆盖的空间，更是市域社会治理能力提升的落实单元。

嘉兴市在推动市域社会治理现代化中坚持顶层设计与总体规划相结合，以"雪亮工程"建设为基础，持续推进"智安小区"建设，打造"家·善小区"平安小区多跨协同社会治理平台，建设覆盖到城市社区的感知终端物联网设施，构建能够监测、能够思考、能够派单的智能化治理体系。从 2014 年在嘉善县起步试点，到 2019 年被列为嘉兴市政府民生实事"一号工程"，全市累计投入资金 4.53 亿元，为进一步做实"平安细胞"、推进"智安小区"的发展提供资金层面、技术层面以及制度层面的全方位支持。已建成"智安小区"2447个，其中验收通过1640个，805个实现"零发案"[①]，基本形成了"全域覆盖、互联互通、共建共享"的"智安小区"安防生态体系，为嘉兴市推进市域治理现代化提供有力支撑与坚实保障。

"智安小区"是市域社会治理的可靠抓手，使得安全防范更有保障、治理更加精准高效，通过将技术嵌入社区治理，赋能社区治理与服务，强化社区自我感知、问题预防、独立应对的治理特质，第一时间感知社区治理中潜在的风险隐患、第一时间信息汇总反馈至市域社会治理平台、第一时间派单相关部门解决社区治理中的矛盾问题，推动嘉兴市市域社会治理能力智能化、高效化、现代化。

嘉兴市将"智安小区"建设作为市域安全治理、风险防范的重要手段，2020年"智安小区"协助嘉兴警方破获案件1642起，其中68起盗窃案在案件发生前查获，推动从"事后打击"向"事前预防"转变，使得市域更加安全；嘉兴市还将"智安小区"作为"网格化管理"的有效实践，建立"业主—物业（微网格）—网格—社区警务"的流动人口自主申报模式，2020年嘉兴市通过自主申报方式采集流动人口信息377万人次，有效提升了流动人口管理与基础信息采集的工作实效，使得治理更加精准[②]。

通过"智安小区"的创建工作，嘉兴形成落实到社区的信息感知系统，推动了智能化基础设施在社区层面的建设，提升了排除社区隐患、化解矛盾、保障安全的能力，构建形成了安全感稳定在98%以上的共建共治共享基层平安创建新格局。

2."智安街道"建设

嘉兴市积极探索"智安街道"智慧治理新体系。针对人口常态倒挂带来的风险变化"把不准"、基础治理"超负荷"、分散治理"管不好"等治理难点，嘉善县在治理实践中探索构建资源共享、数字赋能、多跨协同的高效治理生态环境，主导探索街道智慧治理新体系，形成集治安管理、协同治理、为民服务于一体的"智安街道"。

截至2022年8月，"智安街道"已整合5大类、76小类近240亿条公安专网数据和环保、建设、城管等15类近57亿条社会数据，融合过车卡口等5大类感知数据，接入"雪亮工程"等2.3万余路视频监控，搭建1个三维数字城市场景地图，可以使"人、车、物"等治理要素、无人机等物联感知模块在电子图中

---

① 王静芳，王剑峰，2021.嘉兴2447个"智安小区"助推市域治理智慧化[EB/OL]. https://zjnews.zjol.com.cn/zjnews/jxnews/202101/t20210119_21988843.shtml，2021-01-19.

② 王静芳，王剑峰，2021.嘉兴2447个"智安小区"助推市域治理智慧化[EB/OL]. https://zjnews.zjol.com.cn/zjnews/jxnews/202101/t20210119_21988843.shtml，2021-01-19.

直观展现，可任意调取各类场所、要素等城市治理微观场景，实现对交通拥堵、人员异常聚集等突发情况的精准治理，实现风险被动处治向主动预防转变。

"智安街道"通过构建数智生态圈、用机器换人，解决基础治理"超负荷"问题。坚持"机器能做的事就让机器去做"，搭建一个超大存储容量、毫秒级响应的"智安街道"平台，综合应用人工智能、集成研判等技术手段，实现对各类要素的动态关联管控，实时将生成的精准情报信息推送到一线执法单元，大幅提升风险预测预警能力，全面减轻执法负担、提升服务品质。以"市容市貌智能监测"模块为例，系统对渣土运输车从作业、运输、处置开展全流程闭环管控，未封闭渣土运输车的查处时间从 5 小时缩短至 5 分钟，有效解决取证难、处置难的问题。

"智安街道"自建设应用以来取得突出的市域治理实战成绩，2022 年刑事警情同比下降 45.87%，实时处置市容市貌违法行为 6700 余次，为推动嘉兴市市域社会治理现代化提供强有力的支撑。

（二）一体化数据平台提升数据治理能力

制度体系的建设进程往往滞后于技术创新的发展进程，新兴技术的特性与传统治理机制的磨合只能对治理的具体流程造成影响，无法从根本上改变市域社会治理的组织运行方式。当新兴科学技术、创新治理模式与传统体制机制产生难以调和的矛盾时，需要把握时机，突破不适应社会发展环境、不符合现代化治理需求的传统体制机制束缚，推动从治理技术发展到治理流程重塑再到治理体制机制现代化①。

嘉兴市政府坚持智慧化治理，推进数据资源整合共享，以城市信息模型基础平台、GIS 和统一标准地址库为基础，加快社会治理基本要素数字化、标准化，通过现代信息技术工具来赋能政府的社会治理和公共服务，全面提升政府治理现代化的水平；嘉兴市政府坚持整体性治理，在一体化城市数据中心建设过程中，逐步打通地方、部门、企事业单位之间的信息壁垒，构建覆盖全域、统筹利用、统一接入、灵活服务的数据资源共享体系，实现跨部门、跨区域共同维护和利用，促进业务协同办理与流程再造，改变治理碎片化倾向，加快打造权力运转无缝隙的整体性政府②。

一体化的城市数据中心的建设体现出现代政府"整体性""智慧化"两大关键要义，在政府端的"社会治理云"有利于形成高效协同整体智治的市域社会治理体系；在居民端的"微嘉园"丰富完善了社会治理体制机制框架，构建了共建共治共享的市域社会治理格局，推动嘉兴市市域社会治理的体制机制现代化。

---

① 郁建兴，陈韶晖，2022. 从技术赋能到系统重塑：数字时代的应急管理体制机制创新[J]. 浙江社会科学，5：66-75，157.

② 中共浙江省委党校，2021. 数字化改革与整体智治 浙江治理现代化转型[M]. 北京：中央党校出版社.

1. 社会治理制度体系相互联系整体推进，形成了高效协同整体智治的治理体系：市域社会治理综合集成应用

当代市域社会被视为一个开放的复杂巨系统时，面对更为复杂的社会形势、更加富有挑战的社会问题，仅靠单一部门、单一层级已经无法满足治理需求。对此嘉兴市着眼整体智治，推动一体化智能化公共数据平台构建。整体智治是一项以加强党的领导为根本遵循与高效开展政府分工紧密相连的复杂系统工程，其中包含整体性、智能化两大关键内涵，整体性是推进治理体系现代化、实现"协同"的基本要求；智能化是实现治理能力现代化、实现"智治""高效"的核心要义。

习近平总书记强调，要建设全国一体化的国家大数据中心，推进技术融合、业务融合、数据融合，实现跨层级、跨地域、跨系统、跨部门、跨业务的协同管理和服务[①]。一体化智能化公共数据平台起步于"最多跑一次"改革，成长于政府数字化转型，健大于数字化改革，是浙江省贯彻落实习近平总书记重要指示精神的具体行动，是支撑各级各系统应用创新的智慧化平台中枢，在数字化改革中具有基础性作用。一体化智能化公共数据平台以云计算、大数据、人工智能、互联网等技术为支撑，是市域治理全过程数据感知、数据共享、数据计算的基础平台，是支撑数字化改革的集成运行平台。

嘉兴市在省委政法委指导下开发"市域社会治理综合集成应用"平台，市—县—街道—社区各级平台按照统一标准、统一构架、统一规划统筹推进，为各部门、各层级、各领域改革提供统一支撑、予以统一赋能。平台以全市统一的数据库为基础，健全大数据采集、治理、共享开发和分析挖掘的体制机制，综合集成各类算法、组件、规则等，覆盖 36 种智能化算法和 17 种基础模型智能化算法，构建各领域"大脑"，支撑市域治理精准感知，科学分析、智能决策和高效执行（图 6-1）。

通过搭建统一化数据平台、规范标准化数据接入规则、推动多部门数据归集整合治理，嘉兴市的"市域社会治理综合集成应用"平台汇集全市楼宇、户室、人口信息、市场主体以及视频监控等基础数据，并与统一标准地址关联匹配，打造"市域社会治理全量信息一张图"项目。"市域社会治理综合集成应用"平台实现了"全要素接入、全方位调度、全力量触达、全过程管理"的"全息视图"治理场景构建，实现了对社会治理基础要素的精准掌控，推动了市域社会治理能力的整体跃升。

---

① 习近平：加快推进网络信息技术自主创新 朝着建设网络强国目标不懈努力[EB/OL]. http://www.xinhuanet.com/politics/2016-10/09/c_1119682204.htm，2016-10-09.

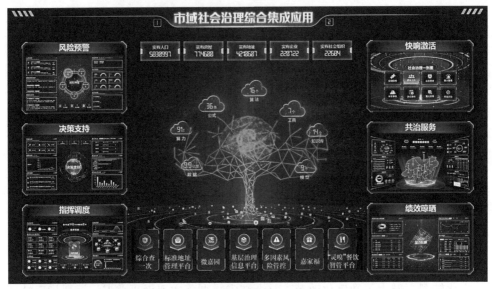

图 6-1 "市域社会治理综合集成应用"驾驶舱界面

"市域社会治理综合集成应用"平台的建立不仅反映了嘉兴市数据治理能力的提升，更重要的是实现了跨层级、跨部门的数据共享，以及流程再造与业务协同，推动构建了一套更高效协同的治理体系。一方面，让部门从重复性的数据收集事务中解脱出来，使得部门能够更关注自身本职工作，进一步提升治理与服务的专业化水平；另一方面，治理数据实现全生命周期管理，数据留痕，在积累治理经验的同时，也为部门绩效考核提供依据，倒逼部门提升治理效率与效能。此外，以建设统一化数据平台为契机，理顺不同层级、部门之间的工作关系，厘清了相应职能与能力，形成更为明确的权责清单，避免了相互推诿与避责行为，一定程度上解决了治理端的碎片化问题，根据实际治理需求，依据主体职能与治理流程将事务拆解派送到相应部门，有效整合部门间资源，以数字化为牵引形成治理合力，最终在治理结果产出上形成整体性，协同高效运作①。

2. 社会治理体制框架更加丰富，并不断完善，构建了共建共治共享的社会治理格局

协同治理是社会治理体系和能力现代化的重要维度。社会治理是政府、社会、市场等多元主体在制度框架下共同解决社会问题、回应社会需求的过程，因此推进社会治理现代化，不仅要求提升社会治理能力，更强调多元主体通过沟通协商实现公共价值②。如何利用科技支撑体系丰富完善社会治理的体制框架，增强社会

① 郁建兴，黄飚，2020. "整体智治"：公共治理创新与信息技术革命互动融合[J]. 人民周刊，12：73-75.
② 郁建兴，樊靓，2022. 数字技术赋能社会治理及其限度——以杭州城市大脑为分析对象[J]. 经济社会体制比较，1：117-126.

多元主体参与社会治理的意愿，搭建沟通对话、协商合作的平台，推动形成共建共治共享新格局，是建设稳定有序、充满活力的现代社会的关键。

嘉兴市按照四级部署、五级联动的建设思路，打造"一屏两端六场景"："一屏"即应用驾驶舱，集成六大场景可视化界面，实时展示市域社会治理指数等核心指标；"两端"即政府端和群众端，政府端侧重自上而下治理，群众端侧重自下而上参与；"六场景"即建设风险预警、决策支持、指挥调度、快响激活、共治服务、绩效晾晒六大场景，形成全周期闭环治理模式。

如第四章所阐述的，"微嘉园"建构的"一屏两端六场景"中的"两端"便包含群众端。秉持"发动群众、组织群众、依靠群众、服务群众"的理念，"微嘉园"在群众端打造集"党委政府号召、激发群众参与、多元协同共治"于一体的线上基层治理应用场景，汇集"嘉园共建""嘉园共商""嘉园共助""嘉园共学""嘉园共享"5大板块55个模块（图6-2）。

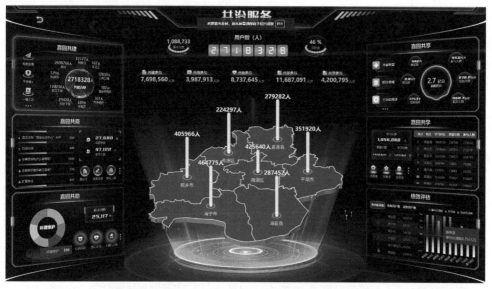

图6-2 "微嘉园"共治服务政府驾驶舱展示（截图）

截至2022年，"微嘉园"日活跃用户数达40万人次[①]，形成了人人参与、人人享有的市域社会治理格局，为居民自下而上提供进入端口，为社会多元主体参与、表达利益诉求提供畅通渠道，能够充分获取市民意见和建议，更好地掌握市民的治理诉求，并依据居民对服务的评价反馈优化公共服务供给。

"微嘉园"将社会治理的具体需求与行为进行细化、数字化转变，形成多样化积分兑换体系，运用数字化手段调动居民参与的积极性，市民在通过社会参与、

---

① 嘉兴："微嘉园"3周岁了，越走越稳了！[EB/OL]. http://www.pazjw.gov.cn/duiwujianshe/duiwudongtai/202210/t20221012_24915212.shtml,2022-10-12.

服务以获取非货币介质积分的同时，无意识地完成治理任务、参与社会治理①。此外，"微嘉园"探索建立了社会治理市场化撬动机制，围绕市场共赢推动商家入驻，为用户提供更多的积分兑换资源，进一步提升了居民参与的积极性。

2023年，"微嘉园"上线旅游段、停车券等多种兑换资源，累计积分兑换达40余万次，有效唤醒群众的参与意愿，推动参与常态化及可持续发展。同时，"微嘉园"与省农信联社签订战略合作协议，支持基层购置用于积分兑换的礼品，引导更多居民参与社区治理，加快形成共建共治共享的格局。

同时，这一应用搭建数字化沟通平台，有效推进社会的多元协同治理。"嘉兴众治"平台的搭建丰富了协商共治的方式方法，降低了协商的时间成本，打破了传统线下的空间限制，实现更高效、更及时的沟通交流，有效减少了治理供给与治理需求之间的信息不对称。通过数字化改革，激发治理的联动效应和共生效应，有效建立政社互动、政企互动、政民互动的联动机制，激励社会组织、企业、公众多样化、多渠道、多层次参与社会治理，解决了共建共治共享不充分的难题，为实现市域社会多元治理主体对于公共事务、社会议题的沟通、协商与融合发展开拓了线上空间。

"微嘉园"的建立不仅拓宽了服务与治理的供需对接的渠道，更呈现出市域社会治理中多主体协商共治的特征，兼具工具理性与价值理性。"微嘉园"综合运用多种激励手段将更多的社会主体纳入治理体系，提供共建共治共享的数字平台，充分发挥和动员市民参与数字化共同生产与市域社会治理，进一步推动市域社会治理体系的建设与完善。

（三）社会智能应用提升数据分析应用能力

治理模式的改革是加强和创新社会治理的前提与基础②，市域社会治理能力与治理体系的现代化转型，离不开市域社会治理模式的优化创新。新兴技术不仅在传统社会治理逻辑基础上依托智能化基础设施实现技术赋能，有力提高市域社会治理效率与效能，更会对社会治理造成思维冲击，为传统市域社会治理模式带来优化创新的契机③。这要求市域政府运用整体智治思维引领模式创新，以数字化、智能化为发展新引擎，在数字化转型与整体化实践中总结经验，探索创新治理模式，积极适应现代化、信息化市域发展新特征。

全国各地坚持强化社会治理智能应用建设，推进社会治理专门平台、专业系统、应用场景的规划建设，增强系统性、兼容性和实用性，不断拓展基于大数据

---

① 郁建兴，吴结兵，2021. 数字改革赋能未来社区治理[J]. 浙江经济，6：17-19.

② 王彦平，2014. 改革政府治理模式是推进社会治理创新的根本途径[J]. 当代世界与社会主义，6：141-145.

③ 郁建兴，陈韶晖，2022. 从技术赋能到系统重塑：数字时代的应急管理体制机制创新[J]. 浙江社会科学，5：66-75，157.

分析的智辅决策、智防风险、智助服务、智促参与、智能指挥，在更高层次、更高水平上赋能各级各部门社会治理工作。在市域社会治理建设与探索中，创新性地形成了以浙里执法有度行政处罚裁量监督应用、流动人口管理服务应用、"非伤人事故一件事"为主的一批社会治理智能应用系统。在社会治理智能应用的实践中，新兴科技与治理机制不断调适并走向融合，推动市域社会治理创新，系统性构建了"清晰型"治理模式、"动态化"治理模式、"服务型"治理模式，摆脱了复杂性带来的模糊决策困境，回应了社会的动态性管理需求，满足了新时代社会治理价值内涵，并从数据的归集、治理迈向更具体数据的应用实践，拓展了数字治理场景。

1. "清晰型"治理模式创新：浙里执法有度行政处罚裁量监督应用

市域社会系统的复杂性主要体现在系统内信息的数量、系统内要素间的互联性，以及非线性效应上。市域社会系统的复杂性不可避免地造成市域社会的模糊治理，降低社会治理决策的科学性与准确性，阻碍市域社会治理现代化。如何拨开复杂性给市域社会治理图景带来的迷雾，是市域社会治理现代化进程中不可回避的问题。学者们从信息获取广度与信息理解深度这两个解读公共部门信息能力的重要维度出发，逐渐确立了"清晰治理"的管理模式[①]。一方面，信息是行动的基础和前提，为决策提供现实依据，"清晰治理"能够更全面地掌握社会事实信息，通过物联设备、数字化平台，帮助市域政府远程获取全面、精准的现场信息。另一方面，"清晰治理"引入信息循证主义思维，为决策者提供辅助支持，通过数字化系统对复杂场景、海量信息进行提炼化简，转化成为具备"可读性"的治理数据场景，降低了分析难度，帮助治理者更好地把握社会事件规律。

以浙里执法有度行政处罚裁量监督应用为例进行说明，针对当前行政处罚裁量规则不完善、运用不规范、监督不精准容易引发不良社会舆情、市场主体和群众权益受损等社会公平正义问题，海盐县依托"大综合一体化"执法监管数字应用，构建行政处罚监督子场景。该应用以五横四纵架构支撑业务系统，构建多跨场景的模式。以多种数据处理手段结合裁量建议，实现行政处罚裁量全方位监督，构建了"裁量有据""裁量有度""裁量有督""裁量画像"四大应用模块。

"裁量有据"模块打通执法监督等多个系统，具备建立规范文件树、事项库、裁量因子库、专家库以及普法活动与群众监督等功能；"裁量有度"模块，根据选中的裁量因子智能推荐裁量规则、数据分析模型和典型案例，并提供裁量结果建议，对办案人员裁量行为进行规范预警，系统审结案件 2 万余件，构建裁量判

① 郁建兴，陈韶晖，2022. 从技术赋能到系统重塑：数字时代的应急管理体制机制创新[J]. 浙江社会科学，5：66-75，157.

别模型 72 个，涉及 28 个事项；"裁量有督"模块，形成行政处罚裁量"问题发现、预警、核实分类、处置反馈"监督全流程闭环。"裁量画像"模块通过将事中运用情况和事后评查结果细化量化赋分，形成对执法领域、地区、部门、个人的裁量运用的"精准画像"，并将结果反馈到裁量监督其他环节，增强各环节的闭环联动性（图 6-3）。

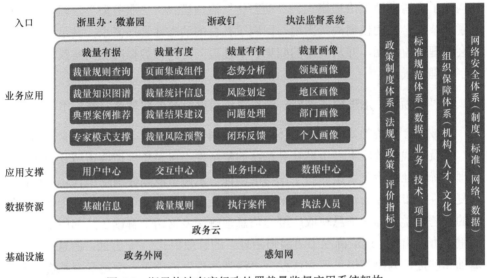

图 6-3　浙里执法有度行政处罚裁量监督应用系统架构

"清晰型"治理模式创新主要体现在决策依据与决策过程的清晰化上：决策依据清晰化，指的是依托市域信息感知系统提升案件信息获取广度，应用汇集海量案件及相关数据，实现了超越时间空间限制的信息获取，依托多元数据结构与高颗粒度数据深化对案件信息的理解，结合标识裁量因子推荐经典案例并提供结果建议；决策过程的清晰化，表现在通过智能化分析打开行政裁量权运行的"黑箱"，推动决策者行政裁量权行使由基于经验的主观性决策转变为依托案例、数据的可靠分析，通过留痕溯源具体执法主体与执法行为，实现对街头官僚裁量权的有效监督，使得执法机构案件办理流程更规范、案情梳理更清晰。

浙里执法有度行政处罚裁量监督应用在市域社会治理现代化的理论层面与实践层面均取得亮眼成绩：理论层面实现了"大综合一体化"行政执法改革与共同富裕示范区建设的融合，形成了四项制度创新、两个理论创新。实践层面有效减少风险案件、投诉举报、行政诉讼数量，大幅提升群众满意度。系统自 2022 年 6 月 30 日上架浙政钉以来，已有 500 余件案件参照模型流程办理，并参考、采纳了合理性结果，提出改进意见 134 条；通过模型验证，累计发现问题案件 40 件，均已移交至相关部门完成处理。

2. "动态化"治理模式创新：流动人口管理服务应用

改革开放以来，伴随着通信技术的发展、交通体系的完善发展、单位制的解体，中国逐渐进入了"高频率、大规模、长时期、广空间的'流动社会'"[①]。在传统社会中，严格的户籍管控、地理交通的阻碍限制了市域内部及市域间的社会流动，市域内部人口流动轨迹具有简单性、稳定性[②]，市域社会体系呈现出稳定性、结构化特征，政府实行单向度社会信息交流互动模式，处于市域社会信息的绝对垄断地位，依据采集的社会信息，实行市域社会的静态化、全管控治理。

不可否认，传统的静态市域社会管理模式在较长的历史阶段有效维护了社会安定，但是随着中国迈入"流动社会"，涌现的新问题、新现象加剧了矛盾与风险，传统的静态管理显得捉襟见肘，无法适应市域治理主体及其需求的深刻变化：市域社会主体呈现多元化特征，打破了政府对于市域信息的绝对垄断地位；开放性的市域社会系统也使得市域内人、物的流动性增强，市域社会要素数据具有海量性、多变性、实时性特征。市域社会治理亟待针对"流动社会"形成一种动态化治理模式，帮助治理者全面掌握社会治理信息变化，把握动态化市域治理全景，依据实时问题变化及其变化趋势，将社会风险治理关口前移，并有针对性地形成政策。

嘉兴市全市流动人口规模庞大，具有风险防患难度大、资源统筹难度大、社会融合难度大等突出特征。紧扣流动人口信息采集不精准、不及时，矛盾纠纷难掌握、不全面、多发易发等痛点难点，嘉兴市全力打造流动人口管理服务应用平台。通过推动多元参与，实现共建共享，流动人口信息采集向物业、中介、网格员等"八大主体"全员参与转变，实践试点中采集主体由原来的 736 名协管员扩大到 21 825 名"八大主体"，采集效率提升 29.7 倍；通过强化闭环处置，全面压实责任，建立人员、房屋、事件信息全流程闭环管理工作机制，24 小时协管员未上门核查，信息自动推送到社区民警，48 小时社区民警未完成核查的，将自动推送到所长，由所长督办，72 小时所长未督办的，将自动推送到县（市、区）主管部门；聚焦除险保安工作，强化数字赋能，通过智安小区、智慧工地等本地感知设备获取的数据与大数据碰撞，集中建模、分析研判，实时向各有关部门推送高危人员预警信息，人员预警推送 10 092 件，房屋预警推送 34.9 万件；实行码上服务，提升治理水平，提供码上积分、码上入学、码上就业、码上租房、码上法援等 11 项码上服务，推动落实常住地提供基本公共服务制度，全面提升流动人口享受公共服务的获得感、幸福感、融入感，线上申请办理发放居住证共 5.05 万张，

---

① 孔杰，2019. 大数据时代社会治理的困境与路径创新[J]. 行政与法，12：60-66.

② 杜晓燕，宋希斌，2019. 数字中国视野下的国家治理信息化及其实现：精准、动态与协同[J]. 西安交通大学学报（社会科学版），39（2）：117-124.

提供服务 50 万余人次（图 6-4）。

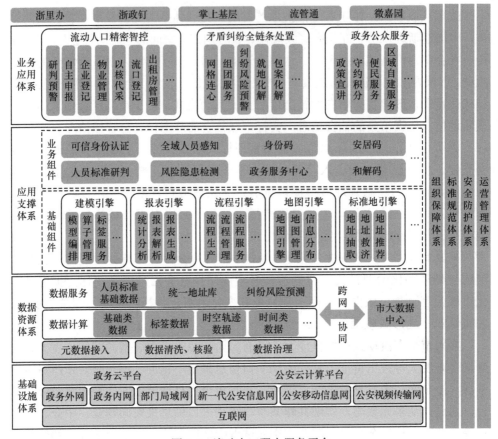

图 6-4　流动人口码上服务平台

　　流动人口管理服务应用试点上线以来，大幅度减轻了相关行政人员工作压力、提升了流动人口的管理效能，为推动市域社会动态化治理服务提供智慧化、智能化辅助。

　　针对旧模式与新形势不匹配的问题，嘉兴市不仅在技术层面赋能治理行动，更实现了数字化思维转变，推动治理模式更新。嘉兴市牢固树立整体智治思想，在流动人口管理服务应用、"浙里平安共创"应用的建设实践中形成了"动态化"治理模式创新：坚持整体性思维，把握"动态社会"治理结构的整体性，横向为多元治理主体有效有序参与数据搜集、人口管理提供渠道，治理向度由单向向互动转变，纵向进行闭环处置，落实相关部门层级治理责任；坚持智能化思维，抓住"动态社会"数据动态性特质，以智能化代替人工化，运用数字化、智能化技术赋能动态社会治理，依托基层信息感知系统形成数据的自动化搜集、智能化分析，提升对动态事件感知、分析、处理的速度与准度。嘉兴市的市域社会治理"动态化"模式是针对动态社会治理模式的创新，它能够牢牢把握动态社会的突出特点，运用整体智治思维，实现全天候、全方位、高效率的市域治理与服务。

3. "服务型"治理模式创新：非伤人事故一件事

嘉兴市推动市域社会治理现代化，核心是以人为本，最终实现人民的安居乐业，人民的诉求是治理的出发点与落脚点。可见，市域社会治理的现代化不仅表现为治理方式、治理体制机制的转变，实质蕴含更深层次的治理价值与内涵的转向，即市域政府需要在现代化进程中逐渐转变职能，推动从管理到服务的行动理念转变，奠定以人为本的城市发展旋律，坚持一切社会治理活动的根本都是"为人民谋福利"[①]。传统的市域社会治理中强调管理理念，更关注发展的效率，强调集中市域资源优势，聚焦经济发展与生产力提升[②]。随着进入新时代，我国积极推动共同富裕建设，发展理念也从发展型向共同富裕转变，市域作为社会要素的重要汇聚节点，如何最大限度地发挥市域综合优势，实现对基层的服务辐射与积极影响，使得市民能够共同享受市域发展创造出来的福利，是新时代市域社会治理直面的重要问题[③]。嘉兴市积极展开"服务型"治理模式创新探索，形成了非伤人事故一件事、遗产继承一件事等一批代表性应用，实现了市域社会治理理念与价值的人本化转向。

针对传统事故处理模式中存在的群众现场等待时间长、理赔多头跑，交警部门、保险公司任务繁重，次生风险隐患大等问题，嘉兴公安机关秉承"小切口、大场景"的理念，深入推进非伤人交通事故处理数字化改革，实现"云端"快处快赔。

"嘉兴事故云处"应用打通了多元数据通道、集成了多方业务，夯实了改革数字底座：全面汇聚银保监、公安交管、城市大数据中心等6大类数据，贯通公安交管"六合一"等30套平台系统；制定了全国首个公安交警与保险公司的数据交互接口规范，支撑同一应用与多家保险公司交互数据，人保、太平洋、平安等全市26家保险公司管理平台全贯通，整合信息流、业务流。

同时，"嘉兴事故云处"围绕交警处警定责、保险理赔服务两大核心处理业务，精打细算做减法、提效能：以"流程重塑"为改革中心要务，交警与保险的处理流程实现在线衔接，并将"处警、定责、保险勘查"3项业务流程融合上云，简化事故处理步骤；制定了"嘉兴事故云处"系统交警操作规范，明确了受理、处理、责任认定、录入流转四个方面的内容，以及受理范围、人员配置、处理步骤、定责标准等18项细则，实现了业务流程标准化。

自"嘉兴事故云处"应用上线以来，截至2023年，实现快处事故24.9万余

① 徐猛，2014. 社会治理现代化的科学内涵、价值取向及实现路径[J]. 学术探索，5：9-17.

② 郁建兴，刘涛，2022. 超越发展型国家与福利国家的共同富裕治理体系[J]. 政治学研究，5：3-12，151.

③ 郁建兴，吴结兵，2021. 市域社会治理现代化的内涵、重心与路径[J]. 国家治理，21：3-6.

件,占事故总量的 63.3%,从报警到赔付到位时间压缩 80%,群众满意率达 99.37%。

市域社会治理现代化的基石是以人为本,嘉兴实践中涌现出的非伤人事故一件事、遗产继承一件事等一批应用均围绕居民生活中的具体场景,聚焦居民的实际体验感,旨在提升业务的处理效能、减轻居民负担,切实提升社会服务效能与效率。应用的落脚点、切入口相较于传统应用更小,治理目标更为具象,这样小切口、问题高度聚焦的应用开发实质上反映出了社会治理理念从管控向服务转移,呈现出市域社会治理价值化转向[①]。从经济角度以及效率角度,仅针对治理交通管理体系中的某一特定场景,抑或是生命周期服务供给中的一截链条,投入大量人力、物力开发应用,显然是不够经济、不够高效的。但是开发应用的社会价值不能单纯通过经济衡量,从居民角度分析,两个应用均切实建立在居民具体的生活场景上,解决居民在事件办理中的痛点与难点,切实提升了居民满意度与幸福感。两个应用实际表现出嘉兴市市域治理中的治理价值取向的转向,应用的建设目的不再是为了应付考核任务,而是满足居民实际诉求;应用的建设逻辑也不再是自上而下的被动完成,而是自下而上的自发建设,无疑呈现出一种以人为本的"服务型"治理新模式。

---

① 朱进芳,2014. 社会治理模式创新及实现条件[J]. 人民论坛,4:39-41.

下篇

市域社会治理能力现代化

下篇　市域社会治理能力现代化

第七章 市域统筹协调能力

市域社会治理把社会治理的重点从县一级向市一级提升，强调了市级党委政府在社会治理中的主导作用，相对县域而言，市域社会治理统筹层次更高，面对的社会经济形式也更加复杂。因此，市级党委政府需要落实社会治理职责，对市域社会治理进行工作谋划、整体部署、统筹协调，构建权责明晰、高效联动、上下贯通、运转灵活的市域社会治理体系。

一、市域社会治理统筹协调面临的挑战

改革开放以来，我国经历了世界历史上规模最大、速度最快的城市化进程。随着城市化的快速发展和人口在城市的大量集聚，社会结构、社会组织形式以及社会利益格局都发生了深刻变化，市域成为经济活跃、社会繁荣的热土，也是利益博弈、矛盾纠纷发生的主要场域，是社会治理的主阵地。城市产生首要的外化基础是人口的集聚，继而由于人类的活动，城市形成了诸多新特性，这些特性在促进经济社会发展的同时，也使得社会治理面临新的挑战。

（一）集聚性

人口的集聚是城市化最显著的特征之一，1978 以来，城镇常住人口由 1.7 亿人增加到超过 9 亿人，当前，我国 65%以上的人口生活在城市。人口的迅速集聚带来了新的社会问题。城市化快速发展中出现了城乡交界处的群租房、城中村等"半城市化"现象，导致了社会治安风险显著上升。这些区域的管理大多不太规范，人员拥挤，存在卫生问题和安全隐患，也往往是矛盾纠纷、治安问题高发的区域。除了在市区内通过各种方式增加住房供给，城市也在向外不断扩张。城市四周不断建立起以高层塔楼为主的新型小区，这些小区往往占地面积大、入住居民多，因此，要对这样的小区进行管理，回应居民诉求，管理进出的人员与物资，对于社区工作人员和物业人员来说都是具有挑战性的。

从公共服务的角度看，人员集聚带来的是公共服务不足。更多的居民意味着对公共服务的需求不断增长，但公共服务供给的增加往往是一个长期的过程。另外，在人口高度集聚的区域，可能存在空间上的种种限制，导致公共服务供给短期内无法增长。同时，封闭式小区也打断了城市公共空间的连续性，在物理上邻近的区域可能由于围墙等隔断，使小区内部的公共服务无法得到有效的共享利用。

同时，城市中密集的建筑和拥塞的环境也使居民的心理发展产生了一定的变化，居民亲近自然开阔的空间的机会比起传统农业社会显著减少。因此，市域社会治理面临的第一个重要挑战，是如何提升治理效能，增强服务能力，解决城市集聚的负外部性问题。

（二）异质性

与传统前现代社会以亲缘关系为主的社会联系相比，次级社会关系在更广阔的城市中得到发展。城市的包容性和差异性体现在其容纳了来自不同阶层、不同民族和种族的人群。异质性意味着城市中的人群可能有不同的价值观、行为方式、利益要求、文化习俗。一个群体的传统和常态，另一个群体可能完全不了解。异质性的社会与传统的、以亲缘关系为主的前现代社会相比，不同群体之间有更多的互动。但随着市场化的深入和城市发展的不均衡，异质性的社会群体也带来了更多的利益冲突。由于无法诉诸共同的传统来解决问题，为了适应城市生活、应对挑战，城市中的人际关系和交往更多地表现出非人格性和契约性特征。因此，市域社会治理面临的第二个重要挑战，是如何凝聚共识促进协商，化解异质性的群体之间的矛盾冲突。

（三）流动性

流动性作为现代社会的一个重要特点，也体现在城市中。随着传统生产方式的消失，众多的居民可以不必长期在固定的地点从事固定的工作。从空间维度上看，流动性既体现为国家或区域尺度上的人口跟随不同地区经济机遇的长距离流动，也体现为城市尺度上的人口跟随城市不同位置的居住成本的市内流动。从时间维度上看，流动性体现在，与传统的前现代社会中同一区域的大多数居民都在类似的时间在相同的物理空间内逗留不同，现代社会中不同的居民在一年内不同的季节、一日内不同的时段，都会出现在不同的场所。

流动能带来生活的新机遇，同时也可能无法形成稳定的社会关系。建立信任机制是解决市场机制中道德缺失问题的重要方式，但信任关系需要通过长期而稳定的互动才能形成。随着流动性的加快，城市的居民在城市改造中日益变得陌生：一方面，新居民嵌入于各个社区；另一方面，拆迁解构了街坊邻居原有的社会关系。人与人之间居住在一起，但却相互不认识，甚至于一个单元的门对门居民，也没有充分的互动机会。因此，原有的社会团结模式被解构，但新的社会团结机制尚未形成①。

在我国的社会治理中，由于市域面积广、治理水平差异大，在流动人口管理

---

① 张翼，2020. 社会发展、结构变迁与社会治理——"十四五"社会治理需关注的重大问题[J]. 中国特色社会主义研究，3：5-13.

等方面容易形成社会治理的真空期、断裂带、空白点，市域社会治理面临着社会整合和风险防范的重大挑战。因此，市域社会治理面临的第三个重要挑战，是如何推动互动培育信任，减少流动性带来的陌生感与区隔感。

二、市域社会治理统筹协调中存在的问题

传统的市域社会治理往往采用科层制导向的层级治理模式。这种层级治理关注城市空间规模和社会失调问题，通过组织化管理来应对城市挑战。层级治理将事件按不同侧面进行分类，并利用专业化的部门来解决治理中出现的具体问题。这一治理模式的优点在于上下一致，有助于统一高效地执行上级指令，以服务于整体发展[①]。但是，基层人员的任务由上级明确规定，一旦超过一定限度，就缺乏足够的权力、信息和技术能力来做出决策，只能向上级汇报。只有处于顶层的决策者才能掌握足够的信息，做出适当的决策。虽然这一模式适用于处理常规性事务，但无法高效地以整体性模式应对市域社会治理中的新挑战。

（一）公共事务碎片化

层级化的治理模式的一个重要的特征就是公共事务的碎片化。专业化的部门负责整体性需求的不同侧面，而平行的部门之间又缺乏沟通协调，导致公共事务管理与服务的提供形成了各部门负责本专业领域事务的碎片化模式。这种碎片化的结构体现在以下三个方面。

首先，市域社会治理中存在部门和属地间难以贯通的问题，增加基层负担，降低了服务提供效率。一些部门借"属地管理"之名将治理任务层层转嫁给基层，导致基层承担了大量的社会治理事务。居委会和村委会出现了明显的行政化倾向，承担各条线部门任务，难以调配更多资源去了解与满足居民需求[②]。同时，过去受计划经济体制的影响，传统城市公共服务提供过程中，片面强调政府的主导作用和政府机构建设，忽视社会组织作用的发挥，这是导致社会组织发育不良的重要诱因。即使有社会组织参与公共服务提供，由于信息收集和处理方式落后，也经常出现服务提供效率低下的问题。在这种情况下，市民不断增长的需求成为城市政府的巨大压力，进一步加剧了公共服务有效供给不足的矛盾。

其次，城市治理中部门治理存在封闭性的问题，限制了治理主体能力的提升。"专业化—部门化—利益化—制度化"的路径依赖直接导致城市治理面临"高成本、低效率"的制度困境[③]。随着市域治理事务的逐步复杂化，专业部门不断扩张

① 吴晓林，2020. 城市性与市域社会治理现代化[J]. 天津社会科学，3：75-82.

② 章群，牛忠江，2022. 市域社会治理现代化：内涵逻辑与推进路径[J]. 西南民族大学学报（人文社会科学版），8：80-86.

③ 黄蓝，2019.政府购买公共服务困境及策略研究——以 W 区为例[J].创新，13（1）：73-80.

增加，社会治理的架构逐步部门化和碎片化。因此，行政领导调控、干预与获取信息的途径在一定程度上受到了限制，条线部门间缺乏合作与协调，从而影响行政效益和效率。在执行机制上，形成了以部门利益驱动为主导的制度偏差，少数部门通过刚性的制度安排巩固部门的最大化收益。部门与属地机构之间关系紧张，存在推扯责任的现象，缺乏与多元治理主体的良性互动和协调，导致"各人自扫门前雪""踢皮球"现象屡见不鲜，损害了城市整体治理能力的提升①。

最后，城市公共服务提供中跨地域部门协作匮乏。传统的城市公共服务提供过程中，行政地域边界或者户籍边界往往成为城市公共服务提供的刚性边界。这既导致了相近地区高政绩回报公共服务的过度供给，又加剧了这些地区内部低政绩回报公共服务供给缺失的矛盾②。同时，跨地域部门协作的匮乏导致了公共服务分布的地域不均，与基本公共服务均等化的目标相背离。

公共服务的碎片化导致群众需求得不到很好的响应，同时也降低了事件处置的及时性。实际情况是，群众的需求通常是综合性的、连贯的，但由于公共服务的碎片化，所需事务的不同环节被分散在各个部门之中。为了完成某项事务，群众需要在不同的部门之间奔波，这大大提高了获取公共服务的成本。因此，碎片化的公共服务无法满足群众日益增长的对高效率、高质量公共服务的需求。此外，市域社会治理涉及多个部门，当部门之间缺乏统筹协调时，特定部门无权处理具体问题，就可能出现"看得见的管不着，管得着的看不见"的情况。因此，即使发现了问题，由于部门之间的沟通和协调行动存在时间成本，事件处理的时效性也受到了不同程度的影响。

（二）沟通协调不畅与监督不力

科层制理论认为，层级节制原则适应权力体系和行政组织的运行特点，公共管理机构及其人员在监督和控制的链条上行使相应职权，以此达到提高效率、服从纪律的目标，但当机构不断扩张、科层链条过长时，从基层到上级的信息传递的成本可能不断增加，基层的信息难以传递至上级，上级也无法对基层的行政情况进行有效的监督，因此可能出现沟通不畅和监督不力的情况。

沟通不畅倾向是指等级化权威结构对顺畅指挥和执行命令造成阻碍，未对"为政，通下情为急"予以足够认识，在看重上传下达甚于下情上达的情况下，可能导致组织内部信息传导失真和资源传递不畅③。

监督不力倾向是指位于科层组织顶端或监督体系上位的主体难以迅速及时地

① 章群，牛忠江，2022. 市域社会治理现代化：内涵逻辑与推进路径[J]. 西南民族大学学报（人文社会科学版），8：80-86.

② 张贤明，田玉麒，2015. 整合碎片化：公共服务的协同供给之道[J]. 社会科学战线，9：176-181.

③ 马雪松，2020. 科层制负面效应的表现与治理[J]. 人民论坛，25：46-48.

获知具体情况或深入到位地了解相关事由，从而降低行政组织效率并滋生违纪短视行为；层级隔阂可能导致选拔机制和责任机制的失灵，增加资格筛选与能力认定的难度。

当城市规模扩大时，监督不力不仅是由沟通不畅造成的，还可能因为部分公共事务所需的资源由下级部门直接负责，则上级部门可能无法进行统筹等原因造成的。在我国县域经济快速发展的阶段，各地推行的"强县扩权""省直管县"管理体制改革推动了县域经济的快速发展，但也相对弱化了中心城市的集聚辐射作用。在区域发展格局中，中心城市往往是重要的增长极，发挥着集聚高端创新要素、统筹共享公共资源等作用。然而，以县域行政区划为主，对区域经济社会发展进行分块管理，对区域中心城市发展产生消极影响，使得中心城市对周边县域的统筹、引领和带动作用大为减弱。部分地级市市区财政总额占比较小，由于财力不足、缺乏资源，市级的统筹能力不强（表7-1）。当城市治理遭遇大规模危机和风险时，基层街镇、乡镇、村庄或社区通常缺乏相应的能力、资源和权限来处理问题。但是，如果发生安全责任事故等严重后果，属地政府也需要承担相应的责任。为预防这些危机，需要进行资源调配，这需要市级治理主体进行统筹协调。因此，需要增强统筹协调能力，以摆脱"能发现问题却解决不了问题"的有责无权的治理困境[①]。

表 7-1　2022 年浙江省地级市、市区和县与县级市财政情况[②]

地区	地级市/亿元	市区/亿元	县与县级市/亿元	市区占全市比重/%
嘉兴市	596.47	183.84	412.63	30.82
金华市	489.16	102.03	387.13	20.86
丽水市	170.86	59.89	110.97	35.05
台州市	440.75	171.41	269.34	38.89
湖州市	387.3	163.1	224.2	42.11
温州市	573.9	272.87	301.03	47.55
衢州市	173.1	87.41	85.69	50.50
绍兴市	540.9	361.69	179.21	66.87
宁波市	1680.3	1231.54	448.76	73.29
舟山市	156.15	127.47	28.68	81.63
杭州市	2450.6	2333.17	117.43	95.21

（三）治理能动性弱

层级化的组织结构决定了其具有稳定的结构，专业化分工可对已有问题进行

---

① 郁建兴，吴结兵，2021. 市域社会治理现代化的内涵、重心与路径[J]. 国家治理，21：3-6.

② 杭州开始反超苏州？2022 年，浙江省 11 市、90 县（区）财政收入排名[EB/OL]. https://www.163.com/dy/article/HSTLGE 560519AAE3.html，2023-02-06.

高效的解决，但当出现新问题、新变化时，科层制的稳定结构自发化解问题、开展工作的意愿不高，缺乏整体性视角，难以应对治理的新挑战。

首先，层级化治理可能造成安于现状的弊病。由职能分工和机构分设形成的"部门墙"可能降低工作沟通与信息传递的效率。部门倾向于从事本领域内有绩效要求的工作，所以当机构需要处理职责交叉、棘手的事务时，由于这些事务可能不属于自身职责范围，部门存在避责的考量，从而不积极推动涉及职责交叉的工作。

其次，存在奉命唯谨与缺乏变通的弊端。科层制的权威等级结构和垂直命令体系，有利于发挥令行禁止和如臂使指的效果，但在现实中也往往产生唯命是从的职员。科层制中的领导者身居更高位置、拥有更大权力、获取更多信息，可能导致部分职员习惯于领办事务却未详事理，不愿动脑思考、不肯开口发声，从而压抑了主动性和创造力，不利于积累实务经验、培养研判能力。同时，科层制的任务执行、监督活动和绩效考核会积蓄压力势能，一些职员在周而复始的业务操持和委重投艰的工作状态中，承受组织约束、职业发展、角色预期的较大压力[①]。

最后，存在照章办事与不合时宜的弊端。科层制有着有章可循的组织规程，有利于减少分层执行中的随意专断和处置事务时的私人情感。但是，在现实中，科层制也可能导致组织循规蹈矩，有时甚至无视实际形势的变化。这种现象主要体现在三个方面：一是强调执行活动的准确性、稳定性、可靠性而按部就班，过于照章办事而未能有效回应公众需求，重视常规活动而在紧急反应中举措失当；二是强调组织架构的整体性、体系运作的连贯性而忽视个体成员的能动性和具体岗位的反应性，未能充分认识公职人员个性发展和各级部门信息反馈的长远意义；三是强调组织系统的自成一体和执行过程的严规细则而陷入利益封闭和拘泥陈规的泥淖，在路径依循中不顾形势变化而无法应对现实状况[②]。

地方的治理能动性弱，体现在涉及跨地区协调的重大项目时，缺少足够的沟通而造成重复建设或产生邻避效应。对于能带来良好收益的项目，地方之间可能存在过度竞争，甚至重复建设的情况；对于可能造成生态污染，具有公共性质的项目，如建设垃圾处理厂等，地方不愿接受，或即使建设，也设在辖区的边缘地区，以将其对本地的影响降到最低，而较少考虑这些项目对相邻辖区的影响。因此，涉及具有重大决策稳定风险的项目，应由更高的行政层级进行统筹协调，综合考虑自然因素和社会经济环境，在市域内进行均衡化布局，以实现对环境和社会的效益最大化与危害最小化。

---

① 马雪松，2020. 科层制负面效应的表现与治理[J]. 人民论坛，25：46-48.
② 马雪松，2020. 科层制负面效应的表现与治理[J]. 人民论坛，25：46-48.

三、市域社会治理统筹协调能力建设的实践经验

无论是从市域社会治理面临的挑战还是当前社会治理体制机制改革的现实问题来看，市域社会治理都具有鲜明的制度导向。市域社会治理的核心是制度建设，加快推进市域社会治理现代化，就是要形成市—县（市、区）—乡镇（街道）权责明晰、高效联动、上下贯通、运转灵活的治理体系，整合各层级、各部门力量形成社会治理合力，在体制机制上解决困扰基层社会治理的"痛点"和"堵点"，赋能基层社会治理，提高基层社会治理成效。

（一）党建引领机制

集中力量办大事是成就"中国之治"的制度保证和显著优势。集中力量办大事实现了在极端落后条件下的赶超发展、不断战胜前进道路上的各种风险挑战，能够有效实现好、维护好、发展好人民群众的根本利益[1]。在嘉兴市市域社会治理统筹协调机制建设进程中，党建引领充分发挥了总揽全局、引领一切、协调各方的领导核心作用，为市域社会治理统筹协调机制建设提供充足而有保障的制度资源、组织资源和人力资源。

随着经济社会的快速发展和城市化进程的加快，社会结构越来越呈现出个体化的趋势，城市居民的流动性日益加快、异质性日益增加。面对城市治理出现的问题与挑战，各级党组织通过组织动员、资源链接与服务链接的方式，激发城市治理活力。嘉兴市始终坚持以党建为引领，构建党组织统一领导、资源充分整合、群众广泛参与的治理模式，不断完善具有嘉兴辨识度的社会治理体系。

1. 完善党委全面领导工作、统筹协调监督体制

党委全面领导工作是市域社会治理现代化的本质要求，地方党委是地方中心工作的关键主体，在组织层面，具备打破现有组织边界构建临时性部门及专班的协调机制；在资源层面，能够统筹整合各类资源集中力量办大事；在人力层面，可以综合运用各类奖惩机制实现高效的动员与组织。

在市域社会治理的现代化进程中，嘉兴市坚持完善党建引领的治理体制，将党的领导贯彻到市域社会治理的全方位各领域。2019年3月，嘉兴市就成立了由市委书记、市长任正、副组长的市创建市域社会治理现代化先行市领导小组，建立了全省首家正处级社会治理综合指挥服务中心，统筹推进市域社会治理工作。全国市域社会治理现代化试点启动后，嘉兴市在先行市工作领导小组之下成立五大工作组，分别由市领导领衔推进。

坚持重大事项由党委领导负责。嘉兴市委将推进嘉兴市社会治理现代化的重

---

[1] 郝永平，黄相怀.2020.集中力量办大事的显著优势成就"中国之治" [N]. 人民日报，（9）.

大政治任务，摆上重要议事日程。市委常委会定期听取市域社会治理现代化试点工作进展情况，市委、市政府连续出台市域社会治理现代化专门的政策文件，制定市域社会治理现代化"十四五"规划。

坚持党委全面统筹协调工作。各级政府在党委领导下全面设立领导协调小组，完善实体化运作制度机制。健全部门间信息互通、资源共享、工作联动机制。健全跨区域、跨层级协作机制，充分发挥党组织统筹全局、协调各方的作用，为工作顺利开展提供组织保障。

坚持党委长效监督。市委市政府将创建市域社会治理现代化先行市纳入党政目标责任制考核和市委市政府重点工作督导范畴，每年组织开展专项督促检查工作。将市域社会治理现代化工作纳入各级领导班子和领导干部述职范畴，并将考核结果作为干部综合评价的重要参考，落实褒奖问责措施，为工作落实落细提供保障。

2. 建立党建统领、网格智治体系

网格化管理本质是政府行政力量在基层的延伸，也是管理向基层下沉的重要载体（吴结兵，2020）。党委政府为了更好地发挥组织动员能力与资源链接能力、确保工作推进与政策执行的广度与精度，通过对治理单元的进一步细化、网格员队伍建设的再组织化、现代信息技术的应用，构建了基层社会治理的新秩序，形成了党建统领的网格智治体系[①]。

截至 2022 年，嘉兴市已实现基层网格的基本覆盖。在划定网格的基础上，嘉兴市通过发挥党员、干部在基层社会治理中的骨干作用，构建党建引领的治理体系。为了推进基层党建与基层治理融合工作，嘉兴市由组织部和政法委牵头，成立了由市委书记任组长的新时代"网格连心、组团服务"工作领导小组。同时，嘉兴市也通过对应"镇街—村社—网格—微网格—户"的五层基层治理体系，构建"镇（街道）党（工）委—村（社区）党组织—网格党支部—微网格党小组—党员先锋站活动阵地"的党组织五级架构，有效推动了党建引领的基层治理组织架构的快速完善。

激活主体活力，推动专兼联网格力量全面覆盖。在党建引领的基层网格建设中，嘉兴市充分发挥党组织统筹全局、协调各方的作用，统筹专业力量、社会力量与居民力量，推动治理主体的多元化。在网格人员配备中，嘉兴市按照"1+3+N"的配备要求，在每个网格配备了网格长（村社干部）、专职网格员（镇街招聘）和网格协管员（网格中心户、楼道长、三小组长和社区辅警等），并动员机关在职干部、热心群众、企业技术骨干等作为微网格长。全市每个网格皆配备网格长、专职网格员、兼职网格员，微网格全部配备微网格长。对社会力量的

---

① 吴结兵，崔曼菲. 数字化推进市域社会治理现代化——以嘉兴市为例[J]. 治理研究，2021，37（6）：43-51.

统筹和动员,有效充实了基层治理力量,提升了基层治理能力。

数字赋能党建引领,构建全场景数字化应用支撑。嘉兴市结合线下新时代"网格连心、组团服务"机制,于2022年5月开发上线了平战结合的"浙里网格连心"应用。

为了提高多场景下的适用性,该应用集成了先锋引领、连心服务、战时集结、镜像分析、综合运用五大场景,在场景中包含了党员报到、连心走访、问题办理、红哨组团、评价分析等实用功能,充分推动了不同情境下的数字化治理。同时,通过整合来自基层治理四平台、12345等不同平台的数据资源,"浙里网格连心"应用推动实现了现状分析、部门协同、指令传达、成效呈现、问题凸显等功能。通过党员干部的积极使用,"浙里网格连心"应用实现了党员对群众的联系走访,推动了村社网格问题事项的解决,在基层开展众多服务事项,有效回应了群众的需求,推动治理效能的提升。

提升社会力量统筹能力,夯实党建引领基础。嘉兴市围绕"上统下分、强街优社"改革,推动基层资源的集成整合,完善党建赋能社区物业机制,推动党建联盟建设,促进基层党建与治理能力提升相结合。

为了实现党建引领物业的健康发展,嘉兴市持续完善党建引领物业的组织体系,推动党组织引领物业发展。嘉兴市积极推动物业企业通过单独组建或联合组建的方式建立党组织,并启动"红色物业"创建活动,通过出台政策引领工作推进方向,多措并举推动物业领域党的工作覆盖和组织覆盖,形式多样地打造红色物业党建阵地。截至2023年,全市历年累计市级红色物业项目99个,省级红色物业项目42个[①]。

同时,为了推动基层事务的协调治理,嘉兴市积极构建全域党建联盟。党建联盟的设立以产业相近、资源相融、功能互补为原则,包括抱团发展、产业融合、美丽经济、毗邻互通、治理联动等主要类型。通过建立健全组织共建、资源共享、产业共融、治理共抓、事务共商的协同运行机制,嘉兴市推动了各类发展和治理难题的解决。

统筹反馈监督机制,推动实现整体性评价。以"微嘉园"等线上平台评价作为监督考核标准:突出群众满意导向,群众通过数字平台上报的事件,处置结果逐级反馈给报事人,并由报事人在线上作出满意度评价,评价结果作为处置事件部门目标责任制考核的重要依据。反馈监督机制有效实现了事项办结率与满意率的提升,回应了群众的诉求。

强化考核评价:为了提高考核工作成效,嘉兴市建立了由季度评定和年度考评相结合的网格星级管理制度。为推动社区党组织网格事务工作责任的落实,嘉

---

① 市房地产与住房保障管理服务中心.红色物业创建再上新台阶,31个项目上榜[EB/OL]. https://jsj.jiaxing.gov.cn/art/2023/1/19/art_1228964154_58932282.html, 2023-01-19.

兴市以群众评价与网格评议为重要参考，将相关职能部门下沉力量、镇（街道）干部、村（社区）干部、专职网格员的工作责任和工资绩效进行挂钩，实现党委力量对基层工作的有效指引监督。

3. 建立党建引领的基层服务体系

聚焦党建引领的问题导向模式，建立联系服务群众"包干制"。为了加强党群干群的联系，更多地了解群众需求，开展党建宣传，解决民生难题，嘉兴市建立了市级领导包县（市、区）、县级领导包镇（街道）、镇级领导包村（社区）制度。市县镇干部全部下网格进家庭、入企业，明确网格内的联系户，经常性开展走访联系活动。

同时，为了提升基层能力，统筹党员力量，嘉兴全市全面推行在职党员到居住地报到亮身份，编员进组定岗位、定责任、定奖惩"一编三定"制度。每名党员联系网格内 10 户左右群众，为了确保"提名知人、提事知人"，嘉兴市落实"三必到、七必访"连心制度，做到搬迁入住、家庭矛盾、邻里纠纷必到，新婚家庭、新生小孩家庭、考取大学家庭、生病住院家庭、丧事家庭、当年退役军人家庭、获得市级部门以上荣誉的家庭必访。通过统筹党员干部力量，嘉兴市充实了基层的服务力量，更好地帮助群众解决切实困难，密切了党群联系。

统筹信息反馈渠道，实现问题诉求全收集。为加强交流互动，掌握群众诉求，现场解决矛盾或确保提交网格连心工作机构的事项得到统筹落实，嘉兴市将每月 25 日确立为网格服务日。党员干部于这一日进格入户，与群众面对面交流，了解群众实践中群众关心的或存在困难的事项。同时，为了实现与群众的长效持续互动，嘉兴市还引导党员干部主动融入居住地的社区活动团队之中。

为了动态掌握民情民意，嘉兴市统筹协调各类基层人员，多方面实现基层信息的收集与更新。网格内的人、物、地、事、情等信息，通过网格长和专职网格员、兼职网格员、包联人员等网格治理团队进行全面采集和动态更新。

为了更好地提炼共性问题，嘉兴市统筹受理的高频网格诉求，通过综合研判，梳理出老旧小区改造、停车位缺乏等五类群众最关心的网格事项，纳入 2022 年政府民生实事工程重要参考项目，实现了问题反馈从个性到共性的数据统筹利用，提升基层治理成效。

统筹资源配置，实现服务多元化供给。为了推进行政执法权限和力量向基层延伸，深化"镇街吹哨、部门报到"机制，嘉兴市统筹行政资源，不断完善机关部门联村（社区）入网格、驻村指导员、驻企服务员等制度，有力地推动了基层治理跨部门、跨层级协同运转。

为了更加精准地满足群众多元化需求，嘉兴市通过组建服务团队，统筹不同的行业力量，将法官、检察官、警官、律师、教师、医师等多方力量引入网格，为群众提供政策、技术、信息、文化等各类服务支持。

　　为了统筹社会力量，更好地满足群众多元化需求，嘉兴积极引育孵化社区社会组织，扶助社会公益项目。社会组织的专业服务是实现服务多样化供给的重要途径，嘉兴市通过培育发展公益类、慈善类、文体类、互助类网格志愿服务团队，使丰富多元的公共服务产品对接群众需求。

　　着眼未来，需要加强党对社会治理的全面领导，牢固树立"嘉兴无小事、事事连政治"的理念，加强党委全面领导社会治理体制机制，将推进社会治理现代化融入市域经济社会发展全过程。探索党建与市域社会治理深度融合的途径和载体，推动将党组织有效嵌入各类基层组织，构建区域统筹、条块协同、上下联动、共建共享的党建工作格局。

（二）纵向统筹机制

　　纵向治理在传统到现代的演进中始终面对着不可避免的矛盾与问题，即纵向权力配置问题，基层分权不足往往会导致治理活力受限，而基层分权过度则可能滋长威胁统筹的要素与力量。无论纵向治理的模式与机制如何变化发展，其核心目标都始终保持一致，即提升治理效率与维护政权稳定。基于此，构建好市域社会治理的纵向统筹机制，一方面需要围绕治理效率问题，以事项为载体进行流程再造，破解纵向治理信息交互不畅与组织结构僵化的问题；另一方面需要围绕权力配置问题，结合技术手段探索纵向组织体系优化的"递归结构"，充分赋权以实现组织能力最大化。

　　嘉兴市在市域统筹领域坚持统分结合。通过宏观强化统筹，微观放权赋能，加强市级在规划布局、重要资源配置、重大基础设施等方面的统筹，提升县级在经济发展、社会治理、政务服务等方面的能力，增强市域发展合力，提升县域发展活力，形成市—县（市、区）—乡镇（街道）权责明晰、高效联动、上下贯通、运转灵活的治理体系。

1. 突出"统分结合"，打造市域一体化工作体系

　　建立市域统筹清单机制，提升城市重大政策、项目的科学性、有效性。为了发挥市域最优治理半径和最大政策边际效益的优势，嘉兴市建立了市域一体统筹清单机制，统筹重大项目等的布局与实施，通过集成市域的行政力量与管理手段，集中资源，解决难题。同时，为了确保决策风险较大的项目平稳实施，嘉兴市加强市域社会治理战略、政策、规划、制度、标准等的统一制定实施，并完善涉"邻避"类重大项目统筹机制，确保该类项目在市域内科学布局，实现效用的最大化与风险的最小化。

　　完善重大事项风险评估机制，确保政策实施风险可控。对涉及平安稳定的重

大事项，嘉兴市构建了风险评估前置机制。在项目尽调、前期审议等环节中，先行完成重大事项风险评估。同时，为统筹多方专业力量参与治理，提升评估的科学性，嘉兴市还同时建立了重大事项风险第三方评估机制，进一步确保评估过程充分完备、结果客观真实、预案务实可行。

强化市域统筹项目监管，确保项目有效实施。对列入市域统筹的事项，县（市、区）实行有限管理，按照市域统筹清单和规划的框定内容进行分层作业。为了确保各单位按照市域统筹清单和规划依规施工，嘉兴市发挥市域统筹作用，对市域统筹清单事项开展履职、监管等工作的研判与协调，对作业进度进行考核，对负责人员进行问绩问责。

2. 建立"1141"市域社会治理模式，提升市域整体智治效能

为了不断提升城市在社会治理的决策、政务服务、监管等方面的统筹能力，为推进市域治理现代化提供有力支撑，嘉兴市依托数字化技术，建立"1141"市域社会治理模式，实现了市域社会治理的信息集成共享、数据融合驱动、工作一体联动。

在市级层面，嘉兴市建立了市社会治理综合指挥服务中心，通过发挥统筹协调、风险研判、指挥调度、决策服务等主要功能，满足全市治理需求，实现市域社会治理的高效联动。市社会治理综合指挥服务中心统筹了全市社会治理综合指挥工作信息化系统的规划、建设、管理工作，通过建立标准化流程，制定网格专项信息采集标准，实现各级指挥中心的规范、高效运行，实现网格中的基础要素确认；市社会治理综合指挥服务中心建立了社会治理综合指挥工作机制，统筹社会治理类事件信息，通报基层和市级相关职能部门信息受理、办理情况，通过统筹协助调度指挥，实现跨部门、跨层级、跨区域的重大矛盾纠纷、案件与事件的联动处理。

在县级层面，嘉兴市整合县级社会矛调中心等各类机构，建设县级社会治理中心（县级综合信息指挥中心）。通过在社会治理中发挥运行监测、矛盾调处、分析研判、协同流转、应急指挥、督查考核等作用，县级综合信息指挥中心统筹县域数据指标，对异常情况进行统筹处理；统筹指导基层和各专业调委会矛盾纠纷调处化解工作，建立接访、诉讼、调解、劳动监察仲裁、行政复议和公共法律等服务的一站式平台和工作机制，有效化解社会矛盾纠纷；统筹部门间业务协同联办处置，对基层智治综合应用平台的任务、事件进行管理，实现县级社会治理事件的高效协同流转。

在镇级层面，嘉兴市统筹建立以属地管理、全科网格、综合指挥、运行机制为支撑，包含党建统领、经济生态、平安法治、公共服务的"基层治理四平台"，将乡镇（街道）相关职能办公室、派驻站所等对应纳入平台管理，整合工作力量，协调解决重大事项，建立了覆盖县镇（街道）、功能集成、运行协同的基层治理体系。

党建统领平台承接了党建整体智治、数字社会、数字文化等系统相关重大应用功能。党建统领平台通过发挥党委"总揽全局、协调各方"作用，统筹多方力量，协调落实党的政治建设、党风廉政等领域的改革任务和工作部署，有效提升了基层党委的统筹协调能力，推动基层党委决策、执行、组织能力的提升。经济生态平台主要承接数字政府、数字经济等系统相关重大应用功能。通过对经济发展、城镇建设、农业农村、生态环境等力量的统筹，协调落实各项改革任务和工作部署，实现相关领域重大改革举措和工作任务在基层的落地落实。

平安法治平台主要承接数字政府、数字法治等系统相关重大应用功能。通过对公安、检察、法院、司法、人武、信访、综合行政执法、市场监管、自然资源和规划、应急管理、消防等部门的统筹，建立具有完善执法协调机制和应急管理体系的乡镇（街道）综治中心（社会治理中心），协调落实平安综治、信访维稳、社会治安、监管执法、安全生产、应急管理等领域的改革任务和工作部署，推动平安浙江、法治浙江建设重大部署落地基层。

公共服务平台主要承接数字政府、数字社会等系统相关重大应用功能。统筹社会事务、便民服务等力量，把直接面向基层的相关事项纳入乡镇（街道）公共服务平台，延伸至村（社区），协调落实社会事务、便民服务、基本公共服务、审批服务等领域的改革任务和工作部署，有效推动了公共服务整合，更好地回应群众需求。

嘉兴市着力推动"基层治理四平台"与县（市、区）平台本地化部署的统筹协调，通过数据归集、服务共享、模块互通，实现一体化的市域平台和具有地方特色的本地化应用相辅相成。第一，强化数据归集功能：将来自"掌上基层""微嘉园"等应用的数据，与来自便民服务窗口受理事项、12345 政务咨询投诉举报平台、110 警情信息（"双非"警情）、物联网感知信息、公用事业运行等渠道的数据进行汇集，实现信息和事件在部门间高效互通，做到及时应对。第二，强化服务共享功能：梳理基层需求，关注农民建房、垃圾站点巡查、欠薪处置、合同纠纷等群众与企业关心的、涉及多部门协同的重点事项，推出"一件事"多跨场景应用，实现后台部门在前台终端的高效协同。第三，推动模块互通功能：为实现系统间对接贯通，将"基层治理四平台"与浙江省"互联网+监管"平台、警综平台派出所模块、"综合查一次"等系统进行对接，实现市域平台与本地应急管理平台的联动，推动事项信息迅速掌握，做到高效应对。

嘉兴市以实践为指引，遵循问题导向，关注以往基层治理工作中平安建设、风险治理等痛点与堵点，总结形成"五基"建设模式。作为一套涵盖基层治理具体事务及工作、从实践中来到实践中去的建设体系及导引，"五基"建设以加强基层治理体系和治理能力现代化建设为目标导向，以数字化改革为牵引，按照市级抓统筹、县级负主责、基层强执行的思路，全面推进社会治理基础设施、基层底座、基本能力、基层智治、基层队伍的建设。

具体而言，建设高质量基础设施主要聚焦基层风险防范体系建设，通过理顺"1141"体系运行机制、强化基层政法站所与应急管理机构的协同合作、推进基层社会治理工作平台建设，提升基层对于矛盾的识别及研判能力，筑牢风险防范前线；打造高质量基础底座，主要关注基层社会化水平建设，通过深化全科网格建设、健全完善"四治融合"、推进"熟人社区"建设，提升居民在基层中的获得感、幸福感、安全感；培育高水平基本能力主要聚焦基层法治化能力建设，通过强化依法治理能力、突出源头防范能力、完善平战结合体制、提升风险的应对能力，将风险化解在基层源头；强化高效能基层智治主要聚焦于基层智能化建设，关注基层智治大脑建设、智慧安防系统建设、共治平台建设，为基层治理数字赋能；锻造高素质基层队伍聚焦于基层队伍专业化水平建设，全面提升政法干警战斗力、持续推进基层治理辅助力量专业化、不断增强群防群治队伍实战性，为基层治理与服务提供专业化支持。

（三）横向协调机制

在社会事务治理中，许多整体性的需求涉及众多的条线部门。虽然专业的部门力量在社会治理的各自分管领域发挥了重要作用，但强大的条线力量也带来了治理资源、政策、服务的碎片化，加重了基层的工作负担。碎片化的社会事务治理会导致目标与项目相冲突，不同部门在特定事务上的重复建设，缺乏有效沟通，导致对问题的不当处理或者处理结果不理想，以及服务在部门边界处出现遗漏等问题。总的来看，当部门间缺乏横向协调时，会导致社会治理效率和效果的下降。

为此，在市域层面的社会事务治理中必须构建横向协作的整体性政府。探索建立协调机制，协调行动者与整个合作网络的关系，如建立价值协同的协调机制、信息共享的协调机制、诱导与动员的协调机制；建立整合机制，力图将政府横向的部门结构和纵向的层级结构有机整合起来，通过为公众提供满足其需要的、无缝隙的公共服务，从而达到整体性治理的最高水平；建立信任机制，为组织间跨边界的协同奠定基础。嘉兴市通过建立"基层治理四平台"，推广"市域社会治理综合集成应用"等做法，坚持整体智治、高效协同，形成了数据互通、资源共享、工作联动的治理协调模式。

1. 打造数字化社会治理综合集成应用，实现治理风险预警处置多元联动

为了应对人口增加带来的社会治理复杂性提升，解决治理职能条块分割、治理数据碎片化的问题，提升精准治理能力，嘉兴市在省委政法委的指导下，开发了"市域社会治理综合集成"应用，以推动市域社会治理整体智治，多元联动。该应用通过构建"数据归集—风险感知—决策指挥—协同处置—众治服务"的市域社会治理全链条数字化体系，推动预警分析、协同处置能力的提升。

在风险感知预警层面，"市域社会治理综合集成应用"建立统一标准地址，对市域内楼宇、居民、市场主体等信息进行多方式汇聚和匹配，形成具有数据动态更新特征的治理数据基础。在数据视图的基础上，针对平安建设不稳定因素增多等问题，"市域社会治理综合集成应用"协同"12345""综合查一次""基层治理四平台"等数源系统和市域内物联网传感器，建立对人、事、地、物、组织等要素的动态情况进行实时监测的 8 个风险预警模型。模型的功能包括对重点领域事件设置量化预警权重，建立第一时间捕捉风险信息的风险监测预警模型；自动生成重点人员风险值、标注特殊标签，建立能够"精准画像"的"超级画像"模型等，实现了风险预警从经验判断向知识集成的转变、从静态防范向实时感知的转变。

在风险调度处置层面，"市域社会治理综合集成"应用统筹考虑群体上访、安全事故、重大舆情处置等情况特征，建立领导值守、合成作战等制度。通过该应用提供的"掌上指挥"功能，结合"风险预警"子场景提供的实时态势信息，在风险情境下可迅速协调警察、民兵、网格员、志愿者等多方力量，进行突发事件的应急响应。"市域社会治理综合集成"应用通过构建风险调度扁平化指挥架构，预设处置模型，重塑处置流程，压缩处置层级，迅速协调多元力量，有效提升了响应效率，实现秒级响应，能够有力地处置各类社会治理风险。

2. 建立跨部门协作机制，协同高效化解社会风险

为及早对社会矛盾进行有效识别与干预，预防"民转刑"等极端案件的发生，嘉兴市在市委政法委和市公安局的领导下，建立了非警务警情"矛调联动"处置双向推送机制，建立区矛盾纠纷调处化解指挥中心和区公安分局情指中心的联动机制，线上线下联动，开展了易"民转刑"纠纷警情"矛调联动"处置双向推送工作。

在线下，联动机制发挥基层网格摸排优势，对家庭、婚姻、感情、经济、劳资、土地、邻里等纠纷进行详细排查，对排查出的纠纷进行及时化解，复杂的问题则分级分类处理，推送至公安分局。

在线上，建立区矛调中心和区公安分局情指中心的处置双向推送机制。公安推送的普通纠纷由镇级矛调中心组织化解，疑难问题由区矛调中心协调属地、职能部门及多元调解力量联合处置。

在"双非"警情双向推送、联动处置的基础上，为了更好地实现数据来源融合、部门之间联动，嘉兴市开发了"风险警情闭环管理集成应用"，设立现场处置、风险研判、联动处置、回访评估模块，将110接处警系统与"12345"、矛调中心、搜索引擎中的搜索记录等数据进行对接，实现数据融合对接。110 与

"12345"的对接重塑了风险预警机制，推动了风险的主动识别，推动接处警的信息完全性，为出警人员提前准备提供信息，推动了智能研判的快速实现，为化解潜在风险提供了有力支撑。

同时，嘉兴市不断推动不同治理主体之间的联动，有力防范化解社会矛盾。为了有效处理需要街道、社区联动化解的矛盾，嘉兴在全市推动建立了"基层治理联动工作站"（联勤警务室），通过加强职能部门联动处置，实行执法、管理、服务的跨部门协调，对边界模糊的矛盾纠纷、安全隐患、涉稳事件、违法违规行为，进行多部门联合化解处置。对于110接处警系统推送至基层的工作，社区联动相关部门，通过深化"警调对接"，采取人民调解、专业调解、律师调解等多元调解方式与属地化管理相结合的联动化解方式，发挥不同治理主体专业化优势，有效化解不同性质的社会矛盾。对于可能存在心理疾病、精神异常的矛盾主体，通过协调心理服务机构及时介入；对极端重点人员和疑难案件，建立"领导包案+专班运行"的兜底化解机制，切实将矛盾纠纷化解在基层。矛盾化解的联动机制有效推动了部门之间的协同，充分发挥各自优势，集中力量有效化解社会矛盾，确保了社会的和谐稳定。

2023年，嘉兴市在"双非"警情推送和"基层治理联动工作站"基础上迭代构建了"民声一键办"机制，实现110、12345、基层智治综合应用平台贯通协同，组建由责任民警、综合执法队员、镇村干部、网格员、调解员等力量组成的纠纷调处应急队伍，实现纠纷类事项即时流转、多元调处、闭环管理。

嘉兴市依托"县乡一体、条抓块统"改革，推动12345、110、基层智治综合应用平台高效对接联动，畅通三个平台间工单流转反馈渠道，实现各类事项高效协同分工处置，形成"12345推动部门协同高效履职及时解决涉及政府管理和服务的非紧急诉求、110响应处置突发警情、基层智治综合应用平台协同流转处置非警务事项"的"民声一键办"工作格局，构建了职责明晰、优势互补、科技支撑、高效便捷的分流联动机制。

在接到来电诉求后，对明确属于对方业务受理范围内的事项，12345与110根据三方通话（诉求方、12345、110）一键转接、工单流转，通过双向联动专线专席等方式转交对方受理。12345受理辖区内各政务服务领域的咨询、非紧急求助、投诉举报、意见建议等业务。110受理刑事类、治安类、道路交通类警情、危及人身和财产安全或者社会治安秩序的群体性事件以及其他需要公安机关处置的与违法犯罪有关的报警；受理公共设施险情、灾害事故以及其他危及人身和财产安全、公共安全等需要公安机关参与处置的紧急求助；受理对公安机关及其人民警察正在发生的违法违纪或者失职行为的投诉。基层智治综合应用平台协同处置从12345、110等流转的需平台处置的事项。

对于非警务事务，"民生一键办"机制加强了12345、110与基层智治综合应用平台之间的协同联动，通过结合"大综合一体化"行政执法改革，依托县级社会治理中心和镇（街道）"基层治理四平台"，建立12345、110需推送基层智治综合应用平台承接的非警务事项清单，构建县—镇（街道）—村（社区）多层级非警务事项响应体系。县级社会治理中心即时分流12345、110推送至基层智治综合应用平台的非警务事项；镇（街道）综合信息指挥室统筹整合相关职能部门、执法队伍、各村（社区）、网格、县区下沉力量及相关社会力量等，建立非警务事项协同处置队伍，对需要到现场即时处置的非警务事项，即时派员至现场处置。

嘉兴市不断迭代升级"民生一键办"机制，提升事项流转协调、专业处置能力，构建适应新形势、新任务的分流联动、事项高效处置机制。对于社会应急联动事项，逐步构建12345、110与119、120等紧急热线和水电油气、海上救援等公共事业服务热线的应急联动响应机制，确保发生重大紧急情况时，实现多部门合力响应、妥善高效处置。对于社会事务，推动具有专业技能的救援、调解、心理咨询、志愿服务等社会力量与"民生一键办"的对接合作，为群众提供更加专业高效的紧急救助、矛盾纠纷调处、心理健康咨询等服务。为挖掘数据价值，采取共建中间数据库等方式共享相关数据信息，实现12345、110平台纠纷类事项在"社会治理一张图"落图，不断提升社会治理预测预警、协同处理能力。

3. 构建区域一体化工作体系，推动地区协调能力提升

为深化平安边界创建，提升行政辖区边界地区治理效能，嘉兴市与上海金山、江苏吴江等省际交界地区建立了平安合作机制。通过推进社会稳定形势联合预警、矛盾纠纷联合调处、治安乱点联合巡查整治、群体性事件联合预防处置、群防群治联合巡逻值守等工作，推动边界地区治理规范化、常态化。

为完善联动治理机制，嘉兴市不断推进维稳安保、跨域诉讼、公益保护、异地执行、法治研究等一体化机制建设，建立健全社会治理区域大联动体系，推动跨区域治理效能提升。

第八章　市域社会培育能力

一、社会组织发展的制度供给

　　党的十八届三中全会以来，随着政府职能转移、四类社会组织直接登记、行业协会商会脱钩等改革实践的推进，社会组织的蓬勃发展正成为我国社会治理模式转型和制度创新的主线[①]。与此同时，健全和完善社会组织管理体系，发挥政府管理的引导作用，构建政府管理与社会组织发展的良性互动关系，日益成为政策焦点，如何完善新时代社会组织发展的制度环境，进一步推动我国社会组织从数量增长、规模扩大向能力提升、治理作用的发挥转型，成为一个重大的现实课题。

　　社会组织发展离不开政府主导的制度环境。在对传统国家与社会关系分析的基础上，近年来部分学者对我国社会领域项目制的研究进一步揭示了政府支持对社会组织发展的影响，并从政策执行的视角为社会组织发展的治理逻辑提供了洞见[②-④]。但无论是传统的"结构约束论"，还是政策执行的"模糊发包"机制[⑤]，依然无法解释社会发展的动力机制和我国社会组织的多样性特征，迫切需要将社会组织置于中国的政府、市场与社会多重场景中去深化研究[⑥]。顾昕也指出，市场机制、行政机制以及社会机制之间的互补嵌合形成了不同的混合治理模式[⑦⑧]。对于中国社会组织发展来说，进一步的研究问题或许在于，不同治理模式对社会组织发展产生了怎样不同的影响，以及运用何种治理模式才能更好地促进社会组织发展？

　　晚近的研究也强调了行动者策略在社会组织发展中的重要性。建立在自主性

①　李友梅，2017. 中国社会治理的新内涵与新作为[J]. 社会学研究，6：27-34，242.
②　黄晓春，2015. 当代中国社会组织的制度环境与发展[J]. 中国社会科学，9：146-164，206-207.
③　管兵，夏瑛，2016. 政府购买服务的制度选择及治理效果：项目制、单位制、混合制[J]. 管理世界，8：58-72.
④　黄晓春，周黎安，2017. 政府治理机制转型与社会组织发展[J]. 中国社会科学，11：118-138，206-207.
⑤　黄晓春，2015. 当代中国社会组织的制度环境与发展[J]. 中国社会科学，9：146-164，206-207.
⑥　纪莺莺，2013. 当代中国的社会组织：理论视角与经验研究[J]. 社会学研究，5：219-241，246.
⑦　顾昕，2019. 走向互动式治理：国家治理体系创新中"国家-市场-社会关系"的变革[J]. 学术月刊，51（1）：77-86.
⑧　顾昕，2022. 治理机制的互补嵌合性：公共部门制度创新与激励重构[M]. 上海：格致出版社.

概念①的基础上，社会组织的发展策略，如"调试性合作"②"依附式自主"③"生产整合式生成自主性"④等研究描绘了我国社会组织发展的特征，深化了对中国社会组织行为的认识，但这些策略更多地映射了宏观结构的影响，对社会组织的组织行为进行微观、操作性的刻画仍然是研究中一个重要缺口。

　　本章将政府治理模式、社会组织行动策略及其关系机制纳入总体性框架进行思考，基于政府公益创投项目制的多案例研究分析治理模式对社会组织发展的影响，跨层次构建政府治理、组织目标导向与社会组织发展之间的逻辑关系。这项研究可能有几个潜在的贡献：第一，除了对传统项目制中的行政机制与市场机制进行讨论外，本章将拓展分析社会机制主导的项目制治理，发现基于政府补贴的项目制可以体现公共服务的灵活性并加强政社互动，丰富了既有项目制的研究，对优化社会组织发展的制度设计、完善项目制治理具有一定的启示意义；第二，研究表明，成就目标导向在社会组织发展中具有重要作用，是社会组织响应制度环境的重要动机，影响社会组织行为选择和公共性的再生产，这一概念连接了制度环境与社会组织行为选择，并为理解社会组织发展提供了内生的能动性视角；第三，通过对公益创投项目制和社会组织行为动机的细致研究，本书形成了一个社会组织发展跨层次分析框架，这一框架既体现了社会组织发展中政府治理的差异，也进一步解释了相似结构下社会组织行动的分野，有助于弥合现有文献中结构分析和行动研究的割裂，深化了对我国社会组织发展机制的理解。

二、公共服务项目制与社会组织发展

（一）政府资助对社会组织发展的影响

　　政府支持是社会组织发展的重要条件，尤其是政府的资金资助是社会组织收入的重要来源，对社会组织发展有着重要影响⑤⑥。有调查表明，相较于收费收入

　　① 王诗宗，宋程成，2013. 独立抑或自主：中国社会组织特征问题重思[J]. 中国社会科学，5：50-66，205.

　　② 郁建兴，沈永东，2017. 调适性合作：十八大以来中国政府与社会组织关系的策略性变革[J]. 政治学研究，3：34-41，126.

　　③ Lu Y Y, 2007.The autonomy of Chinese NGOs：A new perspective[J]. China：An International Journal, 5(2): 173-203.

　　④ 徐家良，张其伟，2019. 地方治理结构下民间志愿组织自主性生成机制——基于 D 县 C 义工协会的个案分析[J]. 管理世界，8：110-120，154.

　　⑤ 郁建兴，滕红燕，2018. 政府培育社会组织的模式选择：一个分析框架[J]. 政治学研究，6：42-52，127.

　　⑥ Boris E T, Steuerle C E, Institute U, 1999.Nonprofits and Government：Collaboration and Conflict[M]. Washington：Urban Institute Press.

和慈善捐赠,政府资助是发达国家社会组织最大的资金来源。一些实证研究指出,政府的资金资助有利于社会组织构建合法性、提高运作效率,并有助于社会组织汲取其他外部资源①②。也有研究者认为,政府资金严格的项目评估、财务管理、财政审计等规制要求可能对社会组织发展构成挑战,过度依赖政府支持会导致社会组织丧失独立性③④,一味追求政府资助也可能造成组织宗旨或使命的扭曲⑤-⑦。

在中国社会组织研究中,以国家社会关系为主要范式的既往研究大多强调了政府对社会组织规制的一面,代表性的理论观点包括"分类控制""宏观鼓励、微观约束""行政吸纳社会"等。近年来,随着以政社分开为主要特征的社会组织改革的推进,政府培育支持社会组织发展引起了越来越多研究的关注,但总体上研究还是沿着"结构约束"的宏观逻辑。一些学者指出,在以政府逻辑为主导的多层次制度逻辑下,地方政府在制度生产风险和弱激励的双重影响下发展社会组织,采取模糊发包的行为模式,建构了高度嵌入地方行政网络的社会组织发展格局⑧,社会组织获得了传统条件下未曾有过的竞争性的、制度化的发展机会⑨,但同时也形成了以政府需求和偏好为主的发展模式⑩,使得社会组织公共性的弱化,偏离了社会价值发挥作用的组织性质⑪⑫。

鉴于政府支持社会组织情境的多样性,同时考虑到在研究中政府与社会组织处于不同的分析层次,用抽象的政府作为代理变量来分析政府支持对社会组织发展的影响显得笼统而无力。正如经济合作与发展组织所指出的,没有任何

① Kramer, R. M, Kramer R M, Wilensky H L, 1981.Voluntary Agencies in the Welfare State[M]. Berkeley: University of California Press.

② 王浦劬, 莱斯特·M. 萨拉蒙, 等, 2010. 政府向社会组织购买公共服务研究:中国与全球经验分析[M]. 北京:北京大学出版社.

③ Krashinsky M, 1990. Management implications of government funding of nonprofit organizations: Views from the United States and Canada[J]. Nonprofit Management & Leadership, 1(1): 39-53.

④ Ferris J M, 1993. The double-edged sword of social service contracting: Public accountability versus nonprofit autonomy[J].Nonprofit Management & Leadership, 3(4): 363-376.

⑤ Grnbjerg K A, 1993. Understanding nonprofit funding: Managing revenues in social services and community development organizations[M]. Chicago: Aldine Publishing Co.

⑥ Toepler S, 2010. Government dependency of nonprofits: A review of the evidence and proposal for a new conceptual framework[R]. 9th International Conference of the International Society for Third Sector Research (ISTR).

⑦ Brinkerhoff D W, Brinkerhoff J M, 2011. Public-private partnerships: Perspectives on purposes, publicness, and good governance[J]. Public Administration and Development, 31(1): 2-14.

⑧ 黄晓春, 2015. 当代中国社会组织的制度环境与发展[J]. 中国社会科学, 9:146-164, 206-207.

⑨ 管兵, 2015. 竞争性与反向嵌入性:政府购买服务与社会组织发展[J]. 公共管理学报, 12(3):83-92, 158.

⑩ 郁建兴, 滕红燕, 2018. 政府培育社会组织的模式选择:一个分析框架[J]. 政治学研究, 6:42-52, 127.

⑪ 黄晓春, 2015. 当代中国社会组织的制度环境与发展[J]. 中国社会科学, 9:146-164, 206-207.

⑫ 李友梅, 肖瑛, 黄晓春, 2012. 当代中国社会建设的公共性困境及其超越[J]. 中国社会科学, 4:125-139, 207.

一种体制有系统性的更佳绩效，重要的或许不是体制的类型，而是如何进行管理[1]。因此，应进一步将政府支持与社会组织的行为策略同时置于因果解释链条中，"将结构要素、行动者以及彼此的关系机制纳入总体性框架进行思考"[2]，构建一个政府支持社会组织发展更具解释力的分析框架，是社会组织研究中亟待突破的研究性问题。

（二）项目制与混合治理

项目制是政府资助社会组织的常用模式[3]。项目制是指在国家财政体制的常规分配之外，以专项转移支付进行资源配置的制度安排[4]。项目制以资金管理为核心要素，强调理性化的目标管理和过程控制，通过标准化的程序扩大技术治理的影响面，是"总体性支配"的社会配备技术化渠道的治理模式[5][6]。有研究指出，在项目制下，政府与社会之间的行动规则发生了转变，不再是命令与服从，而是体现技术治理的逻辑[7]，并且这种技术治理逻辑日益成为社会政策执行的主导逻辑，深刻影响了社会组织的发展[8]。一些研究发现，由于项目的指向性强，政府项目资助的社会组织趋向专业化发展[9]，但项目制中的行政机制、市场机制和社会机制可能互相冲突，政绩导向的行政体制、缺失的社会动员以及与社会组织发展不兼容的市场竞争机制都可能加剧社会组织服务能力的不足的情况[10]。以政府购买服务为例，管兵、夏瑛考察了上海、广州、香港等地不同项目制效果的差异，上海社区公益服务购买模式促进了各类中小型社会组织的专业化发展，广州以家庭综合服务中心为代表的单位制则有利于培育起点高、全面性强的社会组织，而香港的混合制则兼顾专业性和基础性，不同的购买服务模式导致了社会组织发展的分野[11]。类似地，在社区建设当中，基层政府不同的治理策略也影响了社会组织的发展，在强调行政

---

① OECD, 2010.Health care systems: Getting more value for money[J]. OECD Economics Department Policy Notes, No. 2.

② 黄晓春, 2015. 当代中国社会组织的制度环境与发展[J]. 中国社会科学, 9: 146-164, 206-207.

③ 吴新叶, 2017. 政府主导下的大城市公益创投: 运转困境及其解决[J]. 上海行政学院学报, 18 (3): 38-45.

④ 渠敬东, 2012. 项目制: 一种新的国家治理体制[J]. 中国社会科学, 5: 113-130, 207.

⑤ 渠敬东, 周飞舟, 应星, 2009. 从总体支配到技术治理——基于中国 30 年改革经验的社会学分析[J]. 中国社会科学, 6: 104-127, 207.

⑥ 陈家建, 2013.项目制与基层政府动员——对社会管理项目化运作的社会学考察[J]. 中国社会科学, 2: 64-79.

⑦ 折晓叶, 陈婴婴, 2011. 项目制的分级运作机制和治理逻辑——对"项目进村" 案例的社会学分析[J]. 中国社会科学, 4: 126-148, 223.

⑧ 黄晓春, 嵇欣, 2016. 技术治理的极限及其超越[J]. 社会科学, 11: 72-79.

⑨ 管兵, 夏瑛, 2016. 政府购买服务的制度选择及治理效果: 项目制、单位制、混合制[J]. 管理世界, 8: 58-72.

⑩ 王清, 2017. 项目制与社会组织服务供给困境: 对政府购买服务项目化运作的分析[J]. 中国行政管理, 4: 59-65.

⑪ 管兵, 夏瑛, 2016. 政府购买服务的制度选择及治理效果: 项目制、单位制、混合制[J]. 管理世界, 8: 58-72.

执行力的地区，社会组织更容易与行政部门建立协作关系，而在强调社区自治能力的地区，社会组织更倾向于满足自下而上的需求并嵌入社区自治网络①。

项目制有着不同的组织形态及其条件。顾昕指出，在社会服务项目中，市场机制、行政机制以及社会机制会生成协作关系，三种机制之间互补嵌合，由此形成了项目制的不同类型②③。总体上，市场机制被认为是社会服务领域项目制的基础性机制。随着新公共管理运动的发展，以竞争性购买和合同外包为主要方式的项目制成为社会服务提供的重要形式④，自上而下的招标和自下而上的竞争为公共服务节约了成本并有助于提高服务质量⑤⑥。

在市场机制的基础上，项目制的混合治理还可能嵌入行政机制和社会机制⑦，有学者将其概括为服务外包和项目补贴⑧。一些研究认为，虽然项目制的发展表明"中国公共管理领域内第三方模型向官僚模型的不断渗透和融合"⑨，但科层组织运作逻辑在公共服务供给中仍然是一种支配性逻辑⑩。地方政府内嵌于纵向层级间、横向部门间的结构体系，其运行具有一定的惯性⑪，基层政府对社会组织的激励约束受到行政体系内部层级间的运作逻辑的影响⑫，体现在项目制中地方政府主要采用传统科层制程序管理项目⑬⑭。在行政机制"命令与控制"特征和"资方雇佣劳方"的现实逻辑下，社会组织成为竞争性的服务提供者，一些研究甚至认为，服务外包带有社会组织"劳务公司化"的倾向。

① 黄晓春，2015. 当代中国社会组织的制度环境与发展[J]. 中国社会科学，9：146-164，206-207.

② 顾昕，2019. 走向互动式治理：国家治理体系创新中"国家-市场-社会关系"的变革[J]. 学术月刊，51（1）：77-8

③ 顾昕，2022.治理机制的互补嵌合性：公共部门制度创新与激励重构[M].上海：格致出版社.

④ 吕芳，2021. "异构同治"与基层政府购买服务的困境——以 S 街道的政府购买服务项目为例[J]. 管理世界，9：147-157，158.

⑤ Domberger S, Jensen P, 1997. Contracting out by the public sector: Theory, evidence, prospects[J]. Oxford Review of Economic Policy, 13(4): 67-78.

⑥ Savas E S, 2000. Privatization and Public-Private Partnerships[M]. New York: Chatham House.

⑦ 郁建兴，滕红燕，2018. 政府培育社会组织的模式选择：一个分析框架[J]. 政治学研究，6：42-52，127.

⑧ 王世强，2012. 政府培育社会组织政策工具的分类与选择[J]. 学习与实践，12：78-83.

⑨ 敬义嘉，2007. 中国公共服务外部购买的实证分析：一个治理转型的角度[J]. 管理世界，2：37-43，171.

⑩ 折晓叶，陈婴婴，2011. 项目制的分级运作机制和治理逻辑——对"项目进村"案例的社会学分析[J]. 中国社会科学，4：126-148，223.

⑪ 吕芳，2021. "异构同治"与基层政府购买服务的困境——以 S 街道的政府购买服务项目为例[J]. 管理世界，9：147-157，158.

⑫ 黄晓春，周黎安，2017. 政府治理机制转型与社会组织发展[J]. 中国社会科学，11：118-138，206-207.

⑬ 陈天祥，贾晶晶，2017. 科层抑或市场？——社会服务项目制下的政府行动策略[J].中山大学学报（社会科学版），57（3）：151-159.

⑭ 吕芳，2021. "异构同治"与基层政府购买服务的困境——以 S 街道的政府购买服务项目为例[J]. 管理世界，9：147-157，158.

作为社会治理的重要主体，社会组织本身就是社会参与和民主协商的重要形式。与行政机制的"命令与控制"特征不同，在项目补贴制中，社会组织自主设计运行服务项目，政府为社会组织项目提供资金支持①。与服务外包模式相比，在项目补贴制中，社会组织参与分享项目的控制权，在项目实施中政府部门与社会组织有更多的沟通与协商等社会互动，体现了参与和协商等社会机制的作用和一定程度的社会自组织特征②。行政机制与市场机制的互嵌，特别是项目制中行政机制起主导作用被认为会导致上下沟通困难，增加上级政府的控制权，并导致目标-手段的易位③④，参与和协商社会机制将有助于解决传统项目制中的这些问题。

（三）社会组织的组织行为与动机

政府支持社会组织发展涉及政府和社会组织两个不同的分析层次。经典的结构二重性理论指出了结构与行动者之间的互动关系⑤。结构为行动者定义了一套可能性方案，行动者的能动性通常在制度结构下发挥作用⑥。结构不仅约束行动，而且还积极地将行动引向某些可能性而不是其他可能性⑦。行动者如何理解结构并根据这些理解采取行动，是机制分析的原点，这也意味着行动者的行为情境总是具有特殊性，并不存在结构下行动的铁律⑧。已有研究发现了中国的制度环境中社会组织在可能性空间内利用资源发展的诸多策略。例如，官办的社会组织在过去受到严格的上级政府的控制，采取"依附式自主"⑨"寄居蟹的艺术"⑩等方式发展。民办社会组织在逐步融入多元主体共治的治理体系中，通过

① 王世强，2012. 政府培育社会组织政策工具的分类与选择[J]. 学习与实践，12：78-83.

② Salamon L M, Anheier H K, 1997, Defining the Nonprofit Sector: A Cross-National Analysis[M]. Manchester: Manchester University Press.

③ 渠敬东，2012. 项目制：一种新的国家治理体制[J]. 中国社会科学，5：113-130，207.

④ 黄宗智，龚为纲，高原，2014. "项目制"的运作机制和效果是"合理化"吗?[J]. 开放时代，5：143-159，8.

⑤ Giddens A, 1984. The Constitution of Society: Outline of the Theory of Structuration[M]. Cambridge: Polity Press.

⑥ Pentland B T, Rueter H H, 1994. Organizational routines as grammars of action[J]. Administrative Science Quarterly, 39(3): 484-510.

⑦ Cardinale I, 2018. Beyond constraining and enabling: Towards new microfoundations for institutional theory[J]. Academy of Management Review, 43(1): 132-155.

⑧ Gross N, 2009. A pragmatist theory of social mechanisms[J]. American Sociological Review, 2009, 74(3): 358-379.

⑨ Lu Y Y, 2007. The autonomy of Chinese NGOs: A new perspective[J]. China: An International Journal, 5(2): 173-203.

⑩ 邓宁华，2011. "寄居蟹的艺术"：体制内社会组织的环境适应策略——对天津市两个省级组织的个案研究[J]. 公共管理学报，8（3）：91-101，127.

保持和政府良性互动①、去政治化②、党建统合③、生产整合式生成自主性④等策略谋求发展。这些社会组织的策略引起了广泛的讨论，深化了对中国社会组织行为的认识，但目前国家社会关系，往往通过组织行为投射宏观结构的影响，对社会组织的组织行为缺乏微观、具体的刻画。

　　动机是行动者的背景与行动者的反应之间有意识的联系⑤。为了完善中国社会组织发展的解释链条，本书尝试引入组织行为理论中的经典变量——成就目标导向来描述社会组织动机，探索解释特定项目制下社会组织的行为策略⑥。成就目标为组织如何解释、体验和选择进入和离开成就情境建立了一个框架⑦⑧。根据内在动机的差异，成就目标导向可以分为学习目标导向和任务目标导向两种类型。学习目标导向侧重于能力的提升，这种模式会产生对挑战性任务的偏好，面对失败时的坚持，是一种内在动机的激励模式⑨⑩；任务目标导向侧重于向他人展示能力，在成就设置中会导致某些响应模式出现问题，如偏好简单任务以及面对失败时退缩，这些不能促进内在动机，甚至会破坏内在动机⑪。二者区别还体现了不同的能力标准，即基于自我和任务或者基于他人的标准来评估能力⑫。元分析表明基于成就目标导向的干预措施总体上是有效的⑬⑭。

　　① 和经纬，黄培茹，黄慧，2009.在资源与制度之间：农民工草根 NGO 的生存策略以珠三角农民工维权 NGO 为例[J]. 社会，29（6）：1-21，222.

　　② 唐文玉，马西恒，2011. 去政治的自主性：民办社会组织的生存策略——以恩派（NPI）公益组织发展中心为例[J]. 浙江社会科学，10：58-65，89，157.

　　③ 李朔严，2018. 政党统合的力量：党、政治资本与草根 NGO 的发展——基于 Z 省 H 市的多案例比较研究[J]. 社会，38（1）：160-185.

　　④ 徐家良，张其伟，2019. 地方治理结构下民间志愿组织自主性生成机制——基于 D 县 C 义工协会的个案分析[J]. 管理世界，8：110-120，154.

　　⑤ W. 理查德·斯科特，2010. 制度与组织：思想观念与物质利益[M]. 3 版.姚伟，王黎芳译，北京：中国人民大学出版社.

　　⑥ Atkinson J W, 1957. Motivational determinants of risk-taking behavior[J]. Psychological Review, 64(6): 359.

　　⑦ Nicholls J G, 1984. Achievement motivation: Conceptions of ability, subjective experience, task choice, and performance[J]. Psychological Review, 91(3): 328-346.

　　⑧ Dweck C S, 1986. Motivation processes affecting learning[J]. American Psychological Association, 41(10): 1040-1048.

　　⑨ Dweck C S, 1986. Motivation processes affecting learning[J]. American Psychological Association, 41(10): 1040-1048.

　　⑩ Elliott E S, Dweck C S, 1988. Goals: An approach to motivation and achievement[J]. Journal of Personality and Social Psychology, 54(1): 5-12.

　　⑪ Elliot A J, Church M A, 1997. A hierarchical model of approach and avoidance achievement motivation [J]. Journal of Personality and Social Psychology, 72(1): 218-232.

　　⑫ Korn R M, Elliot A J, 2016.The 2 × 2 standpoints model of achievement goals[J]. Frontiers in Psychology, 7: 742.

　　⑬ Lazowski R A, HullemanC S, 2016. Motivation Interventions in education:A meta-analytic review[J]. Review of Educational Research, 86(2): 602-640.

　　⑭ Bardach L, Oczlon S, Pietschnig J, et al., 2020. Has achievement goal theory been right? A meta-analysis of the relation between goal structures and personal achievement goals[J]. Journal of Educational Psychology, 112(6): 1197-1220.

本书基于社会组织的成就目标导向，在项目制设计和社会组织发展之间建立联系，从而为认识政府支持对社会组织发展的影响提供一个跨层次的机制分析框架。这一框架从制度环境和组织的互动视角出发，解析不同项目制下政府支持社会组织发展的作用机制，如图8-1所示。

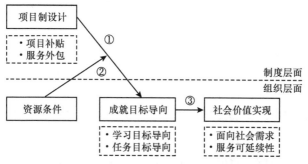

图 8-1 项目制与社会组织发展研究框架

注：图中的①②③分别对应文后的命题 1、命题 2、命题 3

三、G 市、H 市公益创投政策比较

本章使用多案例研究方法分析项目制对社会组织发展的影响。相较于其他研究方法，通过案例研究，我们更能够了解现象的丰富性[1]，能对现象进行翔实的描述，通过对动态的互动历程与所处情境脉络的把握，通过案例研究，我们可以获得一种比较全面与整体的观点[2]。许多学者指出，针对具有本土文化特色的管理学知识，必须采用扎根理论的研究方式来进行深入研究，以提出更具内部效度与外部效度的本土理论[3][4]。而相比较于单案例研究，多案例研究构建的理论更为精确、更为简约以及更具普适性，能够有效分析不同过程对结果的影响[5][6]。

（一）案例选择

本书将政府公益创投项目制下的社会组织发展作为研究对象。公益创投是借

[1] Weick K E, 2007. The generative properties of richness[J]. Academy of Management Journal, 50(1): 14-19.

[2] Gummesson E, 1991. Qualitative Methods in Management Research[M]. London: Sage.

[3] Eisenhardt K M, 1989.Building theories form case study research[J]. Academy of Management Review, 14(4): 532-550.

[4] Whetten D A, 2002. Constructing cross-context scholarly conversations[C]//Tsui A S, Lau C M, The Management of Enterprises in the People's Republic of China. Boston: Springer: 29-47.

[5] Eisenhardt K M, 1991. Better stories and better constructs: The case for rigor and comparative logic[J]. Academy of Management Review, 16(3): 620-627.

[6] Yin R K, 1994. Discovering the future of the case study method in evaluation research[J]. Evaluation Practice, 15(3): 283-290.

鉴风险投资的理念和方法支持社会组织发展的一种政策工具[1]，其基本特征是投资方通过公益创投基金支持社会组织的发育成长，给予建立在明确的组织目标和发展评估基础上的资助，以期获得最大的社会效益回报[2]。在我国，公益创投项目主要由政府发起和实施[3]。同时由于发展时间不长，各级政府根据自身条件灵活地设计了不同的公益创投模式[4][5]，这为研究不同项目制对社会组织发展的影响提供了一个窗口。

为实现最大化的系统变异，同时有效控制外生变异，本书选择 G 市和 H 市公益创投项目制开展研究。G 市和 H 市同属东部沿海省会城市，经济社会发展状况具有可比性，两地政府主办的公益创投项目均开始于 2014 年，但两地的公益创投在申报、实施过程和结果验收等关键节点上具有明显差异，体现在项目补贴和服务外部两种不同的项目制设计上，如表 8-1 所示。其中，G 市公益创投根据福利彩票公益金的使用范围，资助"为老"服务、助残服务、青少年服务、救助帮困服务和其他服务等五大类公共服务项目，在项目实施中，G 市引入社会组织作为公益创投承办单位[6]，负责筛选项目、申请资金拨付、监督和指导项目执行以及总结项目经验等工作。项目的内容、实施细节与评估指标由申报社会组织自行设计，获资助的单个项目以项目总预算的 60% 为申请资助额，至少 40% 的项目资金由社会组织自筹。H 市公益创投则由政府部门发布具体的项目需求信息，包括主要服务对象、人数、目标、基本产出和需求等，对项目资金无自筹要求，即政府付费并实施严格的程序化控制，社会组织代理提供公共服务。

表 8-1　两种项目制的比较

	项目补贴	服务外包
混合治理机制	社会机制嵌入市场机制	行政机制嵌入市场机制
项目意图	整合多方资源，市民政局为社会组织的优质公益性项目提供资助和支持，有效回应社会需求及解决社会问题	市民政局择优建设公共服务项目，并培育一批优质的社会组织，重点扶持公益性社会组织的发展

---

① Austin J, Stevenson H, Wei-Skillern J, 2006. Social and commercial entrepreneurship: Same, different, or both? [J]. Entrepreneurship Theory and Practice, 30(1): 1-22.

② 岳金柱，2010. "公益创投"：社会组织培育发展的创新模式[J]. 社团管理研究，4：12-15.

③ 李健，唐娟，2014. 政府参与公益创投：模式、机制与政策[J]. 公共管理与政策评论，3（1）：60-68；李培林，2013. 我国社会组织体制的改革和未来[J]. 社会，33（3）：1-10.

④ 管兵，夏瑛，2016. 政府购买服务的制度选择及治理效果：项目制、单位制、混合制[J]. 管理世界，8：58-72.

⑤ 周如南，王蓝，伍碧怡，等，2017. 公益创投的本土实践与模式创新——基于广州、佛山和中山三地的比较研究[J]. 经济社会体制比较，5：126-135.

⑥ 在 G 市，民政局通过招投标的方式选择承办单位，承办单位的职责是负责审查立项资格、申请项目拨款、监督项目进度、提供能力培训、向主办单位报送项目情况、向社会公众公开项目信息、组织结项评估等。G 市社会组织联合会和 G 市创意经济促进会两家社会组织都曾作为 G 市公益创投项目的承办单位。

续表

	项目补贴	服务外包
立项条件	市民政局会同承办单位向社会征集公益项目。项目主体详细说明项目性质、受益人群、服务需求、工作计划、项目创新性、服务效果预测、团队组成、项目预算、突发情况预测及应对机制等	市民政局向社会征集公益服务项目需求，结合当年市委市政府的重大决策部署和重点工作任务，对征集的项目需求进行分类、整理和优化，编制项目计划
资金分配	每个项目的资助总额不超过项目预算总额的60%，资助资金用于人员费用支出部分不得超过30%，自筹资金不受此限制 承办单位根据公益项目实施进度，向市民政局申请项目拨款，经民政局会同市财政局审核后，按国库支付程序直接拨付给项目主体	市民政局设定单个项目资助资金的最高限额，不要求自筹资金 公益创投项目资金纳入预算管理范畴，市民政局以资助资金的形式根据项目协议与进度分批拨付给项目实施主体
实施规则	项目为期半年至一年 承办单位督促项目主体按照合同要求实施项目计划，并提供能力建设服务，以提升获选项目的实施成效和项目团队的整体能力 承办单位每季度以书面方式，向主办单位报送项目实施进度、资金监管等情况及阶段总结报告，并负责向社会公众公开信息	项目实施周期一般不超过12个月 实施项目的社会组织应按照项目协议和项目计划有序推进，定期向市民政局报送项目进展、成效和资金使用情况
考核审查	市民政局按照政府采购有关规定委托第三方机构对公益创投进行绩效评估。评估内容包括承办单位绩效、项目绩效、项目满意度。第三方评估机构还负责评选品牌及优秀项目	市民政局委托第三方绩效评估机构开展对公益创投的绩效评价。评价主要包括项目管理、财务管理、服务质量、社会效益、组织自身能力提升等内容。绩效评价机构在绩效评价时应听取项目受益对象、落地单位和属地街道或民政部门等对项目情况的意见和评价

资料来源：G市民政局官网和H市民政局官网的相关资料整理而成

　　本书以参加过G市和H市第一届至第六届公益创投的社会组织为抽样框，在两市分别选取了参加过两届及以上的社会组织作为备选案例，以保证所选社会组织在公益创投项目当中的代表性和稳定性。在实际调研中，我们在G市调研了6家、在H市调研了12家社会组织，发现其中8个案例（两市各4家）已经能够实现理论饱和[1]，能够充分支持概念和概念间关系的论证[2]。因此，我们将这8家社会组织作为最终的研究案例。这8家社会组织均为登记在册的、近年来无不良记录的社会组织，具有相似的合法性，在公益创投中都顺利完成了项目验收。同时它们在成立时间、服务领域、资金来源等方面又不尽相同，在资源约束和组织发展上也具有明显差异，如表8-2所示。

---

[1] Glaser B G, Strauss A L, 1967. The Discovery of Grounded Theory[M]. Chicago: Aldine Publishing Co.

[2] Strauss A, Corbin J, 1998, Basics of Qualitative Research Techniques[M]. Thousand Oaks: Sage.

表 8-2 受访社会组织概况

城市	代号	成立时间	登记类型	评估等级	主要服务领域	主要收入*	公益创投项目数**	材料类型
G市	G1	2014年	民非	—	重症儿童救助	捐赠收入	4次（2016年、2017年、2018年、2019年）	面对面访谈、年度报告、机构网站、新闻报道
	G2	2016年	民非	3A	流浪人员救助	政府补贴	3次（2017年、2018年、2019年）	面对面访谈、年度报告、官方微博、新闻报道
	G3	2003年	民非	2A	特殊儿童家长支持	捐赠收入	3次（2014年、2015年、2016年）	面对面访谈、年度报告、机构网站、新闻报道
	G4	2008年	民非	4A	社区社会工作	提供服务	5次（2014年、2015年、2016年、2018年、2019年）	面对面访谈、年度报告、机构网站、新闻报道
H市	H1	2015年	民非	5A	社会公益	提供服务	2次（2017年、2018年）	面对面访谈、财务报告、新闻报道、公益创投项目协议书
	H2	2016年	社团	5A	婚姻家庭咨询	提供服务	2次（2017年）	面对面访谈、财务报告、机构网站
	H3	2005年	民非	—	孤独症儿童的康复训练	提供服务	3次（2014年、2015年、2016年）	面对面访谈、财务报告、公益创投结项报告、新闻报道
	H4	2008年	社团	5A	支持工业设计	政府补贴	2次（2016年、2017年）	面对面访谈、财务报告、机构网站、公益创投结项报告

注：*代表"主要收入"指的是社会组织的业务活动表中占比最高的一种收入类型；**代表括号内表示该社会组织获得公益创投项目的年份；"2次（2017年）"是指2017年获得两次

资料来源：根据各社会组织官网、各社会组织的财务报告、G市和H市民政局官网等数据自行整理而成

（二）数据来源

研究使用了多种来源的数据，具体包括以下几个方面：第一，公益创投和社会组织的媒体报道资料、社会组织的内部档案资料以及社会组织的网站信息等；第二，社会组织公共服务平台的官方数据，包括国家级社会组织公共服务信息查询平台的数据、G市和H市官方社会组织公共服务网站的数据；第三，对社会组织和第三方评估机构的人员进行半结构式访谈获得的资料；第四，在正式的调研和访谈之后，通过非正式的邮件、微信、电话和观察跟踪获得的更多资料。

研究主要的数据来源是半结构化访谈资料。访谈自2019年3月开始，至2020年6月结束，在为期16个月调研中，每家社会组织访谈和调研时长平均为180分钟，访谈对象包括机构负责人和创投项目负责人。访谈分为四个部分。第一部分，作为访谈的导入，我们询问了社会组织的总体情况，包括成立背景、主营业务、主管单位、资金来源、组织架构等，以及该组织参加公益创投的次数与年份，

这些信息与从其他途径收集到的数据相互印证、互为补充。第二部分，我们了解了社会组织在公益创投项目申请、实施和接受评估等各阶段中的能力标准，听取了他们的能力观点。第三部分，我们询问了社会组织在参与公益创投的过程中，主办方和第三方机构的支持、监督与反馈，以及这些对社会组织发展的影响。第四部分，我们进一步了解了受访者对公益创投政策的意见建议以及在公益创投结束后项目的后续推进情况，并通过社会组织官方网站、年度报告等途径核对确认项目后续进展情况。

（三）数据分析

本书采用模式匹配的方式进行理论和数据间的迭代，在案例材料的基础上构建定义、进行测量并提出基础理论论点[1][2]。主要数据分析步骤包括以下几步。第一，对比分析了 G 市和 H 市的 2014～2019 年公益创投政策，整理两市自第一届到第六届公益创投的项目通知、入选项目清单、评估总结、新闻报道等材料，并从两地公益创投的制度设计分析两市项目制方面的差异。第二，在分析两地公益创投项目制度设计的基础上，我们进行了"案例内分析"，基于访谈数据分析社会组织在公益创投活动中的行为和想法，根据每个案例对公益创投项目的阐述，寻求相似的动机主题，同时结合各个案例的年度报告、财务资料、网站信息和宣传资料等文字材料验证和补充访谈信息，反复与理论概念对照，确定社会组织的成就目标导向维度。第三，研究通过"跨案例分析"构建政府支持社会组织发展的理论框架，我们配对案例以突出它们之间的相似性和差异性，从制度环境和社会组织两个层面进行单独和组合比较，从中发现逻辑链条，从项目制与社会组织本身两方面提出社会组织发展的影响要素。第四，我们重新回溯每个案例，结合理论比较和验证特定结构与行动之间的联系，分析这些联系能否得到验证，把理论与数据再次结合，最终形成跨层次的社会组织发展分析框架。

信度效度检验。本书通过访谈、档案资料、二手数据等收集数据，通过三角测量来保证研究的信度。同时研究还通过两市公益创投第三方评估机构来验证和补充数据资料，并在社会组织领军人才研修班向 100 多位社会组织负责人报告研究过程和研究结果，核对研究模型，以进一步增强研究结论的内外部效度。

---

① Eisenhardt K M, 1989.Building theories form case study research[J]. Academy of Management Review, 14(4): 532-550.

② Yin R K, 2003.Case Study Research: Design and Methods[M]. Thousand Oaks: Sage.

四、政策设计对社会组织发展的影响

（一）项目补贴与学习目标导向

项目制具有技术理性的基本特征，其详细的合同条款有利于过程监管，同时项目制的基本框架又是灵活的，可以融合多种治理机制，是一种混合治理的政策工具[①②]。在公益创投项目制中，我们既可以看到以社会机制嵌入市场机制为主要特征的项目补贴模式，也可以看到行政机制嵌入市场机制的服务外包模式。以 G 市公益创投项目制为例，G 市公益创投在"选择与竞争"的市场机制框架下引入了"参与和协商"的社会机制，体现在两个方面。其一，G 市公益创投项目由市民政局作为主办单位，并由社会组织作为承办单位，向公益创投项目实施单位发包，三方共同参与，主办方和承办方通过公开竞争选择社会组织进入公益创投，以合同控制社会服务质量，参与社会服务项目的设计和实施，协调达成项目验收的共识，围绕实施单位所设计的社会服务项目开展筹款、交流、实施、评估等活动。其二，由社会组织自主申报项目，如受益对象、进度安排及所解决的问题、社会效益以及评估指标等。公益创投项目依靠社会参与和沟通协商机制，以社会组织为主体，体现出政府为社会组织提供资金支持的项目补贴特征[③-⑤]。

对社会组织来说，项目补贴制是一个获得资源、开展新项目，从而实现项目价值的机会。成就目标理论的一个核心假设是人们采用与环境中所强调的目标相匹配的成就目标导向[⑥]。在 G 市公益创投的过程中，项目补贴制支持社会组织自主实施项目，与社会组织学习目标导向具有一致性，如表 8-3 所示。我们定性评估了成就目标导向中能力评价和能力开发两个维度[⑦]，尤其是项目立项和项目评估中的动机与行为。

---

① 桂华，2014. 项目制与农村公共品供给体制分析——以农地整治为例[J]. 政治学研究，4：50-62.

② 顾昕，2019. 走向互动式治理：国家治理体系创新中"国家-市场-社会关系"的变革[J]. 学术月刊，51（1）：77-86.

③ 王世强，2012. 政府培育社会组织政策工具的分类与选择[J]. 学习与实践，12：78-83.

④ 李培林，2013. 我国社会组织体制的改革和未来[J]. 社会，33（3）：1-10

⑤ 杨洋，魏江，罗来军，2015. 谁在利用政府补贴进行创新？——所有制和要素市场扭曲的联合调节效应[J]. 管理世界，1：75-86，98.

⑥ Bardach L, Oczlon S, Pietschnig J, et al., 2020. Has achievement goal theory been right? A meta-analysis of the relation between goal structures and personal achievement goals[J]. Journal of Educational Psychology, 112(6): 1197-1220.

⑦ Korn R M, Elliot A J, 2016. The 2×2 standpoints model of achievement goals[J]. Frontiers in Psychology, 7: 742.

表 8-3　项目补贴模式与社会组织的学习目标导向

社会机制	项目阶段	学习目标导向	描述	案例	例证
参与	立项	面向开发的能力观点	社会组织把项目看作提升新的社会服务能力以及掌握新的组织资源的机会，关注对社会服务项目的理解和把握	G1	"我们调整不是就是为了申报创投，而是我们根据自己对项目的评估，或者说我们觉得服务对象的一个需求，去调整……其实我们这个项目如果没有申报成功，我们也去做，也会去筹款来做"（访谈资料：G1-20190314）
				G2	"（机构创始人）很多时候是想真正（地）去做一些事情。其实说做好人项目是在（20）14 年（或者 20）15 年的时候就有这个想法，就一直想去帮一些好人"（访谈资料：G2-20190315）
				G4	"那个项目原来是没有经费的，又看到这个需求很大，所以我们就想找一些创投的资源去把这个需求启动……因为通常都是全新的项目，所以你很难预计它中间会有什么样的困难，是否能够做好这些，（但）还是有一些难度的"（访谈资料：G4-20190318）
协商	评估	基于自我的能力标准	社会组织开发能力的焦点集中在项目的价值或者组织使命	G1	"你就能随时告诉他（评估人员），我这里可能跟什么有（哪些）不同之类的，那些跟他说明白，他就会把这些反映到我们的评估报告里面"（访谈资料：G1-20190314）
				G2	"很多时候，更多（地）真是看专家对你这个项目的一个认可度，最后因为你确实是有帮助到人，他也不可能说你这个（项目环节）是超了多少钱，不行你得划到那边（项目其他环节）去"（访谈资料：G2-20190315）
				G4	"我们会在实施的时候，发现这些需要特别的多，然后另外一个是怎么做都（开展不下去），或者是其实他是没有需求（的），跟原来的设计不太一样，可能就会置换一些指标"（访谈资料：G4-20190318）

资料来源：根据访谈记录整理而成

　　在项目补贴制中，市场机制与社会机制互嵌进行资源配置的好处在于社会服务与实际需求能够紧密结合[①]，同时使得社会组织具有较强的自主性[②]。当社会机制嵌入市场机制时，社会组织也得到了积极的能动性引导。以 G1 为例，G1 是一家以重症儿童救助为主要业务的社会组织，2016～2019 年连续参加了四届公益创投项目，前两届以经济援助为主，后面两届增加了为患病儿童及其家长的服务。在参加公益创投项目的过程中，机构的工作人员和服务对象之间有了更加深入的接触和了解，他们看到了服务对象更深层次的需求，于是，G1 将自身的定位范围扩大，逐步增加家庭帮扶和心理援助等其他服务。承办单位与评审专家也都认为社会组织在参与 G 市公益创投项目中，体现了服务能力的新提升，在共同参与的制度空间内，社会组织在服务过程中能够更新对社会问题的认识，开发新的组织能力。

① 郁建兴，滕红燕，2018. 政府培育社会组织的模式选择：一个分析框架[J]. 政治学研究，6：42-52，127.
② 徐家良，张其伟，2019. 地方治理结构下民间志愿组织自主性生成机制——基于 D 县 C 义工协会的个案分析[J]. 管理世界，8：110-120，154.

　　"其实（公益创投的项目）一开始都是以救助为主，给予贫困家庭一些资金支持。后来在做救助的时候，就是我们会个案跟进，会在这个过程中发现一些家长或者小孩的诉求在里面。所以，后来就增加了一个服务的部分在里面……也是基于我们整个机构策略的一个调整"（访谈资料：G1-20190314）。

　　"其实因为有时候通过培训课会（了解）到另外一些机构，或是看到其他机构的一些工作，可能会有一个对比。人家好像做得挺好，我是不是得向人家学习或者是也有可能会下次我们可以在一些服务上面跟（其他）机构合作。认识了一些小伙伴，后续在服务方面可以做一些改良或者更新"（访谈资料：G1-20190314）。

　　G 市公益创投项目中，考核审查环节既包括明确的指标，也加入了组织之间的协商与交流。承办单位负责指导和监督项目实施全过程，社会组织在评估时可以就项目的实际情况与承办单位或第三方评估机构进行协调与交流，如根据现场服务情况说明达不到预定指标的原因，或展示在指标以外的项目亮点。加入协调和交流的社会机制有助于促进参与主体之间相互认同和理解，提升项目价值的认可度乃至组织使命的合法性，能够明确社会组织的学习目标导向。以 G2 为例，G2 是一家注册时间较短、没有公益专业背景的社会组织，主要从事救助慈善事业，但在公益创投项目中获评十大优秀项目。该项目的负责人表示，虽然 G2 的规范度和专业性不及经验丰富的组织，但他们在任务实施上发挥了服务常态化和扩大影响力的优势，而不囿于特定指标，通过与承办单位交流协调以展示其独特的优势。在开放的沟通渠道和参与平台方面，社会组织面对完成任务的多种可能性，会更倾向于以项目价值或组织使命为目标设定能力标准。

　　"其实你说平时做好了这些（服务），PPT 也只是一个叠加，因为他本来就看你做了多少事情……评估的时候，他（承办单位）也不会说一定（和指标完全一样）……我们最大的优势可能就是媒体资源，也是我们项目之所以拿到优秀的很重要的一个原因，因为就是说社会影响力（大）"（访谈资料：G2-20190315）。

　　对此，我们提出以下命题：

　　命题 1a：项目补贴制会明确社会组织的学习目标导向，在项目补贴制下，社会组织更倾向于开发能力并以自我为能力标准。

（二）服务外包与任务目标导向

　　许多研究指出，在社会服务领域，一些地方政府依然沿用传统行政机制的程序管理项目制[1][2]，政府为社会组织提供资金的目标之一仍在于保持对项目的直接

---

　　① 吕芳，2021."异构同治"与基层政府购买服务的困境——以 S 街道的政府购买服务项目为例[J]. 管理世界，9：147-157，158.

　　② 陈天祥，贾晶晶，2017.科层抑或市场？——社会服务项目制下的政府行动策略[J].中山大学学报（社会科学版），57（3）：151-159.

控制[①]。在此方面，公益创投项目往往被理解成购买服务或者服务外包，虽然项目建立在市场发包的基础上，但项目管理过程具有典型的"命令与控制"特征。

H市的公益创投采取服务外包的政策思路，从项目设计到项目评估都由政府部门主导，这与G市的制度设计存在明显差别。在H市公益创投的某一项目发布表中细致地规定了项目名称、项目主要内容、主要服务对象、项目目标和项目资金投入额等。而且，项目实施过程和产出效果也有细节性的条款，我们将之作为评估指标。例如，某一项目要求中明确写道，"基本服务量为不少于20个社区、服务人数不少于1500人次，基本产出为主题宣传活动不少于1场、在每个社区开展不少于1场特色体育活动、协助每个社区组织不少于1次社区空间改造、氛围营造等内容的社区公益活动，制作1部不少于3分钟的宣传短片，且服务对象满意度不低于85%"。像央地关系中的项目制一样，项目越专门化、细化和具体化，就越能够实现"条线"控制的目标[②]。

项目制运行中的激励与控制程度会影响社会组织的行为逻辑。服务外包模式下，政府通过标准性规范激发社会组织完成既定任务和达到既定的社会服务标准的能力，鼓励社会组织向上服从政府制定的规范标准，重点在于比较社会组织之间实施政府指派项目的相对能力。相应地，服务外包的项目制会使得社会组织更具任务目标导向，形成基于他人的能力标准和面向展示的能力观点，见表8-4。

表8-4　服务外包模式与社会组织的任务目标导向

行政机制	项目阶段	任务目标导向	描述	案例	例证
控制	立项	面向展示的能力观点	社会组织把项目看作表现服务能力的手段，寻求外界对其社会服务能力与组织资源的肯定，并回避对项目完成度的不利判断	H1	"（市民政局）列了一些关于居家养老走访食堂送餐等方面的条款，就相当于他把这个机构想得太完美。但实际上社会组织可能就好比正在起跑的阶段，如果我一个社会组织来申报，我能满足这四条当中的两条，还有两条得找别人帮忙来做"（访谈资料：H1-20200601）。
				H2	"我第一年他（立项评审人员）叫我钱一定要花完而且最好是多花一点，我觉得我多花一点我还赔钱，但是没办法"（访谈资料：H2-20200622）
				H4	"民政局希望去民工子弟这种学校，是因为对于民政局来讲，它是弱势群体，其实这个（工业设计创新）应该是没有差别的，但我们只能去民工子弟学校"（访谈资料：H4-20200608）

---

① 管兵，2015. 竞争性与反向嵌入性：政府购买服务与社会组织发展[J]. 公共管理学报，12（3）：83-92, 158.

② 陈家建，2013.项目制与基层政府动员——对社会管理项目化运作的社会学考察[J]. 中国社会科学，2：64-79.

续表

行政机制	项目阶段	任务目标导向	描述	案例	例证
命令	评估	基于他人的能力标准	社会组织展示能力以符合外部设计的项目目标或评估指标	H1	"对我来说的话，最好是项目指标能够由双方协商确定，这样可能会更好一点，我并不是说听我的，或者只听他（民政局）的，我就希望这个事情大家讨论一下，不是一下就公布出来，公布出来的就没办法，肯定要（按要求）进行上报"（访谈资料：H1-20200601）
				H2	"这个就是说，他们的项目计划一旦设置好了，比如说一年的项目计划，基本上就要按照计划执行，如果要改动是很难的，就是说缺乏灵活性"（访谈资料：H2-20200622）
				H4	"基本上是他（民政局）批下来以后，你就要按这个计划走"（访谈资料：H4-20200608）

资料来源：根据访谈记录整理而成

　　H1 在公益创投中所开展的防灾项目是机构初创时的主业，并连续参加了两届。正如项目发布表中的规定所显示的，即使社会组织对所开展的项目有充分了解，但是在公益创投中也要遵守政府制定的各项细则。而社会组织项目实施的实际情况与规定并不完全相符，在这种情况下，H1 会尽力完成政府规定的要求。显然，H1 采取的不是基于机构本身的能力标准。

　　"比如说这个项目培训活动（要求）四五十个人。但是你在实际操作当中，可能社区只能来二三十个人，当中不是就差几十个人嘛……公益创投的需求都是民政部门自己提出来的，但是跟社会组织的状况和社区居民的需求还是有差别的"（访谈资料：H1-20200601）。

　　服务外包模式的项目评估环节指向既定指标，即根据已定的、计划的指标评估公共服务的项目过程和结果，导致社会组织更可能采取面向展示而不是开发的能力观点。H2 是一家年轻的社会组织，能够按照培训要求和既定指标完成公益创投项目，以应对评估，但公益创投标准以外的能力很难被激发。当 H2 在面对筹款以延续项目的挑战时，它便放弃了开发筹款能力。

　　"像我们（承接）民政（局主办的）这两个（公益创投项目）就是量化（评估）的，我按照他的量化标准再去做，把任务完成就好了"（访谈资料：H2-20200622）。

　　"在做项目的时候，公益创投评估都觉得挺好的，但最后没做下去，因为现在筹钱比较困难。"（访谈资料：H2-20200622）。

　　值得一提的是，H 市公益创投政策还包含了"金点子"项目设计征集。虽然部分项目由社会组织自主申报，但是经由政府部门进行"指标加工"，而后作为公益创投的项目发布给参与公益创投的社会组织，实际上也成为政府直接控制的公共服务项目，削弱了社会组织开发新项目的内在动机。换言之，社会组织设计项目的过程没有受到激励，社会组织的能力标准，基于他人的会被强化，基于自我的会被降低。"（金）点子存在的不好的地方，就是我想的项目可能不是（由）我（来）做，那么我还去想这个项目干吗……后来他给我这个项目1%的钱，（也就是）600块，那么我要不要想（这个点子呢）？……所以说这样就不合理了"（访谈资料：H1-20200601）。

对此，我们提出以下命题：

命题1b：服务外包项目制会明确社会组织的任务目标导向，服务外包项目制下，社会组织更倾向于展示能力并以他人为能力标准。

（三）社会组织的资源条件与成就目标导向

成就目标导向既受到制度情境的影响，也存在个体差异[①]。任务环境并不能完全预测社会组织的成就目标导向，资源作为社会组织运行的基本要素和必要条件，是社会组织的重要个体特征，可以解释在结构和激励条件基本相同的情况下组织间的差异[②]。

我们采用提供服务收入占比的方式来衡量社会组织的资源丰沛程度，一般而言，社会组织服务收入占比越高，组织从市场中获取资源的能力越强，资源越充沛[③]。收入多元化是组织应对外部不确定性和资源稀缺的关键管理策略[④]。如图8-2所示，H市社会组织资源结构具有明显的差异。其中，H3历年主要收入来源是提供服务，在资源充足条件下，H3基于社会需求提升组织能力，并在没有公益创投项目资助的情况下维持项目运营。

"现在其实因为项目可能只有半年就完成了，家长觉得有效怎么办？我们就去筹其他的钱，我们把这些问题给做了，它（公益创投）可以第二年不支持我们……如果你不用筹款这块，说实话你就不是一个规范的社会组织。其实做直接服务，进钱快，就变成一个机器在运转，可是募款那块要整个中心去打造，去建构公信力更难，但我们有服务收入，可以支撑我们去做"（访谈资料：H3-20200630）。

---

① Button S B, Mathieu J E, Zajac D M, et al., 1996. Goal orientation in organizational research: A conceptual and empirical foundation-sciencedirect[J]. Organizational Behavior and Human Decision Processes, 7(1): 26-48.

② 陈那波，李伟，2020.把"管理"带回政治：任务、资源与街道办网格化政策推行的案例比较[J]. 社会学研究，35（4）：194-217，245-246.

③ 根据国务院令〔1989〕第43号《社会团体登记管理条例》、民政部令〔2005〕第27号《民办非企业单位年度检查办法》等有关规定，社会组织年度报告应包括财务状况、资金来源以及使用情况等，其中社会组织的资金来源包括捐赠收入、会费收入、提供服务收入、政府补助收入、投资收益、商品销售收入和其他收入。

④ Hillman A J, Withers M C, Collins B J, 2009. Resource dependence theory: A review[J]. Journal of Management, 35(6): 1404-1427.

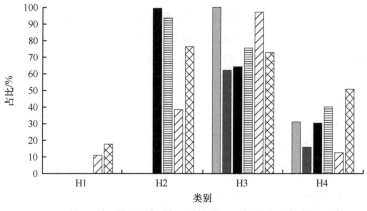

图 8-2　2014～2019 年 H 市社会组织提供服务收入占比
资料来源：根据 2014～2019 年 H 市社会组织财务报告整理而成

相反，收入结构单一化的社会组织在服务外包模式中更有可能以任务目标为导向。H4 的资金来源主要是政府的各类补助和政府购买服务。随着民政局工作重点的转移，原有的公益创投项目不再延续，而社会组织也缺乏相应的资源去延续项目，公益创投项目仅仅提供了组织展示能力的机会，而没有推动组织能力的进一步提升。短期资源、过程导向和组织自身资源的缺乏交织强化了社会组织的任务目标导向性质。

"（将项目继续做下去）其实很难。一个就是要收钱，要问家长收钱，我们去学校肯定搞不定……（行政手续繁复）这个是可以克服的，只要他（政府）有这个立项"（访谈资料：H4-20200608）。

同样地，在 G 市社会组织中，我们也发现，社会组织在自身资源不足的情况下，社会组织更可能回避资源短板，不是发展能力而是以任务目标为导向。如图 8-3 所示，提供服务收入在 G3 历年收入构成中占比较低，组织收入主要来源于会费收入和基金会捐赠，并且多为定向捐赠。面对公益创投项目自筹 40% 及以上资金的要求时，G3 已有的筹款渠道不足以提供实际所需的资金，于是通过总额自定的方式缩减了项目本来应有的资金量。受限于自身的资源条件，G3 更倾向于获得对自身能力的有利判断，即展现了一定的自筹能力以匹配政府资金的优势，而回避了真正所需的资金规模，最终达成获得资金的任务目标。

"一直都面向这个群体，我们一直都了解这些需求……（但是）做到自筹比较困难。自筹要求太高，所以只能往低了报金额"（访谈资料：G3-20190319）。

与之形成对比的是 G4，该组织展示了项目补贴模式与资源条件对学习目标导向的增强效应。项目补贴模式强化了组织的学习目标导向，社会组织更关注于能力提升和自我实现，G4 广泛开展了以专业社工服务为主的业务，历年提供服务收入均超过 75%，而充足的资源进一步支撑了社会组织学习目标导向，使其具有获

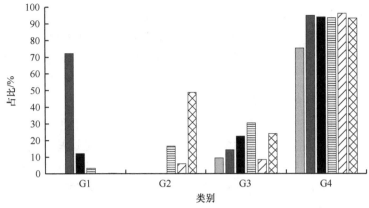

图 8-3　2014～2019 年 G 市社会组织提供服务收入占比
资料来源：根据 2014～2019 年 G 市社会组织财务报告整理而成

取新的资源的能力。

"需要获得自筹资金的时候，我们就要去找一些其他的社会资源，也是创投让我们认识了很多其他的合作伙伴……譬如说居家安全改造，我们就会找另外一些也希望做居家安全改造的社会组织。他们就很希望做一些弱势群体的工程改造类的东西。之前没有合作，但是我们认识（他们），然后也是基于这个项目（和他们）开启了合作"（访谈资料：G4-20190318）。

对此，我们总结并提出以下命题：

命题 2：组织自身的资源条件会调节项目制模式对社会组织成就目标导向的影响，组织自身资源条件越优越，社会组织更倾向于学习目标导向；组织自身资源条件不足时，社会组织更倾向于任务目标导向。

（四）成就目标导向与社会组织的社会价值

社会组织是社会价值导向的组织，其使命和目标是向社区与公众提供互益或公益的产品和服务。同时，社会组织又是一种双重需求导向的组织，需求既来自为它们提供资源、合法性等的其他组织，又来自它们的服务对象和群体。社会组织需要对两方面需求进行管理。理想中，社会组织总是自发地将实现社会价值作为业务的核心，成为自主运转社会资源的组织。但在冲突的需求管理中，社会组织可能会迷失自身的价值取向。一些研究表明，大多数社会服务类的社会组织基于价值的自我维持机制不足[1]，甚至有些社会组织采取"工具主义"的发展策略，为了获得资源设置项目而放弃社会价值[2]。

① Knutsen W L, 2012. Adapted institutional logics of contemporary nonprofit organizations[J]. Administration & Society, 44(8): 985-1013.

② 李友梅，肖瑛，黄晓春，2012. 当代中国社会建设的公共性困境及其超越[J]. 中国社会科学, 4: 125-139, 207.

社会组织的成就目标导向既体现了组织的能动性，也影响了社会组织的需求管理策略。案例表明，以学习目标为导向的社会组织有着更明确的公众需求定位。以 G1 为例，基于自我的能力标准和面向开发的能力观点，社会组织更加关注服务对象的实际需求，公益创投项目是实现社会价值的途径，目的是为服务对象提供切实的、有针对性的社会服务。

"就是我们做一个大的项目，发现他有一些需求，是我们这个项目的指标没有的，我们原来的人手跟原来的资金就不允许我们去满足这些新的需求，那么就会申请创投去解决这个问题……我们这些项目的需求早就存在了，所以就会一直等机会，可能是创投，可能是志交会，我们机构就会说本年度我们需要额外申请资助的是哪些项目，等到创投我们就会申请。所以到了创投，它启动招募邀请的时候，我们就会写计划书"（访谈资料：G1-20190318）。

在需求管理中，任务目标导向则容易导致资源方定位偏差，这来自资源依赖[①]。以 H1 为例，2017 年 H1 在公益创投中申报的项目是防灾减灾宣传，之所以申报这一项目，是因为民政部门主管这块业务。2018 年防灾减灾的职能划归应急管理局，民政局主导的公益创投并没有设置防灾减灾项目，防灾宣传项目暂时中断，H1 不得不转向民政主管的社区微更新项目。因此，基于外部标准和面向展示的任务目标导向虽然一定程度上有利于社会组织生存并扩大规模，但是由资源方的需求变化导致的目标变化并没有提升社会组织的社会价值。

"当时防灾减灾是民政部门的主要职责，自从有了防灾减灾日，防灾或者应急演练的项目变得多了起来……你光靠做一个防灾减灾，好比现在民政部门的职能转移到应急管理部门一样，社会组织的认可度可能会受到影响，对不对？如果这个时候他（区应急管理局）允许你去做（防灾减灾宣传），但是他们没有公益创投这个项目，可能他会通过政府部门购买（服务）的方式来支持，但是这个（资金）量是多少都不够，（毕竟）我（们）有这么多人（需要服务），对不对"（访谈资料：H1-20200601）。

有效的社会服务应该具备可持续的特点。公众对社会服务的长期提供有预期和期待，非延续性的服务供给不仅损害政府和社会组织的形象，还可能伤害服务对象[②]。因此，社会组织的社会价值还体现在服务的可持续性上。在案例中，我们发现，成就目标导向是社会组织能否持续提供有效社会服务以实现社会价值的一个指示器。从表 8-5 可以看到，学习目标导向的社会组织，如 G1、G2、G4、H3 在得到公益创投资助后，项目得到了不同程度的延续，一些项目得到了公益创投

① Pfeffer J, Salancik G R, 1978. The External Control of Organizations: A Resource Dependence Perspective[M]. New York: Harper & Row.

② 徐家良，许源，2015. 合法性理论下政府购买社会组织服务的绩效评估研究[J]. 经济社会体制比较，6：187-195.

的连续资助（如 G1、G2），另一些项目在没有公益创投资助的情况下，社会组织利用自身资源维持项目的运作（如 G4、H3）；而任务目标导向的社会组织，如 H1、H2、H4、G3，在项目资助期结束后，项目大多没有能够延续下来（表 8-5）。

表 8-5　公益创投项目立项和项目延续情况

G 市	G1	G2	G3	G4
成就目标导向	学习目标导向	学习目标导向	任务目标导向	学习目标导向
项目延续情况	2016 年开始获得项目支持，2017~2019 年得到公益创投项目连续资助	2017 年开始获得项目支持，2018~2019 年得到公益创投项目连续资助	2014 年开始获得项目支持，2015~2016 年延续，2017 年后项目中断	使用自有资金延续每一年的公益创投项目
2014 年	—	—	支持特殊孩子的家长	长者居家安全
2015 年	—	—	支持特殊孩子的家长	离所人员适应
2016 年	重症儿童救助	—	支持特殊孩子的家长	青少年职业体验
2017 年	白血病儿童救助	好人关爱	—	—
2018 年	白血病儿童救助	好人支援	—	社区对接年长患者
2019 年	白血病儿童救助	好人公益	—	关爱困难长者
H 市	H1	H2	H3	H4
成就目标导向	任务目标导向	任务目标导向	学习目标导向	任务目标导向
项目延续情况	2017~2018 年获得项目支持，2019 年后项目中断	2017 年获得项目支持，2018 年后项目中断	2014~2016 年获得项目支持，2017~2019 年使用自有资金延续执行项目	2016~2017 年获得项目支持，2018 年后项目中断
2014 年	—	—	特殊儿童支持	—
2015 年	—	—	特殊儿童支持	—
2016 年	—	—	特殊儿童家长培训	工业设计进校园
2017 年	社区防灾体验	积极老龄化、自闭症家庭干预	—	工业设计进校园
2018 年	社区防灾教育	—	—	—
2019 年	—	—	—	—

注：—表示当年该社会组织没有公益创投项目立项

资料来源：根据 G 市、H 市民政局官网数据整理而成

对此，我们提出以下命题。

命题 3：学习目标导向引导社会组织面向公众需求并持续提供社会服务，促进社会价值的实现，而任务目标导向会使得社会组织的资源方需求定位不明、项目延续性差，弱化了社会组织的社会价值。

五、完善政策设计，助推社会组织发展

社会组织是全面建设社会主义现代化国家的重要力量，是促进居民参与社会

治理的重要载体①。党的十八大以来，我国社会组织的发展在不断取得新成就的同时，也面临着参与社会治理和公共服务主体意识欠佳等问题②。如何发挥政府"元治理"的作用，推动社会组织持续健康发展涉及理论和实践等方面的问题。本章基于对公益创投项目制的案例研究，探索性构建政府项目制模式影响社会组织发展的跨层次分析框架，旨在解释不同项目制模式对社会组织发展的影响，为理论发展和实践创新提供参考。

本章的研究表明，项目制的不同模式通过社会组织的成就目标导向影响社会组织的社会价值的实现。具体来说，社会机制主导的项目补贴模式增强了社会组织的学习目标导向，有助于社会组织面向公众持续提供社会服务；行政机制主导的服务外包模式会使社会组织产生任务目标导向的倾向，并强化社会组织的资源方需求定位。其中，在同一项目制类型下，社会组织自身的资源条件也会影响社会组织的发展，自身资源充足的社会组织更可能采取学习目标导向的方式；反之，资源不足则会促使社会组织更可能采取任务目标导向的方式。这一跨层次的分析框架有助于厘清社会组织发展的制度要素和组织要素，为研究我国社会组织发展路径提供了新的思路，并作出以下贡献。

第一，在传统关于项目制行政机制与市场机制的讨论外③④，本章探讨了社会机制嵌入市场机制在项目制混合治理中的作用。正如渠敬东所指出的，项目制已不再局限于事本主义的特性，而是演变为整个国家社会体制联动运行的重要机制。然而诸多研究指出，项目制不可避免地存在技术治理带来的弊端⑤。本章在分析行政机制和市场机制的基础上，探讨了社会机制在项目制中的作用。我们的研究成果表明，由政府补贴主导的项目制这一社会机制，可以体现公共服务的灵活性并加强政社互动，同时社会组织自身的资源能够弥补项目制不确定性和间断性的缺陷。这在理论上深化了项目制混合治理机制的研究，既往研究往往将项目制视为介于市场和科层制之间的治理方式，实际上"参与和协商"等社会机制在项目制设计中的应用是项目制的一种重要形式，可以克服项目制中上下沟通的困难和解决目标-手段易位等问题，这一结论对优化项目制治理具有一定的启示意义。

第二，本章的研究表明，成就目标导向在社会组织发展中起着非常重要的作用。社会组织的成就目标是社会组织响应制度环境的重要动机，同时影响社会组

① 吴结兵，沈台凤，2015. 社会组织促进居民主动参与社会治理研究[J]. 管理世界，8：58-66.
② 李友梅，2017. 中国社会治理的新内涵与新作为[J]. 社会学研究，6：27-34，242.
③ 折晓叶，陈婴婴，2011. 项目制的分级运作机制和治理逻辑——对"项目进村"案例的社会学分析[J]. 中国社会科学，4：126-148，223.
④ 渠敬东，2012. 项目制：一种新的国家治理体制[J]. 中国社会科学，5：113-130，207.
⑤ 黄宗智，龚为纲，高原，2014. "项目制"的运作机制和效果是"合理化"吗?[J]. 开放时代，5：143-159，8.

织行为选择和公共性的再生产,有利于促进社会组织与制度环境之间的互动①。"成就目标导向"这一概念连接了制度环境与社会组织行为,并为理解社会组织发展提供了内生的能动性视角,展示了社会组织作为重要主体参与社会治理的内部动力机制和与外部制度环境的互动模式。共建共治共享的社会治理体系需要激活社会组织的公共性,提高社会组织的公共服务能力,引导社会组织的合作动机并规范其行为②。通过研究正式制度与社会生活的微观机制,我们可以更好地理解社会组织发展的实际逻辑,并拓宽公共服务制度设计的思路。今后,培育社会组织的政策应当更多地与社会机制相衔接,确立社会组织在社会治理中的参与协商和共享共担机制,激发社会组织的能动性和主体意识,通过正式制度和互动实践引导社会组织更好地发挥作用。

第三,本章的研究试图弥合社会组织研究中结构分析与行动研究之间的割裂③④。通过对公益创投项目制和社会组织行为动机的细致研究,本书形成了一个社会组织发展跨层次分析框架,这一框架既体现了社会组织发展中政府治理的差异,也进一步解释了相似结构下社会组织行动的分野。其中,项目制差异突破了单一的制度结构维度,成就目标导向动机体现了社会组织的能动性,研究还进一步分析了组织资源在社会组织发展中的调节作用,在制度和组织层面,形成一个更立体、跨层面的社会组织发展的分析视角。我们发现,制度实践与行动逻辑互动的微观机制既承袭了制度分析的整合性思想,又发展了互动情境的要素,有助于厘清社会组织发展的制度要素和组织要素,深化对我国社会组织发展机制的认识。

当然,作为探索性案例研究,我们的研究不可避免地存在一定的局限性,这也在一定程度上为未来研究指明了方向。其一,社会组织的成就目标导向作为组织发展的重要动机值得进一步研究,近年来,有些学者对成就目标导向和组织激励之间如何组合的研究表现出较大的兴趣⑤⑥,未来研究可以借鉴相关量表对社会组织的成就目标导向的前因和后果进行实证分析,以验证和拓展研究结论。其二,

① 肖瑛, 2014. 从"国家与社会"到"制度与生活":中国社会变迁研究的视角转换[J]. 中国社会科学, 9: 88-104, 204-205.

② 王浦劬, 莱斯特·M. 萨拉蒙, 等, 2010. 政府向社会组织购买公共服务研究:中国与全球经验分析[M]. 北京: 北京大学出版社.

③ 黄晓春, 嵇欣, 2014. 非协同治理与策略性应对——社会组织自主性研究的一个理论框架[J]. 社会学研究, 6: 98-123.

④ 徐家良, 张其伟, 2019. 地方治理结构下民间志愿组织自主性生成机制——基于 D 县 C 义工协会的个案分析[J]. 管理世界, 8: 110-120, 154.

⑤ Bardach L, Oczlon S, Pietschnig J, et al., 2020. Has achievement goal theory been right? A meta-analysis of the relation between goal structures and personal achievement goals[J].Journal of Educational Psychology, 112(6): 1197-1220.

⑥ Nicolas G, Fiske S T, Koch A, et al., 2022. Relational versus structural goals prioritize different social information[J]. Journal of Personality and Social Psychology, 122(4): 659-682.

我们认为，基于公益创投案例研究项目制，无论在政府支持社会组织发展的形式上，还是在项目制类型上，都存在一定的局限性。党的十八届三中全会以来，政府职能转移、四类社会组织直接登记、行业协会商会脱钩改革稳步推进，党的二十大和《党和国家机构改革方案》对社会组织党建工作作出新的部署，理论和实践发展都迫切需要对社会组织展开深入的调查研究，我们对下一步研究工作的建议是，对我国社会组织发展进程中的政社互动过程、互动机制和实践成效给予更多关注，这将有助于总结中国特色社会建设经验，为创新社会治理、实现政府治理与社会调节的良性互动提供更加坚实的理论支撑。

第九章　市域矛盾化解能力

一、"枫桥经验"：化解矛盾的典范

20 世纪 60 年代初，浙江诸暨枫桥干部群众创造了"发动和依靠群众，坚持矛盾不上交，就地解决，实现捕人少，治安好"的"枫桥经验"。1963 年 11 月，毛泽东同志亲笔批示"要各地仿效，经过试点，推广去做"。此后，"枫桥经验"在实践中不断丰富发展，特别是党十八大以来形成了特色鲜明的新时代"枫桥经验"。其内涵是，坚持和贯彻党的群众路线，在党的领导下，充分发动群众、组织群众、依靠群众解决群众自己的事情，做到"小事不出村、大事不出镇、矛盾不上交"[①]。

习近平总书记在浙江工作期间，对坚持和发展"枫桥经验"高度重视。在浙江工作时，习近平就明确提出要充分珍惜、大力推广、不断创新"枫桥经验"[②]，以最大限度地发挥"枫桥经验"的积极作用，促进经济、社会和人的全面发展。2013 年 10 月 9 日，习近平总书记作出重要指示，要求各级党委和政府紧紧扭住做好群众工作这条主线，把"枫桥经验"坚持好、发展好，把党的群众路线坚持好、贯彻好[③]。2023 年 9 月 20 日，习近平总书记在浙江绍兴考察时，专程到"枫桥经验"陈列馆，了解新时代"枫桥经验"创新发展情况[④]，强调下一步要在全国更好地推广新时代"枫桥经验"。2023 年 11 月 6 日，习近平总书记会见全国"枫桥式工作法"入选单位代表，并勉励他们再接再厉，坚持和发展好新时代"枫桥经验"，为推进更高水平的平安中国建设作出新的更大贡献[⑤]。

60 多年来，"枫桥经验"的演进过程就是中国基层社会治理体制机制变迁的真实写照。梳理"枫桥经验"的发展脉络，有助于带着历史性、逻辑性的眼光审视这个经验。目前各界对"枫桥经验"的发展过程有几种不同的划分方法，如汪

---

① 习近平，2020. 习近平谈治国理政（第三卷）[M]. 北京：外文出版社；习近平，2022. 习近平谈治国理政（第四卷）[M]. 北京：外文出版社.

② 人民日报：让"枫桥经验"在新时代发扬光大[EB/OL].https://www.mps.gov.cn/n2255079/n4242954/n4841045/n4841050/c6302462/content.html，2018-11-13.

③ 习近平指示强调：把"枫桥经验"坚持好、发展好[EB/OL]. https://www.gov.cn/ldhd/2013-10/11/content_2504878.htm，2012-10-11.

④ 习近平浙江行｜坚持和发展新时代"枫桥经验"——走进枫桥经验陈列馆[EB/OL]. https://politics.gmw.cn/2023-09/21/content_36848683.htm，2023-09-21.

⑤ 习近平会见全国"枫桥式工作法"入选单位代表[EB/OL]. https://www.gov.cn/yaowen/liebiao/202311/content_6913790.htm，2023-11-06.

世荣将"枫桥经验"发展分成三个阶段:第一个阶段是政治斗争和社会改造的经验;第二个阶段是群众广泛参与社会治安综合治理的经验;第三个阶段是村民自治、基层民主法治建设的经验①。史济锡还将"枫桥经验"的发展历程划分为:第一阶段,政治斗争和社会改造的经验;第二阶段,群众广泛参与社会治安综合治理的经验;第三阶段,村民自治,基层民主法治建设的经验②。尹华广将"枫桥经验"的发展历程划分为计划经济时期和市场经济时期两个阶段③。中国法学会"枫桥经验"理论总结和经验提升课题组将"枫桥经验"发展划分为三个阶段,即"枫桥经验"形成于我国社会主义建设时期,发展于我国改革开放新时期,深化于中国特色社会主义新时代,大致经历了"社会管制—社会管理—社会治理"三个发展阶段④。2018 年 11 月,纪念毛泽东同志批示学习推广"枫桥经验"55 周年暨习近平总书记指示坚持发展"枫桥经验"15 周年大会采纳了中国法学会课题组的三阶段划分方法。"枫桥经验"形成于社会主义建设时期,发展于改革开放和社会主义现代化建设新时期,全面创新发展于中国特色社会主义新时代⑤。本书采用这一阶段划分方法。

(一)"枫桥经验"形成于社会主义建设时期

1963 年 11 月,毛泽东同志批示"枫桥经验",由此"枫桥经验"在全国推广。1963~1979 年,"枫桥经验"一直是改造"四类分子"的样板。

1. 推广初期的"枫桥经验"

1963 年 12 月,中共浙江省委向全省各地(市)转发《诸暨县枫桥区社会主义教育运动中开展对敌斗争的经验》,并加了批语,要求各地仿照这种做法。1964 年 1 月,中共中央向全党发出《关于依靠群众力量,加强人民民主专政,把绝大多数四类分子改造成新人的指示》,同时转发《诸暨县枫桥区社会主义教育运动中开展对敌斗争的经验》。1964 年 2 月,第十三次全国公安会议提出在全国推广"枫桥经验"。从此,全国掀起了一场轰轰烈烈的学习、推广"枫桥经验"的高潮,"枫桥经验"也成为全国的一个典型。

2. "文化大革命"时期的"枫桥经验"

"枫桥经验"在全国推广仅两年,"文化大革命"就开始了。"文化大革

---

① 汪世荣,2008."枫桥经验":基层社会治理的实践[M]. 北京:法律出版社.

② 史济锡,2006. 创新"枫桥经验"推进法治建设构建和谐社会[J]. 政策瞭望,9:15-18.

③ 未刊稿,尹华广是绍兴市委党校法学教研室的博士,也在从事"枫桥经验"的研究,此观点是尹华广博士在学术交流中提出来的。

④ 中国法学会"枫桥经验"理论总结和经验提升课题组,2018."枫桥经验"的理论建构[M]. 北京:法律出版社.

⑤ 陈文清,2023. 坚持和发展新时代"枫桥经验"提升矛盾纠纷预防化解法治化水平[J]. 求是,(24):16-22.

命"初期，"枫桥经验"受到冲击并一度中断。1971 年春，在党的第十五次全国公安会议上，周恩来总理亲自到会讲话。会议以纪要的形式由中共中央转发，再次肯定"枫桥经验"是依靠群众专政的好典型。1971 年 2 月，中共中央批转了该纪要，要求各级党委认真研究、贯彻执行。1973 年 10 月，中共诸暨县委和绍兴地委在枫桥区召开了"纪念毛主席亲自肯定的'枫桥经验'10 周年现场会"①。1973 年底，公安部派人到枫桥蹲点，恢复推广"枫桥经验"，并组成公安部、省、地、县四级联合调查组展开调查。经过近半年的调查总结，形成 8 个典型材料，对枫桥的干部群众创造的"改造流窜犯"和"帮教违法青少年"的经验进行总结。1975 年 11 月，公安部由副部长带队，再次到枫桥指导调查总结工作。公安部领导指出：毛泽东肯定的"枫桥经验"，经过几年的实践证明是成功的。推广落实"枫桥经验"要求同"农业学大寨"运动结合起来。当时把"枫桥经验"总结概括为："依靠群众，对阶级敌人进行有效改造；依靠群众，教育改造有犯罪行为的人；依靠群众，查破一般性案件；依靠群众，搞好防范，维护社会治安。"

3. "文化大革命"结束初期的"枫桥经验"

"文化大革命"结束后，公安部提出"如何把毛泽东批示的'枫桥经验'恢复、巩固、提高、推广的任务落实"，并于 1977 年 10 月派人到浙江，与浙江省、地、县公安部门组成联合调查组到诸暨枫桥蹲点。结合当时"工业学大庆、农业学大寨"运动，枫桥区把"发动和依靠群众，坚持矛盾不上交，就地解决，实现捕人少，治安好"作为是否落实"枫桥经验"的衡量标准。这个经验得到了调查组的肯定，并在 12 月召开的第十七次全国公安会议上作了介绍，《人民日报》也发表了文章。由此，在全国范围内又一次掀起了学习"枫桥经验"的热潮。与此同时，枫桥区的干部群众解放思想，勇敢地冲破"左"的禁锢，在全国率先给"四类分子"摘帽，为全国开展摘帽工作提供了范例。1979 年 1 月 11 日，中共中央作出《关于地主、富农分子摘帽问题和地、富子女成分问题的决定》。1979 年 2 月 5 日，《人民日报》发表诸暨县枫桥区对"四类分子"摘帽的长篇通讯：《摘掉一顶帽，调动几代人》。到 1983 年，全国以枫桥为榜样，一律摘除"四类分子"帽子。

（二）"枫桥经验"发展于改革开放和社会主义现代化建设新时期

改革开放后，党的路线方针实现了"以阶级斗争为纲"向以经济建设为中心的转变，这给我国的经济、政治、社会等方面带来了极其深刻的变化。相应地，广大农村的社会治安也出现了前所未有的新情况。同时，我国的"四类分子"也

---

① 胡新民，2023. 毛泽东为什么要推广"枫桥经验"？[J].党史博采，（15）：9-13.

基本改造结束，"枫桥经验"与时俱进，从改造"四类分子"的经验向"社会治安综合治理"的经验转型。

1. 改革开放初期的"枫桥经验"

1979 年，枫桥区的"四类分子"基本改造结束，"枫桥经验"受到了质疑，即"'四类分子'没有了，还要不要'枫桥经验'？""枫桥经验"面临存废抉择，幸亏时代又赋予了"枫桥经验"新的内涵。因为正准备迈上改革开放新道路的中国迎来了"文化大革命"后的第一个犯罪高峰期，当时刑事犯罪尤其是青少年违法犯罪的情况相当严重，成为危害社会安定的突出问题。在这种背景下，如何扭转日益严峻的社会治安局面，为经济建设这一新的重点工作保驾护航，成为摆在中共中央和政法部门面前的重要之事。为此，公安部调查组对"取消枫桥经验论"做出了明智的表态，即农村的治安问题比较复杂，"枫桥经验"依然适用。1980 年，官方文件正式确定将"枫桥经验"的重点转向对有违法犯罪行为人员的帮教改造工作。得到上层的支持后，枫桥区干部群众在打防结合、制止犯罪方面做了探索，形成融"打、防、教、管"于一体的维护社会治安的新经验，这成为后来社会治安综合治理经验的雏形。

2. 1993 年前后的"枫桥经验"

枫桥区创造的社会治安综合治理经验，引起了公安系统的重视。1990 年 5 月，浙江省公安厅和绍兴市公安局对此经验进行了总结，形成了《依靠群众管治安是维护社会治安根本——枫桥区坚持和发展"枫桥经验"的做法》的调查报告和 18 个典型材料，认为"枫桥经验"是社会治安综合治理的典范。1990 年 7 月，中共浙江省委作了批转，要求全省推广学习。1990 年 9 月，中央政法委员会转发了调查报告，并向全国推广。1991 年 2 月和 3 月，中共中央、国务院和全国人大常委会分别作出《关于加强社会治安综合治理的决定》，提出"社会治安综合治理的方针，是解决中国社会治安问题的根本出路"。1991 年 5 月，新华社记者、人民日报记者等组成记者团，到诸暨枫桥区实地采访。随后，中央、省、市报刊及电台、电视台等，均对"枫桥经验"作了大量的宣传报道，再度掀起了学习、推广"枫桥经验"的热潮。1993 年 11 月，诸暨市委隆重召开纪念毛泽东批示"枫桥经验"30 周年纪念大会，中央政法委员会、公安部、浙江省委的领导同志参加会议并讲话，提出"枫桥经验"是社会治安综合治理的典范，"枫桥经验"的内涵再一次升华。此后，"枫桥经验"闻名全国，成为农村基层综治工作的样板。

3. 1998 年前后的"枫桥经验"

1998 年 9 月至 10 月，浙江省公安厅、绍兴市委和诸暨市委组成联合调查组在枫桥蹲点调查，形成了《预防化解矛盾，维护农村稳定——"枫桥经验"新发展》的报告，总结出了"党政动手，依靠群众，立足预防，化解矛盾，维护稳定，促进发展"的时代特色经验。中共浙江省委批转了这个报告，指出："'枫桥经验'的新发展，对于我省维护农村社会稳定，加强基层组织建设和民主政治建设，具有普遍的指导意义。"1998年11月，纪念毛泽东同志批示"枫桥经验"35周年大会在诸暨举行。1999年4月，浙江省委、省政府在诸暨召开全省学习推广"枫桥经验"现场会①。12月1日《人民日报》在头版头条发表题为《立足稳定和发展——浙江诸暨"枫桥经验"纪实》的文章，并配发《"枫桥经验"值得总结和推广》的评论员文章，向全国再次推广介绍。

4. 2003年前后的"枫桥经验"

随着改革开放的深化、体制的转换和利益格局的调整，我国在发展过程中产生了一些新的问题和矛盾，这成为影响社会稳定的重要因素。2002年，党的十六大阐述"全面建设小康社会"的目标时，明确提出"社会更加和谐"的发展要求，"枫桥经验"再度引起公安部门领导的高度关注。2003年11月25日，由中央综治委和浙江省委联合召开的纪念毛泽东同志批示"枫桥经验"40周年暨创新"枫桥经验"大会在诸暨举行。中共中央政治局常委、中央政法委书记罗干出席会议并讲话。罗干指出，"枫桥经验"充分发挥党的政治优势，根据不同时期的社会特点，就地解决社会矛盾，最大限度地把问题解决在基层，解决在当地，解决在萌芽状态，维护了社会治安和社会稳定②，为新形势下深化社会治安综合治理提供了新经验，为全面建成小康社会创造了良好的社会治安环境。

5. 2008年前后的"枫桥经验"

随着改革开放的深入，大量复杂的社会矛盾涌现，少数没有得到妥善处理的人民内部矛盾，甚至发展成为群体性事件。仅2008年就出现云南孟连事件、贵州瓮安事件、海南三亚等地的哥罢运事件、甘肃陇南事件等。在这种背景下，"枫桥经验"作为一种维稳经验，进一步引起各界关注。此时的"枫桥经验"，在充分运用"四前工作法""四先四早"工作机制基础上，又创新实施"矛盾化解五分法"，进一步形成"小事不出村，大事不出镇，矛盾不上交，就地化解"的基层维稳经验。同时，"枫桥经验"的内涵又有新发展，除了社会治安综合治理，还逐步发展为村民自治、基层民主法治建设的经验，形成了"关注民情、改善民生、发展民主、维护民安、促进民和"的"五个民"经验。2008年11月，中央综治委和浙江省委联合召开的纪念毛泽东同志批示"枫桥经验"45周年暨创新

---

① 朱海兵，2013.新时期枫桥经验大事记[N].浙江日报，2013-09-17（3）.

② 学习创新"枫桥经验"正确处理新时期人民内部矛盾[EB/OL]. https://news.sina.com.cn/c/2003-11-27/10171199384s.shtml，2003-11-27.

"枫桥经验"大会在绍兴举行。会议强调,要深入学习实践科学发展观,要高度重视维护社会稳定工作,认真学习运用"枫桥经验",坚持抓源头、抓苗头、抓基层、抓基础,把矛盾化解在基层、把问题解决在当地、把隐患消除在萌芽状态,为经济社会又好又快发展创造和谐稳定的环境。

6. 2013 年前后的"枫桥经验"

2010 年 8 月,诸暨市被中央政法委、中央综治委确定为 35 个全国社会管理创新综合试点单位之一,"枫桥经验"逐步向"社会治安综合治理"的经验转型。诸暨市在试点工作中,按照"整体工作有进展、重点项目有亮点、体制创新有突破、阶段性工作有成效"的要求,着力构建社会管理创新六大工作体系,最终形成具有诸暨特色、县域特色的社会管理新经验①。枫桥镇是诸暨市的试点单位,试点工作中着力推进以"五大重点推进项目、六大综合提升工程"为主要内容的社会管理创新工作,形成了具有镇域特色、时代特征,科学、高效、惠民的社会管理新路子。同时,绍兴市和其他县(市、区)都借鉴诸暨市和枫桥镇的试点做法,形成具有绍兴特色、"枫桥经验"特色的社会管理创新工作模式。2012 年 2 月,诸暨市调整"枫桥经验"的内容,重点围绕基层基础、公共服务、公平正义、社会环境、民生福祉等源头性、根本性、保障性难题,深入推进"五大建设",不断把社会管理创新工作推向深入,着力提升针对性、科学性和实效性。枫桥镇也调整内容,从四个方面推进社会管理创新工作,更加注重从源头化解矛盾、多元解决矛盾。

(三)"枫桥经验"全面创新发展于中国特色社会主义新时代

2013 年 10 月,中央综治委和浙江省委联合召开纪念毛泽东同志批示"枫桥经验" 50 周年大会。习近平总书记作出重要批示:"各级党委和政府要充分认识'枫桥经验'的重大意义,发扬优良作风,适应时代要求,创新群众工作方法,善于运用法治思维和法治方式解决涉及群众切身利益的矛盾和问题,把'枫桥经验'坚持好、发展好,把党的群众路线坚持好、贯彻好。"②中央政治局委员、中央政法委书记孟建柱出席会议并讲话,在会上他强调要"积极创新社会治理方式,……提升预防化解社会矛盾的水平"③。这是中央综治委首次提出"社会治理",取代了原来一贯沿用的"社会管理"。诸暨市、枫桥镇和枫源村的代表在大会上交流发言,介绍近年来发源地坚持发展"枫桥经验"的情况。2013 年 11

---

① 诸暨市委政研室,2011. 诸暨构建社会管理的"六大创新体系"[J]. 政策瞭望,(4):41-43.

② 习近平就创新群众工作方法作出重要指示强调 把"枫桥经验"坚持好、发展好 把党的群众路线坚持好、贯彻好[EB/OL]. https://www.gov.cn/guowuyuan/2013-10/11/content_2586729.htm, 2012-10-11.

③ 加强和创新群众工作 为全面建成小康社会创造和谐稳定的社会环境——纪念毛泽东同志批示"枫桥经验" 50 周年[EB/OL]. https://www.court.gov.cn/zixun/xiangqing/5801.html, 2013-11-04.

月，十八届三中全会首次提出"推进国家治理体系和治理能力现代化"，《中共中央关于全面深化改革若干重大问题的决定》第十三部分专门规定"创新社会治理体制"。党的十八届三中全会用"社会治理"取代了原来中央文件惯常使用的"社会管理"，这意味着我国整个社会治理模式将发生重大转型。"枫桥经验"也与时俱进，社会治理再出发，形成基层社会治理现代化的新版本。诸暨市和枫桥镇着力创新基层社会治理方式，加快推进基层社会治理现代化步伐，创新了"党建引领基层社会治理""社会组织参与社会治理""乡贤参事会""浙里治村兴社"基层治理四个平台，建立了"最多跑一次""最多跑一地"议事协商机制等。在此阶段，"枫桥经验"成为中国特色多元化解矛盾纠纷的典型经验。

2024 年，党的二十届三中全会通过的《中共中央关于进一步全面深化改革 推进中国式现代化的决定》对健全社会治理体系进行了全面部署。《中共中央关于进一步全面深化改革 推进中国式现代化的决定》提出，"坚持和发展新时代'枫桥经验'，健全党组织领导的自治、法治、德治相结合的城乡基层治理体系，完善共建共治共享的社会治理制度"，彰显"枫桥经验"在基层社会治理中的重要地位，为进一步健全社会治理体系指明了方向。

二、"枫桥经验"矛盾纠纷调解的主要工作机制

2003 年 11 月，时任省委书记习近平同志在浙江纪念毛泽东同志批示"枫桥经验"40 周年大会上明确提出，要牢固树立"发展是硬道理、稳定是硬任务"的政治意识，充分珍惜"枫桥经验"，大力推广"枫桥经验"，不断创新"枫桥经验"，切实维护社会稳定。

新时期"枫桥经验"的主要内容是以调解为主的社会综合治理经验，调解的成功经验已经成为"枫桥经验"的核心内容。由此，在枫桥化解矛盾纠纷的过程中，调解成为化解矛盾纠纷的主导方式，司法裁判成为化解矛盾纠纷的最终方式。枫桥调解的经验进一步丰富了"枫桥经验"的内容。

（一）调解主体

在"枫桥经验"中，一般的矛盾纠纷都通过调解组织的调解加以解决。法院在审理案件时，重视采取调解的方式。而且，法院通过向当事人发出《调解劝导书》的方式，引导当事人通过调解的方式，寻求矛盾纠纷的化解；通过向人民调解委员会指派法律指导员的方式，保证调解的质量和效率。枫桥镇在矛盾纠纷的分类化解中，优先使用调解的方式解决民间纠纷。在调解组织内部，根据具体的矛盾纠纷的对象、性质、影响、发展演化的情况，分别由不同的调解组织进行调处。根据《枫桥镇民间纠纷调处若干规定》，纠纷调处坚持"谁主管，谁负责"

和化解矛盾自下而上的原则。对于当事人一方或双方要求调解的纠纷及调解人员主动发现可能激化的纠纷以及有关部门移送的纠纷，应当受理调处。各村辖区内发生的民间纠纷由该村调委会受理，跨村的民间纠纷由调委会协商后共同组织调解，并确定一个调委会主持调解，共同调处有困难的可以移送该村所在办事处，跨办事处的纠纷可以移送司法所牵头调处。通过"部门协同""镇村联动"等形式，各类调解组织之间相互配合的作用得到充分发挥。

（二）工作机制

枫桥创造的"四前工作法"、"四先四早"工作机制、"矛盾纠纷的劝导调解机制"、"三级调解组织的联动机制"、矛盾纠纷调处中的"六优先"原则、"调解与审判的联动机制"、调解工作中的"四统一""六个心"要求和"案件审理与矛盾纠纷预防并重的机制"，在有效预防矛盾纠纷发生、有效防止矛盾纠纷激化、维护农村社会稳定和发展等方面，发挥了重要作用。这些机制可以概括为三个方面。

1. 预防机制："四前工作法"

（1）组织建设走在工作前

预防化解矛盾需要各级组织依靠组织化的管理和推动，将矛盾纠纷的预防和化解工作落实到位。枫桥镇建立了不同层次的治保调解组织，组建了有效化解矛盾纠纷的调解队伍和治安信息员队伍。重视村、企业治保调解组织建设，做到网络健全、力量精干、有人管事。具体表现在以下几个方面。

第一，实行专兼职结合。治保、调解主任一般由村支部书记或村主任兼任。既可以树立他们的工作权威，又可以减轻集体负担。村党支部确定专人分管调解工作，配齐配强调解组织队伍，确保调解组织工作有人抓、有人管、有人干，并充分发挥其应有的作用。

第二，加强教育培训。每年都由公安、司法、法庭等部门针对农村矛盾纠纷的特点，开展经常性的业务指导和法律辅导，不断提高调解干部的业务素质和调解水平。镇司法所还举办了每年两次走访基层调解干部和工作30年以上的老调解干部的活动，以了解他们的工作情况，掌握其思想动态，熟悉其生活状况，收集其意见建议，使基层的调解干部真正感受到组织对他们的关心爱护，从而调动他们的工作积极性。

第三，生活上给予关心。对连续担任调解干部10年以上的干部发给荣誉证书，由镇村投保养老保险，解除他们的后顾之忧。每年都要表彰先进，增强他们的自豪感，激发他们的工作热情。镇综治干部每月给予60元岗位补贴；村级治保调解干部每年给予不低于2000元的津贴；对连续担任调解员30年以上退下来的人员，每年发 500 元慰问金。鼓励有经验的治保调解员积极奉献，积极奉献在调解第一线。

（2）预测工作走在预防前

枫桥镇建立了一个反应灵敏、能及时发现矛盾纠纷的预警体系。镇政府和镇党委通过定期例会制度，由上而下、由下而上地收集治安信息，预测社会治安方面不安定因素和矛盾纠纷的特点规律，具体体现在以下几个方面。

第一，定期例会制度。每年年初召开一次全镇维护稳定工作会议，根据当年经济社会的发展思路、目标、重点，分析全镇社会治安和稳定的总体形势，有针对性地提出维护社会治安和稳定工作的意见。综治委每季度召开一次综治委成员会议，分析社情民意，研究社会治安中出现的新情况、新问题，提出相应的对策措施。综治工作中心和各成员单位每月召开一次工作例会，分析研究具体的治安问题，总结交流专项工作经验，明确有关工作任务。

第二，重点预测和分析制度。在房屋拆迁、土地征用等工作开展前，农村工作指导员走村入户开展调查研究，做好矛盾纠纷信息的收集、整理、报告和反馈工作，全面掌握可能引发矛盾纠纷的因素并及时化解。在重大节假日、各级党代会、人代会召开前夕，及时掌握重点对象的动向，及时把握矛盾发展动向，超前制定工作预案。

（3）预防工作走在调解前

坚持抓早、抓小、抓苗头，突出抓好与农民生产、生活密切相关的重点事件的预防工作，具体表现在以下几个方面。

第一，为了缓解征地过程中的矛盾，做到合理利用土地与保护村民利益并重，土管城建部门与各村完善了建房审批"四公开四到场"制度，即土地审批计划、审批手续、地点户名公开和结果公开；审批前、地基定桩、墙体砌砖和建成后验收到场，合理考虑左邻右舍的合理利益，防止房屋建成后产生矛盾纠纷。

第二，"双抢"来临之际，村里几套班子成员都要集体检查一遍电线、沟渠、机耕路和山塘水库，该修补的及早修补，该抢建的及早抢建，防止村民因争水、争电、争路发生矛盾纠纷。

第三，出于预防矛盾纠纷的需要，综合治理工作进入社区、进入校园、进入民营企业。各种喜闻乐见的村落文化艺术活动活跃，企业文化得到发展。村落治安信息员队伍，活跃在社会生活的各个角落。矛盾纠纷的预防在推动社会改造、社会进步、实现社会和谐等方面，起着重要作用。

（4）调解工作走在激化前

对于已经出现的矛盾纠纷，坚持做到不怕、不推、不拖、不回避，积极开展调解工作，着力化解矛盾，防止激化，具体体现在以下几个方面。

第一，各方联动，健全调解机制。建立健全"部门协同、村镇联动"的工作机制，形成综治工作的整体合力，通过部门协同，加强综治组织间的横向联系与配合，通过"村镇联动"，加强镇、社区和村三级综治组织的互动。

第二，因事制宜，采取化解矛盾纠纷的系列措施。如针对民营企业占98%、外来人口数量巨大、容易引发劳资矛盾纠纷的状况，枫桥镇在外来人口管理中，突出服务，融入亲情，为他们创造良好的生产和生活条件，使外来人员认同枫桥、融入枫桥、热爱枫桥，有效化解了各类矛盾纠纷。

第三，责任到位，保证矛盾纠纷的及时调处。枫桥镇把矛盾纠纷调解纳入年度岗位目标责任制，对农村工作指导员实行调解工作绩效考核。实行首办责任人制度，明确第一接待责任人的职责和任务，保证及时化解各类矛盾纠纷，防止出现推诿现象。

2. 效率机制：部门协同，镇村联动；调解与审判联动

（1）部门协同，镇村联动

部门协同是指在镇一级主要通过加强政法部门的横向联系与配合，加大、加快矛盾纠纷的调处力度。镇村联动主要是加强镇、管理处、村三级调委会的联系。镇村联动的核心是三级调解组织的联动。枫桥镇针对矛盾纠纷的性质、影响范围，将矛盾纠纷进行分类，由不同的机构进行调处。调处包括分级调处、指令调处、直接调处、包案调处和联合调处等形式。各职能部门遇到较大疑难案件或调委会移送的重大疑难案件时，单凭一个部门的力量难以解决的，可以报告综治办，由综治办召集相关部门负责人分析研究，必要时抽调有关部门人员组成联调小组联合调处。对影响较大、相对复杂疑难的案件由派出所、法庭、司法所会同相关职能部门联合调处，减少中间环节，提高办案效率。

（2）调解与审判的联动

首先，枫桥法庭劝导当事人通过调解途径解决矛盾纠纷。枫桥人民法庭制作了《调解劝导书》，对没有经过调解直接起诉到法院的矛盾纠纷，劝导当事人首先寻求调解途径，解决矛盾纠纷。

其次，枫桥法庭加强对人民调解工作的指导。枫桥人民法庭建立了法律指导员工作制度，选择部分审判员作为法律指导员，指导辖区内各级人民调解组织，定期培训、定期咨询、定期指导，使指导工作经常化和制度化。所有上述制度，加强了法庭与人民调解组织之间的联系，形成了矛盾纠纷处理中的合力，在切实降低矛盾纠纷成讼率的基础上，实现了矛盾纠纷的有效化解，取得了良好的效果。

3. 规范机制：调解过程中坚持"六优先"、"四统一"和"六个心"

（1）"六优先"

枫桥镇针对某些类型矛盾纠纷的特点，调解组织在调处矛盾纠纷时，优先安排处理六类需要优先调处的矛盾纠纷，主要包括苗头性纠纷优先调处，容易激化的纠纷优先调处，经济纠纷优先调处，三养纠纷（指父母向子女追索赡养费的纠纷、子女向父母追索抚养费的纠纷，以及夫妻之间追索扶养费的纠纷）优先调处，有倾向性、牵连性的纠纷优先调处，影响生产的纠纷优先调处。

（2）"四统一"

为了规范调解工作，保证调解的质量，保证类似的问题能够得到相似的调处，维护调解的公正性，枫桥镇对调解工作提出了四个方面必须统一的要求：统一调解干部对调解纠纷的认识；统一调解程序；统一法律政策依据；统一处理方案。

（3）"六个心"

为了保证真正落实"四统一"，枫桥镇对调解干部提出了明确具体的要求，即倾听要专心，调查要细心，疏导要耐心，调处要诚心，结论要公心，遇有反复要恒心。这其实属于调解程序的规定，为调解干部确立了较高的工作标准。

（三）调解效果

首先，民间纠纷的调处解决，有利于节约时间，缩短纠纷从发生到化解的时间，防止轻微的纠纷向严重矛盾转化，防止矛盾被进一步激化，防止民事纠纷向刑事犯罪转化，有助于实现民间纠纷的合理彻底解决，有利于实现纠纷解决中法律效果和社会效果的统一。

其次，民间纠纷的调处解决，有利于基层群众自我管理、自我教育、自我服务，有利于基层社会的发育和发展，有利于节约司法资源，降低社会运行的成本。利用调解来解决矛盾纠纷符合民间化解纠纷的特点。

最后，不同矛盾纠纷解决机构相互之间的配合，尤其是审判机关与人民调解委员会之间的配合，消除了不同部门之间的冲突和内耗。不同矛盾纠纷解决部门之间在处理类似问题上联动，保持同类矛盾纠纷解决结果的一致性，有利于树立法律和规则的权威，为社会成员提供生产和生活的准则，这在增强解决结果权威性的同时，也为社会成员提供了行为规范。

（四）调解特色

作为"枫桥经验"重要内容之一的调解经验，历久弥新，不断散发着活力，这必然有其内在的原因，否则，它也不会得到中央的肯定和民众的支持。其调解经验所蕴含某些精神与中国特色法治精神不谋而合。

第一，枫桥调解的根本目的和理念是追求社会和谐稳定，实现社会不断发展，以期望通过亲和的手段实现对地方的善治。从西方的"理想国"到中国的"大同社会"，数千年以来，无论古今中外，都饱含了民众对一个和谐社会的期待，枫桥民间调解发展伊始，就以感化人、改造人和教育人为手段，以教化全面提升人的素养。在调解过程中，注重对当事人情绪的疏导。当然，中国特色的法治其最终目的也是实现社会的和谐，但是，"枫桥经验"寻求的是一种比法律途径成本更低、时间更省、效率更高、效果更好的矛盾解决方式。通过这种方式实现对地方的善治，达到一种和谐状态是民众支持的，这也是"枫桥经验"及调解保持生命力的内在动因。

第二，从枫桥调解的形成、发展和完善来看，它始终在探索一条如何实现国家公权力和民众私权利共融发展的路径。从某种意义上来讲，枫桥的调解受到民众欢迎和支持一定程度上是因为在纠纷解决过程中，国家公权力和基层民主自治之间找到了合适的平衡点。"枫桥经验"及调解实际上为我们提供了某种新型的"国家-社会"关系的类型样本。

第三，枫桥的民间纠纷解决始终走一条依靠群众、以人为本的路线，它充分发挥群众的首创精神和主体作用。纠纷产生于民众之中，只有群众自己对纠纷的客观情况最为了解。只有群众的广泛参与才能彻底解决纠纷。枫桥民间调解走群众路线和坚持以人为本，也是"枫桥经验"的重要精髓，也是保持其生命力的内在动力。

第四，"枫桥经验"及其调解保持活力的另一重要内因就是始终把握时代的脉搏，不断创新调解的工作机制，积极回应民众对于纠纷解决的现实需求，走能动司法之路。

三、新时代"枫桥经验"：网格连心、组团服务

自 2005 年以来，网格化管理在行政管理的研究中受到广泛关注，从公共服务流程再造、社区治理、应急管理出发的相关研究为网格化管理的发展提供了行政学解释，深化了对网格化管理的理解。

2019 年 12 月以来，新冠疫情一度蔓延，根据国家整体防控方案，在抗击新冠疫情的过程中，以网格为社区基本单元，摸排疑似患者，以网格为自组织、自服务单元，由网格员为疑似患者家庭提供生活所需。网格是社区治理的基本单元，是抗击新冠疫情、保障居民生产生活的主场地。在此过程中，网格构建起社区疫情防控的坚强堡垒。党的十八届三中全会提出，要改进社会治理方式，创新社会治理体制，以网格化管理、社会化服务为方向，健全基层综合服务管理平台。

网格化管理是我国社区治理的创新，也是社会治理向基层的延伸，网格化治理体系的建立对优化基层公共服务和管理、深化平安建设和法治建设、推进基层

治理现代化发挥了积极作用，更是市域社会治理应急管理精细化的体现。

（一）政策执行视角下的网格化管理

从政策执行角度对网格化管理如何实现精细化的应急防控进行深入分析，有三个问题不可回避：其一，网格化管理及其源起；其二，政策执行的内容；其三，网格化管理在政策执行中的作用。

1. 网格化管理及其源起

作为一种治理技术，网格化管理来自北京市东城区 2004 年创建的"万米单元网格管理新模式"[①]。所谓网格化管理指的是借用计算机网格管理的思想，将管理对象按照一定的标准划分为若干网格单元，利用现代信息技术和各网格单元间的协调机制，使各个网格单元之间能有效地进行信息交流，透明地共享组织的资源，以最终达到整合组织资源、提高管理效率目的的一种管理方式[②]。陈云等认为，网格化管理指的是将各种资源有效配置，为资源需求者提供透明的整体服务以提高管理效率的手段[③]。网格化管理是我国社区治理的重要经验，其在政策执行中的作用需要进一步总结、提炼和推广。2005 年以来，网格化管理被迅速应用到综治、维稳、安监、消防、计生等领域，以现代信息技术为基础，重新构造和完善基层政府业务流程，下沉基层管理力量和资源，整合和吸纳村居、楼道、社会组织等力量，力图实现对基层社会全局把控和社会矛盾的源头处置、预防预警[④]。

2. 政策执行的内容

公共政策系统的运行是由一系列功能活动所组成的一个过程。关于政策运行构成的环节，不同的政策科学研究者持有不同的看法。德洛尔在《公共政策制定检讨》一书中将政策过程或政策系统的运行分为四个阶段：元政策制定阶段、政策制定阶段、后政策制定阶段、反馈阶段；拉斯韦尔在《决策过程》一书中将政策分为 7 个功能活动环节，即情报、建议、规定、行使、运用、评价、终止；安德森在《公共决策》一书中将政策过程的功能活动划分为五个范畴：问题的形成、政策方案的制定、政策方案的通过、政策的实施、政策的评价；查尔斯·琼斯在《公共政策研究导论》一书中将政策系统的运行看作由 12 个功能活动环节或阶段构成的过程，即感知定义、汇集或累加、组织、表述、确立议程、方案形成、合

① 陈平，2006. 网格化——城市管理新模式[M]. 北京：北京大学出版社.
② 陈云，周曦民，王浣尘，2007. 政府网格化管理的现状与展望[J]. 科技管理研究，27（5）：40-41.
③ 陈云，周曦民，王浣尘，2007. 政府网格化管理的现状与展望[J]. 科技管理研究，27（5）：40-41.
④ 叶继红，吴新星，2019. 新时代基层社会网格化联动治理实践创新——对中国特色社会治理模式的探索[J]. 理论月刊，10：137-145.

法化、预算、执行、评估、调整、终结①。本书的着重点不是研究整个政策过程，而是将落脚点放在政策执行层面，从政策执行视角分析网格化管理在疫情防控中的角色，包括探讨其作为政策执行工具的作用、影响政策执行成败的因素等。

政策执行是政策过程中一个十分重要的环节，是政策目标达成的保证。对政策执行的界定，学界长期以来形成了行动理论学派和组织理论学派两种观点。行动理论学派更关注政策作为行动指南的指导性作用，而组织理论学派强调组织是政策执行的主体，任何政策都是通过一定的组织执行的，要将政策目标转化为政策现实，需要以一定的组织机构为依托、以组织原则为保证。

无论是政策方案本身还是执行环节导致的政策失败，都可以通过组织得到集中反映。组织理论学派的主要代表人物 J.佛瑞斯特认为："传统的政策执行规范理论强调政策执行机构及其人员对政策目标和政策规定的顺应行为，强调依法行政，而基本上不考虑政策执行机关及其人员的审视检定、自省及前瞻分析的能力和需求。但政策规划者、政策执行机构和人员的分析能力，即在危机事件或事态发生之前预感并采取相应适当步骤和程序加以有效对付的能力，实际上是影响政策执行成功与否最关键的因素。"②

基于此，本书偏向采用组织理论学派的观点，把政策执行定义为依托政策执行组织通过采取各种行动，将拟定的政策最终落实的过程。具体而言，本书将政策执行分为两个层面：一是政策执行工具；二是政策执行机制。在政策执行工具层面，网格化管理运用行政手段、法律手段、说服引导手段、技术手段，拓宽政策执行的覆盖广度、提升执行速度和提高执行精度。在政策执行机制层面，网格化管理凭借合理的组织结构和具备一定政治素质的网格员，在政策执行中发挥了举足轻重的作用。

3. 网格化管理在政策执行中的作用

网格化管理有利于解决政府政策执行中的碎片化问题③。网格化管理可以通过一系列的机制创新，对传统的科层治理进行全方位的基础改造，构建一套制度性的协同治理机制，较为有效地解决了政府碎片化问题④。

网格化管理本身具有共享性、前瞻性、综合性、立体性、开放性等特点，有助于解决在突发事件应急管理中存在的部门分立、协同指挥不足、应急资源调配不及时、整体联动性差等问题。网格化管理有助于拓展政策执行广度并提高执行精度。一方面，网格化管理通过下沉职能部门人力、物力、财力，动员基层力量

---

① 陈振明，2015. 公共政策分析导论[M]：北京：中国人民大学出版社.

② Forester J. Anticipating implementation: Normative practices in planning and policy analysis[J]. Confronting values in policy analysis: The politics of criteria, 1987: 153-173.

③ 叶敏，2018. 迈向网格化管理：流动社会背景下的科层制困境及其破解之道[J]. 南京社会科学，4：64-71.

④ 姜金贵，梁静国，2008. 基于网格化管理的突发事件应急管理机制研究[J]. 情报杂志，6：26-28.

参与排查消防隐患、治安巡逻、矛盾化解，基本实现对基层社会治理工作的全覆盖[①]，拓宽了政策执行的广度。另一方面，网格化管理不仅在管理单元的明细化、职责权限的条理化、管理要素的信息化、信息形式的可视化、信息利用的精准化、管理工具的标准化等方面使城市治理变得更为清晰明确[②]，而且通过将城市空间和城市管理范围划分为网格，对复杂的社会治理事务和社会事实进行信息化处理，提高了城市基层社会的清晰度，使精细化治理成为可能[③]。

网格化管理有助于提升在应对突发事件时政策执行的速度。新冠疫情是席卷全球的危机，而危机管理需要高效动员机制的支撑，相当长时期内政治动员成为我国危机管理的主要动员模式[④]，网格化管理依托大数据、5G 技术的发展，反应敏捷、执行迅速，在动员社区（村）群众参与群防群治的疫情防控中发挥了重要作用。不仅如此，网格化管理还可以为应急预警和预防提供可靠的信息依据，可以实现及时、有效的应急响应，体现了充分、高效的社会动员能力[⑤]。政策执行在政策落实中发挥了重要作用，政策执行的广度、精度与速度直接影响到政策执行的效果，网格化管理以体制机制创新、广泛动员和信息技术的应用，为政府在社区采取相关治理行为提供了有力保障[⑥]，提高了政策执行的广度、精度与速度，保证了政策执行的效果。

虽然学者们对网格化管理的概念、作用进行了探索，但是从政策执行视角分析网格化管理在疫情防控中所扮演的角色的研究较少。因此，本节以政策执行为分析视角，研究在社区网格中，政策执行者是如何将各项政策落到实处的。网格化管理凭借合理的组织结构和依靠强有力的执行者，运用行政手段、法律手段、说服引导手段、技术手段，多管齐下，综合施治，在疫情防控的政策落实上发挥了重要作用。

（二）浙江省杭州市网格化管理的案例

本节选取单案例研究方法，对于回答"如何"（how）的研究问题，案例研究是首选的研究策略[⑦]，选择杭州市网格化管理这一典例作为本研究的样本，主要是因为数据获得的便利性，研究团队分别于 2018 年 5 月、2020 年 10 月两次深入访谈杭州市社区及相关政府部门，收集了政府政策文件与资料。本节的数据来源主要包

① 唐皇凤，吴昌杰，2018. 构建网络化治理模式：新时代我国基本公共服务供给机制的优化路径[J]. 河南社会科学，26（9）：7-14.

② 韩志明，2017. 城市治理的清晰化及其限制——以网格化管理为中心的分析[J]. 探索与争鸣，9：100-107.

③ 陈柏峰，吕健俊，2018. 城市基层的网格化管理及其制度逻辑[J]. 山东大学学报（哲学社会科学版），4：44-54.

④ 龙太江，2005. 从"对社会动员"到"由社会动员"：危机管理中的动员问题[J]. 政治与法律，2：17-25.

⑤ 盘世贵，2015. 借助网格化管理推进我国应急管理新常态建设[J]. 学术论坛，38（9）：120-124.

⑥ 钱坤，2019. 国家认证能力与城市治理——以网格化管理为中心的分析[J]. 现代城市研究，1：124-130.

⑦ Yin R K, 2009. Case Study Research: Design and Methods[M]. Newbury Park: Sage Publications, Inc.

括以下三个方面：一是对杭州市湖滨街道 6 个社区的访谈；二是对杭州市咨询委、拱墅区、江干区、下城区政府相关工作人员的访谈；三是二手数据，包括政府内部资料及新闻报道等。访谈主要包括以下三个方面的问题：社区网格化管理的基本情况；疫情防控中网格员政策执行情况；常态化网格化管理存在的问题。

2020 年 1 月，中共中央印发《关于加强党的领导、为打赢疫情防控阻击战提供坚强政治保证的通知》，其中就指出"要广泛组织基层党组织和党员落实联防联控措施，建立健全区县、街镇、城乡社区等防护网络，做好疫情监测、排查、预警、防控等工作"。2020 年 1 月 30 日，民政部、国家卫生健康委印发《关于进一步动员城乡社区组织做好新型冠状病毒感染的肺炎疫情防控工作的紧急通知》，进一步指出社区应切实做好疫情监测、信息报送、宣传教育、环境整治、困难帮扶等工作，全面落实联防联控措施，构筑群防群治的严密防线。4 月 16 日，《民政部、国家卫生健康委关于印发〈新冠肺炎疫情社区防控与服务工作精准化精细化指导方案〉的通知》，指出科学精准制定实施社区疫情防控措施，做好新冠肺炎治愈患者和解除医学观察人员回归融入社区相关工作，助力全面推进复工复产。

结合理论与实践背景，本研究将政策执行分为两个层面：一是政策执行工具；二是政策执行机制（图 9-1）。在政策执行工具层面，网格化管理运用行政手段、法律手段、说服引导手段、技术手段，拓宽政策执行的覆盖广度、提升执行速度和提高执行精度。在政策执行机制层面，网格化管理凭借合理的组织结构和具有一定政治素质的网格员，在政策执行中发挥了重要的作用，多地充分发挥社区网格化阵地优势，做到早发现、早报告、早隔离。"横向到边、纵向到底"的网格化管理，可以确保在对社区（村）人员排查的过程中，一户不漏、一户不少。浙江省全省网格员平均每天走访排查 175 万余户、478 万余人，服务居家观察对象

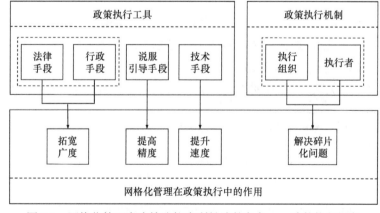

图 9-1　网格化管理在疫情防控中所扮演的角色——政策执行视角

9.3 万余户、23 万余人①。网格员还通过广播、电子屏、横幅等途径开展疫情防控知识宣传，科学指导居民提高防范能力，实现疫情防控工作精细化、全覆盖。

1. 网格化管理的政策执行工具

（1）行政手段

网格化管理的持续推进也是行政力量不断下沉的过程，各项政策的出台，是网格员在网格内开展摸排工作的政策基础，有利于确保各项措施全面落实。具体而言，行政手段是指政策执行者依靠行政组织的权威，采用行政命令、指示和规章制度等方式来推进公共政策执行的方法，是公共政策执行中最常用的方式。为做好疫情防控工作，中央全面依法治国委员会第三次会议审议通过了《关于依法防控新型冠状病毒感染肺炎疫情切实保障人民群众生命健康安全的意见》，浙江省司法厅研究制定了《新冠肺炎疫情防控期间行政执法工作指引》，该文件明确"县（市、区）人民政府成立的疫情防控领导机构负责整合调配相关行政执法部门、乡镇（街道）、社区、志愿团体等人员力量，必要时可以跨领域、跨部门、跨层级统筹使用"。中央政法委印发《关于进一步发挥基层综治中心和网格员作用筑牢疫情防控第一道防线的通知》，明确要求"着力推动防控力量向社区下沉、向网格延伸"，在法治轨道推进疫情防控工作。行政手段具有权威性、强制性、具体性的特点，从而保证政策能够在全国范围内得到统一执行，行政手段所具备的特点，可以使政策在执行过程中做到协调一致、令行禁止。

（2）法律手段

网格员利用法律手段，解决疫情防控问题。法律手段是指通过法律、法令、司法和仲裁等方式，特别是通过行政立法和司法方式对政策执行活动中各种关系进行调整的方法，法律手段是政策执行活动得以顺利进行的根本保障。比如，在防控期间出现了一些粗暴执法、越权执法等问题，面对大量没有先例可循的防疫情况，我国现行法律存在不足②，面对严峻的形势，2020 年，国家卫生健康委员会发布公告，"将新型冠状病毒感染的肺炎纳入《中华人民共和国传染病防治法》规定的乙类传染病，并采取甲类传染病的预防、控制措施"。"各级人民政府、卫生健康行政部门、其他政府部门、医疗卫生机构可以依法采取病人隔离治疗、密切接触者隔离医学观察等系列防控措施，共同预防控制新型冠状病毒感染的肺炎疫情的传播。"

（3）其他手段

除了行政手段和法律手段外，还包括说服引导手段、技术手段等。说服引导手

---

① 钱祎.守住小网格 护好大家园 浙江三十三万网格员奔走在网格间[EB/OL]. https://zjnews.zjol.com.cn/zjnews/zjxw/202008/t20200828_12253946.shtml, 2020-08-28.

② 赵敏，2020. 新冠肺炎疫情背景下《传染病防治法》之再完善[J]. 中国社会科学院研究生院学报，3：43-51.

段是网格员政策执行的有效手段之一，它具有较强的针对性，更容易被政策对象接受，通过说服引导的手段引导人们把政策内化为自身的信念，主动地贯彻公共政策。疫情防控信息公开非常重要，网格员在此次疫情防控中，积极做好宣传工作，及时告知居民疫情发展态势及防控工作的要求，说服部分不理解的人民群众配合居委会、村委会工作安排。正如武汉金地花园防控组邹义均所描述的："鳏寡孤独、重病的老人是现在的关注重点。考虑到安全因素，一般我们还是劝阻他们出门，每天会打电话逐一问候，看看他们有没有什么具体的困难，比如采买或者看病的需求。另外，我们也很关注居民心理和信息需求。基本上每天我们都会把新的信息和权威政策打印出来贴在重要出入口，以免居民因不实信息产生焦虑。"①

技术手段是网格员在社区疫情防控中采用现代化的科学技术，如网络技术、信息技术改进政策执行的方式。应用技术手段，能够提高政策执行的效率。应用信息技术解决治理难题，日益成为城市基层治理改革的重要趋势②。社区网格员利用信息技术设备，如利用无人机巡逻、社区 App 收集信息等在此次疫情防控中取得了突出成效。以杭州市为例，杭州市人民政府于 2020 年 2 月 4 日发布《关于实施"防控疫情，人人有责"十项措施的通告》，其中一项要求"全市所有村庄、小区、单位实行封闭式管理，人员进出一律测温，并出具有效证件。外来人员和车辆一律严控，特殊情况由管理人员做好登记备案"。为了让居民们顺利出行，很多社区开始连夜赶制纸质"出入证"，并由社工、网格员联合志愿者派发给居民，有居民感叹道，恍若回到了"粮票"时代。"健康码"的运行，极大地减轻了网格员的工作负担，提升了执行效率，社区在"一人一码、动态更新、亮码通行"的模式下，实现了对居民的精准化服务③。

本质上而言，网格化管理是政府端对基层治理力量进行整合的一种方式，是各级党委政府为了解决基层办事效率不高、走访服务群众时间不足、社情民意掌握不及时等问题，通过加强对城乡社区工作人员的管理，如建立全科社工专职网格员队伍，或通过购买服务建立一支行政力量能够直接管理的专职网格员队伍，以求更好地服务于城乡社区居民群众。作为基层治理的重大组织和制度创新，网格化管理的核心逻辑是通过对城乡社区治理单元的进一步细化、网格员队伍建设的再组织化、现代信息技术的应用，构建基层社会治理的新秩序。网格化管理在社会秩序构建中的作用契合了疫情防控、应急管理、安全稳定等工作要求，在疫情防控中，网格员能够充分发挥"人熟、地熟、情况熟"的优势，在人员信息排

---

① 蔡闯，王斯敏，张勇，等.社区：方式精准优化防控丝毫不松[EB/OL]. https://news.jstv.com/a/20200409/1586423790384.shtml，2020-04-09.

② 付建军，2019. 社区治理中的信息技术效率悖论及其形成逻辑——基于上海市 J 街道的实证分析[J]. 探索，6：54-63.

③ 吴结兵，2020. 网格化管理的实践成效与发展方向[J]. 人民论坛，29：22-24.

查、密切接触者管控、异常状况预警等方面发挥重要作用，代表了未来城乡社区治理科学化、精细化、智能化的发展方向。

2. 网格化管理的政策执行机制

（1）政策执行组织

政策执行组织的结构和组织职责会直接影响政策执行的有效性。政策需要依托一个坚强有力的组织才能顺利执行，影响组织的因素主要有以下几点。

1）组织结构的合理性。政策执行组织的合理结构是实现政策目标的组织保证。叶岚认为，网格化管理发挥了自上而下、自下而上和横向交织关系网络的综合作用。自上而下的作用实际上是权力的精细化配置，自下而上的作用实现了社会动态信息的连续传递，横向交织的关系消除了部门间的隔阂①。上城区网格化管理所划分的网格是在村（社区）以下统一划分基层社会管理服务单元，按照"属地为主、街巷定界、规模适度、无缝覆盖、相对固定"的原则，围绕人、地、物、单位、组织等基本要素构建基层社会治理"一张网"体系，确保网格划分无盲点、无遗漏、无死角、无重叠。城乡之间存在差别，原则上城市社区一般以小区、楼幢为基本单元划分，每个网格 300～500 户，常住人口 1000 人左右；农村以村民小组或自然村落划分网格，每个网格 150 户左右②。合理的网格划分不仅有利于上下级之间的沟通、协调和监督控制，也有利于对政策执行进行统一领导、统一指挥，从而得到政策支持，提升政策执行的效率、保证政策执行的效果。

2）组织权责的一致性。组织权责的一致性理顺了上下级执行机构以及横向各职能部门之间的权力和责任关系。上城区网格化管理要求根据本地实际，明确网格员工作职责。网格长、网格员在网格管理服务中主要负责信息采集、隐患排查、矛盾调处、民生服务、政策宣传等工作。信息采集主要是及时有效地收集网格各类疫情信息、网络舆情、社情民意、帮扶救助等动态信息；隐患排查主要是及时排查网格内各类疫情安全隐患，实现第一时间发现病例，第一时间救治病例；矛盾调处主要是及时受理和处置居民群众诉求，调解和化解排查中发现的简单矛盾纠纷；民生服务主要是为网格内居民群众和成员单位提供服务帮助，排忧解难，了解由于社区封控带来的生活难题，维护居民基本生活；政策宣传主要是向网格成员单位和居民群众开展疫情宣传、政策法规宣传，引导人民有序度过疫情防控期。

（2）政策执行者

政策执行者作为政策执行组织主体，是影响公共政策有效执行的主要因素。

---

① 叶岚，2018. 城市网格化管理的制度化进程及其优化路径[J]. 上海行政学院学报，19（4）：27-38.

② 吴结兵，崔曼菲，吴妍，2023.连锁理事网络与基金会发展：一项多案例研究[J].商业经济与管理，（8）：41-48.

政策执行者必须具有较高的思想政治素质与综合能力，只有这样才能在疫情暴发的危急时刻，主动承担责任，落实好疫情防控中的各项政策。网格化管理一般都推行"网格+党建"模式，按照"一个网格一个党组织"的要求，在社区网格中建立网格党支部或党小组，充分发挥基层党组织在网格化管理服务中的领导核心作用和党员干部的先锋模范作用，强化党建引领，发挥党员先锋模范作用，以网格化为抓手做好疫情防控工作。

政策执行为观察网格化管理提供了一个新的切入视角。第一，网格化管理可以通过组建政策执行组织与执行者，落实政策执行机制，从而构建政府内部协同治理机制。第二，网格化管理运用行政手段、法律手段、说服引导手段、技术手段，显著拓宽了政策执行的覆盖广度、提高执行速度与精度。

（三）网格化管理推动应急管理精细化的现实路径

本研究基于杭州市案例研究，探讨了网格化管理实现应急防控的路径。研究发现：政策执行在重大突发事件中发挥了重要作用，只有政策得到快速、有效执行，才能及时落实政策，及时防范风险，保证人民群众生命安全和社会平安稳定；以精细化、全覆盖为主要特征的网格化管理不仅为社会治理提供了新思路，而且在抗击新冠疫情中扮演了重要角色。

回顾以往文献，大量研究在精细化管理的内涵[①]、精细化实现路径[②]、运行逻辑[③]、精细化管理的困境与反思[④]等方面做了有价值的探讨，在以往研究的基础上，本研究的贡献主要体现在：从政策过程视角出发，探索网格化管理实现精细化疫情防控的过程，网格化管理运用行政手段、法律手段、说服引导手段、技术手段，多管齐下、综合治理，打"组合拳"，保障各项政策得以落实。此外，政策的成功执行离不开强有力的组织者和执行者，网格化管理凭借合理的组织结构和具有一定政治素质的网格员，在网格做好宣传、摸排等工作，快速落实各项疫情防控政策。

综上，本节的研究结论具有一定的实践意义。网格化管理是党的十八大以来我国基层社会治理的重大实践创新，在疫情防控中展现出了良好的成效，代表了未来城乡社区治理科学化、精细化、智能化的发展方向。党的十九届四中全会更是强调了"健全社区管理和服务机制，推行网格化管理和服务"的重要性，这是坚持和完善网格化管理、提高国家治理体系和治理能力现代化的核心要义。网格化管理的政策执行逻辑是通过对城乡社区治理单元的进一步细化、网格及网格员队伍建设的再组织化、政策执行工具的应用，构建基层社会治理的新秩序。

---

① 陆志孟，于立平，2014. 提升社会治理精细化水平的目标导向与路径分析[J]. 领导科学，13：14-17

② 蒋源，2015. 从粗放式管理到精细化治理：社会治理转型的机制性转换[J]. 云南社会科学，5：6-11.

③ 柯尊清，崔运武，2018. 社会治理精细化的生成机理与运行逻辑研究[J]. 理论月刊，5：156-161.

④ 王阳，2016. 从"精细化管理"到"精准化治理"：以上海市社会治理改革方案为例[J]. 新视野，1：54-60.

随着新冠疫情防控的常态化，网格化管理在落实社区政策，特别是在居民（村民）人口信息的动态收集与管理中，更是充分发挥了快速、灵活的优势，构建了"横向到边，纵向到底"的风险防控网络。虽然网格化管理有利于解决政府政策执行中的碎片化问题，拓宽政策执行广度、提高执行精度与速度，但"内嵌"于社区的网格化管理受基层社区资源保障不足、动员能力不充分、网格员素质参差不齐等问题的限制，其潜力没有被充分激发，需要从以下三个方面完善。

一是落实社区网格资源管理，提高政策执行保障能力。在社会治理中心下移的过程中，没有同步做好力量保障，而社区承担着大量工作，造成社区资源紧张、疲于应对的局面，从而限制了政策执行速度、广度与精度。为了进一步做好社区工作，需要坚持重心下移、资源下沉，尽可能将服务资源和管理力量向基层倾斜，提升网格化管理执行政策速度及应对风险的能力。

二是完善在职党员进社区制度，提高政策执行期间的动员能力。在突发公共危机中，早期阶段有足够的参与者是实现有效危机管理的关键[1]，常态下的社区及网格配备很难承担如此艰巨的任务，大量社区内志愿者，特别是政府部门在职党员自觉参与防控工作，发挥了模范带头的作用，在职党员志愿者参与社区治理是我国社区治理的重要优势，在疫情常态化防控中需要进一步地总结、提炼和推广。

三是加强网格员培训。在常态化管理中，社区有必要对网格员进行岗前培训，使之充分了解诸如平安检查、法律法规等知识以及社区的基本情况，提升服务水平。除专业知识外，对网格员的培训内容还可以包括智能设备操作、沟通协调能力等方面的技能，同时还要提升个人思想认知水平，使其注重形象仪表，从而多方面提高社区网格员素质。

四、"最多跑一地"：县级矛调中心的建设

（一）当前信访考核中存在的主要问题

信访制度长期以来在民情表达、政府监督和权利救济方面起到了重要作用。值得注意的是，在我国社会大变革、大发展的转型时期，各类社会矛盾不断增多，但是各级政府和人民群众对信访制度的认识和定位还存在一定偏差。

党的十八届三中全会、四中全会对新时期全面深化改革、全面推进依法治国进行了总体部署，并对信访制度改革做了专门部署，其核心是要改革信访工作制度，健全及时就地解决群众合理诉求的机制，要把信访纳入法治化轨道，保障合理合法诉求，依照法律规定和程序就能得到合理合法的结果。然而这些顶层设计

---

[1] Mei C, 2020.Policy style, consistency and the effectiveness of the policy mix in China's fight against COVID-19[J]. Policy and Society, 39(3): 309-325.

在当前的信访改革中体现得还不明显，在社会管理时代，将信访视为管控维稳的思维依然存在，在有些时候、有些地方可能还有僵化的表现，产生了比较严重的后果，主要体现在以下几个方面。

1）信访考核层层加码，基层党委政府疲于应对。在省政府只对"非访"考核、对正常信访排名通报的考核制度下，一些地区存在自我加压、考核层层加码的情况，如缩减"非访"考核指标，并实施对正常上访考核扣分、对"零上访"奖励加分的考核政策。县（市、区）一级的信访排名通报将压力传导到乡镇，形成了对乡镇"零上访"的考核制度，这使得基层党委政府往往以管控维稳思维主导信访问题的解决，对待信访人重稳控、轻化解，不注重依法依规解决问题（客观上也存在一些乡镇党委政府无法解决、无权解决的政策性信访问题），同时存在"花钱买平安"的做法，突破法律和政策底线无原则满足信访人的无理要求，引发缠访闹访和反复越级上访情况不断发生。更严重的是，部分基层党政干部疲于应付各类信访事件，导致基层党委政府工作重心分散，无法将主要时间精力聚焦于推动经济社会发展。

2）部分访民在和地方政府的博弈中，借由层层加码的信访考核制度向基层政府施压，寻求法外利益，一些乡镇出现了"信访致富"的访民，甚至出现了以信访和信访培训为职业的访民，其示范效应造成了人民群众信"访"不信"法"、信"上"不信"下"、信"闹"不信"理"的社会心理，严重破坏了基层社会的公序良俗。同时，在层层加码的信访考核体系下，形成了乡镇干部越怕上访，越难处理信访事件，信访越多、考核越严格的恶性循环。

3）公民正常的民意表达和权利救济受阻，现代法治体系和社会治理体系无法有效构建。在现有的信访考核制度和维稳管控思维下，部分基层党委政府片面追求"零上访"，使得信访本身的联系沟通功能日渐式微，权利救济功能受到限制，部分群众的合理合法诉求得不到及时反馈和解决，更无法保障合理合法诉求依照法律规定和程序得到合理合法的结果。这对法治建设造成了一定程度的破坏，更无法引导政府与人民群众之间建立沟通协作、合作共治的治理体系，是造成当前法治不彰、治理不善局面的重要因素。

总的来看，现行信访考核制度在某种程度上已经制约了基层政府有效履行职能、提升治理绩效。全面深化法治浙江建设、健全基层社会治理体系亟待改革信访考核制度，形成适应经济社会发展新常态的信访治理新机制。

（二）县级矛调中心的建设

2019 年 11 月，浙江省委十四届六次全会提出打好省域治理现代化的"10 招23 式"，其中要求推进社会治理领域"最多跑一地"工作，以有效化解矛盾纠纷。随后，全省开展县级矛调中心建设。2020 年 3 月，习近平总书记在安吉县考察时，对县级矛调中心建设给予了充分肯定并作出重要指示。

县级矛调中心建设是"以人民为中心"发展思想的充分体现，是"最多跑一次"改革精神在社会治理领域的创新运用，更是浙江展示中国特色社会主义制度优越性的重要方面。县级矛调中心已在线下建立完整的闭环式运行体制，在线上建立大数据平台，成效显著。但与此同时，县级矛调中心也面临职能定位、运作流程、部门协调、纵向联动、考核评价、数据共享等问题。针对这些问题，我们在最后提出了深入推进县级矛调中心建设的政策建议。

全省上下高度重视县级矛调中心建设工作。2020年5月，省委常委会会议专题讨论县级矛调中心建设，提出要努力把县级社会矛盾纠纷调处化解中心建设成为"重要窗口"的标志性工程。全省各地党政负责人都亲自部署谋划县级矛调中心建设，多个县（市、区）将县级矛调中心列为直属正科级事业单位。

县级矛调中心充分整合各类矛盾调处化解资源，建立闭环式的运行体制。县级矛调中心前台设置无差别全科受理窗口，统一接收信访、诉讼、调解、法律咨询、仲裁等各类矛盾调处化解事项。县级矛调中心后台将事项分类，尊重民众意愿，并按照"把非诉讼纠纷解决机制挺在前面"的要求，将事项进行分流处理。党委政府有关部门以"常驻、轮驻、随叫随驻"等不同的方式入驻县级矛调中心，常驻部门主要有金融、法院、环保等。专业性行业性调解委员会、调解品牌工作室、解纷类志愿者团体、律师等社会力量统一入驻县级矛调中心，将大量矛盾在诉前化解。法院在县级矛调中心设立立案庭、法庭、仲裁庭，发挥诉讼的"守门员"作用，建立矛盾调处化解的最后一道防线。

县级矛调中心运用数字技术，发挥风险防控、社会治理综合指挥的功能。全省各地的县级矛调中心都有大数据平台，汇聚社会治理基础数据，并建立热点分析、人脸识别、安全监测、风险预警、指挥调度等功能模块。县级矛调中心将政务投诉、信访举报、意见反馈、报警等线上系统进行整合，将事件及时移交给有关部门处理，并限时做出回应，针对群众反映较多的问题还会做出热点提醒。县级矛调中心依托"雪亮工程"，可以实时调取监控录像，及时获取突发事件的现场情况，对重点人员进行追踪定位。县级矛调中心通过网格化管理将触角延伸至基层，网格员会定期更新社会治理基础数据，并根据统一指挥及时前往待处理事件的现场。通过对基础数据的分析研判，县级矛调中心还可以做出风险预警，党委政府可以化被动为主动，提前做好应对方案（图9-2）。

县级矛调中心正在打造信访和矛盾纠纷调处化解的终点站。据统计，全省多地已呈现出矛盾纠纷就地化解率和县级信访占比上升、诉讼案件数和越级上访数减少的"两升两降"态势。例如，台州市黄岩区早在2018年7月就已建立矛调中心，多年来工作成效显著，大量矛盾纠纷在县域就能得到解决。从2019年9月至

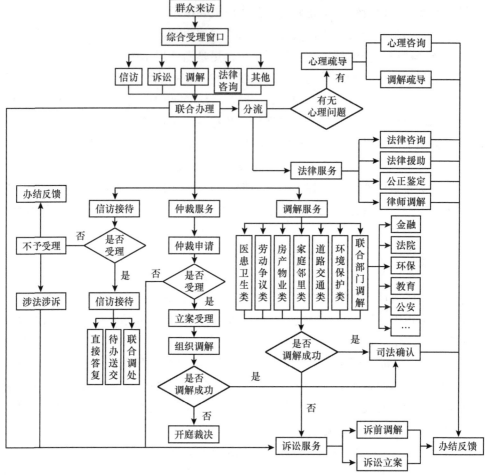

图 9-2　县级矛调中心"闭环式"运行体制示意图

注：笔者参考嘉兴市南湖区、台州市黄岩区矛调中心工作流程图制作

2020 年 5 月，嘉兴市南湖区县级信访占比同比上升 16.26%[①②]，越级上访数量同比下降 74.48%，民商事案件立案数同比下降 14.3%。2019 年，湖州市全市矛盾纠纷就地化解率同比上升 20.71%，县级信访占比同比上升 21.6%；宁波全市信访总量同比下降 18.97%；舟山市普陀区民商事案件立案数同比下降 34.91%[③]。2020 年第一季度，温州市万人成讼率仅有 19.86 件，同比下降 35.5%。

① 南湖区人民政府. 南湖区信访情况月报表（9 月份）[EB/OL]. http://www.nanhu.gov.cn/art/2019/10/8/art_1584069_40600035.html，2019-10-08.

② 南湖区人民政府. 南湖区信访情况月报表（5 月份）[EB/OL]. http://www.nanhu.gov.cn/art/2020/6/11/art_1584069_46522641.html，2020-06-11.

③ 舟山市普陀区人民法院. 2020 舟山市普陀区人民法院工作报告[EB/OL]. http://www.zsptrd.gov.cn/view/5710.html，2020-01-19.

（三）县级矛调中心建设中存在的问题

1. 县级矛调中心职能定位有偏差

风险防控与综合指挥的能力相对偏弱。省委明确要求县级矛调中心要建设信访和矛盾纠纷调处化解、社会治理事件处置、社会风险研判等三大平台。但是，多数县（市、区）现阶段主要侧重于整合力量资源，打造"一窗受理，集成服务"的办事大厅，而对后两者投入不足。调研发现，各地大数据平台的功能水平参差不齐，有些已具备一定的研判指挥能力，有些仅仅停留在数据展示层面。

2. 县级矛调中心的内部运作面临部门间的协调问题

首先，党委政府相关部门并没有完全做到按民众需求入驻。有些应该入驻的部门并没有入驻，而有些已经入驻的部门接待量很少，发挥作用有限。其次，入驻部门往往整而不合，依然条线林立。有些入驻的部门并不清楚应该承担哪些职责、发挥哪些作用，部门之间的合作很有限。而在具体的业务实践中，也存在标准不一的问题，如不同部门的业务系统对事项受理、办结的时限要求大相径庭，很难在统一的平台上处理所有业务。最后，县级矛调中心难以有效发挥指挥功能。由县级矛调中心指派的社会治理事件，特别是那些需要多部门协作处置的事件，有时会遇到一些部门推诿扯皮的现象。

3. 县级矛调中心与信访系统尚未完全形成合力

按照省委的统一要求，县级矛调中心要包含信访超市。但是，一部分县（市、区）仍然存在双中心接访的现象，信访系统并未完全入驻矛调中心。而在另一部分县（市、区）信访局已经成建制入驻县级矛调中心。在此情况下，县级矛调中心将负有统一受理、交办、考核等职责，这与信访局的部分职能重叠。如果将县级矛调中心交由信访局运营管理，则可能会使中心过于偏重信访调处，无法有效发挥矛盾纠纷调处化解的综合功能。而如果信访局成建制入驻却并不负有运营管理职能，那么县级矛调中心与信访局的关系会变得比较微妙。

4. 县级矛调中心遭遇矛盾纠纷的"基层涌入"

县级矛调中心如果不能与基层建立有效的联动机制，可能会面临既当"终点站"又当"首发站"的巨大压力。这主要是三方面共同作用的结果。第一，县级矛调中心建成一站式平台后，会增强自身对乡镇、村社矛盾纠纷的吸附能力，基层在矛盾纠纷调处化解的作用会被相对弱化。第二，乡镇、村社出于减轻自身工作压力的考虑，会倾向于鼓励当事人前往县级矛调中心解决矛盾纠纷。第三，县级矛调中心如果要将矛盾纠纷向基层分流，就要对乡镇、村社工作进行考核，但这可能会使"矛盾不上交"变成硬性指标，进一步增加基层的工作压力。而如果不建立考核机制，那么矛盾纠纷的分层过滤机制很难得到落实。

5. 县级矛调中心建设与法治要求存在紧张关系

矛盾纠纷调处化解必须坚持以法治为底线。但是，我们在调研中发现，当前县级矛调中心的一些制度设计可能会在未来损害法治。一方面，法院在矛盾纠纷调处化解中过于前置。审判制度应该在矛盾纠纷调处化解中成为最后一道防线。但是，有些县级矛调中心要求法院在调解纠纷过程中发挥主导作用，并且组织法官承担诉前调解工作。这不仅会造成法院与其他行政机关的职能相互重叠，而且会有损法院的"中立"角色。另一方面，当前县级矛调中心的绩效考核主要集中在县级信访占比、矛盾纠纷就地化解率、万人成讼率、诉前调解率等结果性定量指标上。如果不建立有效的过程性监督指标，久而久之，县级矛调中心的工作可能会异化为禁访、压讼等行为。

6. 县级矛调中心面临数据共享难题

县级矛调中心的风险防控与社会治理综合指挥功能，主要建立在大数据平台的基础上，而各类社会治理数据的汇聚是大数据分析的关键。我们调研发现，各地的县级矛调中心建设普遍面临数据共享的难题。一方面，入驻中心的部门往往有自己的数据系统，而这些系统大多是中央或省里统一建立的，县级矛调中心没有获取这些数据的权限。实际上，这些数据本来都是由地方政府收集的，但因为没有使用权限，地方政府不得不另建一套系统来重新收集数据。另一方面，各条线的数据标准和格式规范也不同，工作人员要对同一条数据进行多次录入、多次转换，部门间的业务流转也变得十分困难。例如，一个网格员通常要在多个 APP 系统里录入数据，经常需要重复劳动。

为深入推进县级矛调中心建设，需要在以下方面进一步完善县级矛调中心建设工作。

第一，强化顶层设计，推动数据共享，提升风险防控与综合指挥能力。县级矛调中心提升风险防控与综合指挥能力，迫切需要各县（市、区）深化认识，明确中心的目标定位，同时需要数据共享的支撑。对于后者，地级市与县（市、区）可发挥的作用十分有限，必须从省级层面高位推动。首先，省级层面主导开发的条线数据系统，可以通过建立数据交换协议或运用区块链技术实现跨部门数据流通，突破条线之间的信息壁垒。其次，省级层面要与中央部委进行沟通协调，促使由中央主导建立的数据系统在法律允许的范围内开放部分数据供地方使用。再次，省级层面可以建立统一的数据规范标准，以微观个体（自然人、法人）为单位建立个体信息档案，及时将不同条线系统获取的个体数据进行汇总更新，防止不同条线储存的个体数据相互矛盾。最后，省内各级政府间应当建立数据收集协议，某一地区产生的数据可以由当地政府及其上级政府共同享有使用权，以此解决当地政府收集数据却无法使用数据的问题。

第二，分两步走促进信访系统与县级矛调中心的融合。从短期来看，要让信访局成建制入驻县级矛调中心，并通过合署办公的方式，实现人员与资源的共享，增强双方的合力。同时，通过县级矛调中心的统一受理、分类处理，解决长久以来信访渠道入口过宽的问题。由县级矛调中心建立统一的全科受理窗口，其中的官民矛盾类信访案件依旧进入信访系统，由信访局进行督办、考核；民事类信访案件转入其他解纷途径；涉诉涉法类信访案件直接进入司法渠道。从中长期来看，随着信访积案得到有效化解，县级矛调中心将逐步强化其在调处化解官民矛盾中的功能，而信访体制仍将继续发挥其独特作用，两者将共同构成更加完善的社会矛盾纠纷解决体系。

第三，从横向与纵向两个维度优化县级矛调中心的运作体制流程。在横向维度上，要促进县级矛调中心与其他党政部门的协调合作。一方面，要根据接待量多少确定"常驻、轮驻、随叫随驻"的部门，优化空间利用，最大限度地满足民众需求。另一方面，要赋予县级矛调中心一定的考核监督权力，推动各部门相互配合，确保有关事项能按时办结。在纵向维度上，要设立一套较为完善的联动机制，让基层有效发挥解纷功能。一方面，县级矛调中心要在乡（镇、街道）设立分支机构，建议有能力、有条件、有需求的乡（镇、街道）可以仿照县级矛调中心建设实体分中心，其余镇街可以依托"基层治理四平台"发挥矛盾调解功能。县级矛调中心与乡（镇、街道）分支机构实行一体化建设，后者接受前者的业务指导与工作委派，两者统一标识。另一方面，乡（镇、街道）分支机构在矛盾纠纷调处化解方面要接受乡（镇、街道）与县级矛调中心的双重考核。同时，县（市、区）对县级矛调中心（其中包含乡镇、街道的分支机构）进行整体考核，并对乡（镇、街道）进行社会治理综合考核。

第四，以民众评价为指标，建立县级矛调中心的考核体系。可以参考嘉兴市南湖区矛调中心的做法，在全省县级矛调中心推广解纷码制度，实行服务评价的"淘宝模式"。每一位群众在矛调中心办理事项后，都将获得一份专属的解纷码。通过扫描解纷码，当事人可以实时获取矛盾纠纷调处化解的进度。在事项办理完结后，当事人需要在解纷码中填写满意度调查问卷。调查结果由省级指定专门机构获取，不对县（市、区）开放。根据解纷码的满意度调查结果，评估县级矛调中心的绩效，以此防止县级矛调中心出现禁访、压讼的行为。当然，社会治理工作不仅要稳定有序，还要充满活力，为此，还要从稳定有序与充满活力两大维度，评估整个县域的社会治理水平。

第十章　市域法治保障能力

党的二十大报告明确提出，坚持全面依法治国，推进法治中国建设，坚持法治国家、法治政府、法治社会一体建设，全面推进科学立法、严格执法、公正司法、全民守法，全面推进国家各方面工作法治化①。开展市域社会治理现代化试点，使法治成为市域经济社会发展的核心竞争力②，既是法治社会建设的要求，也是推进市域治理创新的突破口。我国《立法法》赋予了设区的市立法权，各地级市可以根据自己的实际情况制定出台一系列的地方性法规，以解决治理过程中出现的各类问题③。在推进市域社会治理现代化的过程中，会涉及多方面社会关系的调整，让法治发挥基本的框架性作用，以法律为准绳协调各种社会关系，只有保障具体措施落实到位，才能使市域社会治理成果得到巩固。

市域社会法治保障能力是指在市域社会治理中以法治思维来谋划社会治理、以法律规范来实施社会治理、在法治化轨道里实现社会良治的能力。地方立法权是市域社会治理的重要优势，有助于市级因地制宜、结合实际制定地方性法规规章，破解社会治理难题。市级人民代表大会要充分发挥地方立法权，充分考虑本地经济、社会、文化等实际情况，深入总结市域社会治理的成熟做法，推动在应急管理、公共卫生、网络安全、社区物业等社会治理重点领域制定地方性法规规章。市级党委政府要加强依法决策，落实重大决策社会稳定风险评估机制，依法加快市级层面社会信用管理、产权保护等配套制度建设。行政执法是社会治理的重要环节，在执法领域要进一步深化"大综合一体化"行政执法改革，把治理的重心和配套资源向乡镇街道下沉，建立执法队伍的金字塔结构，切实解决基层治理中"看得见、管不着"问题，提高行政执法的效率和基层治理的效能，为市域社会治理现代化提供立法执法司法保障。具体而言，法治保障能力建设应该在立法、决策、执法司法、法律公共服务等方面提供全方位的法治能力支撑。党的十八大以来，嘉兴市以数字化改革为契机和支撑，积极推进法治保障能力建设，在发挥市域社会立法核心优势、推进执法司法数字化建设、提供多元法律公共服务等方面取得丰硕成果。在推进全国法治政府示范市创建过程中，嘉兴市充分发挥

① 习近平.高举中国特色社会主义伟大旗帜 为全面建设社会主义现代化国家而团结奋斗——在中国共产党第二十次全国代表大会上的报告[EB/OL]. http://www.gov.cn/xinwen/2022-10/25/content_5721685.htm, 2022-10-25.
② 中国共产党中央委员会. 法治社会建设实施纲要（2020－2025 年）[EB/OL]. http://www.gov.cn/zhengce/2020-12/07/content_5567791.htm, 2020-12-07.
③ 张蕾, 2022. 市域社会治理法治保障研究[J]. 大庆社会科学, 4：34-37.

市级地方立法权优势，在行政决策规范化、建筑垃圾管理、物业管理等多个领域制定地方性法规，破解了一系列社会治理难题。在数字法治改革方面，嘉兴市不断完善数字法治系统总体架构，形成了"市域社会治理大脑"等十大整体智治场景。2022 年，嘉兴市在数字法治系统建设考评、平安建设专项指标综合排名、诉前化解率、一审民商事收案降幅等多个方面位列浙江省前列。

一、市域社会治理中的法治建设问题

提升市域社会治理能力，重点是要强化依法治理，依靠法治来维护社会公平正义，通过法治思维和法治方式来解决城市发展中的问题[①]。"合作、互动、协调、均衡"是社会治理的核心关键词，合作、互动、协调、均衡在实践中何以可能以及如何实现，显然并不是依靠各主体之间彼此的心照不宣，根本上有赖于法治的引导和规范。从地方实践看，虽然宏观层面反复强调了法治的保障作用，但法治保障仍然主要停留在政策文本层面，操作层面的微观机制缺失，导致法治保障无法切实有效地发挥作用[②]。目前，市域社会治理的法治化建设还面临着诸多难题。

一是立法层面缺乏对市域社会治理强有力的法律支撑。首先，部分社会治理领域存在法律空白。《立法法》赋予了设区的市的人大和政府立法权。设区的市要在借鉴其他城市成果的基础上，制定地方性法规规章，为市域社会治理提供法律保障，但在实际工作中，有关基层社会治理、社会组织发展等领域的法律法规还较少甚至存在空白。公民参与社会治理的法治赋权仍有较大提升空间，公民知情权、参与权与表达权等权利保障体系更多地停留在概念层面；社会组织参与社会治理的法治赋能有待完善，对于社会组织的法律条例更多地聚焦于管理与被管理的关系，缺乏围绕社会组织权利及主体资格的相关法律条例。其次，法律条文本身的科学性、操作性不足，尤其在条文细化和操作性方面存在诸如概念模糊、内容不可操作等问题，这仍然是市域社会治理面临的难题。尤其是在行政执法领域，具体的执法场景缺乏对应的法律法规支撑，导致执法活动无法开展，存在有法难依的情况。最后，缺少系统的市域社会治理立法规范体系。地方立法对市域社会治理实践的回应呈现随机性、零散性等非系统性特征。这一立法状态直接影响了市域社会治理法治化整体水平的提升，也影响了市域社会治理实践中职能交叉重叠、社会治理信息孤岛化、社会治理非常态化等多发问题的有效解决[③]。社区治理是以社区为治理单元，为社区居民提供公共产品和公共服务的治理活动，直

① 张炜达，郭朔宁，2022. 社会治理法治化：生成逻辑、价值意蕴与中国方案[J]. 西北大学学报（哲学社会科学版），52（3）：118-128.

② 陈华，2018. 地方社会治理：演进逻辑、多重约束与实践创新[J]. 甘肃社会科学，6：189-196.

③ 徐晓明，2022. 设区市地方立法回应市域社会治理制度需求问题研究[J]. 扬州大学学报（人文社会科学版），26（6）：68-80.

接面向基层群众的社区生活，是市域社会治理的重要组成，然而，长期以来物业问题、租房租赁、文明养犬等与居民生活息息相关的问题，却成为社区治理普遍面临的老大难问题，难以得到有效解决。造成这一治理困境的原因，除了社区治理主体自身力量不足外，缺乏相应的法律法规支撑体系是造成上述治理难题的重要原因。

二是社会治理实践层面制度化不足。一方面，社会治理举措的制度化程度不足，社会治理实践中很多采取的是"应景式"举措而非规范化制度。各地社会治理创新的力度在加大，亮点也层出不穷，但往往呈现"一时兴起而为之"的特征，并没有在试点基础上分析其实施条件、成效及问题等，进而总结经验、规避风险，从更高层面进行统筹规划。这使得社会治理成效呈现碎片化特征，系统性效应不够，辐射范围有限[①]。另一方面，社会治理过程中监督评价机制不健全。在基层执法执纪过程中，还存在着一些危害群众利益、损害政府形象，甚至是违法乱纪的行为，迫切需要建立有效的法治监督体系，以进行权力监督。

三是普法教育开展得还不够深入。主要体现在以下几个方面：普法教育工作机制不够健全。普法主体责任不清，重点不够突出。由于缺乏责任意识和责任追究，基层普法统筹协调较难，部门共同参与积极性不高。法治宣传不到位，形式单一，内容缺乏针对性，不能与时俱进，跟不上时代发展的需要。普法宣传还习惯于借助行政手段进行，依然是讲讲课、出板报、搞专栏、开动喇叭、张贴标语、宣传资料等，形式传统单一、方法陈旧。部分干部和群众依法行政、依法办事、依法表达诉求的意识有待进一步增强，部分公职人员学法不够系统、全面，没有形成规范，有时流于形式，甚至存在有法不依、执法不严的现象。部分群众发生矛盾纠纷时不通过法律途径解决问题，从而影响社会和谐稳定。

四是法治人才缺乏。在推进市域法治建设过程中，基层法治人才缺乏问题凸显，专业行政执法、法治审核力量还比较薄弱。基层执法队伍、司法机关、法律顾问队伍中还存在不能专职专事的情况；依法行政和依法执法工作还存在执法不规范、监督不足等诸多短板，行政执法和司法队伍的法治能力水平也有待进一步提升。

二、立法保障：推进市域社会治理法律体系建设

立法能力包括立法主体组织配置、人才配置、立法立项、立法起草、立法评估、立法监督、立法经费保障等多个方面[②]。市级层面的地方立法权是地方提升立法保障能力的基础性支撑。地方立法能力的关键在于中央对地方立法的授权。要

① 陈华，2018. 地方社会治理：演进逻辑、多重约束与实践创新[J]. 甘肃社会科学，6：189-196.
② 徐凤英，2017. 设区的市地方立法能力建设探究[J]. 政法论丛，4：111-118.

有效实施地方治理，地方立法的空间大小与创制能力至关重要。地方性事务不具有独占性、排他性，所以必须由中央立法进一步明确授权[①]。政策试验点是中央具体授权的重要体现，2020 年嘉兴市被列入首批全国市域社会治理现代化试点地区，这一举措体现了中央对地方治理改革探索的赋权。作为政策试验点，嘉兴市在市域社会治理现代化方面拥有更大改革创新的空间。这种赋权机制是中央层面助力地方开展法治能力建设的重要制度安排，它为地方提供了法治改革的制度框架和操作空间，确保地方在法治轨道上推进治理体系和治理能力现代化。

市域社会治理面临的公共服务状况和社会矛盾有很大差异，具有比较强的区域性、实践性和在地性，需要探索本地的治理模式并把握本地状况特征[②]。市域层级的区域性立法价值非常重要，它能够赋予市域在本市范围内依据本地社会治理的难点和痛点有针对性地制定法律法规的权力。例如，嘉兴市有针对性地开展了本地区的市域社会治理立法工作，且起到了良好的效果。嘉兴市高度重视地方立法，多年来先后已出台了《嘉兴市文明行为促进条例》等 14 部地方性法规[③]，为政府科学决策、依法行政提供了遵循。在完善立法程序方面，嘉兴市第七届人民代表大会第七次会议通过了《嘉兴市制定地方性法规条例》，对立法计划编制和法规草案起草、人大立法程序、地方性法规报批和公布程序等进行规定，为规范地方立法活动、完善地方立法程序、提高地方立法质量，发挥了引领和推动作用，也为充分发挥地方立法权提供了支撑保障。在强化民生保障方面，嘉兴市相继出台《嘉兴市住宅物业管理条例》《嘉兴市生活垃圾分类管理条例》《嘉兴市养犬管理条例》《嘉兴市文明行为促进条例》等法律法规，在市民生活服务领域提供法律规范文件支撑[④]。

（一）用好设区市立法权

《立法法》明确规定，设区的市的人民代表大会及其常务委员会根据本市的具体情况和实际需要，在不同宪法、法律、行政法规和本省、自治区的地方性法规相抵触的前提下，可以对城乡建设与管理、环境保护、历史文化保护等方面的事项制定地方性法规。这一基础性法律从国家层面赋予市域社会立法权限，市域层面如何利用《立法法》赋予的地方立法权推进社会治理现代化，是各市级人大、政府普遍面临的挑战。

完善立法支撑体系和程序，是发挥地方立法权的重要前提。地方立法权为市

① 余凌云, 2019. 地方立法能力的适度释放：兼论"行政三法"的相关修改[J]. 清华法学, 13（2）：149-162.

② 郭少华, 2022. 新时代市域社会治理现代化的功能定位、制约因素与建构路径[J]. 重庆社会科学, 11：24-36.

③ 嘉兴市人民政府网.政府信息公开-地方性法规[EB/OL]. https://www.jiaxing.gov.cn/col/col1229664187/index.html, 2023-01-19.

④ 嘉兴市人民政府网.政府信息公开-地方性法规[EB/OL]. https://www.jiaxing.gov.cn/col/col1229664187/index.html, 2023-01-19.

域治理的法治化提供了根据，不仅可以激发地方发展活力，促进社会治理方式的创新，还有助于完善地方法制，提升国家整体法治水平。然而，市级立法尚存在形式主义立法现象严重、立法权滥用问题突出以及立法的创制性表达不彰等问题①。在立法工作的具体流程方面，设区的市立法机关对于立法项目的确立缺乏整体性的科学规划，景观式立法现象比较严重②。如何规范市域立法，充分释放市域社会治理的制度优势，尤其是充分利用地方立法权，完善市域社会治理体系，提升市域社会治理能力，也成为市域社会治理一项重要挑战。

为此，嘉兴市于 2016 年 6 月，颁布了《嘉兴市制定地方性法规条例》，条例明确规定了立法计划编制和法规草案起草的责任主体、程序要求、市人民代表大会立法程序、市人民代表大会常务委员会立法程序、地方性法规报批和公布程序等。例如，第十条明确指出，"市人民代表大会常务委员会、市人民政府、市人民代表大会各专门委员会，可以向市人民代表大会提出地方性法规案，由主席团决定列入会议议程"。市域社会治理过程中遇到的法治问题，尤其是立法问题可以通过人大代表、政府等不同渠道反馈，以推进市域社会治理的立法工作。另外，第五十七条规定，"市人民代表大会及其常务委员会制定的地方性法规，由市人民代表大会常务委员会解释。市人民政府、市中级人民法院、市人民检察院和市人民代表大会各专门委员会以及各县（市、区）人民代表大会常务委员会，可以向市人民代表大会常务委员会提出地方性法规解释要求"。

对于现有法律法规存在的概念模糊等问题，尤其是与行政执法相关的具体法律法规操作性不强的问题，可以通过市级人大释法来解决，以明确法律概念，为行政执法和司法提供法律依据。

该条例为嘉兴市规范地方立法活动，完善地方立法程序，提高地方立法质量，发挥立法的引领和推动作用，推进市域社会治理法治保障能力建设提供了基本支撑。随后，嘉兴市根据上位法以及《嘉兴市制定地方性法规条例》的规定，制定、修改了《嘉兴市文明行为促进条例》等多部专门法规，进一步完善市域法治体系，为市域社会治理提供了法律依据。

（二）完善专门领域立法

当前，在市域城市管理和社区治理等方面面临着城市文明建设、物业管理、公共区域堆放物品、城市养犬等问题，解决这些社会问题直接影响居民的生活体验。有学者指出，长期以来，法学界对于物业管理法律问题的关注点大多集中在建筑物区分所有权、业主委员会法律性质等民法理论问题上，却忽视了整个物业

---

① 段东升，2021. 设区的市地方立法的困境与进路[J]. 学术交流，4：68-77.
② 王春业，2016. 设区的市地方立法权运行现状之考察[J]. 北京行政学院学报，6：84-91.

管理的立法问题。正因如此，才导致如今物业管理矛盾突出①。由于缺乏相应的法律法规，对此类小微问题进行管理时，常常没有可供凭借的法律依据。正如学者而言，"在过去二十多年的探索实践中，我国城市社区治理法治化取得了较为突出的成就，但仍存在着相关立法内容滞后、制度设计不科学、法律缺乏实效等问题，需要通过采取提高立法质量、加大法律实施资源投入等措施来加以解决"②。解决社会治理中的法律资源供给不足的问题，是市域社会治理现代化必须要解决的基础性问题。

面对市域社会治理法律支撑不足的问题，嘉兴市相继颁布了《嘉兴市住宅物业管理条例》《嘉兴市文明行为促进条例》等法规，对各类具体的社会治理事务以及多元主体的权责进行了规范，为市域社会治理的具体开展提供了法律支撑。

一是规范政府社会管理，划定行政权力和责任边界，明确执法事项和执法程序，为政府行政提供法律依据。例如，《嘉兴市住宅物业管理条例》明确了政府部门的执法责任和监督管理责任，第四条要求市人民政府应当梳理涉及物业管理的行政处罚事项和执法主体，列出清单，并予以公布。基于此，嘉兴市制定并发布了《嘉兴市涉及物业管理的行政处罚事项和执法主体清单》，对所涉物业管理的问题列出明确的行政处罚事项，为物业管理领域的行政执法提供了法律依据。此外，嘉兴各地政府部门根据市域层面的各项立法，也纷纷顺利开展各项行政执法，让基层执法人员面对各类社会问题，能够执法有据。截至2020年3月底，嘉善县综合行政执法局根据《嘉兴市文明行为促进条例》已作出行政处罚9起，其中妨碍他人使用充电桩3起、城市绿地内攀爬树木1起、车辆进入绿道2起、公共区域堆放物品1起、从建筑物向外抛撒废弃物2起③。平湖综合行政执法局根据《嘉兴市文明行为促进条例》在嘉兴市共发放宣传资料2000余份，立案查处不文明行为49起，处罚金额16 350元，其中妨碍他人使用机动车公共充电桩26起，在城市住宅小区公共区域堆放物品9起，从建筑物向外抛撒垃圾8起，在城市绿地内攀爬树木4起，未经批准擅自进行夜间建筑施工作业1起，机动车进入绿道1起，④由综合行政执法部门查处的不文明行为类型已全部覆盖。各项条例的出台让原本不受法律约束的小区堆放物品、城市绿地内攀爬树木等不文明行为有法可依，使交通秩序、生活环境、市民文明习惯都在积极向好，推动了各项社会管理任务的有效完成。

二是明确规范市场主体行为，通过法律形式进一步明确市场主体的权利义务。

① 吴兴陆，陈娴，2007. 嘉兴市住宅小区物业管理现状及对策探讨[J]. 嘉兴学院学报，19（1）：67-71.

② 梁迎修，2014. 我国城市社区治理法治化探析[J]. 郑州大学学报（哲学社会科学版），47（2）：64-67.

③ 嘉兴落实《文明行为促进条例》，推动城市文明建设[N/OL]. https://www.thehour.cn/news/359587.html，2020-04-02.

④ 平湖市人民政府. 《嘉兴市文明行为促进条例》落实情况及建议[EB/OL]. https://www.pinghu.gov.cn/art/2021/10/12/art_1229395937_59790338.html，2021-10-12.

嘉兴市为了规范户外广告和招牌设置、保障公共安全、美化城乡环境，制定《嘉兴市户外广告和招牌设置条例》，对于企业广告投放的位置、许可备案、维护以及法律责任进行规定。《嘉兴市餐饮业油烟管理办法》则明确企业经营主体的环境保护责任，规定餐饮业经营者应当及时清洗维护油烟净化设施、烟道，保持正常使用，如实记录清洗维护信息，信息保存期限不少于两年。物业管理方面，《嘉兴市住宅物业管理条例》对于建筑公司、物业服务公司的服务义务和收费权利都进行了详细规定，例如第二十六条规定，"物业服务人应当将下列信息在物业管理区域内显著位置公告：（一）物业服务人的基本情况和投诉电话；（二）约定的服务内容和事项、负责人员、质量要求、收费项目、收费标准等；（三）消防设施、电梯等日常维修保养单位名称、资质和联系方式等。物业服务人应当每年三月底前在物业管理区域内显著位置公告上一年度物业服务合同的履行情况、由物业服务人负责实施的维修项目中物业专项维修资金的使用情况和业主共有部分的经营与收益情况，并向业主大会、业主委员会报告"。上述规定为规范物业服务公司管理行为，减少物业管理纠纷提供了法律支撑。

三是发挥法律引领作用，激活社会自治力量，推进政社共治与社会自治。《嘉兴市住宅物业管理条例》为规范住宅物业管理活动，维护业主和物业服务人的合法权益，尤其是在推进小区成立业主委员会、自治解决物业问题方面发挥了重要的指导作用。《嘉兴市住宅物业管理条例》第三条明确指出，物业管理相关活动应当遵循党建引领，坚持专业服务，实行业主自治。《嘉兴市住宅物业管理条例》还明确界定业主、业主组织和物业管理服务提供者在物业管理方面的权利义务关系，对业主委员会的成立程序、选举办法、物业招投标、多方法律责任等作了规定，为社区物业纠纷调解提供了法律依据和操作指导，进一步避免了物业领域的利益纠纷。在引导行业协会参与社会治理方面，嘉兴市域各项条例也强调了行业协会的重要作用。《嘉兴市住宅物业管理条例》第七条规定物业服务行业协会应当加强行业自律，开展业务培训，协助处理物业管理纠纷，促进行业健康有序发展。《嘉兴市餐饮业油烟管理办法》则强调餐饮业行业协会应当加强行业自律，规范行业行为，发挥引导、服务作用，积极推广使用餐饮业油烟污染防治的先进技术。各项条例在引导社区自治、吸纳社会组织参与社会治理方面发挥了指导性和规范性的作用（表 10-1）。

表 10-1　嘉兴市级立法情况

地方性法规名称	颁布时间
嘉兴市城市绿化条例	2022 年 12 月 8 日
嘉兴市危险化学品安全管理条例	2022 年 4 月 8 日
嘉兴市住宅物业管理条例	2021 年 12 月 9 日
嘉兴市生活垃圾分类管理条例	2021 年 10 月 21 日

续表

地方性法规名称	颁布时间
嘉兴市养犬管理条例	2021年10月21日
嘉兴市大运河世界文化遗产保护条例	2021年10月21日
嘉兴市建筑垃圾管理条例	2021年4月23日
嘉兴市户外广告和招牌设置条例	2020年4月10日
嘉兴市餐饮业油烟管理办法	2020年4月10日
嘉兴市文明行为促进条例	2019年10月9日
嘉兴市住房租赁管理若干规定	2018年4月17日
嘉兴市南湖保护条例	2017年4月14日
嘉兴市制定地方性法规条例	2016年6月9日
嘉兴市秸秆露天禁烧和综合利用条例	2016年4月13日

资料来源：根据嘉兴市人民政府网站的相关信息整理而成

三、依法决策：构建支撑法治能力建设的政策体系

提升国家治理能力，推进市域社会治理，既需要做好执法、司法等权力行使的法治化工作，也要在重大决策中尊重并依据法律规范和法定程序，把法治当成治国理政的基本方式，实现重大改革于法有据[1]。行政决策是政府行政管理的核心环节，运用宪法、法律法规范调整和控制决策主体、决策行为、决策程序等具体行为，实现决策依法有据，决策行为依法进行，决策违法依法追究，这是行政决策法治化的基本要义，是建设社会主义法治国家的必然要求[2]。国务院在先后出台的《全面推进依法行政实施纲要》《关于加强市县政府依法行政的决定》等文件，明确了依法决策、民主决策、科学决策是政府依法决策的基本要求[3]。嘉兴市在推进市域社会治理现代化实践中，基于依法决策的基本前提，通过政策引领持续营造市域法治的浓厚氛围，形成决策依法而定、政策促进法治的良性循环。

（一）贯彻落实依法决策制度

依法决策就是要将决策程序方法的各个环节上升为法律规定、予以法定化，使所有的决策过程都必须严格遵守这些规定。贯彻依法决策，关键在于形成一套制度机制。《关于加强市县政府依法行政的决定》把它概括为"公众参与、专家论证、风险评估、合法性审查、集体讨论决定、决策公开、责任追究"七个主要

---

[1] 陈金钊，2020. 提升国家治理的法治能力[J]. 理论探索，1：23-29.

[2] 陈海燕，2015. 实现重大行政决策法治化的路径分析——以江苏南通市为例[J]. 福建省社会主义学院学报，5：75-79.

[3] 谷志军，2021. 重大决策责任追究的三重逻辑——基于行政决策要素的案例分析[J]. 新视野，2：56-62.

程序①。为此，2022 年，嘉兴市政府出台重大行政决策程序规定及其配套制度，包括《嘉兴市人民政府重大行政决策程序规定》《嘉兴市人民政府重大行政决策公众参与制度》《嘉兴市人民政府重大行政决策专家论证制度》《嘉兴市人民政府重大行政决策合法性审查制度》《嘉兴市人民政府重大行政决策集体决策制度》《嘉兴市人民政府重大行政决策实施后评估制度》《嘉兴市人民政府重大行政决策责任追究制度》等制度文件②，为推进依法决策提供了制度保障。

合法性审查也就是适法性审查，这是依法决策的重要环节，必须通过对决策有关法律方面的审查，才能减少乃至杜绝公共政策与国家法律相违背、地方和部门的公共政策与国家宏观政策相违背、各部门政策之间相互冲突现象的发生③。合法性审查是决策的项目和内容提交讨论和决定的前置性与刚性约束的条件④。作为决策的前置性条件，只有通过了合法性审查，决策才能启动。在合法性审查方面，嘉兴市依托浙江省数字化改革的契机，通过数字法治改革，在合法性审查和决策公开方面取得显著成效。

以嘉兴市秀洲区为例，秀洲区重点研发建设的"E 法审"（政府法律事务合法性审查系统）作为"浙里法治风险闭环管控"重大应用的子场景，被列入浙江省数字化改革重大应用。该应用重点围绕合同协议、重大行政决策、行政规范性文件、信息公开申请答复、镇（街道）行政强制等八大核心任务，建立起"一个平台、一套机制、一个闭环、一键审查"的政府法律事务审查模式，按照政府事项、部门事项、镇级事项、村级事项一查到底全覆盖的要求构建各级端口，并细化事项备案、程序审查、内容审查、智能校对以及督察反馈等功能。截止到 2022 年 9 月。应用上线运行以来，已为秀洲区 174 个单位 632 名用户开通使用权限，并已审查文件 331 件，发现各类问题 119 个⑤，实现审查事项"应审尽审"，从源头上预防法治风险的产生，为推进政府依法决策提供了有效支撑。

（二）构建战略性政策支撑框架

法制体系与政策体系相辅相成、相互支撑。完备的法制体系能够有效保障政策的制定和实施，而政策的支持能够有效引导和推进法治能力建设。2021 年 8 月，中共嘉兴市委印发《法治嘉兴建设规划（2021—2025 年）》，提出加快建设更高水平的法治嘉兴，夯实法治嘉兴建设基础，建成具有嘉兴特色的地方

---

① 许耀桐，2014. 依法决策：理念、构成与机制[J]. 民主与科学，6：18-21.

② 嘉兴市人民政府关于印发嘉兴市人民政府重大行政决策程序规定及其配套制度的通知[EB/OL]. https://www.jiaxing.gov.cn/art/2022/12/6/art_1229701254_1015.html，2022-12-06.

③ 许耀桐，2014. 依法决策：理念、构成与机制[J]. 民主与科学，6：18-21.

④ 谷志军，2021. 重大决策责任追究的三重逻辑——基于行政决策要素的案例分析[J]. 新视野，2：56-62.

⑤ 新浪财经. 秀洲区打造"E 法审"应用 提升基层法治化水平[EB/OL]. https://finance.sina.cn/2022-08-05/detail-imizmscv4909469.d.html，2022-08-05.

法规规章体系，全面建设法治政府，全面提升司法公信力，加快推进法治社会建设，推进市域依法治网现代化等规划目标，为嘉兴法治建设擘画蓝图。随后，法治嘉兴建设规划的目标任务被写入，成为整体市域社会治理的战略任务。《嘉兴市市域社会治理现代化"十四五"规划》提出，要"深入贯彻落实《法治嘉兴建设规划（2021—2025 年）》。发挥地方立法的引领、推动和保障作用，强化顶层设计，增强地方立法工作的前瞻性，为地方改革创新留有空间、留足空间"。两份战略性政策文件为法治建设擘画了政策目标和任务，为嘉兴市法治能力建设的各项工作提供了基本指引。

在法治能力建设的整体性政策规划方面，《嘉兴市市域社会治理现代化"十四五"规划》提出，突出"四治融合"，高水平推进市域社会治理方式现代化。坚持系统治理、依法治理、综合治理、源头治理，通过政治、自治、法治、德治、智治融合运用，与时俱进、探索创新，注重社会治理目的和手段的有效结合，推动实现治理质效最大化。突出法治保障，健全市域社会治理法治体系。贯彻落实习近平法治思想，落实法治建设"一规划两纲要"，协同完善市域社会治理法律法规、优化完善市域法治实施体系、监督体系和保障体系，夯实市域社会治理法治基础，加强依法治理示范引领作用，提升基层干部群众法治素养。《关于印发"七张金名片"有关行动（实施）方案》则更为具体地提出打造市域社会治理现代化先行市，打造法治建设示范区的目标。方案提出要全面推进法治嘉兴建设，全力打造风险闭环管控大平安体系，建设政法一体化办案、综合行政执法等数字法治体系，扎实开展执法司法制约监督、政法基层基础、法治化营商环境等三大建设。

在立法体系规划建设方面，聚焦重点领域和突出问题，明确法制体系建设的目标任务。《嘉兴市市域社会治理现代化"十四五"规划》提出，加强改革创新的制度规范，及时把行之有效的社会治理领域改革举措上升到制度层面，以立法固化改革成果。规划的立法主要内容包括：探索建立重大改革项目法治监督保障清单制度。围绕人民群众最关心、最直接、最现实的利益问题，突出针对性、实效性，科学安排立法项目，高水平推进重点领域立法。围绕城乡建设与管理，推动制定物业管理、市容和环境卫生管理等法规规章。围绕破解社会治理顽瘴痼疾，推动矛盾纠纷多元化解、网格化服务管理等领域地方立法。推进社会主义核心价值观入法入规，促进立法规范和民间规范、行业准则、市场规则有机衔接。

在推进政府依法决策的政策规划方面，《法治嘉兴建设规划（2021—2025 年）》明确提出，提高依法决策水平，严格落实重大行政决策程序制度，提高决策质量和效率。《法治嘉兴建设规划（2021—2025 年）》围绕推进政府依法决策做出以下规定：健全重大决策事前评估和事后评价制度。健全"开门决策"机制，建设公众参与决策平台，全面推行重大民生决策事项民意调查制度。加强重大行政决策制定和调整的公开听证。加强重大行政决策风险评估工作。严格落实重大行政决策目录化管理和合法性审查机制，未经合法性审查或者经审查不合法的，不得提请审议。依法依规落实重大行政决策出台前向本级人大报告制度。建立健全重大行政决策档案管理制度。严格落实行政决策执行第三方评估、问责、纠错制度。《法治嘉兴建设规划（2021—2025 年）》为推进政府依法决策工作提供了方向性指导，有力地提升了政府依法行政能力，推进行政组织和行政职能的规范化、法定化，完善政府权力清单和责任清单，全面推行清单制度并实行动态管理。

在推进法治实施体系的规划建设方面，包含两个方面的内容：一是完善法治实施的组织建设，《嘉兴市市域社会治理现代化"十四五"规划》提出，各级党政主要负责人履行推进法治建设第一责任人职责。市、县、镇三级党委政府法律顾问、公职律师制度实现全覆盖。全面落实三级重大决策项目依法决策机制。配备并发挥好村（社区）法律顾问作用。二是完善执法、司法相关制度和机制建设，全面推行行政执法公示制度、执法全过程记录制度、重大执法决定法制审核制度。严格确定行政执法责任和责任追究机制。推动行政执法与刑事司法有机衔接。

在法治监督体系的规划建设方面，《嘉兴市市域社会治理现代化"十四五"规划》提出，在执法司法的运行机制和管理监督制约体系建设方面，要完善执法司法公信力评价制度，健全司法建议、检察建议的反馈落实制度，支持公益诉讼检察工作，协同保护受损公共利益，建立数字化的市域法治监督网络体系。在推进外部监督主体监督履责方面，提出完善党委、纪检监察机关、党委政法委员会对政府单位的监督机制，保证党的路线方针政策和党中央重大决策部署的贯彻落实，保证宪法法律得到正确统一实施。市人大定期对社会治理领域开展执法检查、听取专项工作报告或视察等监督活动，市政协定期开展社会治理领域协商民主专题调研视察活动，为搭建内外协同，全方位覆盖的法治监督体系作出了框架性的安排。

在完善法治保障机制，推进法律公共服务的政策规划方面。《嘉兴市市域社会治理现代化"十四五"规划》关于法治保障建设方面的内容可以划分为两个维度，一是推进法治文化建设，构建良好法治环境。包括完善国家工作人员学法用法制度，把宪法法律列入本市各级党委中心组学习内容，列为党校必修课。落实法治宣传相关国家规划，完善分业分类分众法治宣传教育机制。落实"谁执法、谁普法"的普法责任制，健全以案释法制度。以贯彻实施民法典为契机，引导人民群众依法保护自身权益，运用民事公益诉讼机制维护公共利益。大力推进法治文化阵地建设，有效推进法治文化与传统文化、地方文化、行业文化、校园文化等融合发展。构建社会"大普法"格局，开展群众性法治文化活动。深入推进公共法律服务实体平台建设，统筹推进热线、网络平台建设，建成覆盖城乡、便捷高效、均等普惠的现代公共法律服务网络。二是加强法治队伍建设，保障相关主体权利，规范相关权力运行等。具体包括以下内容：健全市本级政法干警激励保障政策，落实与政法干警职务序列相配套的待遇政策，构建响应需求、适应实战、全面发展的素能培养体系。健全司法辅助人员、警务辅助人员管理制度。健全律师、基层法律工作者、公证员、司法鉴定人员、仲裁员等法律服务工作者职业道德和行风建设政策，落实律师权利保障和违法执业惩戒、公证过错责任追究、鉴定人出庭、仲裁员信息披露回避等制度，提高公共法律服务水平。充分发挥市域高校、党校等资源、人才优势，深入开展社会治理和法治建设理论研究、队伍培训。

在深化数字法治系统建设规划方面：《嘉兴市市域社会治理现代化"十四五"规划》提出，加快数字法治风险闭环管控大平安体系、政法一体化办案体系、综合行政执法体系建设，推动重要领域体制机制、组织架构、业务流程的系统性重塑，提升依法行政水平。逐步推进"监测—预警—处置—反馈"风险闭环管控机制建设。完善政法一体化办案体系，实现简案办快、疑案办精，助推简单刑事案件速裁机制落实见效，推动建设可复制、可推广的政法"一站式"刑事办案综合体，建成综合行政执法体系，实现全领域自动化、智能化。此外，通过数字化法治建设，加强智能安全风险防控。具体包括以下内容：加强社会治理信息化产品全流程安全管理，建立智慧治理标准体系；加大对公共视频监控、"智安小区"等项目巡检力度，建立监控点位"全生命周期"管理档案，定期开展"清障"行动；加强网络安全传输、系统安全保障、重要信息安全管理等技防建设，确保网络信息资源安全共享、规范使用。

《法治嘉兴建设规划（2021—2025年）》特别指出要"推进数字法治化改革，建设数字法治嘉兴"，实施数字赋能法治建设战略，推进大数据、云计算、人工智能、区块链等现代信息技术与法治建设的深度融合，民生事项实现100%"一证通办"，掌上执法应用率达到100%，政法一体化办案系统应用率达到100%，充分发挥数字技术在法治建设中的集成、增效等支撑作用，形成整体智治、高效运行的数字法治建设体系。数字法治是嘉兴市法治保障能力建设的重要维度，数字赋能法治嘉兴建设，从技术层面为推进市域社会治理现代化提供了可靠的法治保障。

《嘉兴市市域社会治理现代化"十四五"规划》和《法治嘉兴建设规划（2021—2025年）》作为中共嘉兴市委制定推进的具有顶层设计性质的市域层面的战略规划，是一段时间内嘉兴市政策制定的重要指导性文件，对于引领嘉兴社会法治能力建设，构建全面法治嘉兴的政策支撑体系具有基础性和全局性的作用。

（三）完善政策法规体系

在市域法治建设的组织领导方面，《全国市域社会治理现代化试点工作指引》提出建立完善市域各层级、各部门法治建设责任制，完善述职述法的评价标准、方式方法。完善法治建设考核机制，探索将法治建设情况纳入党政机关政绩考核体系、目标管理绩效考核体系。发挥全面依法治市委员会职能作用，健全落实议事协调机构统筹协调、分工负责、相互配合的工作机制。选优配强法治领域各级领导班子，畅通立法、执法、司法部门干部内外交流渠道，加大党委政法委、政法机关与其他党政机关的干部交流和上下级交叉挂职锻炼力度。推进政法队伍革命化正规化专业化职业化建设，健全新时代法治人才培养和队伍建设长期规划。健全本市政法干警业绩考评和激励保障政策，落实与政法干警职务职级序列相配套的待遇政策，完善政法干警因公牺牲审核认定机制，构建响应需求、适应实战、全面发展的素能培养体系。健全司法辅助人员、公安机关警务辅助人员管理制度，落实聘用制书记员的经费保障和绩效考核制度。

在依法决策方面，《全国市域社会治理现代化试点工作指引》提出落实重大决策社会稳定风险评估机制，凡是市域内直接关系人民群众切身利益且对社会稳定、公共安全等方面可能造成较大影响的重大决策事项，党政机关、企事业单位和社会团体作出决策前均应进行社会稳定风险评估。要求严格执行《重大行政决策程序暂行条例》，确保所有重大行政决策都严格遵守法定权限、依法履行法定程序、保证决策内容等合法。市县乡三级党政机关，要全面组建法律顾问队伍。市县两级党政机关全面设立公职律师或开展公职律师工作。党政机关作出重大决策前，应当听取合法性审查机构的意见，听取法律顾问、公职律师或者有关专家的意见。加强和规范村（居）法律顾问工作，配备并切实发挥村（居）法律顾问作用，强化经费保障，推进村（居）法律顾问工作全面升级。

数字化法治方面，《全国市域社会治理现代化试点工作指引》提出利用信息技术，加强对市域内社情、舆情、公众诉求以及调解、诉讼情况等的监测分析，研判平安建设情况动态，每季度形成分析报告。运用司法建议书、检察建议、行政审判白皮书等形式，对平安建设、执法办案中发现的普遍性、倾向性、趋势性的社会治理重点难点热点问题提出建议，为社会治理科学决策提供参考。2021年，嘉兴市政法委发布《2021年度嘉兴市社会治安综合治理工作考核评分细则》，对于迭代升级"基层治理四平台"、推进数字法治改革应用场景建设工作进行赋分，引导区县政府落实数字化系统建设工作，推进区县综合治理制度化、数字化。中共嘉兴市委办公室和嘉兴市人民政府办公室《关于印发"七张金名片"有关行动（实施）方案》则提出，加快推进数字法治建设。构建以"1337"为主要内容的数字法治系统：建设1个数字法治综合应用，完善风险闭环管控大平安体系、政法一体化办案体系、综合行政执法体系等"三大体系"建设。该文件还提出2021～2025年不同阶段的建设目标，包括从初步构建数字法治理论体系和制度体系，到形成多跨协同并建立健全理论体系和制度体系，再到基本建成数字中国示范市。这些具体政策文件的出台为嘉兴数字法治改革提供了方向。

在基层治理实践的政策引导方面,一方面深化对基层城乡社区法治实践的政策指导。嘉兴市政法委、嘉兴市市委宣传部等多部门联合印发了《关于加快推进"嘉兴众治"迭代升级深化"四治融合"+"协商治理"的指导意见》,提出要以法治刚性约束深入推进基层治理体系法治化建设,加快矛盾纠纷多元化解、网格化服务管理等领域地方立法,推动公共法律服务向村(社区)延伸,开展"法律明白人""学法用法示范户"评选活动,引导群众自觉守法、遇事找法、解决问题靠法。随后,《关于深化"五基"建设加快推进社会治理现代化的实施意见》则进一步发布嘉兴市"四治融合"村(社区)创建标准,引领社区治理依法开展,设置法治思维宣传、法律学习、法治文化设施、法律服务团等法治部分的评分标准。另一方面通过制度供给,进一步完善网格管理指导,制定《嘉兴市全科网格工作"五项制度"》,推进网格事务的制度化工作。具体而言,该制度主要包含网格事务准入制度、网格责任捆绑制度、网格数据更新制度、星级网格员评定制度、专职网格员职级晋升制度五个方面,进一步推进了网格管理工作的制度化、规范化。

在法治环境建设方面:中共嘉兴市委办公室和嘉兴市人民政府办公室发布的《关于印发"七张金名片"有关行动(实施)方案》提出,推动信用法治建设,打造营商环境最优市,着力构建公平公正的市场法治环境,全面落实《市场准入负面清单(2022年版)》,完善产权保护制度,保护企业合法权益和企业家人身、财产安全,建立健全市场主体首次轻微违法行为"豁免清单",推进知识产权保护示范城市建设。

除此之外,嘉兴市还发布了《关于推进婚姻家庭纠纷预防化解工作的通知》《关于依法规范处置家庭暴力行为的工作意见》《关于进一步推进全市"智安街道(镇)"建设和管理的指导意见》《嘉兴市社会治理统一标准地址库建设与应用工作实施方案》《关于深化完善平安建设"三查三整改"暗访检查机制的通知》等各类政策文本,通过法律法规和政策文件为推进市域社会治理现代化,加快数字化法治改革提供制度支撑。

四、执法、司法保障:完善法律实施体系建设

执法、司法是法治能力建设的重要内容,是法律法规得以实施的重要保证,也是社会治理现代化的基础性保障工作。党的二十大报告提出,在执法方面,要深化行政执法体制改革,全面推进严格规范公正文明执法,完善行政执法程序,健全行政裁量基准,强化行政执法监督机制和能力建设,完善基层综合执法体制机制。在司法方面,提出规范司法权力运行,健全公检法机关各司其职、相互配

合、相互制约的体制机制，完善公益诉讼制度①。围绕执法、司法领域改革，嘉兴市主要从组织、制度、数字化支撑等方面纵深推进，不断完善法律实施体系，取得了显著成效。

（一）推进执法、司法组织建设

一是聚焦提升统筹能力，搭建综合指挥平台。推进市域社会治理现代化需要协调多方关系，整合各项资源，这些工作都离不开强有力的组织领导，为此，嘉兴市聚焦法治能力建设的组织领导，从三个方面搭建和完善综合指挥平台，实现整体智治。首先，完善整体协调组织体系，中共嘉兴市委按照社会化、法治化、智能化、专业化的要求，推进数字中国城市实验室建设，成立嘉兴市社会治理综合指挥服务中心。该中心作为市委政法委管理的事业单位，发挥统筹协调、风险研判、指挥调度、决策服务等功能，依托数字化平台集成研判社会治理信息、整合社会治理资源、创新社会治理方式，实现党委政府决策科学化、风险防范智能化、社会治理精细化、公共服务高效化。其次，围绕专项重要法治议题，成立领导小组，实现重点突破。例如，在诉源治理方面，嘉兴市不断健全以党委领导为保障的全景式诉源治理组织体系，成立由市委政法委书记任组长、法院院长任副组长的诉源治理领导小组，出台《嘉兴市深化诉源治理工作实施方案》②和实施诉源治理"十项硬核措施"，推动将诉源治理纳入各地目标责任制考核范畴，实现对诉源治理专项事务的有力领导。最后，在县域层面，嘉兴市辖各区县也分别组建相应的县级社会治理中心，建设集运行监测、矛盾调处、分析研判、协同流转、应急指挥、督查考核等功能于一体的基层智治综合应用，以"平安法治"建设为引领，融合应急管理、市场监管、综合执法等事项，推动全域整体智治，为市域社会治理现代化提供坚实保障。

二是推进执法、司法基层队伍能力建设。一方面，强化基层综治队伍能力建设，培育高素质法律人才队伍。为进一步提升综治干部能力建设，嘉兴市不仅在市级层面举办基层平安综治信访干部培训班，而且还在县镇两级共同进行网格员培训，此外，嘉善、桐乡等地还开展了网格大比武等形式多样的能力提升活动。数据显示，2022 年 1 月到 8 月，嘉兴市共举办县镇网格员培训班 301 余场，参训人员达 23 136 人次，培训内容涵盖"社会治理一张图"、交通安全知识、反诈宣传、矛盾纠纷排查调处、"平安三率"、禁毒等。另一方面，致力于推进人民调解员队伍专职化。嘉兴在完善《嘉兴市人民调解员等级评定办

---

① 习近平.高举中国特色社会主义伟大旗帜 为全面建设社会主义现代化国家而团结奋斗——在中国共产党第二十次全国代表大会上的报告[EB/OL].http://www.gov.cn/xinwen/2022-10/25/content_5721685.htm，2022-10-25.

② 全市诉源治理工作推进会在桐乡召开[EB/OL]. https://www.thepaper.cn/newsDetail_forward_10760217，2022-01-13.

法》、出台《嘉兴市人民调解工作奖励办法》等基础上，进一步依托高校定向培养专职调解员，建立调解员职业规划，推动人民调解品牌工作室建设，不断提高人民调解工作质量和社会公信力。截止到 2022 年 8 月，嘉兴市共有人民调解委员会 1528 个，人民调解员 7544 名，专职调解员 1756 名[①]，为社会矛盾调解提供了专业化人才队伍支撑。

三是推进基层执法组织改革，整合执法职能，精简执法队伍，建设综合执法队伍。嘉兴市为推动省级层面"大综合一体化"改革，践行"整体政府"理念，将多个领域执法事项纳入综合行政执法范围，将多个条线行政执法队伍进行统合，并在此基础上按需向乡镇（街道）赋权，将行政执法力量向基层下沉。坚持按需划转和市域一体化的原则，将部门处罚事项整体纳入综合执法范围，优化执法层级，推动执法职责和力量向县、镇两级集中下沉，形成执法任务和力量主要在县、镇两级的"金字塔"形行政执法结构。通过执法队伍组织改革，实现"一张脸"面对企业群众，让行政执法变为综合监管，形成权责统一、权威高效的行政执法新格局。

（二）加强执法、司法协调等制度和机制建设

一是完善执法、司法协调机制。执法、司法是法治活动开展的不同环节，执法活动和司法活动相互之间需要高度协同。为此，嘉兴市政法委在 2021 年制定出台《嘉兴市执法司法信息资源共享管理暂行办法》，为推进检察机关、审判机关、行政机关等跨部门大数据协同，充分发挥执法司法信息资源共享在深化数字化改革中的重要作用提供了制度支撑。在具体推进和完善执法司法信息共享、案情通报、案件移送制度等方面，嘉兴市政法委在 2022 年，协调公安局、综合行政执法局、税务局、交通运输局等市级多部门成立行政执法和刑事司法衔接平台工作专班，以健全行政执法和刑事司法衔接相关工作机制，全面协调解决行政执法和刑事司法具体工作，以提高基层政法站所指挥调度、协同作战、应急响应、综合治理能力。

二是完善专职网格员管理机制。网格化管理是推进社会治理的一项新实践，在如何推进网格管理工作、激发网格员能动性、规范网格管理各项工作流程等方面仍需要不断完善。为此，嘉兴市制定《嘉兴市全科网格工作"五项制度"》，推动网格事务的制度化工作：一是网格事务准入制度，二是网格责任捆绑制度，三是网格数据更新制度，四是星级网格员评定制度。五是专职网格员职级晋升制度。此外，嘉兴市还发布了《关于推进"全科网格"工作的实施意见》，以优化网格队伍的类型构成，建立由网格指导员、网格长、专职网格员、兼职网格员等

---

① 嘉兴市司法局. 嘉兴市司法局多维度推进矛盾纠纷化解[EB/OL]. https://sfj.jiaxing.gov.cn/art/2022/7/14/art_1678188_58923797.html，2022-07-14.

人员组成的网格管理队伍。与此同时，规范网格工作职责，实行网格事务准入制度，对适宜网格管理服务的事项，由县（市、区）和镇（街道）两级共同设置网格工作事项清单，进一步推进网格员管理规范化。

三是推进执法司法监督体系建设。规范执法司法是推进法治能力建设的重要内容。为切实整合执法监督资源，推进严格执法公正司法，嘉兴市于 2021 年出台《关于建立执法监督联席会议制度的意见》，通过定期召开执法监督联席会议，通报沟通执法监督工作情况，协调解决执法监督中存在的问题，形成监督合力。在推动政治监督常态化具体化方面，针对政治监督点多面广、较易泛化的情况，嘉兴市各级纪检监察机关坚持政治纠偏和严肃整治相结合，共查处违反政治纪律和政治规矩问题多起，有力地保障了嘉兴市"大综合一体化"行政执法改革的顺利推进。2022 年，嘉兴市纪委监委遴选长三角一体化发展战略实施、建设共同富裕典范城市等四大任务以及教育、医疗、养老社保、执法司法等六大民生关切的领域作为监督重点，构建了围绕四大任务和六大领域的任务体系和监督模块，组建专项小组、制订细化方案，推进政治监督工作的落实落地。在执法监督方面，针对改革中可能存在的执行不畅、形式主义等问题，嘉兴市纪委监委聚焦行政执法改革阶段性任务清单和目标进度，要求各地纪委监委积极探索提前介入、及时纠偏的工作机制。为此，海盐县纪委监委第一时间成立改革督查专班，推动"廉情动议"，在改革推进初期阶段，对监督检查过程中发现的执行偏差与风险隐患，由工作专班向涉及主体的党委（党组）书记动议召开专题会议，通过书记问询、集体商议、问题认领、监督整改、报告了结五道程序，推动问题整改，形成责任闭环。在司法监督方面，嘉兴检察院以贯彻落实省委《进一步加强检察机关法律监督工作的若干意见》为重点，推动建立了以市委《进一步加强检察机关法律监督工作的实施意见》为主导的制度体系，列明 44 项具体任务和责任部门，为检察机关强化法律监督、明晰监督权责提供了制度保障。

（三）打造执法、司法的数字化支撑系统

其一，打造"智能化"解决纠纷平台。嘉兴市以"微嘉园"服务治理平台为载体，研发运用"在线法院"模块，将矛盾纠纷化解的流程和资源全部搬到线上，吸纳调解组织 400 余个，"三官一师"1.6 万名，打造在线矛盾调解平台，助力体系化纠纷调解。一是助力构建线上多元纠纷调解体系。建立行政争议调解中心，构建调解、仲裁、行政裁决、行政复议、行政诉讼等多元解纷体系。在技术层面，研发构建"行政法制一体化智能应用"平台，将行政执法、行政复议、行政调解、司法机关纳入平台后形成联盟链体系，依托区块链节点数据共识机制对前端执法、复议、调解等数据实时上链存证，并支持意见转入行政诉讼等程序，为推进纠纷调解规范化、高效率提供了技术支撑。二是助推村镇纠纷调解治理。嘉兴市通过

推动构建智能乡镇治理体系，搭建镇村综合调解平台，在全部镇街建立"息事罢讼"工作室以及百世服务团、法律服务团、道德评议团3个配套服务团，推动百姓议事会、乡贤参事会等自治组织在线化解矛盾。此外，通过打造"法治+"融合驿站解纷品牌，依托"直通社区法庭""E调解室"等推动法官下沉网格，线上化解诉讼，为村镇纠纷调解搭建多样化平台。

其二，构建执法监管数字化平台。数据是公权力大数据监督应用的基础，嘉兴市通过推广浙江省统一处罚办案系统在各执法部门中的应用，对接建设、综合执法、市场监管等数源单位，嘉兴市纪委监委迅速构建了"大综合一体化"行政执法大数据监督应用，归集行政执法人员廉政档案数据、全市综合执法处罚平台相关数据等，完成了对建设领域和综合执法领域高频行政执法事项的梳理，摸清相关政策依据、行权流程、廉政风险点，形成监督数据集成库。结合行政执法领域案件查办情况，嘉兴市纪委监委建立与行政执法部门的联动建模机制，抽调执法部门业务骨干，通过建立预警处置机制、构建碰撞分析模型、完善处置反馈闭环等举措，不断细化预警指标颗粒度，开发建设监督模型，发出监督预警信息。另外，鼓励县级单位共同参与数字监管平台建设，诸如，海盐县开发"法小督"执法督察应用，整合人大、政协、纪委监委等多部门法治监督资源，构建立体化、协同化法治风险闭环管控体系，实现法治风险从感性认知向精准识别转变，法治风险从以事后处置为主向事前事中治理转变，法治监督从调研检查式、案件评查式向"大监督""综合监督"转变。

其三，推进数字化风险防控工作。为进一步提升风险防控智能化水平，嘉兴还计划建立矛盾纠纷风险监测指标体系和预警模型，开发矛盾纠纷态势图和分级预警模块，对矛盾风险实施精密智控、动态管理、综合治理。第一，建立社会治理建议函制度。对"三源共治"工作中发现的纠纷隐患，形成预警单、交办单、反馈单"三单"闭环处治流程。由各级社会治理综合指挥服务中心汇总警源、诉源、访源事件预警信息，发送给事发地和属地职能部门，形成"三源共治"问题交办清单；属地和部门根据预警事件交办单开展"三源"问题走访、处置、化解工作，结果限时反馈。第二，集成网格智治应用。整合多个业务线条的应用，为网格治理提供智治工具。比如，研发流动人口管理服务应用平台，构建企业、物业、房东、网格员等"八大员"协同模式，变流动人口专管员单兵作战为"八大员"集团作战，有效提升了流动人口"民转刑"案件防控质效。第三，开发"秀险控"综合应用平台，通过数字化信息系统针对重点人员、重点群体、重点事项进行集成管理，从而解决各类涉稳风险统计难、多方力量协调难、稳控责任压实难等问题。"秀险控"主要是对重点人员、重点群体、重点事项建立一案一档，为每一个重点风险成立线上专班，从而通过数字化综合应用实现"风险排查全量纳入，化解稳控全程追溯，责任落实全部闭环"，进一步提升主体和部门的稳控能力与管控效能。推进物联网技术与基层社会治理工作的深度融合，构建起覆盖重点人员、重点物品、重点单位、重点场所、居民小区、关爱人员等社会治理重点领域的物联网指挥防控体系。第四，建设数字反诈平台。嘉兴市公安局整合运用政府部门和互联网企业大数据，研发易受骗人群预警模型，实现对网贷、交友"杀猪盘"等潜在受害者的精准预警，与移动公司合作建立反诈预警机制。构建东台感知指挥、网格化云上预警宣传、涉诈信息无感拦截、紧急阻断多重保护、多跨部门在线协同等六大场景。该系统跨 30 余家成员单位、对接 78 个数源系统、整合 30 亿条数据，并在"微嘉园""浙里办""浙政钉"等终端嵌入应用，实现市县业务系统和数据模型综合集成，通过大数据和预警模型，为精准防诈提供了强有力的技术支撑。

其四，推进线上"共享法庭"的司法创新实践工作。嘉兴以"共享法庭建设"为抓手，着力深化在线矛盾纠纷多元化解，借力数字化改革大势，全力推动"共享法庭"建设，通过线上连接，以"屏对屏"的方式将法院的窗口向镇街社会治理中心和社区延伸。

"共享法庭"具有线上诉讼服务、纠纷化解指导、普法宣传教育等功能，旨在支持行政机关依法改革创新、实质性化解争议、提升依法行政能力。依托"共享法庭"，行政执法一体化办案中心的执法人员在执法办案过程中遇到矛盾和难点问题可以向法院进行在线咨询，实现行政审判和行政执法的有效衔接；通过"共享法庭"，当事人也可以在线接受调解服务，这有助于完善社会矛盾纠纷多元预防调处化解机制，推进行政争议诉源治理，不断提升基层调解纠纷的化解能力。截止到 2023 年 6 月，嘉兴全市已建成"共享法庭" 1468 家[①]，基本实现镇（街道）、村（社区）全覆盖和金融、市场等重点行业有效覆盖。在机制建设方面，深化"一庭多网、庭网衔接"的"共享法庭"与网格化管理的衔接机制，制定《嘉兴市共享法庭建设考核办法》，推动"共享法庭"建设规范化、制度化。此外，嘉兴市还配套修订出台《人民调解工作奖励办法》，新增线上调解"以奖代补"标准。"共享法庭"的法治创新实践，依托所属镇街社会治理中心（原矛调中心），充分发挥县（市、区）、村（社区）两级的上下衔接功能，强化"三级联动"的解纷合力，在促进类型案件精准诉源治理上发挥重要作用，助力司法服务送到人民群众家门口，形成涵盖镇街、村社、网格、行业协会的城乡司法服务新格局。

五、公共法律服务保障

党的二十大报告提出，法治社会是构筑法治国家的基础。弘扬社会主义法治

---

① 嘉兴市人民政府. 嘉兴市人大常委会视察全市法院人民法庭建设工作[EB/OL]. https://www.jiaxing.gov.cn/art/2023/6/16/art_1592154_59583728.html，2023-06-16.

精神,传承中华优秀传统法律文化,引导全体人民做社会主义法治的忠实崇尚者、自觉遵守者、坚定捍卫者。建设覆盖城乡的现代公共法律服务体系,深入开展法治宣传教育,增强全民法治观念[①]。公共法律服务是法治能力建设的"毛细血管",推进法治宣传和法治服务工作,能够为市域社会治理现代化营造良好的法治环境,对于法治社会建设具有赋能增效的作用。

(一)加强法治宣传教育

法治宣传旨在使全体公民增强法治观念,知法守法,养成依法办事的习惯,是培育法治思维的重要路径,其具有灵活、高效等特征。强化法治宣传,通过组织学法、引导用法、带动守法,把基层社会治理纳入法治化轨道,让法治精神成为全民信仰,让法治成为全社会的共同意识和行为准则,有利于形成办事依法、遇事找法、解决问题用法、化解矛盾靠法的良好氛围。

为推进市域法治建设,嘉兴市各级政府基于当地现实条件,从多个维度开展法治宣传服务:一是整合媒体资源,积极开展普法教育。通过健全媒体公益普法制度,整合各类资源,依托微信、微博、APP等新兴网络媒体,广泛开展群众关心关注的法律知识阐释、重点案情通报、法律问题解答,传播法治精神。二是搭建法治宣传实体空间,建设法治阵地。坚持将法治元素融入群众日常生产生活,建立完善法治公园、法治长廊、法治广场、法治学校、法治茶馆、法治驿站、法治书屋、公共法律服务点、人民调解室等基层特色法治阵地。三是丰富法治宣传形式,弘扬法治文化。创作法治宣传微电影、微视频、微动漫、微小说等法治文化精品,举办各具特色的法治文化巡演,组织开展法治公益广告、法治漫画、法治故事征集评选和传播等活动,发挥法治文化的引导、教育、塑造和规范作用。四是优化法律服务平台,开展相关工作。推进公共法律服务实体平台、热线平台、网络平台"三大平台"建设,加强各级公共法律服务中心(站、点)规范化建设,积极推动法律服务向村(社区)延伸。深化热线平台建设,健全公共法律服务热线与"12345"热线的衔接。五是聚焦基层法治建设薄弱环节,强化法律服务供给。深化村(社区)法律顾问制度,推动法律顾问定期服务、预约服务、主动服务,完善县、镇、村三级法律服务团制度,开展组团服务,通过参与基层决策、诉求化解、法律援助、法律咨询等活动,提供专业法律服务,从源头上推动、引导群众走法律途径解决问题。嘉兴在"七五"(2016~2020年)普法规划实施期间,硕果累累,曾荣获"七五"普法浙江省先进市、全国先进市;嘉兴市政府常务会会前学法制度曾被评为2017年度浙江省十大普法影响力事件;在2019年度法治浙江建设群众满意度调查中,排名浙江省第一;2019年首创地方主要领导年终述职述法工作被列为浙江省试点;2020年底嘉兴市

---

① 习近平.高举中国特色社会主义伟大旗帜 为全面建设社会主义现代化国家而团结奋斗——在中国共产党第二十次全国代表大会上的报告[EB/OL].http://www.gov.cn/xinwen/2022-10/25/content_5721685.htm,2022-10-25.

"中国红船法治文化园"被司法部、全国普法办命名为第三批"全国法治宣传教育基地";桐乡首创的"三治"被写入党的十九大报告;拍摄的《我与宪法》微视频,荣获司法部、国家网信办、全国普法办一等奖。

在深入实施"八五"(2021~2025 年)普法期间,嘉兴市受到中宣部、司法部、全国普法办联合发文表彰。截至 2022 年 12 月,嘉兴全市域已建成"全国法治宣传教育基地" 2 个,数量占浙江省的 1/3,建成省级基地 24 个、青少年法治教育实践基地 17 个、法治教育场馆 19 个;嘉兴市现有中小学法治副校长 422 名,配备率达到 100%;有全国民主法治示范村(社区)20 个、省级民主法治村(社区)401 个、市级民主法治村(社区)585 个。各级法治宣传教育基地、民主法治村(社区)创建数量、占比均位居浙江省前列,其中省级村(社区)占比 35%,为浙江省最高,连续 3 年排名浙江省第一。2022 年嘉兴市出台《嘉兴市法治文化公园建设指引(试行)》,为地市级法治文化公园建设提供依据,指导县(市、区)先后精心培育打造了南湖区凤桥镇"乡村振兴法治示范路"、秀洲区"油车港法治农民画小镇"(全国首个)、嘉善县长三角一体化普法联动机制、平湖市"多元化解·息事无讼"、海盐县"三毛学法"、海宁市法治皮影戏、"浙江·桐乡法治漫画大展"等地方特色鲜明的普法品牌,这些举措进一步搭建起多方位立体化的市域法治宣传服务体系。

(二)健全矛盾调解体系

矛盾调解是法治服务工作的重要组成部分,对预防和化解社会问题,促进社会和谐稳定具有积极作用。为此,嘉兴市从多个维度推进矛盾调解工作:一是推进矛盾调解工作室建设,开展人民调解品牌工作室评选工作。嘉兴市各级司法行政机关坚持和发展新时代"枫桥经验",打造人民调解品牌工作室,通过品牌引领示范,有效提升基层人民调解化解纠纷质效,提升人民调解工作的社会公信力和影响力。2020 年《嘉兴市"三源共治"三十条专项举措》明确提出,在县级中心应设置律师调解工作室,每天配备 2 名以上律师常驻,提供法律咨询、法律援助及调解服务,并将律师、律所以及法院参与的纠纷调解案件数量作为年底对律师、律师事务所评审的参考依据。

二是推进县乡社会治理中心规范化建设。其一,搭建社会治理中心组织网络平台。截止到 2022 年,嘉兴市以县级社会治理中心为枢纽,共推进 72 个镇级社会治理中心和全科网格建设,7 个县(市、区)全部建成实体化运行的县级社会治理中心,分类推进县级人民调解委员会和交通、医疗、劳动、物业等重点行业性、专业性调解组织进驻,省规定的"八个中心"成建制入驻。其二,推进县级社会治理中心规范化建设。2021 年,嘉善县社会治理中心获得全国首张社会治理领域 AAA 级标准化良好行为认证证书,2022 年,嘉兴市正式发布《县级社会矛盾纠纷调处化解中心建设和运行规范》以推进县级社会治理中心标准化管理。其三，在镇村层面创新建立"双向派驻"镇域解纷机制。基层法院、人民法庭全面对接 48 个镇级矛调分中心，共有 427 名员额法官、法官助理对接 1100 余个村社，已开展调解活动 10 万余次。2021 年，嘉兴实现全市一审民商事案件诉前调解成功率 52.7%，万人成讼率 69.06 件/万人，初次信访事项化解率 95.7%，基本建成"136"矛调架构。

三是强调调解力量建设，注重队伍建设。在人员能力建设方面，强化分类培训指导，建立人民调解法治指导员库，实行"定人、定点、定岗"指导，并通过分级定岗培训、举办典型案例擂台赛、示范班等多种方式进行人员培训，提升调解员素养。在队伍建设方面，持续强化人民调解队伍建设。2021 年数据显示，嘉兴全市共有人民调解委员会 1526 个，人民调解员 7485 名，专职调解员 1732 名，法治指导员 428 名，该年度全市新增 42 名专职人民调解员到各镇（街道）和行专调委会，增加了 290 名"五老"人员，新增 52 名四级调解员，成立了由 433 名专家组成的调解专家库，培育省级调解品牌 13 家、市级调解品牌 15 家、个人调解品牌 28 家。嘉兴市各市县在调解品牌建设方面成果丰硕，诸如海盐县发布浙江省首个镇级区域调解品牌地方标准——《"秦义联盟"建设与管理规范》，并打造全市第一个县级调解品牌"盐和联盟"。秀洲区则首创律师调解中心，注重发挥律师在解决社会矛盾纠纷中的专业作用，加强诉调精准对接，努力推动案件定分止争、案结事了。平湖市创新市场化方式来化解重大矛盾纠纷积案，通过招拍的形式，由具备一定调解资质的社会机构进行领办调处，根据纠纷复杂程度、调处化解难度分别为给予额度不等的调解费用，充分调动了社会组织参与矛盾纠纷化解的积极性。海宁市则充分发挥社会组织在矛盾纠纷调解方面的作用，引入社会组织入驻参与矛盾调解取得显著成效。

四是延伸工作触角，织密矛盾调解网络。推动县级社会治理中心的网络、力量向镇（街道）和村（社区）延伸，完善相关机制。在组织方面，全市建强 166 个基层治理联动工作站，推动"三官一师"下沉村社（网格）提供纠纷化解服务；实施法官、调解员"双向派驻"，安排人民法官驻镇联村（社区）、人民调解员专职派驻与兼职轮驻法庭，提升基层矛盾纠纷治理水平。在体系方面，搭建"市—镇—村—网格—微网格"五级矛盾纠纷化解体系，对矛盾纠纷进行分类分层，建立简易纠纷、一般纠纷、疑难纠纷等不同纠纷的分级调解模式。在机制方面，建立非紧急、非警务"双非"警情推送工作机制，实现县镇两级社会治理中心与公安派出所、110 指挥中心信息双向互通。在搭建矛盾调解网络体系方面，嘉兴市各区县也开展了丰富的探索实践活动。例如，海盐县持续创新"一强三调五定"诉源治理工作机制，在"一强"上强调解网络、加强分类施策、育强调解力量。在"三调"方面，注重网格排查就地调解、县镇中心联合调解、专业力量下沉调解。在"五定"方面，根据案件情况，开展定点定时法律服务、定案调解、定量考核、定向奖励，将调解触角延伸至村（社区）各个角落。此外，南湖区实行"一编三定"模式，组建网格调解团队，形成"纠纷受理—调处化解—信访代办—长期关注"网格调解服务闭环。海宁市实行"一村一法官"模式，强化诉源治理等。

五是借助数字化平台，进一步加强线上矛盾纠纷调处化解工作。其一，整合各类解纷资源。借助"微嘉园"建立"多调对接"工作机制，推动法院诉讼与人民调解、行业调解、基层党政机关等各类解纷力量的资源整合。例如，由联村法官担任线上"网格法官"，实现"点对点"指导基层矛盾纠纷化解。建立由线上人民调解员、律师调解员等力量构成的调解专家库，为群众提供点单式调解服务。其二，完善具体功能场景，推进与"浙江解纷码"应用对接。推动基层治理向智能化转变，依托"微嘉园"推广"浙江解纷码"，旨在实现调解板块和诉讼板块无缝衔接。其三，健全纠纷线上分层过滤体系。通过"微嘉园"报事功能或"浙江解纷码"申请，辖区网格员提前介入纠纷调解，调解不成的自动导入法律服务团等基层调解组织进行调解，再调解不成的通过"在线法院"模块自行将纠纷引入诉讼程序，做到矛盾纠纷"一端口受理、一站式服务、一条龙办理"，构建"社会调解优先、法院诉讼断后"的矛盾纠纷分层过滤体系。嘉兴市除了在市域层面进行矛盾调解数字化平台建设外，各区县也通过数字化技术赋能，打造数字化矛盾调解平台。例如，桐乡市率先开发试行"浙江解纷码"，着力打造"永不打烊"的矛盾调解平台，坚持"镇街吹哨，部门报到"，构建县级社会治理中心"六诊"机制，组团下沉指导服务，帮助基层化解疑难矛盾纠纷。

（三）提升公证法律服务水平

"公证"是由法律授权的专业人员或机构对法律行为、有法律意义的文书和事实开展的证明活动，是司法支柱体系的三大构成之一。公证工作涉及人民群众的人身关系、财产关系、家庭关系等传统业务，也涉及信托、保险、互联网等一系列特殊领域。推动公证服务的深化改革，对构建多元化矛盾纠纷解决机制、提升社会公众对法律服务的获得感具有重要作用。在公证法律服务改革方面，为进一步规范遗产办理工作流程、提高工作效率，简化人民群众公证流程，嘉兴海宁市逐步建立了公民遗产联办服务继承改革工作机制，实现"身后一件事，亲人跑一次"。通过打造跨多个场景的一站式服务，实现从身前遗嘱服务到身后继承服务的大"闭环"，群众跑一个窗口，就能一站式办理遗产登记、遗嘱登记、确认遗产管理人资格、遗嘱检认、家事纠纷调解、相关证照代办等事项。具体而言，在逝者直系亲属（继承人）授权委托海宁市公证处发起遗产查询后，由嘉兴市住房公积金管理服务中心海宁分中心、嘉兴市市场监督管理局、银行等多个部门（单位）对逝者所拥有的财产及其支付宝、微信、淘宝等互联网平台的财产及虚拟财产进行查询联办，并协助经办亲属办理遗产继承业务，以便于群众妥善办理亲人身后事项。改革后的公证流程相较于以往遗产继承流程而言，简化了材料提供方式，变革了财产明细获取方式和公证办理方式，极大方便了群众办理遗产公证，让民众获得法治服务改革红利。2019 年 6 月至 2021 年 10 月底，海宁市"身后一件事"一站式线上平台办结涉财事项 36.2 万件，查询股票基金 650 余万份，银行存款 1.35 亿元，受理不动产权变更公证 8.8 万余件，减免不动产继承公证费 561 万元。海宁市正在推进公民遗产办理相关服务的集成改革，该改革依托数字化平台技术，整合了多个部门和业务流程，促进了政府、市场主体以及社会组织之间的有效协作。这一改革旨在优化公证法律服务，通过简化流程和提高效率，为市民提供更加便捷和高效的服务体验。

第十一章　市域数字治理能力

一、数字赋能的循环论证

技术赋能是数字时代的典型特征。在全面推进国家治理现代化的当下，数字技术应用被视为提升国家治理能力的重要手段。对于作为国家治理重要主体的政府而言，数字技术不仅帮助其重构外部的治理能力，还帮助其完善内部的决策与行政过程[①]。当前，学界对数字政府的研究多关注数字技术应用与政府治理能力提升之间的相关性，进而得出"数字技术应用能力越强，政府治理能力越强"的结论[②③]。然而，这一结论常常落入循环论证的陷阱之中。事实上，具有更强治理能力的政府往往具备更丰富的技术与资金资源、更完善的制度环境以及在治理中使用数字技术的更强烈意愿，也自然地具备了更强的数字技术应用能力。因此，相关研究在论证中便容易陷入"以果推因"的困境。摆脱这一循环论证陷阱的关键在于，跳出单一的"赋能"思维，基于数字技术会对政府产生更全面、更深刻的影响，探寻数字技术影响政府治理能力的因果机制。探寻数字技术效应的关键是数字技术应用引发的政府体制机制变革。数字技术不但能够赋能政府，而且可能带来政府制度规则与组织形态的变化[④]。近年来，北京、上海、广东等地推进"接诉即办""一网通办""一网统管"等改革，在数字技术应用中强化了政府跨地域、跨层级、跨部门的联动，证明数字技术能够在比工具性赋能更深刻的体制机制层面改造政府，提升其治理能力。浙江省的"三张清单"改革尤其如此。"三张清单"指重大需求清单、重大多跨场景清单、重大改革清单，是浙江省数字化改革的逻辑主线。自 2021 年以来，"三张清单"改革已经成功进行三次系统性迭代升级，实现了 141 项重大应用落地。与此同时，浙江省搭建立体化的省级创新平台，构建适应数字技术应用的部门协作制度，体现出数字技术推动政府体制机制系统性创新的强大动力。当然，

---

① 孟天广，2021. 政府数字化转型的要素、机制与路径：兼论"技术赋能"与"技术赋权"的双向驱动[J]. 治理研究，1：5-14.

② Deng H P, Karunasena K, Xu W, 2018. Evaluating the peormance of e-government in developing countries: A public value perspective[J].Internet Research, 28(1): 169-190.

③ Jun K N, Wang F, Wang D, 2014.E-government use and perceived government transparency and service capacity: Evidence from a chinese local government[J]. Public Performance & Management Review, 38(1): 125-151.

④ 安德鲁·查德威克，2010.互联网政治学：国家，公民与新传播技术[M]. 任孟山译.北京：华夏出版社.

我们也观察到，数字技术应用下的政府组织变革未必是一个正向过程，各地数字政府建设在一定程度上存在"面子工程"等现象。

那么，数字技术与科层组织互动的真实形态究竟是什么？二者之间如何不断调适以最终实现政府组织形态的创新？这又会对政府治理能力产生何种影响？对上述问题的回答，不仅能够为理解数字时代技术与组织的关系提供一种新的理论解释，还有利于揭示数字治理的内在机理，为市域社会治理现代化进程中的科层组织变革提供新思路。

二、数字技术与科层组织的双向互动

技术赋能是数字技术应用于科层组织的原初目标，是数字技术产生效应的初级阶段。关于数字赋能的研究已经不胜枚举，充分揭示了数字技术对政府的全方位赋能效应①。然而，赋能始终只是"硬币的一面"。已有研究发现，数字赋能存在限度与不稳定性②：数字技术应用既有可能赋能政府治理，也有可能受到科层体制惯性的干扰，出现如科层规制③、智能官僚主义④等现象。更严重的后果，则是被官僚体制裹挟，成为地方政府强化权力的工具⑤，使技术效应走向预期的反面。为了探究这一现象背后的成因，对数字赋能的研究应当与更深层次的组织变革联系起来。

体制机制创新是数字技术发挥效应的深层体现，也是降低数字赋能不稳定性的关键。政府数字化转型涉及政府设施、人员、协调方式等要素的变化，这一过程必然会面临数字新形态与组织既有形态之间的矛盾。已有研究普遍认为，数字技术的大规模、深度应用会改变既有组织形态，带来政府体制机制的变革。然而，围绕着这种变革发生的概率与强度，已有研究却沿着不同脉络进行思考。

一脉研究关注技术对组织的改造，认为数字技术的引入会给科层组织带来激烈变化⑥⑦，其中以帕特里克·邓利维的"数字时代治理"理论为主要代表。邓利

① Buffat A, 2015. Street-level bureaucracy and e-government[J]. Public Management Review, 17(1-2): 149-161.

② 郁建兴，樊靓，2022. 数字技术赋能社会治理及其限度——以杭州城市大脑为分析对象[J]. 经济社会体制比较，1：117-126.

③ 吴晓林，2020. 技术赋能与科层规制——技术治理中的政治逻辑[J]. 广西师范大学学报（哲学社会科学版），56（2）：73-81.

④ 胡卫卫，陈建平，赵晓峰，2021. 技术赋能何以变成技术负能？——"智能官僚主义"的生成及消解[J]. 电子政务，4：58-67.

⑤ Ahn M J, Bretschneider S, 2011. Politics of e-government: E-government and the political control of bureaucracy[J]. Public Administration Review, 71(3): 414-424.

⑥ Bekkers V, 2003. E-government and the emergence of virtual organizations in the public sector[J]. Information Polity, 8(3/4): 89-101.

⑦ Ho A T K, 2002. Reinventing local governments and the e-government initiative[J]. Public Administration Review, 62(4): 434-444.

维认为，数字技术带来了政府组织结构、文化、信息传递方式的变化，也改变了服务需求，使新公共管理时代以来所建立的政府架构被彻底改变①。这类研究也常与治理模式研究相结合，通过观察数字技术带来的扁平化、整体性运作等公共行政特征以及公民需求回应方面的变化，发展出与整体性治理、网络化治理理论相整合的理论观点②③。

区别于上述研究的"技术决定"视角，另一脉研究则试图在制度主义视角下深化对现实的解释力，在承认技术影响的同时聚焦科层组织既有形态对数字技术应用的制约，对数字政府体制机制创新的潜力进行理性的思考④⑤。简·芳汀区分了客观技术与被执行的技术，她主张技术应用结果受到组织文化、结构、成员认知以及政治嵌入的影响而呈现出不稳定性。技术本身的工具属性使其可能朝着强化科层体制的方向被反向形塑，而非解构原有的组织形态⑥。更有学者悲观地认为，不同于依靠市场竞争驱动的企业数字化转型，制度性动力缺失使得政府数字化转型难以出现突破性变化⑦。

回顾现有研究，无论是技术决定论还是制度主义视角，大多都止于单向、静态分析，要么聚焦数字技术如何改造科层组织，要么关注科层组织既有形态可能对数字技术应用产生的限制作用。这两种视角可能存在的不足体现在以下两个方面。第一，过分单方面关注技术或组织因素对数字政府的影响，而较少考虑二者之间存在的互动关系及其可能产生的影响。第二，在上述研究中，无论是技术应用还是科层组织形态都被视为一种静态要素，二者在互动中可能存在的动态发展未得到充分关注，因此，研究结论对现实的解释力有限。本章试图借鉴技术社会学理论，从技术与组织双向互动视角出发，探讨数字化改革中数字技术与科层组织的互动关系。

技术与组织的关系是分析数字技术与科层组织互动的逻辑起点。以巴利⑧、奥

① Dunleavy P, Margetts H, Bastow S, et al., 2006. Digital Era Governance[M]: Oxford: Oxford University Press.

② 戴长征，鲍静，2017. 数字政府治理——基于社会形态演变进程的考察[J]. 中国行政管理，9：21-27.

③ 韩兆柱，单婷婷，2015. 网络化治理、整体性治理和数字治理理论的比较研究[J]. 学习论坛，31（7）：44-49.

④ Fountain J E, 2001.Building the Virtual State: Information Technology and Insititutional Change [M]. Washington: Brookings Institution Press: 256.

⑤ Kraemer K, King J L, 2005.Information technology and administrative reform: Will e-government be different? [J]. International Journal of Electronic Government Research, 2(1): 1-18.

⑥ Cordella A, Tempini N, 2015. E-government and organizational change: Reappraising the role of ICT and bureaucracy in public service delivery[J]. Government Information Quarterly, 32(3): 279-286.

⑦ Kraemer K, King J L, 2005.Information technology and administrative reform: Will e-government be different? [J]. International Journal of Electronic Government Research, 2(1): 1-18.

⑧ Barley S R, 1986. Technology as an occasion for structuring: Evidence from observations of CT scanners and the social order of radiology departments[J]. Administrative Science Quarterly, 31(1): 78-108.

利科夫斯基[1]等为代表的技术结构化理论主张，技术作为一种触发器，在内嵌于组织运行的过程中触发了组织的结构变迁，技术引入成为组织结构变化的重要外因。这一理论可以较好地解释组织结构受到技术形塑而产生的变化，也被应用到关于数字技术触发的科层组织结构转型的研究中[2]。但已有学者指出，技术结构化理论存在一定缺陷，即对复杂情境下技术应用差异性结果的解释力不足[3]。鉴于数字技术的高迭代性与科层组织的复杂性，对二者关系的分析应当纳入动态性、互动性的考量。吉登斯的"结构二重性"理论可以补充、完善技术结构化理论，从而形成数字技术与政府体制机制创新的分析框架（图11-1）。

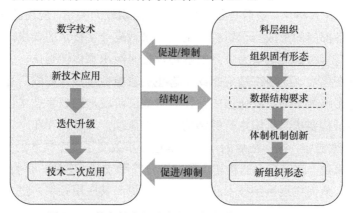

图11-1　数字技术与政府体制机制创新的分析框架

在数字政府运行中，技术逻辑渗透科层组织运行的全过程，进而形塑组织形态，而组织既有形态也可能对技术应用产生促进或限制作用。科层组织为了适应数字技术应用的结构要求进行体制机制创新，形成新的组织形态，这种发展后的组织形态又可能成为技术二次应用的影响因素，影响数字技术应用的迭代升级。数字技术与科层组织在交互作用中呈现螺旋式发展的关系形态。数字技术的应用塑造政府的体制机制特征。数字技术具有制造、传播、储存信息的新的可能性，能够使信息在快速流动中被更高效地利用从而产生现实价值，并且具有推动组织变革的能力[4]。数字技术首先嵌入科层组织各部分，这种深度嵌入在日常重复运转中触发了组织形态的变化。新技术被引入科层组织后，设定了新的工作任务、技能与组织角色，修改了原有的工作任务、技能与组织角色，转变了组织内既有的

① Orlikowski W J, 1992. The duality of technology：Rethinking the concept of technology in organizations[J]. Organization Science, 3(3): 398-427.

② Pollitt C, 2010. Technological change: A central yet neglected feature of public administration[J].NISPAcee Journal of Public Administration and Policy, 3(2): 31-53.

③ 张燕，邱泽奇，2009. 技术与组织关系的三个视角[J]. 社会学研究，2：200-215，246.

④ Leonardi P M, 2007. Activating the informational capabilities of information technology for organizational change[J]. Organization Science, 18(5): 813-831.

关系网络，构建了新的组织结构。数字技术的特点通过这一结构化过程传导至科层组织的运行中，使组织朝着适配技术应用结构要求的方向被改造。数字技术对科层组织的嵌入包含三个主要方面：首先是对组织需求的嵌入，数字技术具有海量数据汇聚、算法模型驱动的特点，能够实现对公众需求的自动抓取、超前预测、智能研判，从而使需求供给从以人工识别为主走向以大数据、算法识别为主，带来更为快速、准确且成本更低的公共政策过程。其次是对组织运行流程与规范的嵌入，由于技术的嵌入，数据、算法成为组织运作的基础，数据逻辑成为政府运行的底层逻辑，而算法具有透明、开放、可解释的特点，这使得科层组织运作更加透明、更加非人格化。最后是数字技术嵌入组织权力关系，应用数字技术之后，组织需要在各部门间形成一套新的分工模式来适应数字技术的要求，在分工调整中实现对原有组织结构与权力关系的解构，带来组织整体性强化、去中心化、网络化等特征变化①。反过来，政府组织形态也会影响数字技术在政府运作中的适用性，而这种影响处于动态变化当中。在一阶效应阶段，当数字技术被应用于组织时，技术的结构要求与组织本身的结构现状相碰撞，二者间存在一定的弹性与刚性②。在二阶效应中，被形塑后的体制机制进一步改变了数字技术的应用条件。对于科层组织来说，政府平台的构建、数字平台的形成这一效应，有利于数字资源、能力的共享，从而拓展数字技术应用的范围、提高其应用频率，进一步完善体制机制创新的条件③。

三、浙江省"三张清单"的数字化改革实践

（一）研究方法

本章运用案例研究方法，以浙江省"三张清单"数字化改革为研究对象，通过实地跟踪观察、调研访谈来分析数字政府体制机制创新的内在机理。近年来，数字政府建设已经成为各地政府改革的热门领域，各地区都将政府数字化转型作为工作重心，推进以"互联网＋"、电子政务、城市大脑等为标志的数字政府建设。作为数字经济、数字科技发展的高地，浙江省是全国较早开展系统性数字化改革工作的省份之一。目前，全省数字化改革的重点已经从"技术赋能"的 1.0 版本迈向"体制机制创新"的 2.0 版本，而"三张清单"改革是浙江省数字化改革的主要内容与重点成果。自 2021 年开展以来，已经涌现出涵盖多领域、各层级、各部门的 141 项典型数字应用，并构建了适应数字技术应用的创新性组织架构与制度规则。因此，以浙江省"三张清单"数字化改革为案例，具有较高的代表性。

① 翁士洪，2019. 数字时代治理理论——西方政府治理的新回应及其启示[J]. 经济社会体制比较，4：138-147.

② 张燕，邱泽奇，2009. 技术与组织关系的三个视角[J]. 社会学研究，2：200-215，246.

③ 孟庆国，鞠京芮，2021. 人工智能支撑的平台型政府：技术框架与实践路径[J]. 电子政务，9：37-46.

在分析方法上，本章采用基于多层次案例的模式匹配分析方法①，该方法将建立在理论推演基础上得出的模式与案例实证发现的模式相匹配，整合纵向多层级政府调研资料开展分析，以在乡镇、街道、区县获取的访谈资料作为微观层面的分析基础，选取三个不同面向的数字应用为代表性案例，通过对微观案例过程的深描刻画数字政府的运作细节，以多案例的求同分析验证理论机制的解释力，并排除竞争性解释。同时，结合省级层面的数据、文本从整体上对核心结论加以验证，这样既可以确保案例的深度，又能够提升结论的稳健性。通过对浙江省杭州市和衢州市的市级、区县级以及乡镇街道的深入调研，与部门主要负责人进行半结构访谈获取一手资料与数据，并与省级数字化改革部门进行交流获取数据和案例文本，为分析论证提供了经验支撑。

（二）案例简介

"三张清单"数字化改革是近年来浙江省数字政府建设的重点工程。在改革内容方面，"三张清单"改革涵盖党政机关整体智治、数字政府、数字经济、数字社会、数字法治以及数字文化六个子系统，各级党委政府及部门根据自身需求、特点、禀赋综合考虑确定"改革跑道"，并在省级政府指导与协助下进行相关数字应用的建设。在组织体制方面，浙江省高度重视统筹引导、全局管控的重要性，推行"一本账"刚性管理制度，避免地方的低水平重复建设，以体制机制的系统性重塑为重要目标。在经历三次迭代升级、百项重大应用落地的过程中，浙江省不断适应、摸索试验，形成了一套完善的创新组织体制与制度规则，在数字赋能的同时实现了数字政府的体制机制创新。

本章选取的主要案例为 H 市 X 区"民呼我为"、 H 市 Y 区"智能报表"、Q 市 J 县"数字助残"三项典型数字应用，三者来自不同的"改革跑道"，面向不同的改革需求，但都已被纳入全省"三张清单"数字化改革"一本账"应用目录，并获得省委主要领导批示、省级报刊推介。三项应用的主要内容见表 11-1。

表 11-1 数字应用案例简介

应用名称	类别	内容	责任部门	协同部门
X 区"民呼我为"	党政机关整体智治	对民众关心的生活议题进行集中收集、分类派单、部门联处、实时跟踪反馈	信访局	改革办、数字资源管理局、各街道等
Y 区"智能报表"	数字政府	解决社区任务多、报表多问题，压缩报表事项，打通各级数据平台，"智能匹配"提供精准服务，"立体画像"提供决策支持	数改办	各街道、社区、数字资源管理局等
J 县"数字助残"	数字社会	主动感知残疾人生活各项需求，推动残疾人补助政策落地，为残疾人智能匹配个性化服务，做好致残源头防治和返贫监测帮扶工作	残联	民政局、人社局、委办、大数据中心等

---

① Yin R K, 2009. Case Study Research: Design and Methods[M]. 4th ed .Thousand Oaks: Sage.

（三）案例分析

1. 技术应用：数字技术嵌入与组织张力的产生

在"三张清单"数字化改革初期，数字技术的嵌入使地方政府发现需求的能力得到激活，再造了组织的运行流程，重构了组织内的权力关系结构，从多个维度赋能政府治理。然而，嵌入后的技术逻辑天然地与科层组织逻辑之间存在着差异与冲突，不可避免地造成了组织运行的张力。

（1）算法嵌入激活需求发现机制，"需求爆炸"下的治理压力

需求嵌入是数字技术嵌入科层组织的第一层次。一方面，在数字技术嵌入的情况下，数据与算法成为政府运行的首要驱动要素。利用人工智能技术，数据和算法帮助政府提升认知、预测、决策与形成集成解决方案的效率，进而改变政府的需求发现能力。在浙江各县市数字化改革中，算法驱动的人工智能技术在较大程度上提升了政府的需求发现能力，帮助政府实现对问题的超前预期，达成公共管理"关口前移"。尤其是在"数字社会"板块，数字技术帮助地方政府通过自动识别与归类、居民画像的方式预判本区域常见的治理难题，并在人员部署、职能分配、组织架构方面予以调整。另一方面，数字技术的广泛应用也有助于政府更便捷地了解民意，基层政府通过打通移动端口实现居民自主问题上报，从而使问题反馈从单一主体、被动状态转向多主体、主动收集。然而，数字技术在显著增强政府需求发现能力的同时，也使组织陷入难以调适的困境，如 X 区 A 街道书记在谈到数字化改革后的部门工作转变时指出："数字化之后，我们街道的平衡被打破了。为什么平衡会打破？因为我们自己的能力提升了，老百姓对我们的需求增加了，对我们的期望值也更高了。"数字技术的智能化、自动化应用虽然显著提升了地方政府的行政能力，但也由于需求发现能力的提高带来了"需求爆炸"的沉重治理负荷，政府既有的组织体系难以应对日益增长的治理需求，从而可能陷入"能力不足"的恐慌。

（2）信息流程调整对组织运行的影响——"自由空间限缩"下的组织压力

数字技术嵌入科层组织的运行流程，带来了政府运行规范的变化。数字技术的嵌入使政府成为真正的"数字政府"，即政府的分工、派单、评估、考核等一系列工作由线下转向线上，而数据成为诸多环节联通的中介，组织运行中的信息需要依托由数据形成的信息链条进行传递。在算法嵌入下，浙江省"三张清单"改革的多个项目实现了基于算法的"派单"流程，即海量需求形成后，政府基于问题的解决方案进行任务分工，单一任务的表达、分工、执行、反馈、评估全过程都可以通过数据链条进行传递。这种算法驱动的政府流程提升了政府在需求增加的情况下处理问题的效率，却也使得政府作为科层组织所具有的非人格化特征更加明显。由于由数据和算法驱动的行政过程具有透明、开放、可解释的特点，

科层组织在运行中潜藏的"自由空间"被压缩，尤其是涉及需要自由裁量的行政执法问题，如 X 区 B 街道书记在谈到数字技术带来的组织变化时表示："数字化改革后，我们的社区干部、执法人员胆子更小了。因为这种考核更加精准、标准化，干部们不敢放手强力地推很多事情。"同样的问题也出现在 Y 区的"智能报表"项目中，Y 区数改办负责人在提到数字技术应用后基层社工的报表填报情况时表示：系统应用之后，社工负担确实减轻了，但要更准确地梳理报表内容、保证报表数据完全吻合，也会产生一定压力。效率与压力之间的矛盾致使政府在应用数字技术后容易陷入难以调适的困境。

（3）技术逻辑重构组织权力——"权力重构"后的组织冲击

在技术对组织的影响过程中，技术嵌入首先扰乱组织根深蒂固的行动模式，再造原来的组织行动脚本，从而触发组织的结构化过程。数字技术的嵌入使得地方政府在科层逻辑中嵌入技术逻辑。相应地，政府原有的分工模式也面临调整。这种分工调整会带来组织内不同主体间互动模式、角色及行动脚本的变动，并相应地引起组织内权力关系的变迁。在浙江各区县推进"三张清单"数字化改革的过程中，地方政府各部门的权力关系在一定程度上得到了重构，即组织内各部门的相对位置发生了转移，其中最显著的变化之一便是业务部门与技术部门地位的提升。一方面，拥有最丰富数字技术应用信息的部门成为改革的核心。数字技术应用涉及政府各条线的参与，而传统的条块分割、权力向上集中的政府组织形态不利于数字技术功能的全面发挥。相反，主要业务部门可能因为掌握丰富的技术应用信息而处于更重要的位置。另一方面，技术能力成为政府内部权力关系调整的依据，其中最突出的表现便是数字资源管理部门的出现与扩张。在 J 县"数字助残"项目中，为了确认残疾人群体全周期服务的主要事项，形成了"主动感知""政策兑现""服务保障"三个工作方向，并细化为残疾人生活补贴、就业保障、教育补贴等 19 项任务，在每一项任务中，J 县的民政、财政、人力社保等部门都需要为残联与大数据中心提供协同支持。在权力关系的重构下，新形态对组织运行产生冲击，这种冲击可能是制度性的，如编制、数据资源权限方面。X 区 A 街道书记指出，数字化改革后的编制问题是部门间协同的一个主要障碍；Y 区和 J 县数改办负责人则都将向上获取数据权限作为改革的主要突破点。同时，这种冲击也可能是非制度性的，如在部门协同的过程中，纵向部门权威与横向部门在文化、行为方式上存在冲突。

2. 组织变革：数字技术激活体制机制创新

在需求、流程规范、权力关系的三重嵌入之下，数字技术在提升地方政府运行效率的同时，也带来了组织"需求爆炸"、"自由空间限缩"、权力关系重构的复杂变化，给地方政府带来难以调适的问题。地方政府一方面体验着数字赋能带来的组织效率提升，另一方面也不得不接受从"科层政府"转型为"数字政府"过程中组织运行的紧张状态。在效率与压力并存的情况下，地方政府倾向于创新体制机制，调整政府组织形态，以体制机制变革适应数字时代治理环境的变化。在浙江省"三张清单"数字化改革中，这种适应主要表现为两种新型组织形态的出现："由横到纵"的政府平台化与以功能为中心的协作矩阵。

（1）立体联动："由横到纵"的政府平台化

在数字技术嵌入下，政府平台化由横到纵发展，"需求爆炸"与"自由空间限缩"导致地方政府面临较为严重的"能力不足"问题，政府难以在技术应用的结构要求与组织本身的结构特征之间达到平衡。具体到工作中，地方政府主要面临两方面的问题：第一，政府各部门之间的协同存在困难，单部门不仅面临着人力、物力的限制，还存在数据资源的不足，即数字技术应用的诸多需求要获得完整处理，就需要打通原本属于其他部门的权限，部门间的整合具有必要性；第二，在"条块结合"的组织架构与向上集中的权力关系结构下，地方政府的行政权限被横纵切割，仅仅横向的部门整合无法应对数字治理的权限要求。

为了解决数字嵌入带来的"能力不足"问题，政府平台化成为打破政府部门资源、权力限制的重要路径。平台化是指通过构建共享平台，让不同主体可以不必直接面对物理层面的技术而使用某项技术、设备、模式或服务，从而实现数字资源与能力的共享[①]。数字平台具有模块化、标准化、可复用的特点，可以对组织资源与能力进行灵活重组以适应复杂的需求变化[②]。在浙江"三张清单"数字化改革中，全省统一将平台化作为推进改革的重要策略，以"基本架构—小切口子场景—落实责任单位"为分工原则，推动跨层级的联动、跨事权的联处、跨部门的联调。牵头政府部门统一参照"V"形组织架构，先按照需求、应用场景、改革任务对改革涉及的各项工作进行拆解，依照工作确定协同部门并形成多个工作组推进各模块任务的完成，最终进行集成性整合。在此过程中，浙江采取高度统筹的应用开发策略，为了提高技术应用的整体性，避免重复建设，对各项改革的谋划生成、立项审批、实施建设、验收评估、复制推广都作出明确规定。

区别于以往的政府改革，数字化改革必然涉及数据资源使用权限的分配问题。而数据资源作为一种信息资产，具有向上聚拢的特征，即越高层级政府掌握的数据资源越丰富，这就决定了传统平台型政府的横向整合无法完全满足改革需求。为了适应数字技术应用的结构要求，浙江将推进从横向到纵向的立体平台化（图11-2）作为摆脱数据资源困境的解决办法，构建了省级层面的一体化智能公共数据平台，并结合先前形成的基层治理平台，成功搭建了各级政府进行数字应用开

---

① 北京大学课题组，黄璜，2020.平台驱动的数字政府：能力、转型与现代化[J]. 电子政务，7：2-30.

② Garud R, Kumaraswamy A, Sambamurthy V, 2006. Emergent by design: Performance and transformation at infosys technologies[J]. Organization Science, 17(2): 277-286.

发的数据底座。在数据平台之外，浙江还搭建了通用的知识库、算法库、规则库和法律库，打造了"浙里办""浙政钉"两个门户，各级政府在应用开发中不仅可以纵向获取数据资源，与高层级政府实现直接联动，而且可以实现算力、组件、应用、端口的一体化管理，从而增强不同部门在改革中的合力，有效应对单部门应用数字技术后的"能力不足"问题。

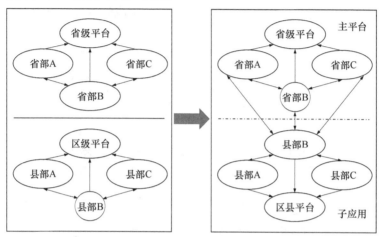

图 11-2　从横向平台化到立体平台化的变迁

圆表示应用负责部门，椭圆表示协同部门，单箭头表示参与平台，双箭头表示协同

在省级平台基础上，各区县也在改革中推进本级的"小平台"（数据中台）建设。X 区在"民呼我为"政民互动系统的搭建期，基于"浙里办"和"浙政钉"两个政务平台，结合省级基层治理平台，构建了区一体化智治中心，联动省级信访部门、区信访局、民政局、政法委以及各镇街的综合指挥中心，省、市、区、街道四级政府围绕着"民呼我为"应用的开发工作高效联动，确保民众的"呼叫"可以成功地得到传递、派单、处理以及反馈。从省级到区县建立横向到纵向的平台型政府，可以从组织结构上帮助地方政府有效地缓解数字化改革后面临的人力、数据资源以及组织权限的紧张状态。

（2）调适性协同：以功能为中心的协作矩阵

横向到纵向平台型政府的构建为地方政府提供了组织结构方面的解决方案，但这一新型组织结构还面临着执行上的关键问题，即数字嵌入带来的第三个层面问题：在政府平台之上，各部门之间究竟以何种方式协作？如何保证新组织结构的运行不会受到科层组织惯性的掣肘？浙江以"三张清单"数字化改革实行的以功能为中心的协作矩阵为主要应对机制，在政府立体平台基础上形成了一套"牵头-共建"行动模式。在"牵头-共建"行动模式中，负责推进项目的核心部门作为牵头单位，处于整个协作矩阵的中心。牵头部门负责深化、细化、优化系统建设方案，明确目标任务、重点应用、数据需求、问题清单等工作机制，明确协同单位责任，并统筹推进各部门的改革工作；共建部门则可能是多层级的各条线部门，它们在牵头部门的统筹下按照清单要求，抓推进，完成改革任务。为了应对数字技术应用可能带来的权力关系"紊乱"，"牵头-共建"行动模式并不盲目强调权力的去中心化，而是推行一种调适性的权力分配，矩阵中心未必是掌握更多权限、人力物力资源的高层级政府。相反，在"三张清单"改革中，为了探索并发挥数字系统的功能，掌握全面信息的区县部门常成为各项改革的牵头部门（图11-3）。

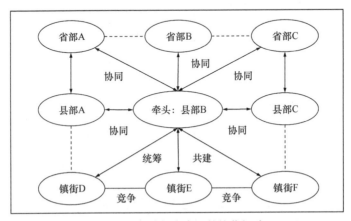

图 11-3　以功能为中心的协作矩阵

在区县层面，协作矩阵的机制创新得到了更生动的体现。在 J 县"数字助残"系统推进过程中，县委赋予县残联较大权限，由县残联牵头各项助残任务，县大数据中心、卫健局、民政局等部门对残联的工作予以支撑。在县本级之外，省残联、省人社厅等部门主管的浙江残疾人两补系统、浙江人社一体化平台、浙江省大救助系统都参与到 J 县"数字助残"项目中，协助省级层面的数据回流。为了支撑这种以功能为中心的协作矩阵效应的发挥，地方政府还通过设立新部门、专项工作组、指挥中心等方式推进改革落地。例如，为了加快辖区各街道的"民呼我为"改革进度，X 区推行"数字镇长"制度，在辖区各乡镇、街道设立数字镇长，由镇街党委副书记任 A 岗，一名区管领导任 B 岗，负责管理、协调本区域内"民呼我为"改革相关事项，数字镇长在本辖区内负责数字化改革相关事项，具有较高的协调权限；在各区属单位内设置"数字局长"岗位，协助镇街工作。地方政府原有的"条块"关系被进一步弱化，"条块"之间的联动更加灵活。

3. 组织的反作用：体制机制创新后的数字技术应用

数字技术嵌入科层组织的过程推动了地方政府体制机制变革。然而，这一互动关系的建立并不是一个单次、静态的过程，体制机制的原初形态及其发展形态都会对技术应用产生反作用。组织形态对技术的反作用存在着二阶效应，这一效应发生于技术对组织的塑造之后，新形成的体制机制进一步构成了数字技术应用的环境与动力要素。

（1）技术应用环境的变迁

应用环境是影响技术应用结果的重要因素。然而，应用环境并不是一成不变的，技术与其应用环境在相互建构中不断发生变化。相对而言，技术的可拓展性和可复用性越大，信息系统的接口标准性和开放性、兼容性越强，技术的结构弹性就越大，技术与组织的契合程度也就越高①。数字技术具有高度的可拓展性和可复用性，这种技术特质不仅在初期有利于技术的推广应用，还在组织变革的过程中触发组织结构变化，从而改变技术应用条件，也即组织反作用的二阶效应。

浙江省"三张清单"数字化改革表明，在数字技术推动的体制机制创新下，地方政府应用数字技术的环境发生了变化，表现为技术应用的高度迭代性。在"三张清单"改革中，浙江高度重视数字技术的增量开发、迭代升级、对接共享。所有区县层面的改革项目都需要完成省里关于应用迭代的"规定动作"后才可以执行"自选动作"，而区县政府也具备相应的条件进行持续性的技术应用。由于一体化智能化公共数据平台以及通用化知识库、模型库、算法库的搭建，大部分改革项目都可以实现高度的模块化，即地方政府可以对数字系统的需求、应用场景、改革任务进行定期更新，而新技术可以基于原有架构得到更为顺利的应用。X 区在推进"民呼我为"改革过程中，基于省级公共数据平台、"基层治理四平台"搭建了区级一体化智治中心，并在此基础上进行迭代开发。X 区改革办主任在谈到平台化后的数字技术应用时指出：我们把智治中心定义为一个数据中台，只要有精准的需求梳理和应用场景设计，那么像一些创新性的应用场景，都会在一体化智治中心这个平台上面自然生长出来。

可见，数字技术应用激发了政府从横向到纵向的平台化发展，改变了后续技术应用的环境。随着省级数字平台与区县数据中台的搭建，一方面，数字技术应用的资金成本得以降低，低层级政府可以通过能力共享持续性地进行技术应用；另一方面，平台搭建意味着组织变革成本的降低，多层级部门间基于数字技术进行灵活的协同，科层惯性得到了较大程度的抑制。

（2）技术应用动力的重构

技术的二次应用，不仅在很大程度上取决于地方政府持续应用技术的意愿，还受到技术应用环境变迁的影响。推动数字技术的持续应用，除了要"能够做"，还需要"想要做"。数字技术应用推动了政府体制机制的变革，而这种变革后的组织形态虽然降低了技术迭代与组织变革的成本，但也可能被作为强化科层控制的工具，从而影响技术应用的结果。为了激发地方政府深度迭代、创新应用的积

---

① 刘伟华，2007. 技术结构刚性的限度——ERP 在马钢的应用实践为例[D]. 北京：北京大学.

极性，省数改办构建了一套完善的评价考核体系，包括获得中央及省级政府刊物刊登推介次数、在全省数字化改革推进会上的演示次数、专家评审评估等。这一强调"显示度"的评价考核体系在较大程度上激发了地方政府持续推进技术深度应用的积极性。在改革初期列入"三张清单""一本账"的 127 项改革中，有 83 个项目进行了系统的迭代升级，地方政府的创新动力得到了普遍认可。在区县层面，这种重构的动力机制得到了传导，X 区与 Y 区都将数字系统的开发、应用、迭代升级纳入对各街道的日常考核任务中，对考核结果进行综合排名，对数字化改革工作完成情况不佳的街道，在年度评优考核中予以一票否决。在这一考核机制驱动下，从区县到街道，都将技术的深度应用作为一种自发自觉的行为。在体制机制创新基础上，地方政府应用数字技术的动力从基于问题导向的单一动力转变为"解决问题"与"创新争先"目标相结合的双重动力。立体平台的构建使得多层级地方政府都可以基于特定目标对下一层级政府的数字技术应用进行考核，并将结果作为干部晋升的重要依据。政治动力的纳入大大提升了地方官员持续推进数字技术应用的积极性与自主性。

四、新时代数字化赋能体制机制改革的再出发

随着数字化改革向纵深推进，数字技术已经从政府治理的工具性要素转变为撬动科层组织变革的系统性要素。推动数字技术应用下的政府体制机制创新，其意义已经不仅仅在于对数字赋能不稳定性的纠偏，更是为了推动科层组织形成适应数字时代的全新形态，进而推动国家治理体系与治理能力的现代化。以邓利维为代表的"技术决定"视角具备一定的合理性与前瞻性，但其对治理模式变迁的分析过于理想化，低估了制度惯性的制约；而制度主义的"科层规制"视角，看到了科层组织形态对技术应用的限制，却未注意到这种限制可能带来组织变革的转机。浙江省"三张清单"数字化改革案例表明，数字技术应用会受到科层惯性的规制，但这也可能成为组织变革的重要动力，有利于推动政府体制机制创新。无论是政府平台从横向到纵向的立体建构，还是调适性协作矩阵的出现，都进一步改变了数字技术的深度应用条件，更揭示出动态演进中数字技术与科层组织的双向互构关系。然而，数字时代的政府创新并不是一个确定的过程。尽管数字技术与科层组织双向互构的关系模式已经得到验证，但数字政府与科层组织形态之间的张力依旧存在。已有研究发现的价值多存在于对已知差异性结果的解释，尚未实现对未知结果的精准预测。对此，数字政府研究应当保持对现实的关切，运用科学的因果推断方法探寻政府数字化转型的影响因素与实现机制，通过实证方法持续验证分析框架的有效性，提升理论的预测力。在实践层面，为了提升政府数字化转型的稳定性，需要推动数字时代生产、生活与治理系统的整体性重塑。

系统重塑具有外溢效应，它不仅体现为政府治理方式的变革，更体现为包括经济、社会、法治、文化场域的全方位数字化，通过生产生活要素的整体性变革为政府制度创新、治理能力提升奠定稳定的基础。在这一过程中，政府作为元治理主体，需要扮演好规则制定者的角色。一方面，政府应实现制度规则的系统性重塑，在顶层设计下，推动数据系统开放共享、各部门多跨协同、重大应用全面贯通，以主动变革助推组织治理模式创新以及履职能力全方位提升；另一方面，政府应撬动非公共行政领域的数字化，以数字系统和应用为引领，为数字时代经济生产、社会治理、法治建设、文化发展等全领域搭建起用于采集、储存、传输、分析数据的基础架构，完善适配数字技术应用的法律法规体系，将民众、企业与社会组织纳入到统一的数字系统中，实现线上生产、生活、治理与线下实践的深度融合，进而迸发出更高的社会转型效能，不但带动国家治理能力的整体跃升，而且为政府数字化转型与制度创新奠定稳定的基础。

第十二章 结语：走向市域社会治理现代化

市域社会治理现代化是国家治理体系和治理能力现代化的题中之义，是崭新的时代命题。2019 年党的十九届四中全会提出"加快推进市域社会治理现代化"，2020 年中央政法委在全国范围内组织市域社会治理现代化试点工作，推动各地逐步提升市域社会治理能力水平，市域社会治理现代化取得重要进展和初步成效。

没有什么比实践更具实践意义。立足中国市域社会治理现代化的创新实践，本书解读市域社会治理现代化的理论内涵，构建市域社会治理体系现代化、市域社会治理能力现代化的理论框架，系统总结市域社会治理现代化的基本经验，为市域社会治理实践进步和理论研究提供指引。

一、市域社会治理现代化的基本经验

（一）坚持党的领导，推进市域社会治理体制现代化建设

各地坚持效能导向，发挥党建统领功能，提升市域统筹协调能力，破解公共事务碎片化难题。党在市域社会治理中的整合作用主要体现为组织与动员优势。面对市域社会治理中的新兴挑战，各试点市坚持完善党建引领的治理体制，坚持党委全面统筹协调工作，如浙江建立的"1141"市域社会治理模式，实现了市域社会治理的信息集成共享、数据融合驱动，工作一体联动。各领域各层级党组织协同开展组织动员、资源传递与服务链接，实现市域资源的纵向贯通以及组织网络的横向铺开，切实提升市域统筹协调能力。坚持制度导向，强化党的领导作用，培育整合市域多元力量，构建"一核多元"的治理体系。在多元化社会背景下，市场、社会组织以及民众力量迅速成长，并在市域社会治理结构中扮演着不可替代的角色。为应对现代社会治理中治理主体的多元化趋势，必须强化党的领导作用，推动多元主体合作共治，有效整合行政资源、社会资源、市场资源。在试点中，各地市始终把党建引领摆在最突出的位置，把加强基层党的建设、巩固党的执政基础贯穿于社会治理工作全过程，全面推进"党建社会治理"，持续深化基层党组织"堡垒指数"管理，将基层党组织建设成坚强的战斗堡垒。坚持党建工作与市场主体、社会组织发展深度融合：以党建为市场力量与社会组织发展的导航，协助其顺利开展业务工作、参与社会治理；以党组织为接口，深化社会治理主体间的连接，形成社会治理合力。

坚持问题导向，健全市域风险防控体系，强化党的协调作用，实现市域风险

源头防控、基层化解。作为联系人民与政府之间关系的纽带，中国共产党始终坚持人民路线，密切关注并积极回应民众诉求，通过发挥组织优势协调作用，调动并整合多方资源，促进矛盾纠纷就地化解，维护市域社会和谐稳定。在实践中探索矛盾纠纷化解新模式，以数字化解决内外融合、上下贯通等难题，形成矛盾纠纷化解叠加效应，实现网上网下一线查情、线上线下一体调解，全面强化基层网格力量化解社会矛盾纠纷的功能，聚力打造"线上线下一体、治理资源集成、人人参与尽责"的新模式，将基层治理中的不确定因素在基层有效消解。

（二）坚持做好防范化解重大风险工作，确保市域社会稳定有序

不断完善市域社会治理风险防控的运行体系，运用数字化手段实现市域风险全生命周期管理。伴随城市化、信息化发展，市域范围内的经济建设、社会结构、利益格局发生了重大变化，市域社会治理面临着风险防范的重大挑战。各地市积极完善基层社会治理线上线下联动的运行体系，完善"微网格"、深化"微治理"，打造一体化矛调中心。归集社会治理全量数据，提升市域风险的信息搜集能力，为风险发现识别奠定数据基础；开发矛盾纠纷态势图和分级预警模块，提升市域风险的研判能力，实现市域风险从事后应对向事前源头预防转型；全面打通 12345 政务热线、信访、公安、矛调等系统平台，推动形成集事件流转办理、动态管理、指挥调度、预警预测、精准决策于一体的模式，提升市域风险的动态化管理能力，健全市域风险全生命周期管理。中国社会正处于重要的转型期，市域社会风险呈现出复杂性、混合性、外溢性的新特征。传统责任高度集中的风险防控体制已经无法满足当前市域社会风险防控诉求，急需构建多元行动主体风险防控责任共同体，提升风险防控现代化效能，推动市域社会治理风险防控责任共同体建设，织密"社会治理行动网络"，形成多元行动主体治理合力。要进一步推动县级社会治理中心的机制、网络、力量向镇（街道）和村（社区）下沉，织密矛调网格，完善风险防控体系；此外，通过培训发展人民调解员队伍，以市场化的方式调动社会组织参与的积极性，增强调解力量，注重多元化解。注重市域社会治理风险防控的主体能力培育，提升社会治安综合治理实效。风险防控主体是风险防控的核心要素，风险防控主体的能力直接影响着市域风险防控水平。在试点中，各市注重风险防控主体能力培育，一方面积极开展"面上+点上""线下+线上"相结合的培训指导工作；市级层面组织全市性"三源共治"业务培训，县（市、区）级层面逐镇逐街道地开展业务培训，各部门根据业务实际情况，个性化开展培训指导。另一方面，健全考核指导机制，明确落实安全责任，将"三源共治"工作纳入县级矛调中心质效评价体系，并将之纳入社会治安综合治理工作年度考核。

（三）坚持秩序与活力相平衡，社会建设与社会治理双轮驱动

在社会建设中培育多元社会力量，丰富完善社会治理体系，增强社会治理能力。社会建设的关键在于激发社会多元主体的活力，社会活力蕴含社会生活的丰富多样性，是基层社会各群体创造力的竞相迸发和个人潜力的充分发挥，体现了人类社会进步的动力与人类文明的可持续性，为社会持续稳定创造了条件。而社会治理效能本质是多元主体治理能力的综合表现，推动社会建设、激发社会活力，实际是对社会治理组织体系的完善，是对社会现代化治理效能的提升。在社会建设中发挥自治强基能力，积极建设基层民主，丰富议事协商活动，创新社区与社会组织、社会工作者、社区志愿者、社会慈善资源的联动机制，积极培育社会力量，有效丰富各社会治理主体的行动资源，增强社会治理的最终合力与治理实效。

在社会治理中，要健全现代社会秩序，理顺社会建设主体关系，提升社会建设能力。社会治理的核心在于健全现代化社会秩序，社会秩序代表着社会的有序、和谐与稳定，良好的秩序是社会活力发展的基本前提。社会中存在不同的价值取向，由此产生了各类社会矛盾与冲突，社会治理就是针对各类社会关系、利益关系进行调节，构建良好的社会关系，优化社会资源的配置机制。在社会治理中，应以法治为主要维系手段、以德治为辅助工具，构建现代化社会秩序。充分发挥法律的引领作用和德治的教化作用，理顺社会建设中多元主体间的关系，为社会建设营造良好氛围，促进多元主体和谐发展。以数字化为"秩序-活力"的平衡点，为社会治理、社会建设双轮驱动赋能。秩序与活力两者既有内在的一致性，也存在着潜在的张力。正如嘉兴市域社会治理实践所展示的，数字化在社会秩序构建中发挥了重要作用，以"微嘉园"为代表的数字治理实践为合作治理、共同生产提供了一个新的变量，数字治理构建了公众参与和共同生产的激励机制。更重要的是，数字治理可能弥合秩序与活力、社会建设与社会治理、国家与社会在理论上的分野，构建"有为政府、活力社会"这一新型的国家-社会关系理论模型。"微嘉园"的实践不仅推动了居民参与垃圾分类、志愿服务，还有效预防了电信诈骗犯罪，政府主导的数字治理激发了社会活力，而社会活力又有力支撑了社会秩序建设，社会建设与社会治理在此得到了统一，秩序和活力也在此得到了统一。数字技术的发展打破了很多传统理论中的平衡关系，数字赋能赋予了党委政府处理不同策略间紧张关系的能力，赋予了实现社会治理"既要又要"目标的能力，这是一种协调不同能力的动态能力，能够同时达成以往相互冲突的治理目标，在更高层次、更高水平上实现政府治理与社会调节的良性互动。

（四）坚持智治支撑，数字法治引领法治社会建设

创建执法司法数字化场景，健全法律实施体系，推动法治政府建设。科技与

法治的深度融合不仅催生出"数字法治"这一新的法治形态，更为法治政府建设引入新范式、创造新工具、构建新模式。在持续的试验学习与数字化场景建设中，通过成功经验的推广和扩散，试点创造的地方性知识嵌入已有知识体系，经由整合和再建构过程，实现系统性知识的更新。随着成功的数字法治改革试点不断扩展，数字法治建设的知识生产将持续积累，实现法治政府建设水平与整体效能的跃升。正如第四章和第五章所展示的，全国市域社会治理现代化试点工作中的数字法治建设取得丰硕成果，展现了数字化改革中丰富而有特色的数字法治建设实践经验，为其他区域、部门的数字化改革提供学习样板，为法治政府建设提供了可资参考的案例，为法治社会建设树立先导与示范。创新法治服务供给手段，深化线上普法教育工作，推动法治社会建设。法治社会是构筑法治国家的基础，法治社会建设是实现治理体系能力现代化的重要组成部分，建设信仰法治、公平正义的社会主义法治社会是增强人民群众获得感、幸福感、安全感的重要举措。一方面，数字技术的广泛应用打破了政府部门与民众互动在时间和空间上的限制，有效降低了政府与民众交流互动的成本，丰富了法律服务供给手段，提升了法律服务的供给效率。各市大力推广运用远程网络等法律服务模式，构建覆盖全业务、全时空的市域公共法律服务网络，保障对居民的法律服务供给。另一方面，数字技术创新了普法工作的方式手段，提升了民众自主学习的积极性，同时通过公益普法积极整合各类资源，依托微信、微博、APP 等新兴网络媒体，广泛开展群众关心关注的法律知识阐释、重点案情通报、法律问题解答，传播法治精神。

二、加快推进市域社会治理现代化的可行性路径

在市域社会治理的创新实践中，我们还可以看到，提高市域社会治理能力是加快推进市域社会治理现代化、应对社会治理挑战、解决社会治理难题、将制度优势在市域更好地转化为治理效能的根本途径。统筹协调能力、矛盾化解能力、社会培育能力、法治保障能力和数字治理能力共同构成了市域社会治理现代化的能力体系，这些能力的建设是加快推进市域社会治理现代化的基础。为此在下一步工作中，我们提出以下建议。

（一）创新组织体系，进一步提升市域统筹能力

在市域社会治理工作中，市一级要设立实体化机构，统筹协调市域社会治理工作。要进一步明确市域社会治理中各层级主体的权责边界，发挥各级政府的效能，形成市—区（县、市）—乡镇（街道）权责明晰、高效联动、上下贯通、运转灵活的治理体系。市级党委政府的核心职责是统筹与协调，需要主动提升统筹规划能力，从全局出发统筹制定发展战略，明确工作方向；加强顶层设计，健全

各层次各部门社会治理权责清单，完善市域社会治理现代化制度体系；推动资源下沉，通过"事权清单"建立权责匹配的治理结构，有效推动社会治理重心下移；建立可量化、可评价的社会治理目标，整合各层级、各部门力量形成社会治理合力，提升基层社会治理的自主性、能动性和有效性。县（市、区）政府的核心职责是组织与落实，其应围绕市域社会治理的总体目标，精准抓取核心工作内容，制定具体方案，推动规模合理适度的政府重点任务框架建设；加大纵向协同力度，在政策实施过程中与各管理主体积极沟通，推动市域政策有效落实。乡镇政府的核心职责是治理与服务，要通过网格治理统筹辖区内资源，推动多主体参与社会治理，实现高效治理和有效供给服务。充分利用市域科技、人才等资源，更好地将市域优势转化为治理效能，为社会治理提供支撑。在纵向统筹方面，应充分发挥市域数据归集、智慧化应用系统等优势，汇总集成信息、研判风险、发布预警、解决问题、回应诉求。打通层级之间的沟通渠道，提升不同层级治理主体的沟通效率，推动各项政策有效落实，实现公共服务供给的便利化、精准化和高效化。建立全方位、全过程的监督体系，推动治理效能指标体系建设，对公共服务、纠纷调解、矛盾处理、社会福利等治理事件的治理效能进行评估与考核；通过数字化手段实时获知基层治理情况，根据政策实施情况反馈进行奖励、容错或追责，并优化人员配置和资源调配。在横向协调方面，构建智慧高效的市域社会治理平台，通过统一数据标准和接口，实现城市不同部门、不同区县之间的数据融通、设施互联。同时，针对实践中存在的政务碎片化问题，要加强智能在线政务服务关联与协同性建设，加强领导，完善跨部门跨区域线下联席会议制度和定期协商政务服务协同制度。建立各部门、各地区动态运行数据的及时汇总机制，确保智能政务平台信息资源的一致性和动态更新，提升数据关联分析的智能化水平，提高智能政务服务的精准性。

（二）落实总体国家安全观，进一步提高市域矛盾化解能力

健全市域风险动态监测体系。运用现代化先进数据信息技术，整合"雪亮工程""智慧城市"等技术设备资源，建立健全适合市域风险监测的基础设施和平台，从而全面掌握市域风险的变动情况和变化趋势。同时，将媒体、社会组织以及社会公众等力量纳入市域风险监测的信息管理体系中来，实现多种手段的整合。按照一定的标准，储存、汇集、分析与传输有关风险事件的信息，加强跨部门、跨领域、跨组织的信息交流与情报合作，为风险监测各个环节的顺利开展提供支撑和保障，进而实现对市域安全隐患、违法犯罪问题的预警预测和动态管控。建立健全市域风险指标体系，在充分认识社会风险的基础上科学设定各类风险指标，按照风险特征、影响程度和变化速度对风险进行分类，为风险研判和防控提供信息凭证。按照指标赋分模拟市域风险过程和风险后果趋势，识别风险并预判风险

转变的关键节点。完善市域风险的动态评估机制，制定科学的监测评估指标，围绕评估的基本内容、评估主体、评估方法、评估指标和评估维度等开展风险评估工作。开展常态化风险排查评估工作，对风险事件的演进过程和方式予以分析，发现各种引发风险的敏感因素，收集各类危险源信息。遵循调查风险源—识别风险转化条件—确定转化条件是否具备—估计风险发生的后果—进行风险评价的风险因素分析法，整理形成风险情报库，构建起全方位、立体化的风险防控机制，实现市域风险从事后应对到事前源头防范的转型。

（三）加强社会建设，进一步提升市域社会培育能力

社区是社会建设的微观载体。在应急管理中，要加强社区韧性建设，强化社区的救灾功能，提高社区应对危机的能力；在常态化管理中，要进一步明确社区作为群众服务前台，条线行政部门作为业务中台、提供职能支撑的定位，回归社区服务的本质特征，进一步加强社区社会机制建设，培育社区社会组织，发展社区志愿服务和公益慈善事业，实现常态治理对非常态治理的有效支撑以及两者之间的有效衔接。健全政府对社会组织分类管理、动态赋权的管理体制，出台相应的配套政策，提高社会组织发展的规范化、透明化水平，鼓励合法的社会组织自主发展。在公益创投、购买服务方面加大对社会组织的扶持力度，确立社会组织的主体地位，激发社会组织发展的内生动力，以正向激励促进社会组织成长。

以数字化牵引社会建设体制机制改革。进一步提高公共服务的智能化水平，精准识别、预测群众服务需求，辅助科学决策。在社会安全领域，建设数据驱动的社会风险预警体系；在社会活力领域，进一步深化数据赋能赋权，加强社会活力建设，积极推动"三治融合"向"四治融合"转变。

（四）强化依法治理，进一步提升市域法治保障能力

社会治理数字化转型必须以法治原则为基础，完善数字领域的立法内容与体系。目前，市域社会治理方面的法律法规还不够完善，市域社会建设应从顶层设计出发，及时制定出切实可行、有针对性且具前瞻性的法律法规，明确市域社会治理的基本要求、主体责任，保障各级主体参与市域社会治理的权利，明确各级主体参与市域社会治理的义务，畅通各级主体参与市域社会治理的渠道。地级市人民代表大会要针对市域社会治理的重点难点，规范地方立法，制定符合本地实际和历史传统的规章制度，确保相关法律法规和规章制度能够落实，保持政策的连续性和稳定性。构建市域社会治理法治实施体系。市域法治需要注重依照法律程序决策，在政策谋划、决断、实施、监督各个环节依照法律要求制定政策，特别对涉及群众切身利益的重大决策、重大项目，要严格执行合法性审查、专家论证、公众参与、风险评估等法定程序，有效防止损害群众利益和引发社会矛盾的

现象出现。执法和司法要突出权力规范和约束这个核心环节，依托数字化改革契机，健全数字法治监督系统，推进执法司法规范化建设，做到有权必有责、用权受监督、违法必追究。推进公共法律服务体系建设，做好法律宣传和法律服务工作，营造人人懂法、人人守法的良好法治氛围。推进法律宣传教育形式多样化，建立从学校到家庭、从公域到私域的更为多元立体的法律宣传体系。强化矛盾纠纷调解服务，在法治轨道上化解社会矛盾纠纷，依托现有矛调数字化平台，健全社会矛盾预警、利益表达、协商沟通、救济救助等机制，畅通群众利益协调、权益保障的法律渠道，保障合理合法诉求依照法律规定和程序得到合理合法的结果。

（五）树立智治思维，进一步强化市域数字治理能力

大力推动智能化基础设施建设，充分运用物联网、大数据、人工智能、5G 等新技术提升市域数字治理能力。明确由市级层面统数据、管数据、保安全的主责，统一推进数据资源建设。建设城市信息模型基础平台，以 GIS 地图和统一标准地址库为基础，加快"人、地、物、事、组织"等社会治理基本要素数字化、标准化转型。打造一体化的城市数据中心，逐步打通地方、部门、企事业单位之间的信息壁垒，构建覆盖全域、统筹利用、统一接入、灵活服务的数据资源共享体系，推动数据资源向社会治理各单位、各平台分级分层分权限共享，实现跨部门、跨区域共同利用和维护，促进业务协同办理。建立市域社会治理智能化综合平台，融合智慧法院、智慧检务、智慧公安、智慧司法行政和社会治理相关部门数据，不断拓展基于大数据分析的智辅决策、智防风险、智助服务、智促参与、智能指挥等应用模块，做到全域感知、深度思考、使用便捷、升级及时。形成整体思维，以数据共享带动流程再造、系统重塑。打破部门、层级、职能边界，实现以公众诉求为导向的市域社会治理业务流程再造。积极运用大数据技术，基于信息的流动性构建政府间多层级、多部门全流程、全过程的治理框架，促进各级政府建立协调机制。以问题解决、居民需求为导向，精简公共服务流程，建立符合社会问题解决逻辑、服务供给逻辑的工作流程。构建统一的治理管理平台，相关信息一次报送、内部流转、多表合一采集，实现项目事件全过程、闭环管理。

三、市域社会治理现代化研究的未来议程

市域社会治理现代化是快速城市化背景下中央在社会治理领域的新部署，也是中国特色的社会建构和社会治理的最新实践。市域社会治理现代化研究是建构中国自主学术体系的重要内容，基于中国发展与治理的叙事逻辑和叙事方式，将市域社会治理实践中蕴含的价值理念、伦理原则、科学判断、机制方法、工具手段等进行有效概念化、理论化，有助于形成对中国特色社会治理的完整性、体系

性解释，建构中国自主的知识体系、话语体系。面向未来，市域社会治理研究还有许多工作需要进一步拓展和深化。

（一）市域社会治理的价值理念研究

2019 年，习近平总书记在上海考察时提出"人民城市人民建，人民城市为人民"的重要理念，深刻回答了城市建设依靠谁、城市发展为了谁的根本问题。市域社会治理与人民群众的获得感、幸福感、安全感紧密相联，承载着国家使命、社会福祉，关联着人民幸福，推动着中国式现代化的跃升。正如马西恒[①]教授指出的，人民城市、市域社会治理、中国式现代化已经勾勒出中国式城市发展新模式的整体框架，其核心是遵循中国特色社会主义的实践逻辑，重新定位城市功能，整体回应市域社会发展中出现的全新议题；建设人民城市、推进市域社会治理现代化需要明晰其内在的价值理念逻辑，通过构建市域社会共同体，为中国式现代化提供基础支撑和强大引擎。在理论上，20 世纪 80 年代以来，强调效率、生产率和市场化改革的新公共管理运动主导了公共管理改革，以竞争性购买和合同外包为主要方式的项目制成为公共服务提供的重要形式[②]。自上而下的招标和自下而上的竞争在一定程度上为公共服务节约了成本[③④]，但同时也陷入了委托-代理困境和出现了服务供需错配等问题[⑤]。随着公共服务实践的日益复杂、分散和相互依存，依托生产逻辑的新公共管理理论不再适用于刻画公共服务的本质[⑥]，也无法很好地推动公共管理的实践进步。越来越多的学者关注到公共服务的组织间性[⑦]，以及协调与合作的特征[⑧]。公共服务逻辑更强调为使用者带来价值，而不只是非组织内部流程与经济效率[⑨]。公共服务的价值创造发生在由多个治理主体共同参与的服务生态系统中[⑩]，对治理主体间互动与协作机

① 马西恒，2023. 人民城市建设与市域社会的治理逻辑[J]. 探索与争鸣，12：5-10，192.

② 吕芳，2021. "异构同治"与基层政府购买服务的困境——以 S 街道的政府购买服务项目为例[J]. 管理世界，9：147-158.

③ Domberger S, Jensen P, 1997. Contracting out by the public sector: Theory, evidence, prospects[J]. Oxford Review of Economic Policy, 13(4): 67-78.

④ Savas E S, 2000. Privatization and Public-Private Partnerships[M]. New York: Chatham House: 368.

⑤ 珍妮特·V.登哈特，罗伯特·B.登哈特，2004. 新公共服务：服务而不是掌舵[M]. 丁煌译. 北京：中国人民大学出版社.

⑥ 何艳玲，2009. "公共价值管理"：一个新的公共行政学范式[J]. 政治学研究，6：62-68.

⑦ Funck E K, Karlsson T S, 2023. Governance innovation as social imaginaries: Challenges of post-NPM[J]. Public Management Review, 26(9): 2680-2699.

⑧ 张昕，2016. 走向公共管理新范式：转型中国的策略选择[J]. 政治学研究，6：115-124，128.

⑨ Osborne S P, 2018. From public service-dominant logic to public service logic: Are public service organizations capable of co-production and value co-creation?[J]. Public Management Review, 20(2): 225-231.

⑩ Petrescu M, 2019. From marketing to public value: Towards a theory of public service ecosystems[J]. Public Management Review, 21(11): 1733-1752.

制的分析关注不同层面行动者价值创造的能力[①]。

新公共治理的理论进展为进一步深化市域社会治理研究提供了借鉴。公共服务逻辑对服务对象价值的研究可以应用到市域社会治理个体层面的分析。未来可以拓展的研究议题包括：市域社会治理体系、能力、政策、项目等对服务对象价值可能的影响；市域社会治理生态体系价值共创过程及其机制；市域社会治理中社会组织的作用；市域社会治理中的全过程人民民主等。这些研究将进一步拓展市域社会治理的研究广度，深化对我国市域社会治理价值理念、价值创造过程和内在规律的认识。

（二）市域社会治理与基层社会治理的关系研究

"市域社会治理"与"基层社会治理"是既相互联系又有所不同的两个概念。在本书中，我们对"市域社会治理"的概念界定为：市域社会治理是社会治理体系和治理能力在市域范围内的落实和体现。与县域社会治理不同，市域社会治理将社会治理的重点从县一级提升到设区市一级，其分析单元为设区市。而在实践中，基层社会治理的"基层"是指乡镇街道和城乡社区。要把握两者在分析层次上的区别，防止在理论研究和实际工作中用"市域社会治理"这一"新瓶"装"基层社会治理"的"旧酒"。

同时也要看到，市域社会治理与基层社会治理之间有着紧密的联系。一方面，市域社会治理应该赋能基层社会治理，基层社会治理受到市域社会治理的总体指导，市域社会治理的体系、能力、效能会影响基层社会治理；另一方面，市域社会治理又是基层社会治理微观层面的汇总，表现为本地基层社会治理自下而上"涌现"的宏观现象。在未来研究中，一方面要把握市域社会治理的整体性、宏观性，另一方面也要深入研究市域社会治理与基层社会治理之间的关系，一些研究议题，如市域社会治理对基层社会治理的背景效应、基层社会治理对市域社会治理的"涌现"效应值得进一步探讨，对此进行分析有助于全面理解市域社会治理现代化跨层次的互动规律。

（三）市域社会治理与韧性城市研究

当城市成为各类风险、威胁和发展障碍联合冲击的对象，并且这些冲击预示着城市居民、地方性社会和整个城市能动性体系将遭受巨大福利损失时，一般就认为城市处于一种脆弱状态[②]。城市韧性是城市在面临风险时的恢复能力，它确保城市及其包含的社会行动者拥有应对变化与挑战的手段。2020年初以来的新冠疫

---

① 朱春奎，王彦冰，2023. 公共服务价值共创：系统述评、内容框架与研究展望[J]. 公共管理与政策评论，6：151-168.

② 刘能，2023. 从城市韧性到韧性人民城市[J]. 探索与争鸣，12：27-30，192.

情防控实践表明，市域日益成为重大矛盾风险的产生地和集聚地，以市域为主阵地，树立"全周期管理"意识，补齐社会治理短板弱项、提升社会治理能力水平，常态做好应对重大风险的准备，早预警、处治好、控制住各类隐患，是防范潜在问题变成现实风险、区域性风险酿成全局性风险的关键环节。

某种程度上，市域社会治理就是要应对市域风险，构建更具韧性的城市治理体系。《中华人民共和国国民经济和社会发展第十四个五年规划纲要》提出，"社会治理特别是基层治理水平明显提高，防范化解重大风险体制机制不断健全，突发公共事件应急能力显著增强，自然灾害防御水平明显提升，发展安全保障更加有力"等发展目标。作为国家治理现代化的基石，市域社会治理必须重视风险治理能力的构建，针对市域社会风险，构建具有整体性、精准性和联动性的风险防范体系，通过强大的治理基础设施和治理能力的供给、合理有效的政策体系的建构，增强市域社会韧性。

市域社会治理如何有效防范风险？市域社会治理如何影响城市韧性？韧性城市需要什么样的社会治理基础和动员机制？围绕这些研究问题对市域社会治理和城市韧性展开多维度的研究，有助于将社会治理、不确定性和城市危机管理的理论视野提升到一个更高的层面。

（四）市域社会治理与智慧城市研究

智慧城市建设是中国式城市发展治理新模式的技术依托。如果说前工业城市的本质特征是中心集聚，工业城市的本质特征是复杂巨系统，而数字革命则将工业城市升级为具有智慧生态特征的复杂巨系统。互联网、大数据、人工智能、新能源、新材料等技术创新，不仅推动着数字技术与数字产业的蓬勃发展，同时也不断推动着城市生态系统的智慧化迭代升级。从底层逻辑来看，智慧城市建设推动城市物理、社会与虚拟空间的"三位一体"，不仅重塑了城市空间，而且重构了市域社会治理方式与机制①。

随着智慧城市的发展和技术的变迁，市域社会治理必须在社会治理体系的主体构建、组织方式、运作机制等方面进行数字化转型。一方面，数字技术为国家、社会、市场的发展奠定数据基础，借助新技术可以提高社会治理的效能，扩展社会治理的能力范围；另一方面，新技术嵌入国家治理以后，产生的直接影响就是创造了虚拟治理空间，改变了现实社会中的规则界限和主导权，同时，技术主导的虚拟治理空间又实时地与现实社会交流互换信息。我们在现实世界建立起的社会治理体系也面临着当前不断扩张的网络社会，甚至未来数字孪生社会的冲击。2021年6月，中央网信办联合八部门在全国开展智能社会治理实验基地建设申报工作，这标志着我国正式迈入智能社会治理探索阶段。我们不仅要在数字技术的

---

① 葛天任，2023. 新型智慧城市：寓治理于规划[J]. 探索与争鸣，12：31-34，192.

基础上构建社会治理的功能模块，将数据和算法应用到人口管理、发展规划、产业布局、社会安全、网络舆情、社会服务等社会治理场景中，更要建设社会有机体，进一步提高治理效能，提升市域社会治理的科学化、精细化、智能化水平。

蓬勃兴起的数字技术革命给中国经济社会带来重大发展，也影响着社会科学的研究范式。对于理论研究来说，这为中国社会科学研究摆脱西方中心主义，实现独立性与自主性提供了独一无二的机会窗口。换句话说，全面拥抱数字时代以重构社会科学研究范式，是建构中国自主的学科体系的必然选择。具体来说，就是在传统管理学、社会学研究中积极吸纳数据科学、计算机科学等新兴学科的知识和方法，通过市域社会治理实践领域的需求引领交叉学科研究，通过方法层面的数字赋能促进市域社会治理研究中不同学科的融合与创新，超越传统的学科划分体系，探寻数字时代的新学科生长点，进而在新领域、新议题、新场域中探索数字时代社会科学的新世界观、本体论、方法论和价值观，乃至建构基于中国发展与治理的数字时代学科新结构、新形态。这种新范式对于进入数字时代的学科体系来说具有重要意义，或将推动数字时代社会科学学科体系的总体变革。

（五）市域社会治理效能与机制的统计实证研究

当前，市域社会治理的研究总体上还处于起步阶段。按照现代社会科学中层理论的研究范式，市域社会治理的研究还需要从理论分析向实证研究进一步发展，虽然目前学界已有一些初步的数据分析工作[1][2]，但市域社会治理在大样本数据获取和统计实证分析方面还远远不足。这主要有两个方面的原因：其一，从市域社会治理概念的提出到市域社会治理现代化试点的实践，仅有短短几年时间，市域社会治理的典型性案例和全面的数据还较为缺乏；其二，市域社会治理现代化的试点工作由政法部门主管并推动，在政法领域，部分数据较为敏感，不能完全公开，这也影响了学术界的数据获取和数据分析工作。

未来市域社会治理研究需要克服数据获取方面的困难，从理论分析进一步向实证研究转变，在案例研究、定性比较分析、大样本统计分析方面做出更多的探索，对市域社会治理效能做出更加精确的评估，对市域社会治理的内在规律进行实证检验，为深化市域社会治理现代化提供更加充分的实证证据。在此方面，本书初步构建了市域社会治理能力指标体系和指数模型（见附录），未来研究需要进一步深化数据收集和数据分析工作，选取典型城市验证模型、优化指标体系，并进一步开展指数应用，通过大样本评估市域社会治理绩效，为各级党委政府加快推进市域社会治理现代化提供决策参考。

---

① 张慧远，2022. 市域政府社会治理能力的影响因素及提升路径研究——基于 H 省 17 个地级市的定性比较分析[D]. 郑州：郑州大学.

② 陈那波，张程，2022. 中国市域社会治理评估报告[M]. 北京：社会科学文献出版社.

四、市域社会治理现代化的时代意义

市域社会治理现代化是中国式现代化的一部分。党的二十大报告给予"中国式现代化"以明确定义，指出"中国式现代化，是中国共产党领导的社会主义现代化，既有各国现代化的共同特征，更有基于自己国情的中国特色"。习近平总书记指出："在新中国成立特别是改革开放以来长期探索和实践基础上……成功推进和拓展了中国式现代化。"[①]各个国家都需要结合自己的国情，考虑自己的历史文化传统和现实所处的发展阶段，找到一条符合自己国家发展情况的道路。党的二十大报告从五个方面阐述了中国式现代化的中国特色：人口规模巨大，全体人民共同富裕，物质文明和精神文明相协调，人与自然和谐共生，走和平发展道路。报告还用九句话概括了中国式现代化的本质要求：坚持中国共产党领导，坚持中国特色社会主义，实现高质量发展，发展全过程人民民主，丰富人民精神世界，实现全体人民共同富裕，促进人与自然和谐共生，推动构建人类命运共同体，创造人类文明新形态。同时，报告强调了推进中国式现代化的五个重大原则：坚持和加强党的全面领导，坚持中国特色社会主义道路，坚持以人民为中心的发展思想，坚持深化改革开放，坚持发扬斗争精神。

市域治理现代化是国家治理现代化重要组成部分。"市域"这个概念最早是由习近平同志在福建担任省长时提出来的。2002 年，他对厦门工作的讲话中提出"市域城镇体系"概念。党的十九届四中全会把市域社会治理摆在国家治理体系和治理能力现代化的重要位置加以推进，为全国做好市域社会治理工作指明了努力方向、提供了根本遵循。市域社会治理现代化是中国式现代化的一部分，它的治理理念与经验来源于我国社会治理实践和自主创新，具有深厚的文化土壤，已被实践证明契合我国社会治理的历史与现实，这种制度安排对促进社会治理现代化具有重大的现实意义。而且，市域社会治理体现了党委政府在社会治理中的突出作用，将市域作为整体来推进社会治理现代化，符合中国人的治理逻辑，其产生和发展充分体现了中国特色，是一套适合我国国情、能够解决市域治理问题的体制机制。事实证明，它能够很好地适应城市化背景下社会治理的新变化与新挑战，有效回应市域社会的治理需求，是推进社会治理现代化的有效路径。

市域社会治理现代化的经验是解决中国现代化进程中社会发展和社会建设问题的中国方案，是中国式现代化的重要组成部分。中国式现代化是一项伟大而艰巨的事业，它是在全球化背景下中国与世界的互动中展开的。党的二十大报告指出："我国十四亿多人口整体迈进现代化社会，规模超过现有发达国家人口的总和"，中国巨大的规模和众多的人口意味着我们的社会治理效能必然在世界上具

---

① 习近平.在纪念毛泽东同志诞辰 130 周年座谈会上的讲话[EB/OL].http://jhsjk.people.cn/article/40147415, 2023-12-27.

有重要的影响和更强的示范作用。同时，从市域社会发展的背景、目标、路径来看，我们的社会治理是全球共通的，具有普遍性意义。

在全球城市化进程中，一方面，社会的组织形式、利益关系都发生了深刻变化，人类面临的社会问题日益增多。中国和世界其他国家在社会变迁和治理方面都面临一系列严重且相互叠加的冲击，都需要解决市域社会重构的问题。例如，全球化的变动与逆全球化使世界各国的经济政治关系处于紧张状态；在后现代化或者后工业化力量的影响下，社会变得更加多元，出现了后物质主义、反权威主义的现象。当前，数字技术快速崛起，导致人类生产生活方式发生巨大变革；全球性大流行病的潜在威胁仍在世界各地存在，与此同时，全球变暖、环境问题、能源问题、人口老龄化等传统问题持续存在，这些都对全球社会的变迁和治理提出了巨大挑战。

另一方面，中国市域社会治理现代化的探索对世界其他国家具有重要的启示意义。我国党建引领社会治理的特色表明，新型政党或者使命型政党可以发挥出重要作用；相比于不少西方国家政府信任度下滑的情况，中国政府推动的协商民主和社会参与有助于提升民众对政府的信任；市域社会治理体系和治理能力的建设为解决西方社会的许多问题提供了新的思路和"工具箱"。虽然不同国家和社会的历史背景与文化传统不同，应对社会问题的方式有所差异，但是仍然可以相互借鉴。适应时代要求，推进社会治理创新，建设稳定、安全、健康、活力的社会，是全人类共同的美好追求。以市域社会治理现代化为代表的中国特色的治理探索为解决人类社会发展的问题提供了中国智慧和中国方案，具有世界意义。

市域社会治理现代化的经验是构建中国自主知识体系的重要来源。习近平总书记 2022 年 4 月 25 日在考察中国人民大学时指出："加快构建中国特色哲学社会科学，归根结底是建构中国自主的知识体系。"从历史上看，知识体系的每一次变化和发展都离不开社会形态的变迁与转型[①]。理论和实践相统一、批判性和建构性话语相贯通、学术话语、政治话语和群众话语相互融合，这是建构中国自主知识体系的根本遵循。市域社会治理现代化是中国共产党在理论和实践上的创新突破，不仅成功推进和拓展了中国式现代化，也为世界各国的社会治理树立了典范，是构建中国自主知识体系的重要来源。原因在于：第一，市域社会治理现代化充分体现了"六个必须坚持"的世界观和方法论，是坚持马克思主义中国化时代化的新成果。党的二十大报告把习近平新时代中国特色社会主义思想的世界观和方法论系统概括为"六个必须坚持"，即必须坚持人民至上、必须坚持自信自立、必须坚持守正创新、必须坚持问题导向、必须坚持系统观念、必须坚持胸怀天下。坚持以马克思主义为指导，是当代中国哲学社会科学的根本标志，也是知

---

① 翟锦程，2023. 中国自主知识体系价值取向与构建的实践基础[J]. 南开学报（哲学社会科学版），3：40-49.

识体系自主性的表现。第二，市域社会治理现代化充分体现了中国发展的现实情况和特点。随着中国改革开放的不断深化，以及中国与世界联系的复杂变化，既有的西方理论在解释中国社会变迁实践时本身遭遇了"水土不服"。市域社会治理作为中国式现代化的创新成果之一，从我国国情出发，瞄准中国城市化进程中的社会治理问题，提供了中国特色的解决方案，其中蕴含的理论、制度、文化和价值取向为构建中国自主知识体系奠定了坚实的基础，启发我们从实践中提炼和发展全新的理论思想与话语体系。第三，市域社会治理现代化过程是由实践者和学者共同参与建设的过程。近年来，市域社会治理的主管部门和实践单位不断通过与学者交流互动、举办学术论坛和研讨会、共建研究中心等形式，调动学者的力量，发挥学者的作用，为实践的发展提供理论支撑，对实践经验进行理论总结，为实践知识的理论化、体系化和普遍化奠定坚实的基础。建构中国自主的市域社会治理知识体系，不能仅仅在书斋中"坐而论道"，而要扎根中国大地，在重构市域社会的现场之中构建有生命力的知识体系。

参 考 文 献

安德鲁·查德威克. 2010. 互联网政治学：国家，公民与新传播技术[M]. 任孟山译. 北京：华夏出版社.

安东尼·吉登斯. 2016. 社会的构成：结构化理论纲要[M]. 李康，李猛译. 北京：中国人民大学出版社.

白建军. 2010. 从中国犯罪率数据看罪因、罪行与刑罚的关系[J]. 中国社会科学，2：144-159，223.

白明. 2010. 当前群体性事件成因及对策研究[D]. 青岛：中国石油大学.

鲍静，贾开. 2019. 数字治理体系和治理能力现代化研究：原则、框架与要素[J]. 政治学研究，3：23-32，125-126.

北京大学课题组，黄璜. 2020. 平台驱动的数字政府：能力、转型与现代化[J]. 电子政务，7：2-30.

毕丽敏. 2014. 转型时期中国劳动关系地方治理的新举措——来自浙江温岭工资集体协商的案例研究[J]. 天津市工会管理干部学院学报，22（3）：32-37.

薄贵利. 2014. 建设服务型政府的战略与路径[J]. 国家行政学院学报，5：94-99.

薄贵利. 2014. 推进政府治理现代化[J]. 中国行政管理，5：52-57.

蔡闯，王斯敏，张勇，等. 2020. 社区：方式精准优化防控丝毫不松[EB/OL]. https://news.jstv.com/a/20200409/1586423790384.shtml，2020-04-09.

蔡禾. 2012. 从统治到治理：中国城市化过程中的大城市社会管理[J]. 公共行政评论，6：1-18，168.

蔡俊豪，陈兴渝. 1999. "城市化"本质含义的再认识[J]. 城市发展研究，5：22-25.

蔡莉丽，魏立军. 2018. 从规划体系构建到规划实施管理——厦门"多规合一"立法的实践与思考[J]. 城市规划学刊，S1：42-46.

曹海军. 2015. 善治视野下的中国城镇公共治理体系构建[J]. 思想战线，41（1）：58-63.

曹海军. 2017. "三社联动" 视野下的社区公共服务供给侧改革——基于 S 市项目制和岗位制的案例比较分析[J]. 理论探索，5：23-29.

曹海军，曹志立. 2020. 新时代村级党建引领乡村治理的实践逻辑[J]. 探索，1：109-120.

曹惠民. 2020. 治理现代化视角下的城市公共安全风险治理研究[J]. 湖北大学学报（哲学社会科学版），47（1）：146-157.

曹现强. 2012. 城市行政管理体制变革：从管制到治理[M]. 济南：山东大学出版社.

陈柏峰，吕健俊. 2018. 城市基层的网格化管理及其制度逻辑[J]. 山东大学学报（哲学社会科学版），4：44-54.

陈斌开，林毅夫. 2013. 发展战略、城市化与中国城乡收入差距[J]. 中国社会科学，4：81-102，206.

陈斌开，张鹏飞，杨汝岱. 2010. 政府教育投入、人力资本投资与中国城乡收入差距[J]. 管理世界，1：36-43.

陈光金. 2020. 化解社会风险是个巨大的系统工程[EB/OL]. http://sociology.cssn.cn/ shxsw/ swx_plbd/swx_sprd/202012/t20201224_5236481. Html, 2020-11-27.

陈海燕. 2015. 实现重大行政决策法治化的路径分析——以江苏南通市为例[J]. 福建省社会主义学院学报, 5: 75-79.

陈华. 2018. 地方社会治理: 演进逻辑、多重约束与实践创新[J]. 甘肃社会科学, 6: 189-196.

陈家建. 2013. 项目制与基层政府动员——对社会管理项目化运作的社会学考察[J]. 中国社会科学, 2: 64-79.

陈家喜. 2023. 中国城市社区治理的新变化: 基于政党功能视角[J]. 政治学研究, 1: 122-132, 160.

陈家喜, 刘王裔. 2013. 综合配套改革试验区的大部制改革: 模式与趋势——深圳、浦东、滨海的比较研究[J]. 深圳大学学报（人文社会科学版）, 30（3）: 63-67.

陈嘉明. 2006. 现代性与后现代性十五讲[M]. 北京: 北京大学出版社.

陈金钊. 2020. 提升国家治理的法治能力[J]. 理论探索, 1: 23-29.

陈静. 2011. 精细化管理在党建工作中的实践与应用[J]. 中国煤炭工业, 2: 26-27.

陈亮, 李元. 2018. 去"悬浮化"与有效治理: 新时期党建引领基层社会治理的创新逻辑与类型学分析[J]. 探索, 6: 109-115.

陈美玲. 2010. 城市管理综合执法的自由裁量权及其法律控制[J]. 南昌大学学报（人文社会科学版）, 41（1）: 78-81.

陈明. 2014. 村民自治: "单元下沉"抑或"单元上移"[J]. 探索与争鸣, 12: 107-110.

陈那波, 李伟. 2020. 把"管理"带回政治: 任务、资源与街道办网格化政策推行的案例比较[J]. 社会学研究, 35（4）: 194-217, 245-246.

陈那波, 张程. 2022. 中国市域社会治理评估报告[M]. 北京: 社会科学文献出版社.

陈念平. 2022. 探索基层治理现代化的中国经验: 党建引领基层治理的研究回顾与展望[J]. 党政研究, 5: 21-33, 124.

陈平. 2006. 网格化——城市管理新模式[M]. 北京: 北京大学出版社.

陈荣卓, 李梦兰. 2018. 城乡关系视域下撤村并居社区的融合性治理[J]. 江汉论坛, 3: 133-139.

陈天祥, 贾晶晶. 2017. 科层抑或市场?——社会服务项目制下的政府行动策略[J]. 中山大学学报（社会科学版）, 57（3）: 151-159.

陈廷, 解永照. 2016. 涉军网络犯罪侦查难点及对策[J]. 四川警察学院学报, 28（4）: 35-39.

陈伟. 2016. 中国城市化滞后程度测度[J]. 河北经贸大学学报, 37（2）: 123-129.

陈晓春, 肖雪. 2018. 共建共治共享: 中国城乡社区治理的理论逻辑与创新路径[J]. 湖湘论坛, 6: 41-49.

陈秀红. 2023. 从"外源"到"内生": 新时代中国共产党推进乡村振兴的实践逻辑[J]. 中共中央党校（国家行政学院）学报, 27（2）: 44-54.

陈秀红. 2023. 整合、服务与赋能: 党建引领基层治理的三种实践取向[J]. 学习与实践, 8: 96-105.

陈迅, 尤建新. 2003. 新公共管理对中国城市管理的现实意义[J]. 中国行政管理, 2: 38-43.

陈一新. 2018. 新时代市域社会治理理念体系能力现代化[J]. 社会治理, 8: 5-14.

陈奕敏. 2005. 温岭民主恳谈会: 民主政治寻找生长空间[J]. 决策, 11: 32-33.

陈咏梅. 2018. 社会组织参与社会治理之制度安排[J]. 广西大学学报（哲学社会科学版）, 40（6）: 112-118.

陈云，周曦民，王浣尘. 2007. 政府网格化管理的现状与展望[J]. 科技管理研究，27（5）：40-41.

陈振明. 2015. 公共政策分析导论[M]. 北京：中国人民大学出版社.

陈志明，周世红，严海军. 2019. 新时代市域社会治理现代化的衢州实践[J]. 政策瞭望，7：18-20.

谌洪果. 2009. "枫桥经验"与中国特色的法治生成模式[J]. 法律科学（西北政法学院学报），
　　27（1）：17-28.

成伯清. 2019. 市域社会治理：取向与路径[J]. 南京社会科学，11：10-16.

程刚. 2011. 中国撤县建区的新探索：宁波鄞州模式实证研究（2002~2012）[M]. 北京：经济科
　　学出版社.

程玉申，周敏. 1998. 国外有关城市社区的研究述评[J]. 社会学研究，4：54-61.

崔光胜，耿静. 2015. 公益创投：政府购买社会服务的新载体——以湖北省公益创投实践为例[J].
　　湖北社会科学，1：57-62.

戴大新，魏建慧. 2019. 市域社会治理现代化路径研究：以绍兴市为例[J]. 江南论坛，5：10-12.

戴桂斌. 2009. 协商民主：化解社会矛盾冲突的有效形式[J]. 求实，11：60-63.

戴海东，蒯正明. 2014. 社会组织参与社会治理过程中存在的问题与对策——基于对温州社会组
　　织的调查分析[J]. 科学社会主义，2：106-109.

戴长征，鲍静. 2017. 数字政府治理——基于社会形态演变进程的考察[J]. 中国行政管理，9：
　　21-27.

邓大才. 2018. 走向善治之路：自治、法治与德治的选择与组合——以乡村治理体系为研究对象
　　[J]. 社会科学研究，4：32-38.

邓宁华. 2011. "寄居蟹的艺术"：体制内社会组织的环境适应策略——对天津市两个省级组织
　　的个案研究[J]. 公共管理学报，8（3）：91-101，127.

翟锦程. 2023. 中国自主知识体系价值取向与构建的实践基础[J]. 南开学报（哲学社会科学版），
　　3：40-49.

翟振武. 2019. 实现"两个一百年"奋斗目标的有力信息支撑——谈第七次全国人口普查
　　[EB/OL]. http://www.nys.gov.cn/publicity_tjj/wjjd27/14776，2019-11-28.

丁煌. 2021. 基层社会治理现代化的实践创新——深圳市宝安区燕罗街道的探索[M]. 武汉：武
　　汉大学出版社.

丁翔，张海波. 2017. 大数据与公共安全：概念、维度与关系[J]. 中国行政管理，8：36-41.

丁雨晴. 2022.全球政府信任度调查：中国升，美国降[EB/OL]. https://world.huanqiu.com/article/
　　46SdRSNgCSW，2022-01-19.

董延涌. 2015. 关于推进市域治理体系和治理能力现代化的问题研究——以盘锦市为例[J]. 环
　　渤海经济瞭望，3：10-14.

杜晓燕，宋希斌. 2019. 数字中国视野下的国家治理信息化及其实现：精准、动态与协同[J]. 西
　　安交通大学学报（社会科学版），39（2）：117-124.

段东升. 2021. 设区的市地方立法的困境与进路[J]. 学术交流，4：68-77.

樊永锋. 2017.倒闭的倒闭 烂尾的烂尾 嘉兴商业地产狂飙之灾[EB/OL]. https://www.jiemian.
　　com/article/1232660.Html，2017-04-08.

范柏乃，金洁. 2016. 公共服务供给对公共服务感知绩效的影响机理——政府形象的中介作用与
　　公众参与的调节效应[J]. 管理世界，（10）：50-61，187-188.

范逢春. 2018. 国家治理现代化场域中的社会治理话语体系重构——基于话语分析的基本框架

[J]. 行政论坛，6：109-115.

万建武.2023."枫桥经验"："中国之治"的一张金名片[EB/OL]. http://www.qstheory.cn/dukan/qs/2023-12/01/ c_1129998512. htm，2023-12-01.

付建军. 2019. 社区治理中的信息技术效率悖论及其形成逻辑——基于上海市J街道的实证分析[J]. 探索，6：54-63.

甘文华. 2015. 优化南京市域治理体系新方略研究[J]. 中共南京市委党校学报，1：108-112.

高文武，徐明阳，范佳健，等.2018. 经济发展、城乡二元化对城乡居民收入差距影响的实证分析[J]. 统计与决策，3：147-150.

高小平. 2021. 行政制度：结构·运行·赋能：基于国家治理现代化视角[M]. 南京：南京大学出版社.

葛海鹰.2005. 经营城市与城市治理[J]. 中国行政管理，1：54-56.

葛天任. 2023. 新型智慧城市：寓治理于规划[J]. 探索与争鸣，12：31-34，192.

耿国阶，庄会虎. 2014. 中国国家治理体系现代化的脉络、逻辑与进路[J]. 青海社会科学，4：14-20.

宫晓冰. 2003. 中国公证制度的完善[J]. 法学研究，5：51-57.

龚维斌，马福云，张林江. 2014. 中国社会治理研究[M]. 北京：社会科学文献出版社.

龚文海. 2009. 公共就业服务的多元供给与治理模式[J]. 改革与战略，25（10）：149-151，159.

谷志军. 2021. 重大决策责任追究的三重逻辑——基于行政决策要素的案例分析[J]. 新视野，2：56-62.

顾昕. 2019. 走向互动式治理：国家治理体系创新中"国家-市场-社会关系"的变革[J]. 学术月刊，51（1）：77-86.

顾昕.2022. 治理机制的互补嵌合性：公共部门制度创新与激励重构[M]. 上海：格致出版社.

关山晓. 2013. 城乡统筹发展的路径选择和制度建设[J]. 经济纵横，9：16-19.

管兵，夏瑛. 2016. 政府购买服务的制度选择及治理效果：项目制、单位制、混合制[J]. 管理世界，8：58-72.

管兵. 2015. 竞争性与反向嵌入性：政府购买服务与社会组织发展[J]. 公共管理学报，12（3）：83-92，158.

桂华. 2014. 项目制与农村公共品供给体制分析——以农地整治为例[J]. 政治学研究，4：50-62.

郭少华. 2022. 新时代市域社会治理现代化的功能定位、制约因素与建构路径[J]. 重庆社会科学，11：24-36.

郭涛，阎耀军. 2014. 城市化与犯罪率非线性动态关系实证研究[J]. 统计与信息论坛，29（4）：96-99.

韩冬梅. 2019. 加快构建市域社会治理法治化保障体系[J]. 唯实，4：16-19.

韩福国. 2013. 作为嵌入性治理资源的协商民主——现代城市治理中的政府与社会互动规则[J]. 复旦学报（社会科学版），3：156-164，170.

韩兆柱，单婷婷. 2015. 网络化治理、整体性治理和数字治理理论的比较研究[J]. 学习论坛，31（7）：44-49.

韩志明.2017. 城市治理的清晰化及其限制——以网格化管理为中心的分析[J]. 探索与争鸣，9：100-107.

韩志明. 2017. 在模糊与清晰之间——国家治理的信息逻辑[J]. 中国行政管理，3：25-30.

韩志明. 2018. 政策执行的模糊性及其治理效应[J]. 湘潭大学学报（哲学社会科学版），42（4）：30-35.

韩志明，李春生. 2019. 城市治理的清晰性及其技术逻辑——以智慧治理为中心的分析[J]. 探索，6：44-53.

杭州开始反超苏州？2022 年，浙江省 11 市、90 县（区）财政收入排名![EB/OL]. https://www.163.com/dy/article/HSTLGE560519AAE3. html，2023-02-06.

何海兵. 2003. 我国城市基层社会管理体制的变迁：从单位制、街居制到社区制[J]. 管理世界，6：52-62.

何艳玲. 2009. "公共价值管理"：一个新的公共行政学范式[J]. 政治学研究，6：62-68.

何艳玲. 2018. 理顺关系与国家治理结构的塑造[J]. 中国社会科学，2：26-47，204-205.

何艳玲. 2022. 人民城市之路[M]. 北京：人民出版社.

何艳玲，宋锴业. 2021. 社会治理的国家逻辑：基于警务改革史的分析[J]. 社会学研究，4：86-108，227-228.

何艳玲，汪广龙. 2016. 中国转型秩序及其制度逻辑[J]. 中国社会科学，6：47-65，205.

何艳玲，王铮. 2022. 统合治理：党建引领社会治理及其对网络治理的再定义[J]. 管理世界，5：115-131.

和经纬，黄培茹，黄慧. 2009. 在资源与制度之间：农民工草根 NGO 的生存策略以珠三角农民工维权 NGO 为例[J]. 社会，29（6）：1-21，222.

洪世键. 2009. 大都市区治理——理论演进与运作模式[M]. 南京：东南大学出版社.

侯宏伟，马培衢. 2018. "自治、法治、德治" 三治融合体系下治理主体嵌入型共治机制的构建[J]. 华南师范大学学报（社会科学版），6：141-146，191.

侯利文. 2024. 社会回应政治：社会组织党建的内在逻辑与功能进阶—— 以 Y 社区服务中心为例[J]. 学习与实践，2：102-111.

胡博成. 2020. 结构性矛盾与治理的困境：新时代城市公共安全风险治理研究——基于新冠肺炎疫情的思考[J]. 上海城市管理，29（3）：25-32.

胡惠林. 2012. 国家文化治理：发展文化产业的新维度[J]. 学术月刊，44（5）：28-32.

胡惠林. 2018. 城市文化空间建构：城市化进程中的文化问题[J]. 思想战线，44（4）：126-138.

胡税根，王敏. 2016. 协同治理创新的地方探索——基于杭州实践与经验的研究[J]. 浙江学刊，5：202-210.

胡伟. 1998. 政府过程[M]. 杭州：浙江人民出版社.

胡卫卫，陈建平，赵晓峰. 2021. 技术赋能何以变成技术负能?——"智能官僚主义" 的生成及消解[J]. 电子政务，4：58-67.

胡仙芝. 2006. 积极培育社会组织 构建社会矛盾调节体系——以社会中介组织为视角[J]. 国家行政学院学报，6：42-45.

黄冬娅，陈川慜. 2012. 地方大部制改革运行成效跟踪调查——来自广东省佛山市顺德区的经验[J]. 公共行政评论，6：24-47.

黄蓝. 2019. 政府购买公共服务困境及策略研究——以 W 区为例[J]. 创新，13（1）：73-80.

黄晓春. 2015. 当代中国社会组织的制度环境与发展[J]. 中国社会科学，9：146-164，206-207.

黄晓春. 2021. 党建引领下的当代中国社会治理创新[J]. 中国社会科学，6：116-135，206-207.

黄晓春. 2023. 全过程人民民主：人民城市建设的方法论基础[J]. 探索与争鸣，12：16-19，192.

黄晓春，嵇欣. 2014. 非协同治理与策略性应对——社会组织自主性研究的一个理论框架[J]. 社会学研究，6：98-123.

黄晓春，嵇欣. 2016. 技术治理的极限及其超越[J]. 社会科学，11：72-79.

黄晓春，周黎安. 2017. 政府治理机制转型与社会组织发展[J]. 中国社会科学，11：118-138，206-207.

黄新华. 2021. 技术嵌入市域社会治理：优势、风险与规制[J]. 国家治理，21：19-24.

黄宗智，龚为纲，高原. 2014. "项目制"的运作机制和效果是"合理化"吗?[J]. 开放时代，5：143-159，8.

霍连明. 2010. 多元管理：我国社区管理模式的必然选择[J]. 河南师范大学学报（哲学社会科学版），37（2）：136-138.

纪莺莺. 2013. 当代中国的社会组织：理论视角与经验研究[J]. 社会学研究，5：219-241，246.

江立华. 2003. 城市与农民工的城市适应[J]. 社会科学研究，5：92-96.

姜方炳. 2019. 理解"市域社会治理现代化"的三个着力点[J]. 杭州（周刊），5：36-37.

姜金贵，梁静国. 2008. 基于网格化管理的突发事件应急管理机制研究[J]. 情报杂志，6：26-28.

姜晓萍. 2014. 国家治理现代化进程中的社会治理体制创新[J]. 中国行政管理，2：24-28.

姜晓萍，衡霞，田昭. 2021. 中国城市社会治理[M]. 北京：中国人民大学出版社.

姜晓萍，焦艳. 2015. 从"网格化管理"到"网格化治理"的内涵式提升[J]. 理论探讨，6：139-143.

姜晓萍，田昭. 2014. 地方社会管理创新：突破和谐发展的行政障碍[M]. 北京：中国人民大学出版社.

姜永华. 2019. 市域社会治理现代化的实践探索[J]. 唯实，10：64-66.

蒋建新，徐益会. 2002. 论我国阶级阶层政治关系的变化调整与政治稳定[J]. 南京政治学院学报，1：83-88.

蒋俊杰. 2015. 我国城市跨界社会问题的整体性治理模式探析——以上海市长宁区社会管理联动中心为例[J]. 中国行政管理，3：61-65.

蒋熙辉. 2014. 关于当代中国维稳的几个问题[J]. 中国人民公安大学学报（社会科学版），3：107-112.

蒋源. 2015. 从粗放式管理到精细化治理：社会治理转型的机制性转换[J]. 云南社会科学，5：6-11.

金华. 2021. 国家治理中的过度数据化：风险与因应之道[J]. 中共天津市委党校学报，1：55-63.

金南顺. 2002. 关于城市治理的理论与实践[J]. 城市发展研究，9（6）：8-12.

金太军，赵军锋. 2015. 国家政治安全与平安中国建设[J]. 党政研究，1：8-10.

靳昊，任欢. 2016-08-06. 北京：为"朝阳群众""西城大妈"点赞[N]. 光明日报，（3）.

景跃进. 2005. 党、国家与社会：三者维度的关系——从基层实践看中国政治的特点[J]. 华中师范大学学报（人文社会科学版），44（2）：9-13，29.

敬义嘉. 2007. 中国公共服务外部购买的实证分析：一个治理转型的角度[J]. 管理世界，2：37-43，171.

敬义嘉. 2009. 合作治理：再造公共服务的逻辑[M]. 天津：天津人民出版社.

敬义嘉. 2016. 控制与赋权：中国政府的社会组织发展策略[J]. 学海，1：22-33.

敬义嘉. 2014. 从购买服务到合作治理——政社合作的形态与发展[J]. 中国行政管理，7：54-59.

敬义嘉，公婷. 2015. 政府领导的社会创新：以上海市政府发起的公益创投为例[J]. 公共管理与政策评论，4（2）：11-19.

康晓强. 2014. 有效发挥社会组织在化解社会矛盾方面的积极作用[J]. 教学与研究，2：24-30.

柯尊清，崔运武. 2018. 社会治理精细化的生成机理与运行逻辑研究[J]. 理论月刊，5：156-161.

克劳斯·施瓦布，蒂埃里·马勒雷. 2022. 大叙事：构建韧性、公平和可持续的社会[M].世界经济论坛北京代表处译. 北京：中信出版社.

孔繁斌. 2012a. 公共性的再生产：多中心治理的合作机制建构[M]. 南京：江苏人民出版社.

孔繁斌. 2012b. 政府社会管理改革：一个理解框架及其解释[J]. 甘肃社会科学，4：5-9.

孔繁斌. 2022. 发展全过程人民民主：民主认同的新取向[J]. 探索与争鸣，4：12-15.

孔繁斌，吴非. 2013. 大城市的政府层级关系：基于任务型组织的街道办事处改革分析[J]. 上海行政学院学报，14（6）：39-43.

孔杰. 2019. 大数据时代社会治理的困境与路径创新[J]. 行政与法，12：60-66.

李春. 2009. 合作治理：城市街居管理体制的创新取向[J]. 兰州学刊，6：103-105.

李郇. 2005. 中国城市化滞后的经济因素——基于面板数据的国际比较[J]. 地理研究，24（3）：421-431.

李建兴. 2015. 乡村变革与乡贤治理的回归[J]. 浙江社会科学，7：82-87，158.

李健，唐娟. 2014. 政府参与公益创投：模式、机制与政策[J]. 公共管理与政策评论，3（1）：60-68.

李节，刘舟祺. 2020. 城市治理法制化：汉口特别市"专家治市"的实现途径——以公安行政为例[J]. 江汉大学学报（社会科学版），37（2）：47-56，126.

李俊清. 2019. 族群和谐与公共治理[M]. 北京：生活·读书·新知三联书店.

李骏. 2009. 住房产权与政治参与：中国城市的基层社区民主[J]. 社会学研究，5：57-82，243-244.

李培林. 2013. 我国社会组织体制的改革和未来[J]. 社会，33（3）：1-10.

李琪. 2010. "4S"：改革开放以来城市政府职能系统定位的新发展[J]. 中国行政管理，3：15-16.

李朔严. 2018. 政党统合的力量：党、政治资本与草根 NGO 的发展——基于 Z 省 H 市的多案例比较研究[J]. 社会，38（1）：160-185.

李铁. 2012. 公共治理是个技术活[J]. 领导科学，24：21.

李威利. 2019. 新单位制：当代中国基层治理结构中的节点政治[J]. 学术月刊，51（8）：78-88.

李卫东，徐晓林. 2010. 城市政府业务重组的原理与方法[J]. 中国行政管理，2：19-22.

李文静，时立荣. 2016. "社会自主联动"："三社联动"社区治理机制的完善路径[J]. 探索，3：135-141.

李想，何得桂. 2022. 制度同构视野下党建引领新型农村集体经济发展的过程与机制——基于"三联"促发展工作实践的分析[J]. 党政研究，4：72-83，126.

李友梅. 2012. 中国社会管理新格局下遭遇的问题——一种基于中观机制分析的视角[J]. 学术月刊，44（7）：13-20.

李友梅. 2014. 城市社会治理[M]. 北京：社会科学文献出版社.

李友梅. 2017. 中国社会治理的新内涵与新作为[J]. 社会学研究，6：27-34，242.

李友梅. 2018. 当代中国社会治理转型的经验逻辑[J]. 中国社会科学，11：58-73.

李友梅. 2020. 中国社会变迁：1949-2019[M]. 北京：社会科学文献出版社.

李友梅，肖瑛，黄晓春. 2012. 当代中国社会建设的公共性困境及其超越[J]. 中国社会科学，4：

125-139，207.

梁军峰. 2020. 防范化解政治领域重大风险探析[J]. 治理现代化研究，36（2）：57-62.

梁迎修. 2014. 我国城市社区治理法治化探析[J]. 郑州大学学报（哲学社会科学版），47（2）：64-67.

梁仲明. 2006. 试论我国社会矛盾调节机制的完善与创新[J]. 西北大学学报（哲学社会科学版），36（5）：14-18.

林继平，林应荣. 2014. 浙江温岭参与式预算实现新突破[J]. 人大研究，4：25-26.

林坚. 2020. 加强群防群控，筑牢基层防线[EB/OL]. https://theory.gmw.cn/2020-03/04/content_33616949. Htm，2020-03-04.

刘椿，周礼红，袁冰. 2015. 以法制精神推进市民社会治理[J]. 开放导报，3：20-22.

刘能. 2023. 从城市韧性到韧性人民城市[J]. 探索与争鸣，12：27-30，192.

刘伟华. 2007. 技术结构刚性的限度——ERP 在马钢的应用实践为例[D]. 北京：北京大学.

刘云刚，叶清露. 2015. 中国城市基层地域的领域化与领域政治：基于东莞东泰社区的案例研究[J]. 地理学报，70（2）：283-296.

刘正强. 2016. "总体性治理"与国家"访"务——以信访制度变迁为中心的考察[J]. 社会科学，6：94-104.

柳博隽. 2011. 县域经济与城市经济之辨[J]. 浙江经济，18：6.

龙太江. 2005. 从"对社会动员"到"由社会动员"：危机管理中的动员问题[J]. 政治与法律，2：17-25.

卢海燕. 2014. 论政府绩效管理转型[J]. 中国行政管理，12：25-29.

卢汉龙. 2006. 民间组织与社会治理[J]. 探索与争鸣，5：22-25.

陆慧新. 2012. 从微观生态学视角看社会组织有机体的培育发育——上海市公益组织孵化器成功案例解析[J]. 社团管理研究，3：51-53.

陆军. 2020. 城市治理：重塑我们向往的发展[M]. 北京：北京大学出版社.

陆军. 2021. 中国城市管理的现代化演进（2001—2021）[J]. 北大政治学评论，2：199-238.

陆军，杨浩天. 2019. 我国城市管理精细化的"十个不足"与"八大取向"[J]. 城市管理与科技，5：32-34.

陆铭，陈钊. 2004. 城市化，城市倾向的经济政策与城乡收入差距[J]. 经济研究，6：50-58.

陆学艺. 2002. 当代中国社会阶层研究报告[M]. 北京：社会科学文献出版社.

陆志孟，于立平. 2014. 提升社会治理精细化水平的目标导向与路径分析[J]. 领导科学，13：14-17.

栾晓峰. 2017. "社会内生型"社会组织孵化器及其建构[J]. 中国行政管理，3：44-50.

罗洪. 2007. 协商民主视域下的基层民主决策机制研究——以温岭模式为分析对象[D]. 西安：陕西师范大学.

吕芳. 2021. "异构同治"与基层政府购买服务的困境——以 S 街道的政府购买服务项目为例[J]. 管理世界，37（9）：147-158.

马怀德. 2012. 预防化解社会矛盾的治本之策：规范公权力[J]. 中国法学，2：45-53.

马怀德，王柱国. 2007. 城管执法的问题与挑战——北京市城市管理综合行政执法调研报告[J]. 河南省政法管理干部学院学报，6：54-72.

马敬仁. 2009. 市民参政与现代城市治理模式的转换——以深圳为例[J]. 上海城市管理职业技

术学院学报，5：79-84.

马西恒. 2023. 人民城市建设与市域社会的治理逻辑[J]. 探索与争鸣，12：5-10，192.

马雪松. 2020. 科层制负面效应的表现与治理[J]. 人民论坛，25：46-48.

马忠新，陶一桃. 2018. 制度供给、制度质量与城市发展不平衡——基于改革开放后 288 个城市发展差异的实证研究[J]. 财政研究，6：70-83.

毛寿龙. 2014. 城市治理的理论模型与演进逻辑[J]. 中国治理评论，1：39-53.

孟建柱. 2013. 加强和创新群众工作 为全面建成小康社会创造和谐稳定的社会环境——纪念毛泽东同志批示"枫桥经验"50 周年[EB/OL]. https://www.court.gov.cn/zixun/xiangqing/5801.html，2013-11-04.

孟庆国，鞠京芮. 2021. 人工智能支撑的平台型政府：技术框架与实践路径[J]. 电子政务，9：37-46.

孟天广. 2021. 政府数字化转型的要素、机制与路径：兼论"技术赋能"与"技术赋权"的双向驱动[J]. 治理研究，1：5-14.

米加宁，李大宇，章昌平，等. 2017. 大数据与社会科学量化研究[J]. 实证社会科学，1：13-32.

米加宁，章昌平，李大宇，等. 2018. 第四研究范式：大数据驱动的社会科学研究转型[J]. 学海，2：11-27.

莫于川. 2013. 从城市管理走向城市治理：完善城管综合执法体制的路径选择[J]. 哈尔滨工业大学学报（社会科学版），15（6）：37-46.

莫于川，雷振. 2013. 从城市管理走向城市治理：《南京市城市治理条例》的理念与制度创新[J]. 行政法学研究，3：56-62.

慕毅飞. 2005. 民主恳谈：温岭人的创造[M]. 北京：中央编译出版社.

盘世贵. 2015. 借助网格化管理推进我国应急管理新常态建设[J]. 学术论坛，38（9）：120-124.

彭清华. 2014. 人口二元化对经济二元结构的固化效应分析——基于混合截面数据模型[J]. 地方财政研究，8：26-32.

钱坤. 2019. 国家认证能力与城市治理——以网格化管理为中心的分析[J]. 现代城市研究，1：124-130.

钱学森，于景元，戴汝为. 1990. 一个科学新领域——开放的复杂巨系统及其方法论[J]. 自然杂志，13（1）：3-10，64.

钱祎. 2020. 守住小网格 护好大家园 浙江三十三万网格员奔走在网格间[EB/OL]. https://zjnews.zjol.com.cn/zjnews/zjxw/202008/t20200828_12253946.shtml，2020-08-28.

乔尔·S. 米格代尔. 2013. 社会中的国家：国家与社会如何相互改变与相互构成[M]. 李杨，郭一聪译. 南京：江苏人民出版社.

乔耀章. 2013. 论社会治理原理与原则[J]. 阅江学刊，6：5-14.

清华大学社会学系社会发展研究课题组. 2010. 走向社会重建之路[J]. 民主与科学，6：39-44.

渠敬东. 2012. 项目制：一种新的国家治理体制[J]. 中国社会科学，5：113-130，207.

渠敬东，周飞舟，应星. 2009. 从总体支配到技术治理——基于中国 30 年改革经验的社会学分析[J]. 中国社会科学，6：104-127，207.

饶常林，常健. 2011. 我国城市街道办事处管理体制变迁与制度完善[J]. 中国行政管理，2：85-88.

任敏，胡鹏辉，郑先令.2021. "五社联动"的背景、内涵及优势探析[J]. 中国社会工作，3：15-17.

任志安. 2007. 农村社区治理模式探析——以绍兴农村"两种"模式为例[J]. 黑龙江社会科学, 6: 134-137.

塞缪尔·P. 亨廷顿. 2021. 变化社会中的政治秩序[M]. 王冠华, 刘为, 等译. 上海: 上海人民出版社.

桑玉成. 2023. 人民城市治理的主体、权力与体制[J]. 探索与争鸣, 12: 11-15, 192.

邵帅, 李欣, 曹建华. 2019. 中国的城市化推进与雾霾治理[J]. 经济研究, 2: 148-165.

申剑, 白庆华. 2006. 城市治理理论在我国的适用[J]. 现代城市研究, 9: 65-71.

史济锡. 2006. 创新"枫桥经验"推进法治建设构建和谐社会[J]. 政策瞭望, 9: 15-18.

史献芝. 2017. 网络治理: 防范与化解社会矛盾的一种新视角[J]. 理论探讨, 6: 44-48.

史杨. 2011. 城市治理中的公众参与和制度保障[J]. 上海城市管理, 6: 9-12.

史云贵, 屠火明. 2010. 基层社会合作治理: 完善中国特色公民治理的可行性路径探析[J]. 社会科学研究, 3: 48-54.

宋岩. 2015. 新华时评: 农村党建堡垒绝不能失守[EB/OL]. http://www.xinhuanet.com//politics/2015-06/23/c_1115693431. Htm, 2015-06-23.

孙柏瑛. 2018. 突破"碎片化": 构建"回应性"城市政府协同治理框架——基于杭州上城区"平安365"的案例分析[J]. 地方治理研究, 1: 2-16.

孙金阳, 龚维斌. 2020. 城市公共安全风险治理的现实困境及其破解路径[J]. 中共中央党校(国家行政学院)学报, 24(4): 105-110.

孙群郎. 2005. 20世纪70年代美国的"逆城市化"现象及其实质[J]. 世界历史, 1: 19-27, 143.

孙婷. 2011. 志愿失灵及其矫正中的政府责任: 以北京志愿服务为例[D]. 北京: 中央民族大学.

孙轩, 孙涛. 2018. 基于大数据的城市可视化治理: 辅助决策模型与应用[J]. 公共管理学报, 15(2): 120-129, 158-159.

唐宏强, 孙建. 2012. 关于完善我国司法公开制度的思考——从利于预防和化解社会矛盾纠纷的视角论之[J]. 学术交流, 9: 65-69.

唐皇凤, 吴昌杰. 2018. 构建网络化治理模式: 新时代我国基本公共服务供给机制的优化路径[J]. 河南社会科学, 26(9): 7-14.

唐钧. 2018. 社会治理与社会保护[M]. 北京: 北京大学出版社.

唐文玉. 2014. 从单位制党建到区域化党建: 区域化党建的生成逻辑与理论内涵[J]. 浙江社会科学, 4: 47-54, 156.

唐文玉, 马西恒. 2011. 去政治的自主性: 民办社会组织的生存策略——以恩派(NPI)公益组织发展中心为例[J]. 浙江社会科学, 10: 58-65, 89, 157.

陶秀丽. 2019. "国家在场"的社会治理: 理念反思与现实观照[J]. 学习与实践, 9: 112-117.

田先红. 2020. 政党如何引领社会?——后单位时代的基层党组织与社会之间关系分析[J]. 开放时代, 2: 118-144, 8.

田毅鹏. 2012. 城市社会管理网格化模式的定位及其未来[J]. 学习与探索, 2: 28-32.

童星. 2017. 中国转型期社会风险与治理[J]. 中国党政干部论坛, 5: 7-11.

童星. 2018. 中国社会治理[M]. 北京: 中国人民大学出版社.

涂尔干. 2020. 社会分工论[M]. 渠敬东译. 北京: 商务印书馆.

万军, 张希. 2010. 依托社区社会组织另辟公共服务蹊径[J]. 社区, 1: 21-22.

汪世荣. 2008. "枫桥经验": 基层社会治理的实践[M]. 北京: 法律出版社.

王斌通. 2021. 新时代"枫桥经验"与矛盾纠纷源头治理的法治化[J]. 行政管理改革, 12: 67-75.

王春光, 房莉杰, 梁晨, 等. 2017. 迈向社会治理的基层实践[M]. 北京: 经济管理出版社.

王春业. 2016. 设区的市地方立法权运行现状之考察[J]. 北京行政学院学报, 6: 84-91.

王佃利. 2006. 城市管理转型与城市治理分析框架[J]. 中国行政管理, 12: 97-101.

王佃利, 吕俊平. 2010. 整体性政府与大部门体制: 行政改革的理念辨析[J]. 中国行政管理, 1: 105-109.

王佃利, 任宇波. 2009. 城市治理模式: 类型与变迁分析[J]. 中共浙江省委党校学报, 5: 55-62.

王佃利, 王桂玲. 2007. 城市治理中的利益整合机制[J]. 中国行政管理, 8: 13-17.

王帆宇. 2018. 社会组织参与社会治理: 现实困境与优化策略[J]. 湖北社会科学, 5: 38-45.

王赣闽. 2019. 社会治理视角下市域网格化治理的实践与探索: 以福建省福州市为例[J]. 福建江夏学院学报, 9(2): 76-83.

王桂新. 2013. 城市化基本理论与中国城市化的问题及对策[J]. 人口研究, 37(6): 43-51.

王华杰, 薛忠义. 2015. 社会治理现代化: 内涵、问题与出路[J]. 中州学刊, 4: 67-72.

王敬波. 2015. 论我国城管执法体制改革及其法治保障[J]. 行政法学研究, 2: 16-22.

王名. 2014. 社会组织与社会治理[M]. 北京: 社会科学文献出版社.

王名, 杨丽. 2012. 北京市网格化服务管理模式研究[J]. 中国行政管理, 2: 119-121.

王浦劬. 2014. 国家治理、政府治理和社会治理的含义及其相互关系[J]. 国家行政学院学报, 3: 11-17.

王浦劬, 莱斯特·M. 萨拉蒙. 2010. 政府向社会组织购买公共服务研究: 中国与全球经验分析[M]. 北京: 北京大学出版社.

王清. 2017. 项目制与社会组织服务供给困境: 对政府购买服务项目化运作的分析[J]. 中国行政管理, 4: 59-65.

王诗宗, 宋程成. 2013. 独立抑或自主: 中国社会组织特征问题重思[J]. 中国社会科学, 5: 50-66, 205.

王诗宗, 杨帆. 2017. 政府治理志愿失灵的局限性分析: 基于政府购买公共服务的多案例研究[J]. 浙江大学学报(人文社会科学版), 47(5): 184-195.

王世强. 2012. 政府培育社会组织政策工具的类与选择[J]. 学习与实践, 12: 78-83.

王文彬. 2019. 自觉、规则与文化: 构建"三治融合"的乡村治理体系[J]. 社会主义研究, 1: 118-125.

王小冬. 2014. 社会转型期的信访治理机制研究[J]. 求实, S1: 53-55.

王学军. 2020. 价值共创: 公共服务合作生产的新趋势[J]. 上海行政学院学报, 21(1): 23-32.

王彦平. 2014. 改革政府治理模式是推进社会治理创新的根本途径[J]. 当代世界与社会主义, 6: 141-145.

王阳. 2016. 从"精细化管理"到"精准化治理": 以上海市社会治理改革方案为例[J]. 新视野, 1: 54-60.

王阳, 熊万胜. 2021. 党政科层体系: "制度-关系"视野下的政党治理与国家治理[J]. 开放时代, 6: 124-138, 8.

王振兴, 韩伊静, 李云新. 2019. 大数据背景下社会治理现代化: 解读、困境与路径[J]. 电子政务, 4: 84-92.

魏娜. 2003. 城市社区建设与社区自治组织的发展[J]. 北京行政学院学报, 1: 69-74.

魏娜. 2003. 我国城市社区治理模式：发展演变与制度创新[J]. 中国人民大学学报，1：135-140.

文军. 2012. 从单一被动到多元联动：中国城市网格化社会管理模式的构建与完善[J]. 学习与探索，2：33-36.

翁士洪. 2019. 数字时代治理理论——西方政府治理的新回应及其启示[J]. 经济社会体制比较，4：138-147.

吴建南. 2022. 改革创新引领城市高质量发展：理论与实践[M]. 上海：上海人民出版社：155.

吴建南，张攀. 2017. 整体性政府与后科层制——行政集中执法改革的案例研究[J]. 行政论坛，5：118-124.

吴江，范炜烽. 2018. "三社联动"社区治理模式的反思与提升[J]. 云南社会科学，6：154-158.

吴结兵. 2020. 网格化管理的实践成效与发展方向[J]. 人民论坛，29：22-24.

吴结兵，崔曼菲. 2021. 数字化推进市域社会治理现代化：以嘉兴市为例[J]. 治理研究，6：43-51.

吴结兵，沈台凤. 2015. 社会组织促进居民主动参与社会治理研究[J]. 管理世界，8：58-66.

吴晓林. 2012. 中国城市社区建设研究述评（2000—2010年）——以CSSCI检索论文为主要研究对象[J]. 公共管理学报，9（1）：111-120，128.

吴晓林. 2012. 中国政府与政治研究系列：现代化进程中的阶层分化与政治整合[M]. 天津：天津人民出版社.

吴晓林. 2020. 城市性与市域社会治理现代化[J]. 天津社会科学，3：75-82.

吴晓林. 2020. 技术赋能与科层规制——技术治理中的政治逻辑[J]. 广西师范大学学报（哲学社会科学版），56（2）：73-81.

吴晓林. 2020. 理解中国社区治理：国家、社会与家庭的关联[M]. 北京：中国社会科学出版社.

吴晓林，李一. 2021. 新中国成立以来的城市基层党建研究[J]. 经济社会体制比较，2：125-136.

吴晓林，李咏梅. 2014. 国内城市治理研究述评：学术进展与研究展望[J]. 复旦公共行政评论，2：70-89.

吴晓林，谢伊云. 2020. 国家主导下的社会创制：城市基层治理转型的"凭借机制"——以成都市武侯区社区治理改革为例[J]. 中国行政管理，5：91-98.

吴新叶. 2017. 政府主导下的大城市公益创投：运转困境及其解决[J]. 上海行政学院学报，18（3）：38-45.

吴兴陆，陈娴. 2007. 嘉兴市住宅小区物业管理现状及对策探讨[J]. 嘉兴学院学报，19（1）：67-71.

习近平. 2011. 在全国组织部长会议上的讲话[J]. 党建研究，1：4-11.

习近平. 2017. 决胜全面建成小康社会　夺取新时代中国特色社会主义伟大胜利——在中国共产党第十九次全国代表大会上的报告[J]. 党建，11：15-34.

习近平. 2022. 高举中国特色社会主义伟大旗帜　为全面建设社会主义现代化国家而团结奋斗——在中国共产党第二十次全国代表大会上的报告[EB/OL]. http://www.gov.cn/xinwen/2022-10/25/content_5721685.Htm，2022-10-25.

习近平. 2016. 加快推进网络信息技术自主创新　朝着建设网络强国目标不懈努力[EB/OL]. http://www.xinhuanet.com/politics/2016-10/09/c_1119682204.htm，2016-10-09.

席酉民，张晓军. 2013. 社会治理视角下的和谐社会形成机制及策略[J]. 系统工程理论与实践，33（12）：3001-3008.

肖金明. 2008. 城市治理的法治维度[J]. 中国行政管理，10：28-32.

肖唐镖. 2017. 人际网络如何影响社会抗争动员——基于混合方法的研究[J]. 理论探索，2：35-41.

肖唐镖，王鑫，尹利民. 2018. "强建设弱治理"：我国城市社区建设与治理的观察分析[J]. 地方治理研究，2：17-28.

肖瑛. 2014. 从"国家与社会"到"制度与生活"：中国社会变迁研究的视角转换[J]. 中国社会科学，9：88-104，204-205.

熊竞，陈亮. 2019. 城市大型社区的治理单元再造与治理能力再生产研究：以上海市 HT 镇基本管理单元实践为例[J]. 中国行政管理，9：56-61.

熊炎. 2013. 北京市网格化社会服务管理体系的推广与完善[J]. 北京行政学院学报，3：65-68.

徐枫. 2014. 中国乡镇人大预算修正案何以进行——来自浙江省温岭市新河镇的案例研究[J]. 四川行政学院学报，4：27-32.

徐凤英. 2017. 设区的市地方立法能力建设探究[J]. 政法论丛，4：111-118.

徐家良，许源. 2015. 合法性理论下政府购买社会组织服务的绩效评估研究[J]. 经济社会体制比较，6：187-195.

徐家良，张其伟. 2019. 地方治理结构下民间志愿组织自主性生成机制——基于 D 县 C 义工协会的个案分析[J]. 管理世界，8：110-120，154.

徐猛. 2014. 社会治理现代化的科学内涵、价值取向及实现路径[J]. 学术探索，5：9-17.

徐敏睿. 2023. 后疫情时代我国经济发展与失业情况分析[J]. 现代商贸工业，4：133-135.

徐晓林. 2006. 数字城市政府管理[M]. 北京：科学出版社.

徐晓林. 2007. 数字城市：城市发展的新趋势[J]. 求是，22：57-59.

徐晓林，刘勇. 2006. 数字治理对城市政府善治的影响研究[J]. 公共管理学报，3（1）：13-20，107-108.

徐晓林，刘勇. 2006. 信息技术对城市政府决策品质的影响研究[J]. 中国行政管理，5：96-99.

徐晓林，刘勇. 2006. 信息化与当代中国城市政府决策模型研究[J]. 管理世界，7：139-140.

徐晓林，周立新. 2004. 数字治理在城市政府善治中的体系构建[J]. 管理世界，11：140-141.

徐晓明. 2022. 设区市地方立法回应市域社会治理制度需求问题研究[J]. 扬州大学学报（人文社会科学版），26（6）：68-80.

徐选国，徐永祥. 2016. 基层社会治理中的"三社联动"：内涵、机制及其实践逻辑——基于深圳市 H 社区的探索[J]. 社会科学，7：87-96.

徐珣. 2018. 社会组织嵌入社区治理的协商联动机制研究——以杭州市上城区社区"金点子"行动为契机的观察[J]. 公共管理学报，15（1）：96-107，158.

徐永祥，曹国慧. 2016. "三社联动"的历史实践与概念辨析[J]. 云南师范大学学报（哲学社会科学版），48（2）：54-62.

徐勇. 1996. 由能人到法治：中国农村基层治理模式转换——以若干个案为例兼析能人政治现象[J]. 华中师范大学学报（哲学社会科学版），4：1-8.

徐勇. 2018. 自治为体，法德两用，创造优质的乡村治理[J]. 治理研究，6：7-9.

徐玉生，张彬. 2016. 新时期基层党组织建设与社会治理耦合互动研究[J]. 探索，1：85-89.

徐增阳，翟延涛. 2024-08-06. 切实提高基层党组织领导基层治理能力　强化党建引领作用　提升基层治理水平（专题深思）[N]. 人民日报，（9）.

许耀桐. 2014. 依法决策：理念、构成与机制[J]. 民主与科学，6：18-21.

许耀桐，许达锋. 2013. 大城市政府机构改革和职能转变探讨[J]. 上海行政学院学报，14（4）：4-12.

薛澜，张帆，武沐瑶. 2015. 国家治理体系与治理能力研究：回顾与前瞻[J]. 公共管理学报，12（3）：1-12，155.

薛澜，周玲，朱琴. 2008. 风险治理：完善与提升国家公共安全管理的基石[J]. 江苏社会科学，6：7-11.

学习创新"枫桥经验"正确处理新时期人民内部矛盾[EB/OL]. https://www.gov.cn/guowuyuan/2013-10/11/content_2586729.htm，2012-10-11.

闫锋. 2014. 当前我国信访存在的主要问题及其治理对策[J]. 中州学刊，9：87-91.

颜佳华，王张华. 2019. 数字治理、数据治理、智能治理与智慧治理概念及其关系辨析[J]. 湘潭大学学报（哲学社会科学版），43（5）：25-30，88.

燕继荣. 2017. 走向协同治理：基层社会治理创新的宁波探索[M]. 北京：人民出版社.

杨方能，严芳. 2022. 特大城市社会风险监测机制法制优化[J]. 贵州民族大学学报（哲学社会科学版），5：90-124.

杨贵华. 2015. 社区、社会组织、社会工作"三社联动" 助力基层社会服务和社会治理研究：基于厦门市的调研[J]. 发展研究，11：85-89.

杨宏山. 2012. 街道办事处改革：问题、路向及制度条件[J]. 南京社会科学，4：59-63.

杨宏山. 2017. 转型中的城市治理[M]. 北京：中国人民大学出版社.

杨宏山. 2020. 提升重大风险识别能力的基层经验与理论思考[J]. 国家治理，3：21-24.

杨宏山，李娉. 2022. 政策试点的理论逻辑与知识生产[J]. 江苏行政学院学报，6：109-116.

杨华. 2018. 县域治理中的党政体制：结构与功能[J]. 政治学研究，5：14-19.

杨桓. 2019. 社会空间视域下的城乡结合部社区治理创新——以成都市犀和社区为例[J]. 社会主义研究，2：117-123.

杨菁，赵蜀蓉. 2008. 从城市基本功能看中国城市政府职能定位[J]. 中国行政管理，1：88-90.

杨俊峰，马建文. 2013. 平安建设考评指标体系研究——以创建平安广东考评指标体系为例[J]. 中国人民公安大学学报（社会科学版），2：54-58.

杨恕，李捷. 2017. 论中国反分裂主义战略[J]. 统一战线学研究，1（3）：60-73.

杨艳东. 2011. 中国城市治理困境中的公众参与机制与效果分析[J]. 云南社会科学，5：20-23.

杨洋，魏江，罗来军. 2015. 谁在利用政府补贴进行创新?——所有制和要素市场扭曲的联合调节效应[J]. 管理世界，1：75-86，98.

姚尚建. 2017. 城乡一体中的治理合流——基于"特色小镇" 的政策议题[J]. 社会科学研究，1：45-50.

叶继红，吴新星. 2019. 新时代基层社会网格化联动治理实践创新——对中国特色社会治理模式的探索[J]. 理论月刊，10：137-145.

叶岚. 2018. 城市网格化管理的制度化进程及其优化路径[J]. 上海行政学院学报，19（4）：27-38.

叶敏. 2018. 迈向网格化管理：流动社会背景下的科层制困境及其破解之道[J]. 南京社会科学，4：64-71.

易申波，肖唐镖. 2017. 影响我国公民政治参与的因素分析——以2002与2011年两波全国抽样调查数据为依据[J]. 华中师范大学学报（人文社会科学版），56（4）：18-30.

于才年，朱际民，林吉爽. 2004. 略论中国的"平安建设"[J]. 中共中央党校学报，8（4）：60-64.

于建嵘. 2015. 机会治理：信访制度运行的困境及其根源[J]. 学术交流，10：83-92.

余凌云. 2019. 地方立法能力的适度释放：兼论"行政三法"的相关修改[J]. 清华法学，13（2）：149-162.

俞可平. 2015. 论国家治理现代化[M]. 北京：社会科学文献出版社.

俞可平，李景鹏，毛寿龙，等. 2001. 中国离"善治"有多远："治理与善治"学术笔谈[J]. 中国行政管理，9：15-21.

俞晓燕，沈琦. 2011. 7家欠薪建筑企业在嘉兴被"叫停"[EB/OL]. http://e.zjgrrb.com/gb/node2/node802/node149949/node427588/node427589/userobject15ai5562351.Html，2011-03-29.

郁建兴. 2008. 治理与国家建构的张力[J]. 马克思主义与现实，1：86-93.

郁建兴. 2014-06-06. 从社会管控到社会治理[N]. 中国科学报，（06）.

郁建兴，陈韶晖. 2022. 从技术赋能到系统重塑：数字时代的应急管理体制机制创新[J]. 浙江社会科学，5：66-75，157.

郁建兴，樊靓. 2022. 数字技术赋能社会治理及其限度——以杭州城市大脑为分析对象[J]. 经济社会体制比较，1：117-126.

郁建兴，高翔. 2018. 浙江省"最多跑一次"改革的基本经验与未来[J]. 浙江社会科学，4：76-85.

郁建兴，关爽. 2014. 从社会管控到社会治理：当代中国国家与社会关系的新进展[J]. 探索与争鸣，12：7-16.

郁建兴，黄飚. 2020. "整体智治"：公共治理创新与信息技术革命互动融合[J]. 人民周刊，12：73-75.

郁建兴，黄红华. 2002. 村民自治研究的研究[J]. 学术月刊，8：21-27.

郁建兴，瞿志远. 2011. 公私合作伙伴中的主体间关系：基于两个居家养老服务案例的研究[J]. 经济社会体制比较，4：109-117.

郁建兴，任杰. 2018. 中国基层社会治理中的自治、法治与德治[J]. 学术月刊，50（12）：64-74.

郁建兴，任泽涛. 2012. 当代中国社会建设中的协同治理——一个分析框架[J]. 学术月刊，44（8）：23-31.

郁建兴，沈永东. 2017. 调适性合作：十八大以来中国政府与社会组织关系的策略性变革[J]. 政治学研究，3：34-41，126.

郁建兴，滕红燕. 2018. 政府培育社会组织的模式选择：一个分析框架[J]. 政治学研究，6：42-52，127.

郁建兴，王诗宗. 2010. 治理理论的中国适用性[J]. 哲学研究，11：114-120，129.

郁建兴，吴结兵. 2019. 走向科学化、精细化、智能化的未来社区治理体系[J]. 浙江经济，7：21-23.

郁建兴，吴结兵. 2021a. 市域社会治理现代化的内涵、重心与路径[J]. 国家治理，21：3-6.

郁建兴，吴结兵. 2021b. 数字改革赋能未来社区治理[J]. 浙江经济，6：17-19.

郁建兴，吴结兵. 2022-10-07. 以人民为中心推进社会建设[N]. 光明日报，（6）.

袁方成，姚化伟. 2011. 政策推进、社会流动与利益分化——我国城市化进程中的社会风险及其特征[J]. 理论与改革，4：66-69.

袁政. 2007. 城市治理理论及其在中国的实践[J]. 学术研究，7：63-68，160.

岳金柱. 2010. "公益创投"：社会组织培育发展的创新模式[J]. 社团管理研究，4：12-15.

曾凡军，梁霞，黎雅婷. 2021. 整体性智治的现实困境与实现路径[J]. 中国行政管理，12：89-95.

曾宇青. 2007. 社区治理的三种模式——以深圳为研究文本[J]. 理论前沿, 17: 35-37.

张步峰, 熊文钊. 2014. 城市管理综合行政执法的现状、问题及对策[J]. 中国行政管理, 7: 39-42.

张晨. 2014. 新型城镇化背景下的城市治理转型: 缘起、动力与路径[J]. 上海行政学院学报, 15 (6): 36-43.

张成岗. 2018. 人工智能时代: 技术发展、风险挑战与秩序重构[J]. 南京社会科学, 5: 42-52.

张闯, 刘福元. 2015. 行政参与中的激励机制探析——以城市治理中参加人的利益平衡为视角[J]. 吉林大学社会科学学报, 55 (2): 26-32, 171-172.

张大维, 陈伟东. 2006. 分权改革与城市地方治理单元的多元化——以武汉市城市治理和社区建设为例[J]. 湖北社会科学, 2: 66-69.

张冬冬. 2015. 中国城市政府管理体制的结构性突破——以上海市 "两级政府、三级管理" 体制作为研究对象[J]. 杭州师范大学学报(社会科学版), 1: 110-115.

张广利, 许丽娜. 2014. 当代西方风险社会理论的三个研究维度探析[J]. 华东理工大学学报(社会科学版), 2: 1-8, 16.

张康之. 2008a. 论参与治理、社会自治与合作治理[J]. 行政论坛, 6: 1-6.

张康之. 2008b. 论社会治理中的协作与合作[J]. 社会科学研究, 1: 49-54.

张康之. 2012. 合作治理是社会治理变革的归宿[J]. 社会科学研究, 3: 35-42.

张康之. 2014a. 论主体多元化条件下的社会治理[J]. 中国人民大学学报, 2: 2-13.

张康之. 2014b. 社会治理创新与服务型政府建设[J]. 中国人民大学学报, 2: 1.

张蕾. 2022. 市域社会治理法治保障研究[J]. 大庆社会科学, 4: 34-37.

张立荣, 冷向明. 2007. 论中国未来政府治理范式的特质与进路[J]. 江海学刊, 3: 205-208.

张明皓. 2019. 新时代 "三治融合" 乡村治理体系的理论逻辑与实践机制[J]. 西北农林科技大学学报(社会科学版), 19 (5): 17-24.

张瑞才. 2022. 建构中国自主的知识体系: 理论思考与路径探索[J]. 学术探索, 9: 1.

张炜达, 郭朔宁. 2022. 社会治理法治化: 生成逻辑、价值意蕴与中国方案[J]. 西北大学学报(哲学社会科学版), 52 (3): 118-128.

张文显. 2018. 推进自治法治德治融合建设, 创新基层社会治理—— "三治融合" 的桐乡经验具有独立价值[J]. 治理研究, 6: 5-7.

张贤明, 田玉麒. 2015. 整合碎片化: 公共服务的协同供给之道[J]. 社会科学战线, 9: 176-181.

张昕. 2016. 走向公共管理新范式: 转型中国的策略选择[J]. 政治学研究, 6: 115-124, 128.

张学明. 2013. 部门预算审查监督: 温岭的实践与思考[J]. 时代主人, 6: 26-29.

张燕, 邱泽奇. 2009. 技术与组织关系的三个视角[J]. 社会学研究, 2: 200-215, 246.

张翼. 2020. 社会发展、结构变迁与社会治理—— "十四五" 社会治理需关注的重大问题[J]. 中国特色社会主义研究, 3: 5-13.

张兆曙. 2010. 城市议题与社会复合主体的联合治理——对杭州3种城市治理实践的组织分析[J]. 管理世界, 2: 46-59, 187.

张子礼, 侯书和. 2010. 风险社会风险的成因与治理[J]. 齐鲁学刊, 6: 108-111.

章群, 牛忠江. 2022. 市域社会治理现代化: 内涵逻辑与推进路径[J]. 西南民族大学学报(人文社会科学版), 8: 80-86.

赵康杰, 景普秋. 2019. 要素流动对中国城乡经济一体化发展的非线性效应研究: 基于省域面板数据的实证检验[J]. 经济问题探索, 10: 1-12.

赵琳琳，张贵祥. 2020. 京津冀生态协同发展评测与福利效应[J]. 中国人口·资源与环境，30（10）：36-44.

赵敏. 2020. 新冠肺炎疫情背景下《传染病防治法》之再完善[J]. 中国社会科学院研究生院学报，3：43-51.

赵秋. 2021. 市域社会风险治理能力现代化的实现路径——基于韧性治理理论的分析视角[J]. 重庆行政，4：67-70.

折晓叶，陈婴婴. 2011. 项目制的分级运作机制和治理逻辑——对"项目进村" 案例的社会学分析[J]. 中国社会科学，4：126-148，223.

珍妮特·V. 登哈特，罗伯特·B. 登哈特. 2004. 新公共服务：服务，而不是掌舵[M]. 丁煌译. 北京：中国人民大学出版社.

郑杭生，邵占鹏. 2014. 中国社会治理体制改革的视野、举措与意涵——三中全会社会治理体制改革的启示[J]. 江苏社会科学，2：66-74.

郑家昊. 2014. 政府引导社会管理：复杂性条件下的社会治理[J]. 中国人民大学学报，2：14-21.

郑士源，徐辉，王浣尘. 2005. 网格及网格化管理综述[J]. 系统工程，23（3）：1-7.

郑永年. 2011. 社会改革突破口何在?[J]. 中国企业家，S1：36.

中共浙江省委党校. 2021. 数字化改革与整体智治 浙江治理现代化转型[M]. 北京：中央党校出版社.

中国法学会"枫桥经验"理论总结和经验提升课题组. 2018. "枫桥经验"的理论建构[M]. 北京：法律出版社.

中国共产党中央委员会. 2020. 法治社会建设实施纲要（2020－2025 年）[EB/OL]. http://www.gov.cn/zhengce/2020-12/07/content_5567791. htm，2020-12-07.

钟开斌. 2019. 重大风险防范化解能力：一个过程性框架[J]. 中国行政管理，12：127-132.

周诚君，洪银兴. 2003. 城市经营中的市场、政府与现代城市治理：经验回顾和理论反思[J]. 改革，4：15-22.

周翠. 2018. 我国民事司法多元化改革的现状与未来[J]. 中国法学，1：53-76.

周定财. 2016. 探索社会组织参与社会治理的新途径[J]. 开放导报，6：79-82.

周俊，郁建兴. 2015. 社会治理的体制框架与创新路径[J]. 浙江社会科学，9：70-77.

周连根，2013. 网格化管理：我国基层维稳的新探索[J]. 中州学刊，6：83-85.

周如南，王蓝，伍碧怡，等. 2017. 公益创投的本土实践与模式创新——基于广州、佛山和中山三地的比较研究[J]. 经济社会体制比较，5：126-135.

周睿，陈鹏，胡啸峰，等. 2018. 雄安新区城市化进程中人口风险驱动的社会治理策略初探[J]. 中国安全生产科学技术，14（8）：5-11.

朱春奎，王彦冰. 2023. 公共服务价值共创：系统述评、内容框架与研究展望[J]. 公共管理与政策评论，6：151-168.

朱春奎，易雯. 2017. 公共服务合作生产研究进展与展望[J]. 公共行政评论，5：188-201.

朱德米. 2008. 公共协商与公民参与——宁波市 J 区城市管理中协商式公民参与的经验研究[J]. 政治学研究，1：76-80.

朱光磊. 2010. 城市公共服务体系建设纲要：给市长们的建议[M]. 北京：中国经济出版社.

朱光磊，王雪丽. 2013. 市辖区体制改革初探[J]. 南开学报（哲学社会科学版），4：1-9.

朱进芳. 2014. 社会治理模式创新及实现条件[J]. 人民论坛，4：39-41.

朱圣明. 2012. "党代表直通"制度——温岭党内民主恳谈的新形式[J]. 中国党政干部论坛，8：32-33.

朱未易. 2015. 论城市治理法治的价值塑型与完善路径[J]. 政治与法律，2：72-79.

朱绪平. 2005. 平安建设的价值理论和原则[J]. 法学论坛，6：118-120.

朱正威. 2013-10-08. 健全社会稳定风险评估机制[N]. 光明日报，（11）.

诸大建，何芳，霍佳震. 2013. 中国城市可持续发展绿皮书（2011—2012）[M]. 上海：同济大学出版社.

诸大建，刘冬华，许洁. 2011. 城市管理：从经营导向向服务导向的变革[J]. 公共行政评论，1：32-45.

竺乾威. 2012. 公共服务的流程再造：从"无缝隙政府"到"网格化管理"[J]. 公共行政评论，2：1-21.

踪家峰，林宗建.2019. 中国城市化 70 年的回顾与反思[J]. 经济问题，9：1-9.

W. 理查德·斯科特. 2010. 制度与组织：思想观念与物质利益(第 3 版) [M]. 姚伟，王黎芳译. 北京：中国人民大学出版社.

2022 年温岭市国民经济和社会发展统计公报[EB/OL]. https://paper.wlxww.com/images/2023-03/23/wlrb20230323a0002v01n. pdf，2023-03-23.

Ahn M J, Bretschneider S.2011. Politics of e-government: E-government and the political control of bureaucracy[J]. Public Administration Review, 71(3): 414-424.

Austin J, Stevenson H, Wei-Skillern J. 2006. Social and commercial entrepreneurship: Same, different, or both? [J]. Entrepreneurship Theory and Practice, 30(1): 1-22.

Bardach L, Oczlon S, Pietschnig J, et al. 2020. Has achievement goal theory been right? A meta-analysis of the relation between goal structures and personal achievement goals[J]. Journal of Educational Psychology, 112(6): 1197-1220.

Barley S R. 1986. Technology as an occasion for structuring: Evidence from observations of CT scanners and the social order of radiology departments[J]. Administrative Science Quarterly, 31(1): 78-108.

Barro R J.2004. Determinants of democracy[J]. Scholarly Articles, 107(66): 158-183.

Bekkers V. 2003. E-government and the emergence of virtual organizations in the public sector[J]. Information Polity, 8(3/4): 89-101.

Bekkers V, Dijkstra G, Fenger M. 2007. Governance and the Democratic Deficit: Assessing the Democratic Legitimacy of Governance Practices[M]. London: Routledge.

Bellamy R, Castiglione D, Follesdal A, et al.2011. Evaluating trustworthiness, representation and political accountability in new modes of governance[C]//Héritier A, Rhodes M. New Modes of Governance in Europe. London: Palgrave Macmillan UK Press: 135-162.

Boris E T, Steuerle C E, Institute U.1999. Nonprofits and Government : Collaboration and Conflict[M]. Washington: Urban Institute Press.

Braun D.1999. Changing governance models in higher education: The case of the new managerialism[J]. Swiss Political Science Review, 5(3): 1-24.

Brinkerhoff D W, Brinkerhoff J M. 2011. Public–private partnerships: Perspectives on purposes, publicness, and good governance[J]. Public Administration and Development, 31(1): 2-14.

Buffat A. 2015. Street-level bureaucracy and e-government[J]. Public Management Review, 17(1-2): 149-161.

Button S B, Mathieu J E, Zajac D M, et al. 1996. Goal orientation in organizational research: A conceptual and empirical foundation-sciencedirect[J]. Organizational Behavior and Human Decision Processes, 7(1): 26-48.

Cardinale I. 2018. Beyond constraining and enabling: Towards new microfoundations for institutional theory[J]. Academy of Management Review, 43(1): 132-155.

Coleman E A. 2009. Institutional factors affecting biophysical outcomes in forest management [J]. Journal of Policy Analysis & Management, 28(1): 122-146.

Cordella A, Tempini N.2015. E-government and organizational change: Reappraising the role of ICT and bureaucracy in public service delivery[J]. Government Information Quarterly, 32(3): 279-286.

Criado J I, Valero J J, Villodre J. 2020. Algorithmic transparency and bureaucratic discretion: The case of saler early warning system[J]. Information Polity, 25(4): 449-470.

Dehoog R H. 1986. Evaluating human services contracting: Managers, professionals, and politics [J]. State & Local Government Review, 18(1): 37-44.

Deng H P, Karunasena K, Xu W.2018. Evaluating the peormance of e-government in developing countries : A public value perspective[J]. Internet Research, 28(1): 169-190.

Domberger S, Jensen P. 1997. Contracting out by the public sector: Theory, evidence, prospects[J]. Oxford Review of Economic Policy, 13(4): 67-78.

Dunleavy P, Margetts H, Bastow S et al. 2006. New public management is dead—long live digital-era governance[J]. Journal of Public Administration Research and Theory, 6(3): 467-494.

Dunleavy P, Margetts H, Bastow S, et al. 2006. Digital Era Governance[M]: Oxford: Oxford University Press.

Dweck C S. 1986. Motivation processes affecting learning[J]. American Psychologing, 41(10): 1040-1048.

Eisenhardt K M. 1989. Building theories form case study research[J]. Academy of Management Review, 14(4): 532-550.

Eisenhardt K M. 1991. Better stories and better constructs: The case for rigor and comparative logic[J]. Academy of Management Review, 16(3): 620-627.

Elliot A J, Church M A. 1997. A hierarchical model of approach and avoidance achievement motivation[J]. Journal of Personality and Social Psychology, 72(1): 218-232.

Elliott E S, Dweck C S. 1988. Goals: An approach to motivation and achievement[J]. Journal of Personality and Social Psychology, 54(1): 5-12.

Evans P. 1997. State-society synergy: Government and social capital in development[D]. Berkeley: University of California.

Evans P B. 1995. Embedded Autonomy: States and Industrial Transformation[M]. Princeton: Princeton University Press.

Ferris J M. 1993. The double-edged sword of social service contracting: Public accountability versus nonprofit autonomy[J]. Nonprofit Management & Leadership, 3(4): 363-376.

Fischer C S. 1976. The Urban Experience[M]. New York: Harcourt Brace Jovanovich.

Fornäs J. 2013. The dialectics of communicative and immanent critique[J]. Triple C: Communication, Capitalism & Critique. Open Access Journal for a Global Sustainable Information Society, 11(2): 504-514.

Fountain J E. 2001. Building the Virtual State: Information Technology and Insititutional Change [M]. Washington: Brookings Institution Press.

Francesch-Huidobro M. 2012. Institutional deficit and lack of legitimacy: The challenges of climate change governance in Hong Kong[J]. Environmental Politics, 21(5): 791-810.

Franz P. 2011. Politische institutionalisierung und governance-formen der deutschen metropolregionen im vergleich[J]. Wirtschaft Im Wandel, 17(11): 387-394.

Friedmann J. 2006. Four theses in the study of China's urbanization[J]. International Journal of Urban and Regional Research, 30(2): 440-451.

Fukuyama F. 2001. Social capital, civil society and development[J]. Third World Quarterly, 22(1): 7-20.

Funck E K, Karlsson T S.2023. Governance innovation as social imaginaries: Challenges of post-npm[J]. Public Management Review, 26(9): 2680-2699.

Garud R, Kumaraswamy A, Sambamurthy V. 2006. Emergent by design: Performance and transformation at infosys technologies[J]. Organization Science, 17(2): 277-286.

Giddens A. 1984. The Constitution of Society: Outline of the Theory of Structuration[M]. Cambridge: Polity Press.

Glaser B G, Strauss A L. 1967. The Discovery of Grounded Theory[M]. Chicago: Aldine Publishing Co.

Gross N.2009. A pragmatist theory of social mechanisms[J]. American Sociological Review, 74(3): 358-379.

Gummesson E. 1991. Qualitative Methods in Management Research[M]. Newbury Park: Sage Publications.

Hillman A J, Withers M C, Collins B J. 2009. Resource dependence theory: A review[J]. Journal of Management, 35(6): 1404-1427.

Ho A T K. 2002. Reinventing local governments and the e-government initiative[J]. Public Administration Review, 62(4): 434-444.

Jensen N M. 2003. Democratic governance and multinational corporations: Political regimes and inflows of foreign direct investment[J]. International Organization, 57(3): 587-616.

Jessop B. 1998. The rise of governance and the risks of failure: The case of economic development[J]. International Social Science Journal, 50(155): 29-45.

Jose J. 2010. Strangers in a stranger land: Political identity in the era of the governance state[J]. Social Identities Journal for the Study of Race Nation & Culture, 16(1): 119-133.

Jun K N, Wang F, Wang D. 2014. E-government use and perceived government transparency and service capacity: Evidence from a Chinese local government[J]. Public Performance & Management Review, 38(1): 125-151.

Kaufmann D, Kraay A. 2002. Growth without governance[J]. Economia, 3(1): 169-229.

Knutsen W L. 2012. Adapted institutional logics of contemporary nonprofit organizations[J]. Administration & Society, 44(8): 985-1013.

Kooiman J.2003. Governing as Governance[M]. London: Sage.

Korn R M, Elliot A J. 2016. The 2 × 2 standpoints model of achievement goals[J]. Frontiers in Psychology, 7: 742.

Kraemer K, King J L. 2005. Information technology and administrative reform: Will e-government be different?[J]. International Journal of Electronic Government Research, 2(1): 1-18.

Kramer R M, Wilensky H L. 1981. Voluntary Agencies in the Welfare State[M]. Berkeley: University of California Press.

Krashinsky M. 1990. Management implications of government funding of nonprofit organizations: Views from the United States and Canada[J]. Nonprofit Management & Leadership, 1(1): 39-53.

Lazowski R A, Hulleman C S. 2016. Motivation interventions in education: A meta-analytic review[J]. Review of Educational Research, 86(2): 602-640.

Leonardi P M.2007. Activating the informational capabilities of information technology for organizational change[J]. Organization Science, 18(5): 813-831.

Longo J. 2011. Open Data: Digital-era governance thorough bred or new public management Trojan horse? [J]. Public Policy and Governance Review, 2(2): 38.

Lu Y Y. 2007. The autonomy of Chinese NGOs: A new perspective[J]. China: An International Journal, 5(2): 173-203.

Mei C. 2020. Policy style, consistency and the effectiveness of the policy mix in China's fight against COVID-19[J]. Policy and Society, 39(3): 309-325.

Meulen N V D, Koops B J. 2010. The challenge of identity theft in multi-level governance: Towards a coordinated action plan for protecting and empowering victims[C]//Chatterjee D K. Studies in Global Justice. Dordrecht: Springer Netherlands: 159-190.

Migdal J S. 2001. State in Society: Studying How States and Societies Transform and Constitute One Another[M]. Cambridge : Cambridge University Press.

Nicholls J G. 1984. Achievement motivation: Conceptions of ability, subjective experience, task choice, and performance[J]. Psychological Review, 91(3): 328-346.

Nicolas G, Fiske S T, Koch A, et al. 2022. Relational versus structural goals prioritize different social information[J]. Journal of Personality and Social Psychology, 122(4): 659-682.

Orlikowski W J. 1992. The duality of technology: Rethinking the concept of technology in organizations[J]. Organization Science, 3(3): 398-427.

Osborne S P. 2018. From public service-dominant logic to public service logic: Are public service organizations capable of co-production and value co-creation?[J]. Public Management Review, 20(2): 225-231.

Ostrom E. 1996. Crossing the great divide: Coproduction, synergy, and development[J]. World Development, 24(6): 1073-1087.

Papadopoulos Y. 2010. Accountability and multi-level governance: More accountability, less democracy?[J]. West European Politics, 33(5): 1030-1049.

Pentland B T, Rueter H H. 1994. Organizational routines as grammars of action[J]. Administrative

Science Quarterly, 39(3): 484-510.

Petrescu M. 2019. From marketing to public value: Towards a theory of public service ecosystems[J]. Public Management Review, 21(11): 1733-1752.

Pfeffer J, Salancik G R.1978. The External Control of Organizations: A Resource Dependence Perspective[M]. New York: Harper & Row.

Pollitt C.2010. Technological change: A central yet neglected feature of public administration[J]. NISPAcee Journal of Public Administration and Policy, 3(2): 31-53.

Rhodes R A W.1997. Understanding Governance: Policy Networks, Governance, Reflexivity, and Accountability[M]. Buckingham: Open University Press.

Salamon L M, Sokolowski S W, Anheier H K, et al. 1999. Global Civil Society: Dimensions of the Nonprofit Sector [M]. Baltimore : Johns Hopkins Center for Civil Society Studies.

Savas E S. 2000. Privatization and Public-Private Partnerships[M]. New York: Chatham House.

Soares J, Rosado A C A. 2010. Political factors in the decision-making process in voluntary sports associations[J]. European Sport Management Quarterly, 10(1): 5-29.

Stacey M. 1969. The myth of community studies[J]. The British Journal of Sociology, 20(2): 134 -147.

Stoker G. 1998. Quangos and Local Democracy[M]. London: Palgrave Macmillan.

Teles F. 2012. Local governance, identity and social capital: A framework for administrative reform[J]. Theoretical & Empirical Researches in Urban Management, 7(4): 20-34.

Weale A. 2011. New modes of governance, political accountability and public reason[J]. Government and Opposition, 46(1): 58-80.

Weick K E.2007. The generative properties of richness[J]. Academy of Management Journal, 50(1): 14-19.

Wellman B, Leighton B. 1979. Networks, neighborhoods, and communities: Approaches to the study of the community question[J]. Urban Affairs Quarterly, 14(3): 363-390.

Wellman B. 1979. The community question: the intimate networks of east yorkers[J]. American Journal of Sociology, 84(5): 1201-1231.

Whetten D A. 2002. Constructing Cross-Context Scholarly Conversations[C]//Tsui A S, Lau C M. The Management of Enterprises in the People's Republic of China. Boston: Springer: 29-47.

Wirth L. 1938. Urbanism as a way of life[J]. American Journal of Sociology, 44(1): 1-24.

Yin R K. 1994. Discovering the future of the case study method in evaluation research[J]. Evaluation Practice, 15(3): 283-290.

Yin R K. 2002. Case Study Research: Design and Methods[M]. Newbury Park: Sage Publications, Inc.

Zhang Z H, Lu Y W. 2018. China's urban-rural relationship: Evolution and prospects[J]. China Agricultural Economic Review, 10(2): 260-276.

附录　市域社会治理现代化指数模型

一、市域社会治理现代化能力的维度划分

提高市域社会治理能力是加快推进市域社会治理现代化的根本途径，是市域应对社会治理挑战、解决社会治理难题的关键，也是将制度优势更好地在市域转化为治理效能的关键。结合市域社会治理面临的社会整合、风险防范两大挑战以及具有的统筹协调、地方立法权、科技支撑三大优势，按照"党委领导、政府负责、民主协商、社会协同、公众参与、法治保障、科技支撑"的社会治理体系要求，根据中央"固根基、扬优势、补短板、强弱项"的要求，可以凝练出市域社会治理现代化建设的核心能力，即统筹协调能力、社会培育能力、矛盾化解能力、法治保障能力和数字治理能力，这五种能力共同构建了市域社会治理现代化的能力体系。基于这五类能力之间的内在关联与逻辑关系，可以进一步递推形成市域社会治理的五力模型。

以市域社会治理的定义内涵为逻辑起点，结合实际治理的特点，本节将市域社会治理的五种核心能力（统筹协调、矛盾化解、社会培育、法治保障及数字治理）作为五个维度，用以综合评估市域社会治理状况，并设计了五类子数据来反映市域社会治理情况（附图1）。

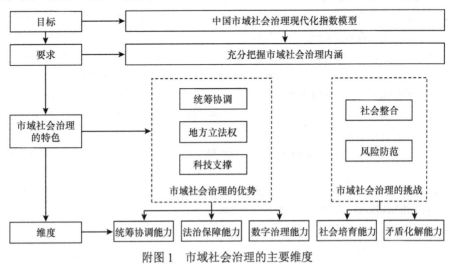

附图1　市域社会治理的主要维度

统筹协调能力是指市级党委政府履行社会治理职责、对市域社会治理进行工

作谋划、整体部署、整合协调的能力。相较于基层社会治理，市域社会治理的组织层级更多，部门分工更加复杂，不同层级纵向统筹和不同部门横向协调的难度更大。统筹协调能力子指数反映的是市级党委政府谋划市域社会治理的能力、整体政府建设成效及治理绩效。

矛盾化解能力是指在市域范围内防范化解各类风险、确保社会平安稳定的能力。城市化进程中社会失范、社会分散化、社会复杂化的挑战不可避免，此外，快速的城市化发展、半城市化现象会导致社会治安风险显著上升。设区市要应对市域风险复杂多变的现实挑战，将重大风险化解在市域作为市域社会治理的重要目标，提升风险防范水平。矛盾化解能力子指数需要关注市域这一风险主阵地，关注政府事前、事中、事后的防范能力，以及源头、传导、转化的化解水平。

社会培育能力是指政府与群众、社会组织等社会力量共同进行社会治理工作所达成成果的能力。市域社会治理需要处理好秩序与活力的辩证关系。在防范风险、建设平安社会的同时，坚持和完善共建共治共享的社会治理制度，不断加强社会活力建设，推动市域社会可持续发展。社会培育能力的子指数是针对社会力量及社会参与进行测度的。

法治保障能力是指在市域社会治理中以法治思维来谋划社会治理、以法律规范来实施社会治理、在法治轨道上实现社会良治的能力。这要求在市域范围内切实提高行政执法效率和基层治理效能，为市域社会治理现代化提供立法、司法、执法保障。法治保障能力的子指数需要关注法治的依据、过程、结果，针对立法、执法、司法等多环节进行考评。

数字治理能力是指市域综合运用科技、人才优势，实现现代科技与市域社会治理深度融合，从而提升社会治理智能化水平的能力。科技正成为重塑社会治理的基础性力量，能够显著提升社会治理效能，为解决当前社会治理面临的问题和挑战提供解决方案，为政府治理现代化、公共服务精准化、居民参与常态化提供现实路径。数字治理能力的子维度主要针对政府治理现代化提升水平及公共服务供给提升水平展开测度。

二、指标设计

1. 统筹协调能力

统筹协调能力子维度包含党建统领、纵向统筹、横向协调 3 个一级指标。

党建统领主要由党委科学素质、引领基层治理能力、党建引领服务能力、基层党建成效 4 个二级指标构成，这些指标可用于衡量党委是否发挥好党组织核心作用和党员先锋模范作用。

纵向统筹主要通过市域统筹能力来反映，以市区一般公共预算收入占全市一般公共预算收入的比例，测量市级政府对资源与政策的统筹能力。

横向协调主要通过事项协调能力来反映，以公众对政府需求回应的满意度，测量政府部门横向协调解决复杂问题的能力。

2. 矛盾化解能力

矛盾化解能力子维度包含风险监测、应急能力、社会治安水平 3 个一级指标。风险监测主要通过警务巡防能力来反映，部署于城市中的警务力量是对风险进行快速应对的关键，该指标通过居民在居住地见到民警或辅警的频率测量。

应急能力主要通过应对突发事件能力来反映，对突发事件的资源投入是做好风险防范准备的核心因素，该指标通过突发公共事件应急支出占总支出比例测量。

社会治安水平由社会治安水平、群体矛盾发生水平、群众安全感知等二级指标构成，通过对万人刑事案件发案率/万人治安案件发案率、群体性事件数量、公众对社会公共安全的满意度进行测量，整体反映城市的风险处置能力。

3. 社会培育能力

社会培育能力子维度包含社会力量、协同机制、社区参与 3 个一级指标。

社会力量包含社会组织数量、社会组织应用水平、购买服务水平 3 个二级指标。社会组织是社会培育的重要组成部分，通过社会组织的发展水平与购买服务的水平，来衡量社会组织进入公共事务治理过程的情况。

协同机制主要由沟通平台渠道、管理培育效能 2 个二级指标构成，分别从参与可及性及政府对社会组织的管理效能方面衡量社会培育协同机制的成效。

社区参与主要由社区议事水平、志愿服务水平 2 个二级指标构成，从小区组建居民自治组织和居民自发参加志愿活动的程度来测量群众对公共事务的参与程度。

4. 法治保障能力

法治保障能力子维度包含法治建设、法治实施、法治效能 3 个一级指标。

法治建设主要通过法制建设水平来反映，通过统计社会治理法规出台数量，衡量社会治理法制体系的建设程度。

法治实施主要由专业法治力量、法治队伍建设 2 个二级指标构成。通过统计法治建设的重要主体，即执业律师数量与市中高级人民法院调解员数量对实施的效能进行衡量。

法治效能主要由案件处理能力、纠纷处理能力 2 个二级指标构成。通过统计市中级人民法院年度执结案件数和新收案件数的比例、市中级人民法院调解纠纷案件数量衡量法治具体产出和效果。

5. 数字治理能力

数字治理能力子维度包含制度支撑、能力支撑与政务服务 3 个一级指标。

制度支撑主要由数字治理政策数量和数字标准规范数量 2 个二级指标构成，通过测量政府出台的数字治理政策文件数量与政府出台的数字政府的地方标准数量来衡量数字治理建设的制度体系的完善程度。

能力支撑主要由政府网络能力、城市数字支撑能力、平台治理能力 3 个二级指标构成，通过政府政务服务网建设项目投入金额、提供服务的网络公用移动通信基站数量以及政府网络门户平台上的可线上办理业务比例，来测量城市网络基础设施与服务的完善程度。

政务服务主要由渠道便利程度、渠道满意程度与服务网站质量 3 个二级指标构成。这 3 个二级指标分别从政府公共服务的互联网入口种类、政府政务应用程序评分、服务网站的质量来衡量"互联网+政务"建设及运行成效（附表 1）。

附表 1　市域社会治理现代化能力指标体系

维度	一级指标	二级指标	测量指标
统筹协调能力	党建统领	党委科学素质	市委书记、市委副书记（市长）受教育年限
		引领基层治理能力	党委指导基层党建的专职党务工作者人数
		党建引领服务能力	党群服务中心数量
		基层党建成效	公众对基层党组织工作的满意度
	纵向统筹	市域统筹能力	市区一般公共预算收入占全市一般公共预算收入的比例
	横向协调	事项协调能力	公众对政府需求回应的满意度
矛盾化解能力	风险监测	警务巡防能力	居民在居住地见到民警或辅警的频率
	应急能力	应对突发事件能力	突发公共事件应急支出占总支出比例
	社会治安	社会治安水平	万人刑事案件发案率/万人治安案件发案率
		群体矛盾发生水平	群体性事件数量
		群众安全感知	公众对社会公共安全的满意度
社会培育能力	社会力量	社会组织数量	在民政部门登记注册的社会组织数量
		社会组织应用水平	万人社会组织数量
		购买服务水平	政府向社会组织购买公共服务的支出占总公共服务支出的比例
	协同机制	沟通平台渠道	是否有网上平台或渠道服务社会组织
		管理培育效能	社会组织管理支出占政府民政部门总支出比例
	社区参与	社区议事水平	小区业主委员会组建率
		志愿服务水平	每万人志愿者活跃率
法治保障能力	法治建设	法治建设水平	社会治理法规出台数量
	法治实施	专业法治力量	执业律师数量
		法治队伍建设	市中高级人民法院调解员数量

续表

维度	一级指标	二级指标	测量指标
法治保障能力	法治效能	案件处理能力	市中级人民法院年度执结案件数和新收案件数的比例
		纠纷处理能力	市中级人民法院调解纠纷案件数量
数字治理能力	制度支撑	数字治理政策数量	政府出台的数字治理政策文件数量
		数字标准规范数量	政府出台的数字政府的地方标准数量
	能力支撑	政府网络能力	政府政务服务网建设项目投入金额
		城市数字支撑能力	提供服务的网络公用移动通信基站数量
		平台治理能力	政府网络门户平台上的可线上办业务比例
	政务服务	渠道便利程度	政府公共服务的互联网入口种类
		渠道满意程度	政府政务应用程序评分
		服务网站质量	服务网站的质量

三、市域社会治理现代化指数模型的计算与合成

中国市域社会治理指数模型不仅是一个理论上可以综合评价市域社会治理情况的模型，更是一个需要能够实际应用的模型。它通过对不同市域社会治理情况进行刻画，发挥指数的客观性、可比性优势，从而衡量不同市域的治理水平和治理质量，推动市域治理能力的提升。中国市域社会治理指数模型的应用包括指标权重的确定、指数的合成方案等。

（一）中国市域社会治理指数模型权重的确定

中国市域社会治理指数模型包含 5 个维度、16 项一级指标、30 项二级指标。初版的指标体系还设有三级指标，我们需要对各个指标进行赋权，表示该指标在指标体系中的相对重要程度。

我们将依据中国市域社会治理指数指标体系，主要采用层次分析法确定指标权重，并确定指标的量化标准。具体做法是，建立一个构造合理且一致的判断矩阵，组织专家，请各个专家给出自己的判断数据，再综合专家的意见，形成初始值，再对初始权数进行处理并检验判断矩阵的一致性，最终得到中国市域社会治理指数模型各维度、各指标的具体权重。

（二）中国市域社会治理指数的合成方案

上述指数模型的各指标之间，由于其量纲、经济意义、表现形式以及对总目标的作用趋向彼此不同，不具有可比性，必须对其进行无量纲处理，消除指标量纲影响后才能计算综合评价结果。本节对三级指标统一采用极值法进行无量纲化处理，具体公式如下：

$$x_i^* = \frac{x_i - x_{\min}}{x_{\max} - x_{\min}}$$

即每一变量值减去该组变量最小值后除以该组变量最大值与最小值的差值。其中，x_i^* 表示经过标准化后的变量结果；x_i 表示具体三级指标变量数值；$x_{\min}$ 表示该组变量的最小值；$x_{\max}$ 表示该组变量的最大值。

具体而言，三级指标可分为正向指标和负向指标，对于负向指标的处理在上述公式基础之上需要再进一步正向化，具体步骤如下：

$$x_i^{**} = 1 - x_i^*$$

即 1 减去一次标准化后的无量纲数据，得到正向化的测算数值。

进一步地，在对三级指标进行标准化处理的基础上进行指数的合成，各维度、一级指标和二级指标的计算公式如下：

$$Q_i = \sum_{i=1}^{n} x_i^* \cdot w_i$$

其中，Q_i 表示具体某个维度、一级或二级指标的最终子指数结果；x_i^* 表示该维度、一级或二级指标的三级指标标准化数值；w_i 表示与 x_i^* 相对应的三级指标的权重；n 表示该维度、一级或二级指标所属三级指标的项数。

最终，中国市域社会治理指数的最终合成公式为：

$$P = \sum_{i=1}^{n} Q_i \cdot w_i$$

其中，P 表示中国市域社会治理指数的数值结果；Q_i 表示具体维度的数值结果；w_i 表示与 Q_i 相对应维度的权重；n 表示维度的项数。

考虑到不同地区存在着人口和经济水平的差异，而人口众多、经济活跃将给该地区社会治理带来更大的管理挑战和更高的治理投入，中国市域社会治理指数模型在实际的评估操作过程中，将人口数（包括六个月以上常住流动人口数和户籍人口数）、GDP 值等作为调整系数，对相关指标得分进行修正。指标体系是实现评价目标的技术手段，也是政府发展建设评价的关键环节，构建市域社会治理指数模型对提升市域社会治理水平、构建共建共治共享的社会治理格局具有重要意义。本节以市域社会治理内涵为逻辑起点，深刻把握市域社会治理目标及特征，在构建过程中兼顾过程性指标及结果性指标，遵循系统性、客观性、典型性、可操作性原则，构建出一套完整的市域社会治理指数模型，为刻画市域社会治理水平提供依据。在指数的指导下，城市管理者可以明确当前治理中的优势与不足，进而查漏补缺；通过区域内横向比较，掌握当前所处层次状态，形成良性的赶超比学氛围；通过动态监测，了解阶段性发展及建设成效，从而有效推动市域社会治理体系与治理能力现代化。

后　记

党的十八大以来，高质量发展、高水平治理已经成为各级党委政府的中心工作。在社会治理领域，最新的话题是市域社会治理。党的十九届四中全会明确提出，"加快推进市域社会治理现代化"的要求，这是"市域社会治理"这一概念首次出现在党的纲领性文件中，市域社会治理现代化成为坚持和完善共建共治共享的社会治理制度、构建基层社会治理新格局的重要方面。党的十九届五中全会进一步要求"加强和创新社会治理"，党的二十大报告着重强调"提高市域社会治理能力"，二十届三中全会进一步强调"提高市域社会治理能力"。从"加快推进市域社会治理现代化""加强和创新社会治理"到"提高市域社会治理能力"，凸显了推进市域社会治理现代化的紧迫性、重要性。

在我国社会治理体系中，市域起着承上启下的枢纽作用，是国家治理体系的关键一环。推进市域社会治理现代化，既是推进社会治理现代化的战略抓手，又是推进国家治理体系和治理能力现代化的重要内容，事关人民安居乐业、事关社会安定有序、事关国家长治久安，意义重大。特别是在当前社会治理顶层设计日臻完善、基层治理实践快速发展的背景下，完善市域社会治理制度、加快推进市域社会治理现代化已经成为社会治理工作的重中之重。为此，2019 年 12 月中央政法委专题召开全国市域社会治理现代化工作会议，全面部署启动市域社会治理现代化试点，试点工作不限名额、不定比例，鼓励各地大胆探索、勇于突破，加快推进市域社会治理现代化。

在此背景下，2020 年初，全国哲学社会科学工作办公室设立了一批研究阐释党的十九届四中全会精神的国家社会科学基金重大招标项目。我非常幸运，也非常荣幸地作为首席专家承担了其中"加快推进市域社会治理现代化研究"（20ZDA082）这一重大招标项目。本书是这一重大招标项目的结题成果。同时，研究还得到了国家自科基金项目"我国社会组织的'国家-市场'二元性与组织能力建设研究"（71774139）的资助，在此一并致谢！

课题研究团队包括浙江工商大学党委书记、浙江大学社会治理研究院院长郁建兴教授，北京大学政府管理学院副院长陆军教授，浙江大学光华法学院院长胡铭教授，浙江大学公共管理学院杨超研究员，以及各子课题成员共 40 余人。本书是课题研究团队集体智慧的成果，写作分工如下：第 1 章由郁建兴教授和我共同撰写，第 2 章由我和浙江大学公共管理学院博士研究生徐钰滢共同撰写，第 3 章由我和浙江师范大学张衡副研究员共同撰写，第 4 章由国务院发展研究中心公共管理与人力资源研究所公共管理研究室主任王伟进研究员、浙江工商大学社会政策研究院院长王杰秀教授、浙江大学公共管理学院沈永东教授、浙江工业大学管理学院张玉婷副教授共同撰写，第 5 章由浙江工商大学叶李博士撰写，第 6 章由我和浙江大学公共管理学院博士研究生徐钰滢共同撰写，第 7 章由我和浙江大学公共管理学院博士研究生林坤洋共同撰写，第 8 章由我和浙江大学公共管理学院博士研究生李琼、浙江大学公共管理学院百人计划研究员黄飚共同撰写，第 9 章由浙江警察学院"枫桥经验"与社会治理研究院卢芳霞教授、浙江大学公共管理学院博士研究生郭金松共同撰写，第 10 章由浙江大学光华法学院院长胡铭教授和北京师范大学政府管理学院博士研究生尹家和共同撰写，第 11 章由郁建兴教授和浙江大学公共管理学院博士研究生周幸钰共同撰写，第 12 章由我撰写并由我对全书进行统稿、定稿。

除了承担课题研究和部分书稿章节的撰写工作，郁建兴教授从课题选题、过程研究、课题结题到书稿出版都给予了全程的悉心指导。郁教授以深厚的学术造诣指引理论方向，以春风化雨般的关怀提供精神鼓舞，更以一丝不苟的治学态度督促研究进展。谨以本书的出版向郁教授致以最崇高的学术礼敬。

在实地调研阶段，研究工作得到了浙江省委政法委、嘉兴市委政法委和杭州市委政法委的大力支持，特别是嘉兴市委政法委为课题研究提供了全程支持和协助。在此，我们要特别致谢浙江省委政法委基层治理指导室原主任陈旭谨，浙江省委政法委基层治理指导室原副主任周川玲，嘉兴市政法委原副书记朱少平、曹雪根、应培国以及现任嘉兴市政法委副书记王德明，这些市域社会治理的政策制定者和实践创新者为课题研究提供了丰富的实践素材和专业指导，为完成课题研究和书稿撰写作出了重要贡献。

在课题研究和书稿撰写过程中，我们得到了学界多位资深专家的悉心指导，他们还为此提出了宝贵建议。首先，特别感谢南京大学政府管理学院院长孔繁斌教授、哈尔滨工业大学（深圳）人文与社科学院院长孙涛教授、中国人民大学公共管理学院何艳玲教授、中国人民大学社会学院陈那波教授，他们在课题开题阶段就研究框架、理论视角和方法设计提出了极具建设性的指导意见。在研究推进过程中，中国法学会党组成员、学术委员会主任张文显教授，厦门大学公共政策研究院院长陈振明教授，四川大学城市治理研究院院长姜晓萍教授，上海交通大学国际与公共事务学院院长吴建南教授，南京大学林闽钢教授等多位学界前辈为课题研究的理论深化和实证分析提出了重要建议，使研究更加严谨和完善。

本书初稿完成后，承蒙上海大学著名社会学家李友梅教授于繁重学术工作之余拨冗审阅全帙。先生以社会学家之理论洞见，从理论框架到论证逻辑，从研究方法到学术规范，提出精微深邃的修改意见。经先生悉心指正，书稿在学理深度上得到大幅提升，初步展现出构建自主知识体系的学术品格。清华大学智库研究中心主任、清华大学智能社会治理研究院院长苏竣教授不吝垂青，为拙作赐序。苏序高屋建瓴，既从知识生产维度提炼研究价值，又在治理现代化坐标系中定位学术贡献，并从智能社会治理的视角指出了未来的研究方向。两位学界前辈跨越代际与学科领域鼎力相助，彰显了薪火相传的师道精神，也彰显出社会治理研究跨学科对话的学术魅力。

我们衷心感谢科学出版社编辑魏如萍老师和张春贺老师为本书出版付出的辛勤努力。魏如萍老师不辞辛劳，多次专程赴杭州与我就书稿的编辑审校工作进行深入交流，提出了诸多专业而细致的修改建议；张春贺老师则以极大的耐心和严谨的态度，对书稿进行了全面细致的校对工作。正是她们的敬业精神和专业素养，确保了本书的编辑质量和出版水准。

应该说，作为社会治理领域的新兴概念，当前市域社会治理无论在实践探索还是理论研究层面都尚处于起步阶段。相较于相对成熟的基层社会治理研究，市域社会治理现代化在理论建构上仍存在诸多待解之题；在实践层面，治理体系完善、治理能力培育、治理效能提升等关键问题也亟待解决。本书作为市域社会治理研究的初步探索，虽力求系统深入，但仍存在诸多不足与局限。值此付梓之际，谨以本书为引玉之砖，期待学界和实务界同仁共同推进这一重要领域的理论创新与实践发展。

吴结兵

2024 年 12 月 9 日于仁和楼